ATLAS DER **DIGITALEN** WELT

Dr. Martin Andree unterrichtet digitale Medien an der Universität Köln und ist CEO von AMP Digital Ventures. Er ist habilitierter Medienwissenschaftler und besitzt darüber hinaus 20-jährige Erfahrung im digitalen Marketing, unter anderem als Corporate Vice President bei Henkel (2012 bis 2018). Von ihm sind vier weitere Bücher über verschiedene Aspekte der Mediennutzung und Medienwirkung erschienen.

Timo Thomsen ist Global Head of Product & Innovation bei der GfK SE und besitzt mehr als 15 Jahre Expertise in den Bereichen digitale Medien und Cross-Media-Verhaltensmessung, Datenanalyse und -interpretation sowie Marketingberatung. Er leitet den Produktbereich Media Measurement & Consumer Panels.

Verena Bönniger ist Diplom-Kommunikationsdesignerin und seit 2008 Creative Director bei Delicious Layouts Visuelle Kommunikation. Sie hat dem *Atlas der digitalen Welt* seine Gestalt verliehen.

Martin Andree
Timo Thomsen

ATLAS DER **DIGITALEN** WELT

Campus Verlag
Frankfurt/New York

MIX
Papier aus verantwortungsvollen Quellen
FSC® C089473
FSC
www.fsc.org

ISBN 978-3-593-51271-6 Print
ISBN 978-3-593-44509-0 E-Book (PDF)
ISBN 978-3-593-44516-8 E-Book (EPUB)

Umschlaggestaltung und Umschlagmotiv: Verena Bönniger, Delicious Layouts, Hilden
Satz: Verena Bönniger, Delicious Layouts, Hilden
Gesetzt aus: Fira Sans
Druck und Bindung: Beltz Grafische Betriebe GmbH, Bad Langensalza
Printed in Germany

www.campus.de

Inhalt

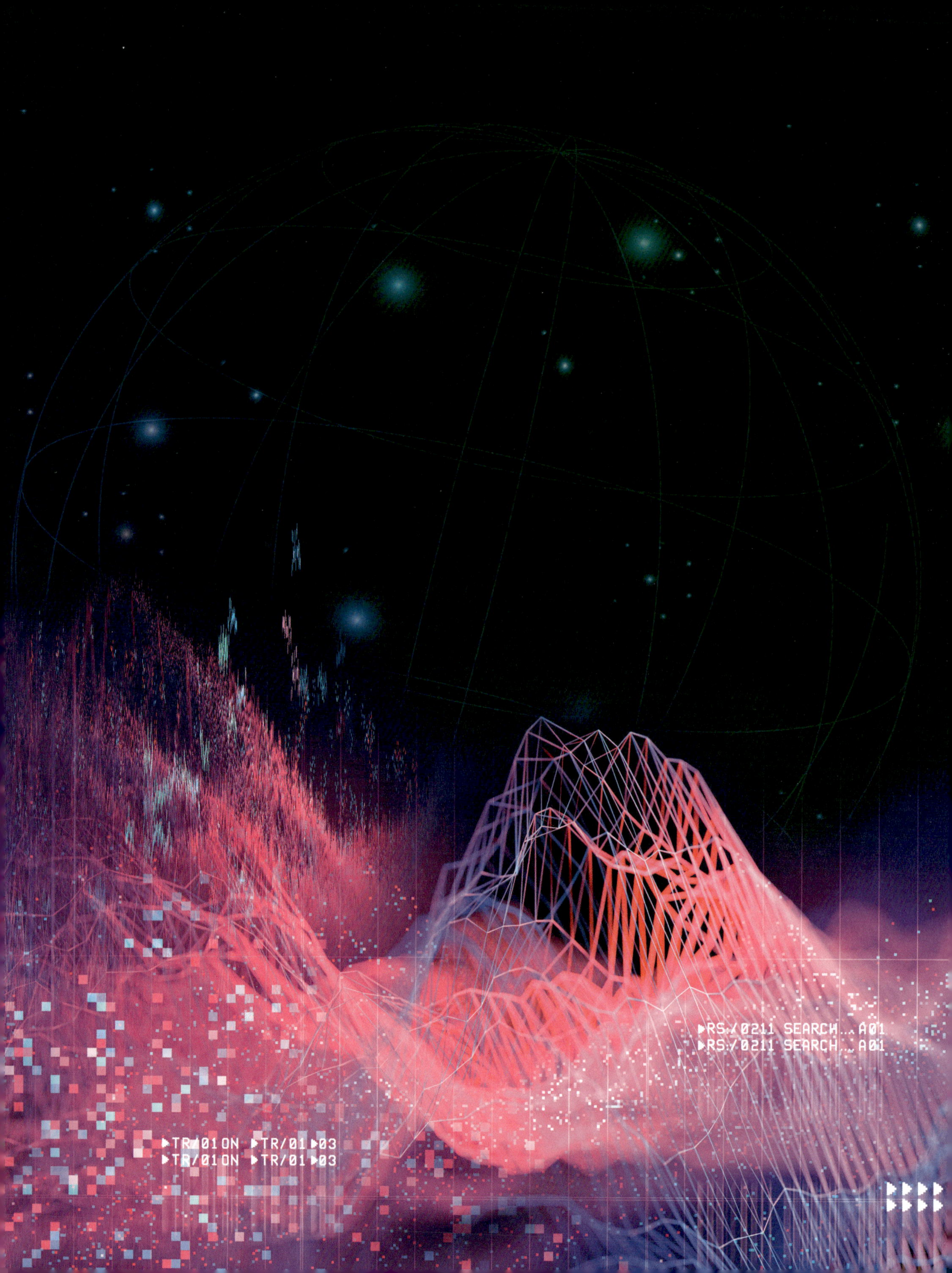
RS:/0211 SEARCH... A01
RS:/0211 SEARCH... A01
TR/01 ON TR/01 03
TR/01 ON TR/01 03

EINLEITUNG:

WARUM WISSEN WIR SO WENIG ÜBER DIE DIGITALE WELT?

Wie groß ist eigentlich das Internet?

Kennen Sie die Geschichte von der totalen Transparenz digitaler Medien? Vom Segen des Internet, durch das jede beliebige Information sofort per Mausklick in Millisekunden verfügbar ist? Und von der Kehrseite der Medaille: Dass jede unserer Bewegungen im Netz ständig überwacht und in Form von Big Data überall sofort verfügbar gemacht wird? Dass wir im Zeitalter der totalen Transparenz leben? Hört sich das für Sie irgendwie bekannt an?

Aber irgendetwas stimmt hier nicht.

Denn wie ist es dann erklärbar, dass wir über das Internet VIEL ZU WENIG wissen?

Egal, wie viele Daten im Netz produziert werden – wir wissen zu wenig über die digitale Welt

Möglicherweise schütteln Sie jetzt den Kopf. Die meisten Menschen verweisen an dieser Stelle darauf, dass es ja unglaublich viele Informationen über das Internet und digitale Medien gibt – nicht zuletzt im Netz selbst, das vollgepfropft ist mit Facts und Listicles und Studien. Gibt man bei Google etwa »Internet Statistics« ein, werden einem knapp zwei Milliarden Ergebnisse angeboten. Da könnte man sich ja schon mal informieren, nicht wahr?

Dennoch wiederholen wir unsere Frage noch einmal. Und behaupten erneut, dass Laien wie Experten über viele grundlegende Fragen digitaler Medien weitgehend im Dunkeln tappen.

Was wissen wir, was wissen wir nicht?

Vergessen Sie jetzt mal die ganzen Mikro-Informationen, die Sie kennen (Post X von Y hat wie viele Likes bekommen, Kylie Jenner hat soundsoviele Follower auf Instagram etc.).

Fun Fact

Google-Treffer zum Suchbegriff »Internet Statistics«:

1.920.000.000

(Abrufdatum: 19.03.2020)

Stellen wir probeweise einmal ein paar grundsätzlichere Fragen:

Gerade wenn es um einfache Fragen geht, gibt es kaum Antworten

- *Welche Ausmaße hat das Internet? Welche Inhalte stehen darin? Welche davon werden überhaupt genutzt, welche dagegen nicht? Welche Kategorien davon sind für die Nutzer eigentlich jeweils wie wichtig, machen welche Anteile des gesamten Netzes aus?*
- *Welche Rolle spielen die verschiedenen Endgeräte (Desktop, Smartphone, Tablet) bei der Nutzung dieser Angebote und Aktivitäten?*
- *Was machen die User eigentlich genau mit digitalen Medien? Shoppen, E-Mails schreiben, Social Media nutzen, Gambling und so fort: Wie wichtig sind diese verschiedenen Aktivitäten eigentlich im Verhältnis zueinander? Auf welchen Endgeräten finden sie jeweils statt?*

Denken wir dann an die Netzgiganten wie Google, Facebook, Amazon. Wir wissen, dass sie groß sind. Aber wie groß sind sie eigentlich genau? Nicht in Bezug auf ihre Umsätze (klar, die kennen wir), sondern auf ihre spezifische Rolle innerhalb des digitalen Universums. Denken wir einmal an Google: Wie groß ist eigentlich die Suchmaschine von Google im Verhältnis zu Google Maps im Verhältnis zu Gmail?

Wir kennen aus dem Fernsehen etwa die gute alte Einschaltquote. Was wäre denn zum Beispiel die »Einschaltquote« von Facebook verglichen mit Google oder Amazon?

Sicher können Sie jetzt anfangen zu googeln, und sicher werden Sie irgendwelche ziemlich beliebigen Informationen herausbekommen. Sie werden vielleicht einen Marktanteil finden von Google, aber eben nur im Markt der Suchmaschinen (Maps? Gmail?), ohne zu wissen, wie der sich nun zum

gesamten Netz verhält. Der Marktanteil wird meist auf Befragungen basieren (deren Zuverlässigkeit häufig schlecht ist) oder bestenfalls Reichweiten zugrunde legen, ohne dass die tatsächlichen Nutzungsweisen bekannt sind.

Sie werden auf eine Unmenge von Studien und Statistiken treffen, bei denen oft nicht erklärt wird, auf welche Weise die Daten überhaupt gewonnen wurden. Noch schlimmer sind die millionenfach produzierten Listicles, die mittlerweile als Clickbait das Netz fluten: »135 insane Social Media Stats that Marketeers will have to know in 2020!« Alles wird mit allem verglichen, auch wenn die Daten aus völlig unvergleichbaren und häufig fadenscheinigen Quellen stammen.

Wir sehen den Wald vor lauter Bäumen nicht

Fragwürdige Faktenflut vs. Mangel an Grundlagenstudien

Und klar können Sie zu all diesen Fragen Detailstudien finden. Stellen wir uns nun vor, Sie hätten genau dies versucht und zur Beantwortung unserer allgemeinen Fragen alles herausgesucht, was sie irgendwie und irgendwo ermittelt hätten. Und stellen wir uns vor, dass wir auch vorläufig die Zweifel an der Qualität ignorieren. Dann stellt sich immer noch das eigentliche Problem:

Wie soll man diese Millionen winziger Mikro-Informationssplitter dann in einen Zusammenhang bringen? Sie wissen meist nicht einmal, auf welche Weise die Informationen gemessen wurden. Sie haben keine Möglichkeit, die vollständig unterschiedlich erhobenen Daten und Zahlen irgendwie in ein Verhältnis zueinander zu setzen. Oft sind sogar die Werte hinter den einzelnen Parametern gar nicht miteinander vergleichbar, obwohl dieselben Begriffe verwendet werden (»Sessions«, »Impressions« etc.).

Ist das nicht ein erstaunlicher Befund? Vergleichen wir das einmal mit der Vermessung der »echten« Welt: Stellen Sie sich vor, Sie wüssten zum Beispiel, dass Asien irgendwie »groß« ist und auch, dass im Osten »sehr viele Menschen leben«. Dass es da noch einen Kontinent gibt, im Süden irgendwo, auch sehr groß, Afrika genannt. Sie hätten auch ein paar sehr spezifische Informationen, wie etwa, dass Kairo 30° 3‘ nördlicher Breite und 31° 14‘ östlicher Länge liegt, nur dass Sie leider keine Ahnung haben, wie viele Menschen da eigentlich wohnen und in welchem Land sich diese Stadt überhaupt befindet (irgendwo in Afrika).

Dafür wüssten Sie aber zum Beispiel von der Stadt Fulda (und zu vielen anderen einzelnen, aber thematisch unzusammenhängenden Gegenständen) nicht nur die Postleitzahl und die Vorwahl, sondern auch die Tiefe des Flusses Fulda – und zwar für 27 Messstellen auf den Millimeter genau, ebenso wie die Wassertemperatur, zudem noch die Windgeschwindigkeit über Wasser, und das in Echtzeit, auf drei Stellen hinter dem Komma genau (diese Daten werden Ihnen natürlich zehntelsekundengenau *real time* über ein Dashboard vermittelt).

Ist es nicht seltsam, dass wir uns im Falle von digitalen Medien mit einer solchen Datenlage zufriedengeben, wenn man bedenkt, dass die digitale Transformation ein Thema mit allerhöchster gesellschaftlicher Relevanz ist?

Wir geben uns mit einer erstaunlich schwachen Datenlage zufrieden

Jeder, der sich in irgendeiner Form mit digitalen Medien beschäftigt, lebt also in einer paradoxen Welt. Sicher, zu keinem Feld existieren mehr Daten, Informationen und Statistiken. Aber es fehlen Antworten auf die grundsätzlichen Fragen, und wir verstehen die Zusammenhänge nicht mehr.

Erstaunlich ist, dass dieser Befund für alle gilt: Für interessierte Laien, für Schüler und Studenten. Für kleine und große Unternehmen. Für Politiker oder politisch Interessierte. Für digitale Nerds. Für Menschen, die sich Sorgen um Datenschutz oder die Smartphone-Nutzung ihrer Kinder machen, für Social-Media-Experten, Marketingprofis, Mediaplaner oder CDOs der Unternehmen.

Wir benötigen einen allgemeinen Referenzrahmen, um die digitale Welt zu verstehen

Nur durch einen »ganzheitlichen Kompass« lassen sich alle Fakten einordnen

Dieses Buch ist aus der Erkenntnis entstanden, dass uns ein allgemeiner Referenzrahmen fehlt, der uns helfen könnte, die Unzahl digitaler Einzeldaten zu kontextualisieren. Die Notwendigkeit eines solchen Projekts hat sich einerseits über langjährige Erfahrung im digitalen Management ergeben, aber auch und vor allem bei der universitären Lehre. Wie soll man Studierende auf dem Feld der digitalen Medien hervorragend ausbilden, wenn ein solides und belastbares Datenfundament fehlt?

Das ist übrigens eine unbefriedigende Situation für uns alle, aber insbesondere für ein universitäres Fach wie etwa die Medienwissenschaft. Die Menge an Informationen, die Wissenschaftlern zur Verfügung steht, ist ja nur ein Bruchteil der Daten, die große Digital-Unternehmen wie Google, Amazon, Facebook besitzen. Diese Unternehmen eröffnen präzise und belastbare Informationen aber nur ihren Kunden, und das sind dann eben auch kundenspezifische Daten (sicherlich auch aus Datenschutzgründen). Dagegen stellen sie ihre Informationen kaum der wissenschaftlichen Forschung und der Öffentlichkeit zur Verfügung.

Das Resultat ist ein typisches Symptom des oben beschriebenen Paradoxes: Digitale Großunternehmen wissen quasi alles über das digitale Universum im Kompetenzfeld des eigenen Konzerns. Digitale Experten in der Wirtschaft wissen sicherlich ungeheuer viel, aber meist über recht kleine Ausschnitte. Ein Beispiel: Wenn ein Unternehmen etwa eine große Webseite unterhält, weiß es beispielsweise ganz genau, wie viele User an welchem Tage wie viele Sekunden auf dieser Plattform waren etc. Aber es fehlt auch hier den Profis häufig der Kontext und der Abgleich mit dem großen Ganzen, etwa ein Gefühl für die Verteilung des gesamten Traffic im digitalen Universum.

Zielsetzung dieses Buchs ist, eine solche 360°-Vermessung für das digitale Universum in Deutschland vorzulegen. Zu diesem Zweck wurden sämtliche im Markt befindliche Datenlösungen geprüft, wobei sich das *Crossmedia Link Panel* der GfK (Gesellschaft für Konsumforschung) als eine wissenschaftlich und qualitativ besonders hochwertige Datenbasis erwies.

FACHBEGRIFFE

Wichtige Fachbegriffe – einfach erklärt

Panel

Im Gegensatz zu der typischen Form einmaliger Befragungen beruhen Panels darauf, dass bei einer repräsentativen Zahl von Panel-Teilnehmern in wiederkehrenden Abständen immer dieselben Daten erhoben werden. Aus diesem Grund handelt es sich bei Panels um besonders hochwertige, aber auch sehr kosten- und arbeitsintensive wissenschaftliche Datenerhebungen.

Für diese Einschätzung gibt es einen einfachen Grund: Das Panel der GfK misst im Gegensatz zu anderen Erhebungen keine subjektiven Selbstbeschreibungen der Nutzer, sondern dokumentiert reale Mediennutzung bei einer repräsentativen Stichprobe von 16.000 Usern. Diese Erfassung des echten Nutzungsverhaltens erfolgt sekundengenau, URL-spezifisch, lässt sich trennscharf über die verschiedenen Endgerätekategorien (Desktop, Smartphone, Tablet) auflösen, hochgranular auswerten und über die verschiedenen Zeitperioden vergleichen.

Der Ursprungspunkt des Projekts war eine Bitte der Universität Köln an die GfK, diese bislang unveröffentlichten Daten für Forschungszwecke unentgeltlich zur Verfügung zu stellen. Erfreulicherweise hat sich die GfK schnell, flexibel und uneigennützig dazu bereit erklärt, was das Ergebnis dieser Kooperation und Partnerschaft überhaupt erst ermöglicht hat. Timo Thomsen hat zusätzlich seine Data-Analytics-Expertise als Co-Autor eingebracht.

Die Daten und Informationen, auf denen dieses Buch basiert, werden der Öffentlichkeit hier erstmals zugänglich gemacht

Die in diesem Buch aufbereiteten Daten basieren auf einem außerordentlich leistungsstarken Panel. Es ist überhaupt erst durch diesen enorm hohen Aufwand dieser Panel-Messungen möglich, dass eine ganzheitliche Beschreibung digitaler Medien auf der Grundlage ein und desselben zusammenhängenden Datensatzes überhaupt realisierbar wurde.

***Fangen wir also an –
mit dem Versuch einer ganzheitlichen Kartografierung der digitalen Welt.***

Hinweis:

Die Struktur der von uns genutzten Daten erlaubt leider keine Auswertung für nichtbinäre Gender-Identitäten – hier ergeben sich wichtige Desiderate für zukünftige Studien. Aus ähnlichen Gründen wird im Folgenden auf die gleichzeitige Verwendung weiblicher und männlicher Sprachformen verzichtet und die generische männliche Form verwendet – womit keine Zufriedenheit, sondern ein Mangel ausgedrückt ist.

I

DIE VERMESSUNG DES DIGITALEN UNIVERSUMS

Die ganze Seite entspricht 100 % der Internetnutzungsdauer in Deutschland. Die Top 20 sind proportional dazu abgebil
Zeitperiode: Q3/2019; Gesamtbevölkerung (14+); alle Endgeräte kombiniert (Desktop, Smartphone, Tab

1

Das digitale Universum als Ganzes: Aufteilung und Konzentration

Wie teilt sich das digitale Universum auf?

Stellen Sie sich vor, Astronomen würden ein unbekanntes Sonnensystem entdecken – dann würde man sofort anfangen, es zu vermessen und zu klassifizieren: Wie viele Planeten besitzt es? Wie groß sind die einzelnen Planeten, und wie weit entfernt stehen sie zu ihrer Sonne? Welche davon haben wie viele Monde und so fort.

Es ist erstaunlich, dass uns zur digitalen Welt so wenig einfällt, was sie als Ganzes beschreibt und zugänglich macht – und genau deshalb wollen wir mit dieser scheinbar einfachsten aller Fragen beginnen. Aus welchen großen und kleinen Planeten besteht sie? Wir möchten herausfinden, auf welche Weise sie sich in die verschiedenen Anbieter und ihre Angebote aufteilt – von den ganz großen (z. B. Facebook) bis zu den ganz kleinen (z. B. der Homepage Ihres Optikerladens). Und das erreichen wir am besten über eine Analyse der Konzentration.

Wir müssen die Aufteilung der digitalen Welt als Ganzes verstehen

Vermögen und Traffic

Angenommen, in Deutschland würden den reichsten drei Personen 28,5 % des gesamten nationalen Vermögens gehören. Die reichsten sieben Menschen besäßen zusammengenommen 50,3 %, die wohlhabendsten 500 besäßen alle zusammen 85,8 %. Da bliebe nicht mehr viel übrig – nämlich nur noch 14,2 % für die ganze Bevölkerung. Diese 14,2 % des gesamten Vermögens müssten sich die restlichen 83 Millionen Bürger untereinander aufteilen.

Wenigen gehört viel – vielen gehört wenig

Wir haben es in diesem Beispiel mit einer hohen Konzentration zu tun, das heißt mit einer extremen Ungleichverteilung von Vermögen. Sie entspricht exakt der Konzentration des Internet-Traffic im Netz.

Wie konzentriert ist das digitale Universum?

Um das ungeheure Ausmaß dieser Konzentration zu veranschaulichen, sei erwähnt, dass »in Wirklichkeit« die reichsten 10 % in Deutschland (also nicht wie oben nur 7 Personen, sondern immerhin mehrere Millionen Menschen!) mehr als die Hälfte des Vermögens besitzen. Das finden die einen ungerecht, die anderen stört es weniger. Wir wissen jedenfalls ganz genau, wie sich das Vermögen in der deutschen Gesellschaft verteilt, sodass man sich auf der Grundlage von Fakten konstruktiv darüber streiten kann, ob es zu stark konzentriert ist oder nicht.

Der Grad der Konzentration ist entscheidend

Anders verhält es sich mit den unterschiedlichen Angeboten in der digitalen Welt. Ihre Bedeutung ist nicht bekannt. Sicher vermutet man irgendwie, dass digitale Unternehmen wie Google, Facebook, Amazon etc. sehr groß sind – aber niemand kann momentan genau sagen, *wie groß der Anteil der starken Anbieter etwa in Relation zum Gesamtmarkt ist.*

Natürlich ist die digitale Konzentration auch in den Medien und der Politik als Thema sehr präsent, etwa unter dem Stichwort Monopolbildung – allerdings sind belastbare und genaue vergleichende Studien rar gesät. Dies aber ist gefährlich, weil sich Debatten über Netzkultur dann nur auf der Grundlage von diffusen Bauchgefühlen führen lassen – weswegen sie oft verebben, weil man es eben nicht genau weiß. Und deshalb widmen wir den Einstieg in unsere Vermessung der digitalen Welt einer genauen Beschreibung der Verteilung des gesamten digitalen Traffic.

Bringt die digitale Revolution Empowerment?

Hoodie, Garage, Beanbag und Graffiti als Symbole einer Underdog-Kultur

Übrigens widerspricht diese Konzentration unserer intuitiven Wahrnehmung der Netzkultur – die wir als eine wunderbare, bunte, diverse und dynamische Welt erleben. Da ergibt sich ein extremer Mismatch. Denn von Beginn an hat sich die digitale Szene eigentlich ganz anders, nämlich als Robin-Hood-Kultur verstanden, die den Reichen nimmt, um den Armen zu geben. Das Netz, so der Traum, liefere Empowerment für die Kleinen im Kampf gegen die Großen. Und viele demokratisierende Elemente der digitalen Medien sind ja offensichtlich. Schon die Hyperlink-Struktur brach mit alten Top-down-Hierarchien. Die Rückkanalfähigkeit gab den Nutzern eine Stimme, emanzipierte sie, erlaubte User-Generated-Content, der heute über Social Media die Normalität im Netzalltag darstellt.

Vom Consumer zum Prosumer

Vielleicht besteht genau darin der teuflische schöne Schein des Internet. Denn diese »digitale Befreiung« lässt sich in den verschiedenen Märkten ja gar nicht wegdiskutieren, sie ist völlig offensichtlich:

»There is no top

Das proklamierte Tim Berners-Lee,

to the Web.«

der Erfinder des Internet, auf einer der ersten Webseiten überhaupt.

DIGITALES »EMPOWERMENT«

INTERAKTION, TRANSPARENZ, PARTIZIPATION IM INTERNET

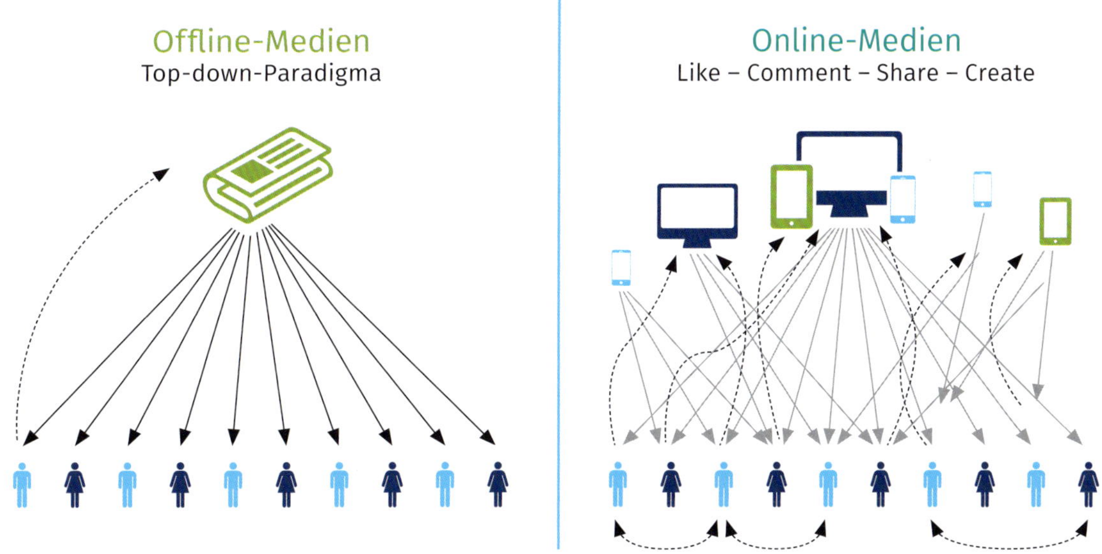

- *Wo man früher für Geld eine Zeitung abonnierte, erhält man heute potenziell unendlich viele Online-News, und das oft gratis.*
- *Wo man früher Geld für (wenige) CDs bezahlen musste, kann man heute über Streaming-Dienste aus einer gigantischen Menge an Musikstücken auswählen.*
- *Wo man früher im Laden eine naturgemäß begrenzte Auswahl an Gütern vorfand, lässt sich heute jedes beliebige Produkt über Online-Shopping auffinden.*

Die Emanzipation der Kleinen?

Diese unendliche Vervielfältigung des Angebots im Netz wurde von Chris Anderson in seinem Modell des *Long Tail* beschrieben.

Das Internet formatiert die Gesellschaft neu

Anderson verglich das Angebot etwa von Amazon mit demjenigen eines Buchladens, dessen Regalfläche immer räumlich limitiert bleibt. Deswegen sah er in der digitalen Transformation eine Chance für die Kleinen – am Beispiel des Buchmarkts: Nicht nur Autoren von Bestsellern und Blockbustern, die in die Regale der Buchhändler gelangen, sondern auch schwach nachgefragte Nischenprodukte können sich im Long Tail verkaufen. Deswegen lautete der Untertitel seines Buchs auch: *Why the Future of Business is selling less of more.*

DIE EMANZIPATION DER KLEINEN PLAYER?

DIE DIGITALE BEFREIUNG DES TAIL END (ANDERSON)

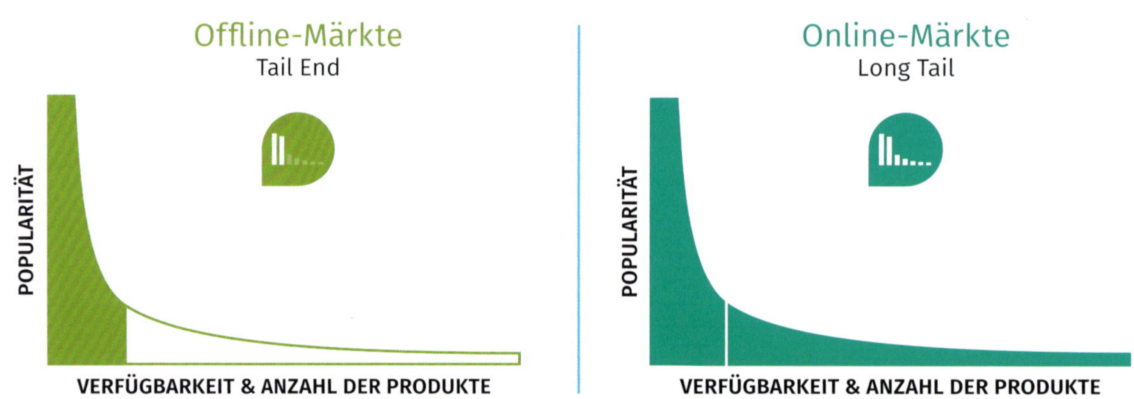

Das sollte nun für alle Angebote im Netz gelten. Denn egal um welche Branche es sich handelt – stets sind ja die Einstiegsbarrieren gesunken. Wer früher eine Zeitschrift gründen wollte, brauchte Infrastrukturen, Papier, eine Druckerei und so fort – jetzt setzt man einfach eine Domain auf, fertig. Wer früher ein Geschäft gründen wollte, musste Gebäude mieten, Personal einstellen – jetzt baut man kurzum einen virtuellen Online-Shop. Das Prinzip ist immer dasselbe, egal ob es sich um Spiele handelt oder um Banking: Überall sollten die Einstiegsbarrieren dramatisch gesunken sein, was umgekehrt die Diversität des Angebots und des Wettbewerbs erhöht haben müsste.

WIE GROSS IST DAS DIGITALE UNIVERSUM?

BEISPIEL DEUTSCHLAND

circa 16.000.000

Top-Level-Domains (.de)

Wie viele Anbieter gibt es überhaupt?

Demokratische Verteilung oder aristokratische Konzentration?

Wir haben nun anhand realen User-Verhaltens diese Diversität im Internet gemessen, um herauszufinden: Wie genau ordnet sich denn der Traffic im Netz? Sind Andersons Hoffnungen in Erfüllung gegangen – handelt es sich also um eine besonders »demokratische« Verteilung, in der viele Player ein vergleichbares Auskommen finden, oder finden wir eine eher »aristokratische« Struktur (wenige besitzen viel, viele besitzen wenig)?

Die erste Herausforderung besteht darin, überhaupt herauszufinden, wie groß das Angebot aller Domains im Netz ist. So wird etwa die Anzahl aller aktiven Registrierungen für die Top-Level-Domain ».de« tagesgenau registriert und liegt aktuell (1. Mai 2020) bei 16.417.216. Sicherlich wäre es fahrlässig, unbekümmert mit dieser Zahl zu rechnen – denn trotz kostenpflichtiger Registrierung und Aufrechterhaltung ist davon auszugehen, dass ein Teil dieser Domains nicht aktiv genutzt wird. Andererseits nutzen User im Netz eine Menge anderer Top-Level-Domains (wie etwa .org, .com, Domains anderer Länder etc.), die in diesen 16 Millionen gar nicht enthalten sind.

Wie lässt sich dann aber unser Ziel erreichen, eine ganzheitliche Aufteilung des *gesamten digitalen Traffic* herzustellen? Hierfür mussten wir einen sehr umständlichen Weg der Vermessung einschlagen. Wir haben tatsächlich jede einzelne Webseite, die von den 16.000 Nutzern aus unserer Stichprobe über einen Zeitraum von 3 Monaten aufgerufen wurde, einzeln (!) registriert (über alle Endgerätekategorien hinweg).

Um eine Vorstellung von der Komplexität solcher Analysen zu geben, sei dies kurz veranschaulicht: Ausgewertet wurden hier nicht weniger als 223 Millionen (!) einzelner Impressions in der Stichprobe, die im Verhältnis zur Größe der deutschen Bevölkerung einer Zahl von etwa 814 Milliarden (!) Impressions entspricht. Gezählt wurde stets nur die höchste Ebene (um es am Beispiel YouTube zu veranschaulichen: das Anklicken unterschiedlicher untergeordneter Inhalte, Subdomains oder dergleichen ebenso wie wiederkehrende Besuche werden dabei immer wieder der höchsten Domain, hier also YouTube, zugerechnet).

Wir haben 131.993 verschiedene Domains vermessen

Die Gesamtzahl der von uns gezählten verschiedenen Destinationen der User beträgt für diesen 3-monatigen Zeitraum 131.993 Websites bzw. Apps. Das gibt uns eine erste gute Näherungsgröße, mit der wir weiter rechnen können.

Wir merken zugleich, dass diese Zahl (ca. 132.000) weniger als 1 % (!) der 16 Millionen registrierten Domains in Deutschland ausmacht. Das heißt aber umgekehrt nicht, dass die restlichen 99 % inaktiv sind (zumal die Inhaber für die Aufrechterhaltung der Domain Gebühren zahlen!). Aber diese 132.000 liefern uns einen präzisen und belastbaren Vergleichswert. Denn innerhalb unserer Stichprobe erfasst diese Zahl *jedes* genutzte Angebot, völlig unabhängig davon, wie mikroskopisch unbedeutend es ist. Auf dieser Grundlage können wir anfangen, die Konzentration des Traffic im Netz zu berechnen, und zwar einfach, indem wir pro Angebot die gesamte Nutzungsdauer in Relation zur gesamten Nutzungszeit prozentual angeben.

Aus allen genutzten Webseiten haben wir die 500 Angebote mit der stärksten Performance in Bezug auf die gesamte gebundene Aufmerksamkeit ausgewählt, was in Bezug auf die Gesamtzahl von 16 Millionen nur 0,003 % (in Worten: drei tausendstel Prozent!) entspricht. Und auch in Bezug auf alle aktiv genutzten Webseiten in diesem Zeitraum (131.993) stellen diese 500 stärksten Plattformen ebenfalls bloß 0,38 % dar.

TRAFFIC-ANTEILE DER TOP-500-SITES & -APPS

IN DEUTSCHLAND

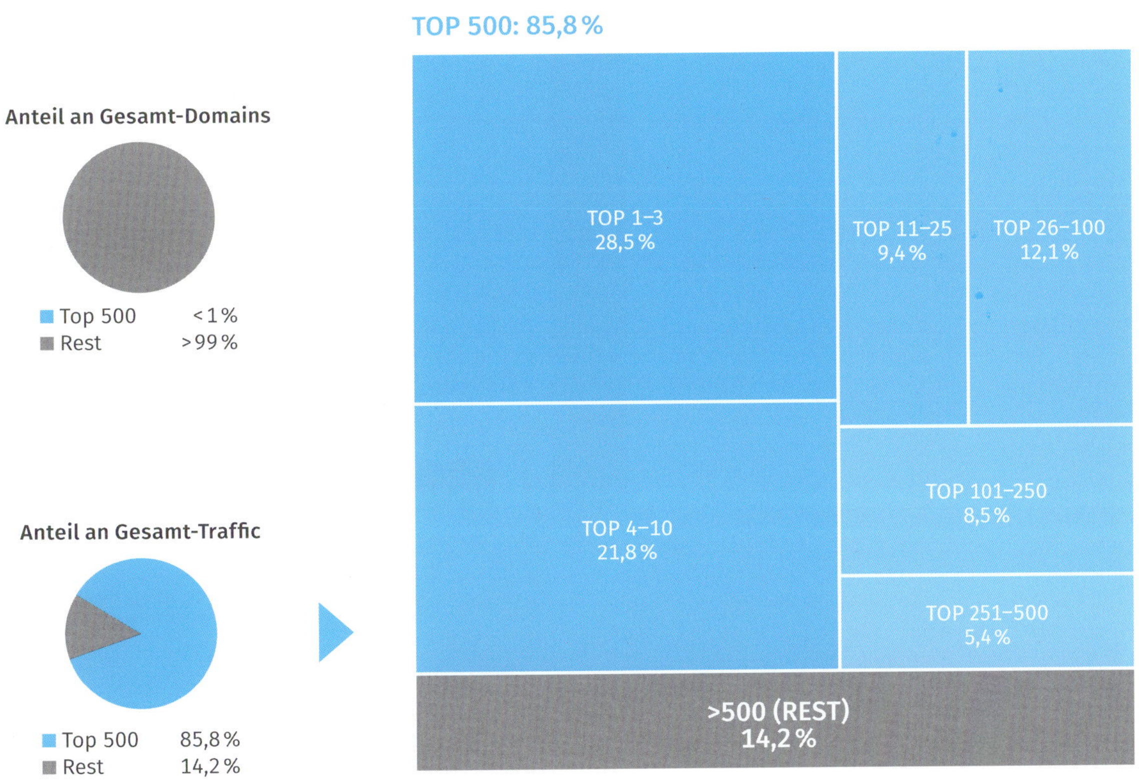

Zeitperiode: Q3/2019; Top-500-Ranking nach Total Duration; Gesamtbevölkerung (14+); alle Endgeräte kombiniert (Desktop, Smartphone, Tablet)

Wie stark ist die Konzentration im Netz?

Das Ergebnis hat uns in seiner Eindeutigkeit und Radikalität verblüfft. Im unendlich großen Kosmos der digitalen Angebote ist unsere Auswahl der 500 stärksten Sites und Apps eigentlich extrem klein. Aber erstaunlich ist: Diese mikroskopisch winzige Auswahl zieht 85,8 % des gesamten digitalen Traffic auf sich.

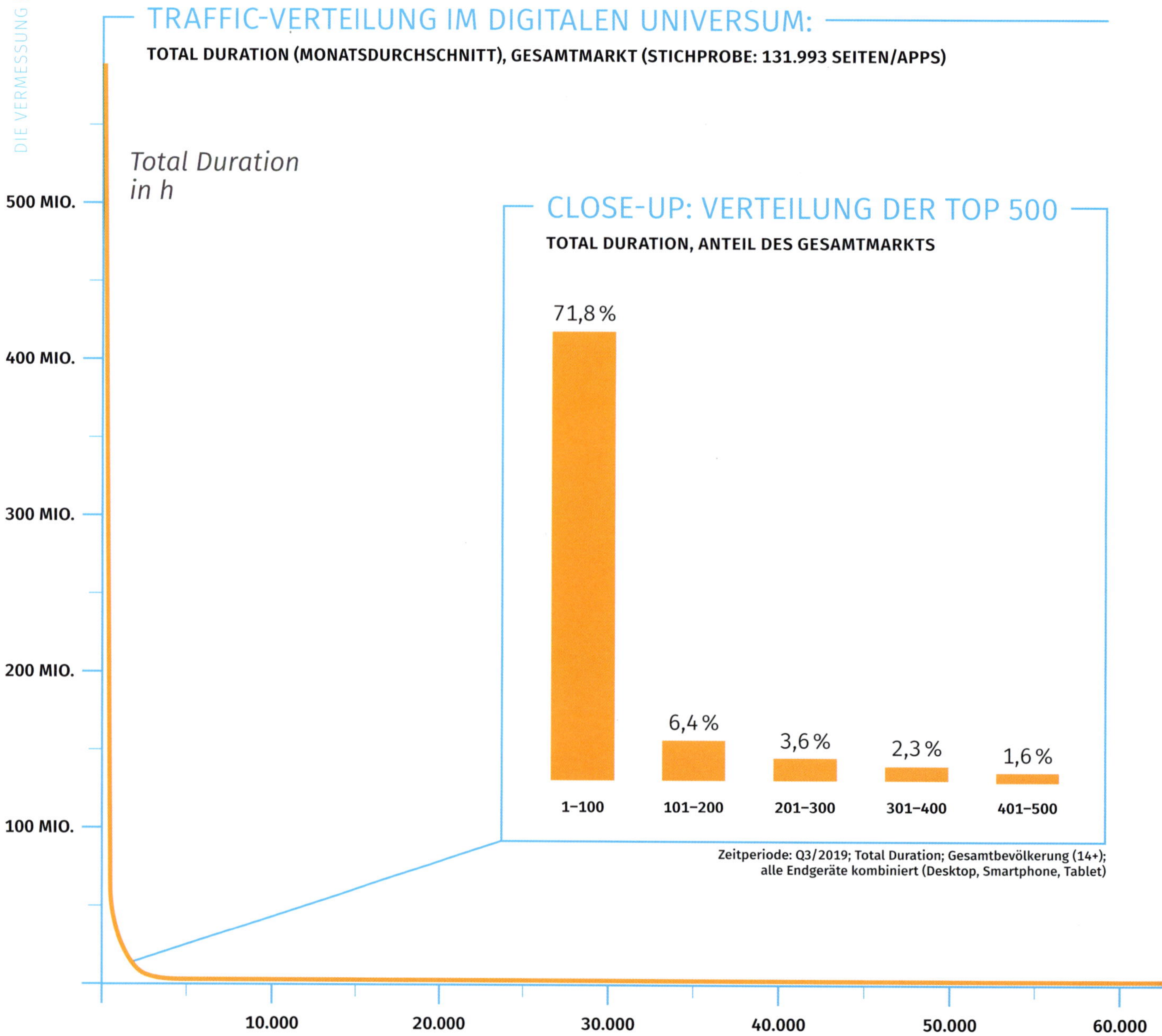

Verblüffend ist auch die Analyse der genaueren Verteilung der Top-Sites und -Apps. Allein die größten drei Brands (YouTube, Apple, Facebook) ziehen 28,5 % aller Aufmerksamkeit auf sich, die Top 10 machen insgesamt schon über 50 % des gesamten Web-Traffic aus.

Den Top-3-Playern gehören 28,5 % des digitalen Universums

Besonders interessant ist auch der drastische, umgekehrt exponentielle Rückgang, wenn man eine Clusterung in Pakete à jeweils 100 Anbieter durchführt: Die Top 100 kommen bereits auf knapp 72 % des gesamten Web-Traffic, das letzte Cluster (401–500) schafft dagegen insgesamt nur noch etwa 1,6 % des Gesamtmarkts.

Es sei nur der Vollständigkeit halber ergänzt, dass die Angebote 501 bis 1.000 etwa 4 % des Traffic entsprechen, Angebote 1.001 bis 10.000 etwa 8 %. Alle Angebote nach Rang 10.000 (in unserer Stichprobe knapp 122.000 verschiedene Domains!) ziehen insgesamt nur etwa 2 % des gesamten Traffic auf sich.

Die realistischste visuelle Darstellung dieses Sachverhalts liefert deshalb ein Diagramm, bei dem wir gänzlich auf Verzerrungen verzichten und auf der x-Achse konsequent alle 132.000 Domains darstellen – die Darstellung kollabiert dabei insofern, weil fast der gesamte Traffic auf dem ersten Millimeter der Darstellung stattfindet (wir haben hier die Linie etwas verdickt, damit man sie überhaupt erkennen kann).

Ist der Long Tail in Wirklichkeit ein Friedhof?

Man sieht daran, dass es eigentlich auch recht müßig ist, darüber zu spekulieren, ob die Gesamtzahl der im Netz befindlichen und »aktiv« genutzten Webangebote nun bei 3, 10 oder 16 Millionen liegt. Es kommt eigentlich gar nicht wirklich darauf an, weil jenseits der Top-10.000-Domains so gut wie gar kein Traffic mehr vorhanden ist.

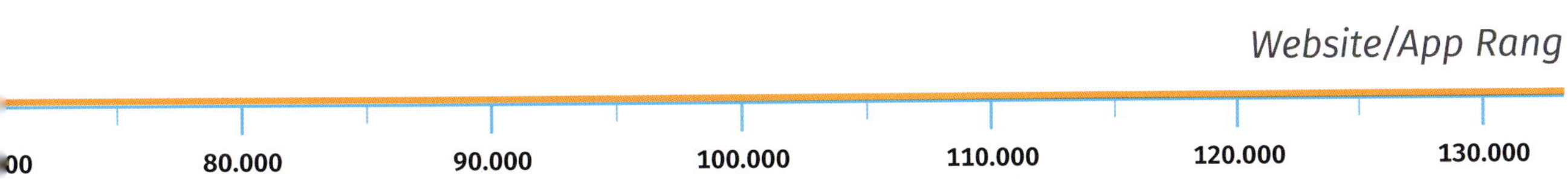

VALLEY VIEW

TRAFFIC-SHARES DER TOP-10-SITES & -APPS NACH KONZERNZUGEHÖRIGKEIT

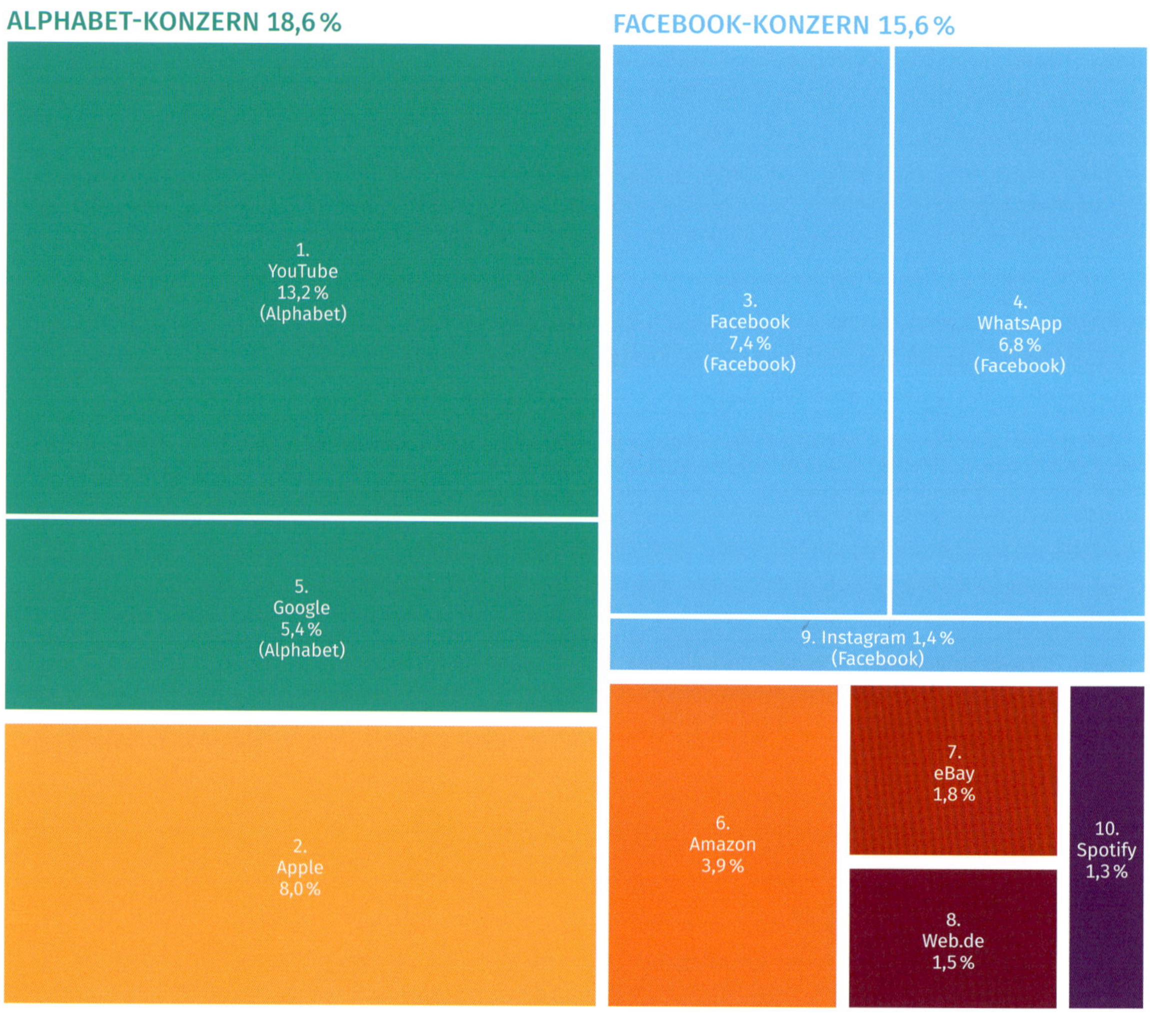

Zeitperiode: Q3/2019; Top-10-Angebote nach Total Duration; Gesamtbevölkerung (14+); alle Endgeräte kombiniert (Desktop, Smartphone, Tablet)

Es wird durch diese erstaunlichen Ergebnisse auch nachvollziehbar, warum viele Domains früherer Zeiten kaum noch genutzt werden – sie liegen einfach millionenfach ungenutzt im Friedhof nicht nachgefragter Content-Angebote.

Im Klartext: Aus Sicht des Content-Anbieters (bzw. Domain-Inhabers) ist es völlig egal, ob man z. B. auf einer nicht erfolgreichen Website noch etwas einstellt, da man weiß, dass sich sowieso kein User dorthin verirrt. Es spielt keine wirkliche Rolle, ob auf solchen Domains noch Content abrufbar ist oder ob eine Fehlermeldung erscheint bzw. die Domain inaktiv ist. Die große Menge nicht (mehr) genutzter Angebote ist nämlich erst das Ergebnis dieser extremen Konzentration des digitalen Kosmos.

Was darüber hinaus berücksichtigt werden muss, ist, dass unsere Darstellung lediglich die für Nutzer sichtbare Markeneinteilung abbildet. Mehrere der Top-10-Brands gehören aber zu ein und demselben Konzern. Würde man die Darstellung nach diesen Konzernen ordnen, hätte man statt den Top 10 nur noch 7 Angebote vorliegen. Zusammenfassen müsste man Facebook (bestehend aus Facebook, Instagram und WhatsApp) bei insgesamt 15,6 % und Alphabet (YouTube plus Google) bei insgesamt 18,6 %. Die Top-7-Konzerne binden mehr als 50 % des gesamten Web-Traffic (s. Illustration links).

Den Top-7-Konzernen gehört mehr als 50 % des digitalen Universums

Lässt sich das Ausmaß der digitalen Konzentration in einer einzigen Zahl ausdrücken?

Weil uns das extreme Ergebnis dieser Analysen so verblüfft hat, haben wir abschließend eine Berechnung durchgeführt, mit der sich der Grad der Konzentration exakt quantifizieren lässt.

Dies leistet der sogenannte Gini-Koeffizient, der stets einen Wert einnimmt zwischen 0 (Gleichverteilung: Alle Menschen besitzen dasselbe Vermögen) und 1 (eine Person besitzt alles, alle anderen besitzen nichts).

Das Maß der (Un-)Gleichheit: der Gini-Koeffizient

Um unser Ergebnis zu veranschaulichen, benötigen wir einen guten Vergleichsmaßstab. Dafür gehen wir zurück auf unser Beispiel der Vermögensverteilung. Stellen Sie sich modellhaft ein Land vor, in dem das Vermögen wie folgt verteilt ist:

1 Person besitzt **1.000.000 Euro.**

10 Personen besitzen **100.000 Euro.**

100 Personen besitzen **10.000 Euro.**

1.000 Personen besitzen **1.000 Euro.**

10.000 Personen besitzen **100 Euro.**

100.000 Personen besitzen **10 Euro.**

1.000.000 Personen besitzen **1 Euro.**

UNGEHEURES AUSMASS DIGITALER KONZENTRATION

DER GRAD DER UNGLEICHVERTEILUNG DER GESAMTEN AUFMERKSAMKEIT (GINI-KOEFFIZIENT)

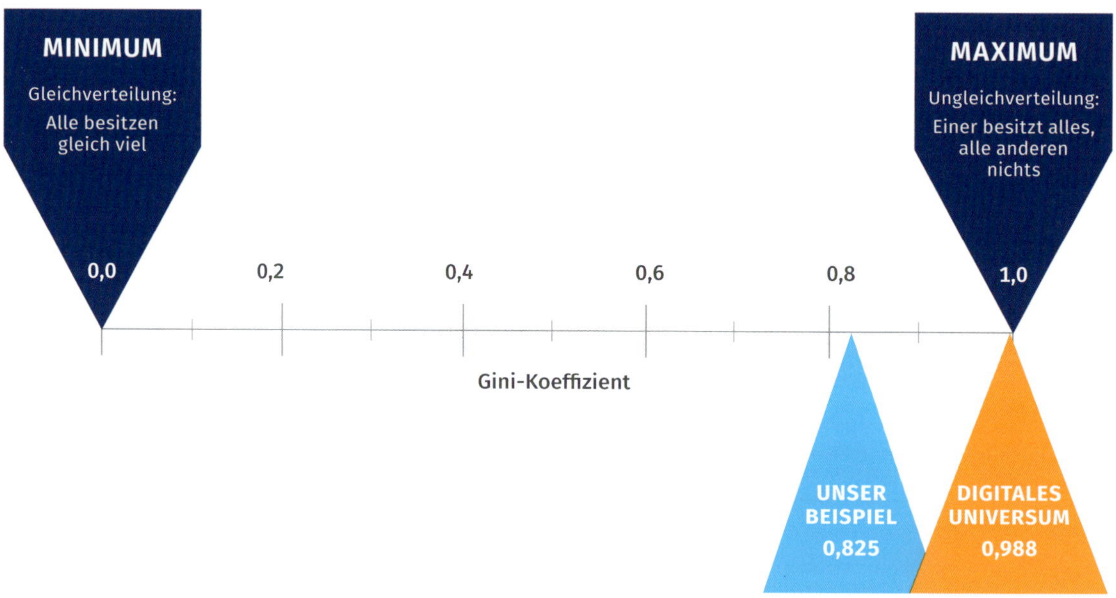

Zeitperiode: Q3/2019; Auswertung aller Angebote nach Total Duration; Gesamtbevölkerung (14+); alle Endgeräte kombiniert (Desktop, Smartphone, Tablet)

Die meisten Menschen sind der Meinung, dass es sich hier um ein Land handelt, in dem das Vermögen sehr ungleich verteilt ist – und tatsächlich beträgt der **Gini-Koeffizient für dieses Beispiel 0,825.**

Erinnern wir uns: Ein Gini-Koeffizient von 1,0 würde bedeuten, dass 1 Person das gesamte Vermögen dieses Landes besäße (in unserem Beispiel: 7 Millionen Euro), die gesamte restliche Bevölkerung (etwa 1,1 Millionen Menschen) würde komplett leer ausgehen und 0 Euro besitzen.

Wir haben nun aus der Verteilung der gesamten gemessenen Aufmerksamkeit auf unser gesamtes Spektrum von 131.993 Angeboten die Konzentration errechnet. **Der Gini-Koeffizient beträgt tatsächlich erstaunliche 0,988** – es handelt sich um ein Ausmaß von digitaler Konzentration, das wir vor Beginn dieser Analysen für unvorstellbar gehalten hätten.

Es ist erstaunlich, dass man als Nutzer dieses ungeheure Ausmaß an Konzentration offenbar nicht wahrnimmt – vermutlich liegt es an der unübersehbaren Menge der Angebote im Netz, die uns eine Vielfalt suggeriert, obwohl diese gar nicht bei der Verwendung realisiert wird.

Wenn Google uns zu einer Suchanfrage mehrere Millionen Treffer liefert, ist das insofern weitgehend bedeutungslos, wenn die meisten User stets auf die ersten Treffer klicken. Vielfalt ist nämlich nur dann bedeutsam, wenn diese auch genutzt wird.

Digitale Vielfalt existiert nicht, wenn sie in der Nutzung nicht realisiert wird

Oder umgekehrt formuliert: Es ist egal, wenn es ein Angebot von Millionen Produkten gibt, wenn kein User diese Angebote verwendet und alle nur immer dasselbe konsumieren.

Deswegen existiert diese Vielfalt aus der Perspektive der digitalen Nutzung nicht. Im Gegenteil: Rein mathematisch betrachtet befinden wir uns schon erstaunlich nahe an dem Maximalwert von 1,0. In diesem Zustand des digitalen Universums würde dann die gesamte Aufmerksamkeit aller Nutzer nur noch von einem einzigen Anbieter abgedeckt werden.

Dieses Giga-Unternehmen wäre gewissermaßen wie ein schwarzes Loch, welches alle existierende Aufmerksamkeit aller existierenden Nutzer zu 100 % in sich aufsaugt. Alle anderen Anbieter wären nicht nur bildlich, sondern wörtlich »tot« im Friedhof des Tail End – ihre Webseiten, Domains und Apps würden zwar existieren, aber ihre Nutzung würde null betragen.

Das digitale Universum als Ganzes: Netzwerkstrukturen

Netzwerkstrukturen zeigen die Interaktion der verschiedenen Angebote

Bis hierhin haben wir die verschiedenen Angebote der digitalen Welt als statische Größen vermessen. Man kann in den Daten aber auch Netzwerkstrukturen analysieren, um herauszufinden, auf welche Weise die einzelnen Anbieter miteinander in Beziehung stehen.

Das stellt zugleich eine besondere Herausforderung dar. Warum? Weil jeder einzelne Player im Netz prinzipiell mit jedem anderen ein solches Beziehungsnetzwerk unterhält. Es handelt sich um Größenordnungen von Komplexität, die sich nur sehr schwer darstellen und verstehen lassen. Deswegen werden wir dies in diesem Buch nur für die größten vier Konzerne vertiefen und in Kapitel IV ausführlich behandeln.

Hier geben wir jedoch schon eine erste Kostprobe und stellen die Interaktionen der Top-500-Plattformen nach Nutzungsdauer dar (diese wird durch die Größe der Blasen markiert, die allerdings für fast alle kleineren deutlich verstärkt wurden, damit sie überhaupt sichtbar sind).

Um überhaupt Strukturen herausarbeiten zu können, beschränken wir uns hier auf die wichtigsten 2.290 Beziehungen (also weniger als 3 % der für diese Analyse gemessenen 82.232 Verbindungen) – aber auch so erscheint ein Wirrwarr an Interaktionen.

Die Verbindungslinien zeigen Nutzungsflüsse, die auf die Verwendung des ursprünglichen Angebots (der einzelnen Bubbles) folgen. Wer genau hinschaut, entdeckt durchaus inhaltliche »Wolkenbildungen«, die zeigen, dass User in bestimmten Bereichen affine Angebote nacheinander ansteuern – etwa bei Gaming (links unten), Bewegtbild und Informationen (rechts unten), es lässt sich auch etwa für Bank- und Versicherungsservices (oben rechts) sowie für Shopping und Preisvergleich (rechts) erahnen.

Sofort ins Auge springen natürlich die wichtigsten Player, die auch die relevantesten Knoten bei der Weitergabe von Traffic sind. Im Einzelnen verteilen sie Nutzungsdauer folgenden Ausmaßes: Google Search 8 %, YouTube 8 %, Facebook 10 %, Instagram 3 %, WhatsApp 17 % (bedingt durch die starke mobile Nutzungsintensität), Amazon 3 %, eBay 3 %.

Man erkennt in der Grafik die Bedeutung der »Big 4«-Konzerne auch bei der Abgabe von Nutzungsintensität an den eingefärbten Linien (Alphabet = grün, Facebook = blau, Amazon = orange, Apple = lila).

Alphabet (Google Search und Maps, YouTube, Gmail) verteilt 18 %, Facebook (inklusive WhatsApp und Instagram) 30 %, Apple 4 %, Amazon 3 % der Nutzeranteile auf die weiteren 500 Marken oder die eigenen Angebote im Internet. Das heißt: Nicht nur in Bezug auf die auf ihren Plattformen verbrachte Nutzungszeit dominieren die vier größten Konzerne das Feld – sie verteilen auch 45 % *der nachfolgenden Nutzungsdauer*. Wir werden später sehen, dass erhebliche Teile dieser Folgenutzungen wieder auf Angeboten der konzerneigenen Ökosysteme landen. Wir kommen in Kapitel IV ausführlich darauf zurück.

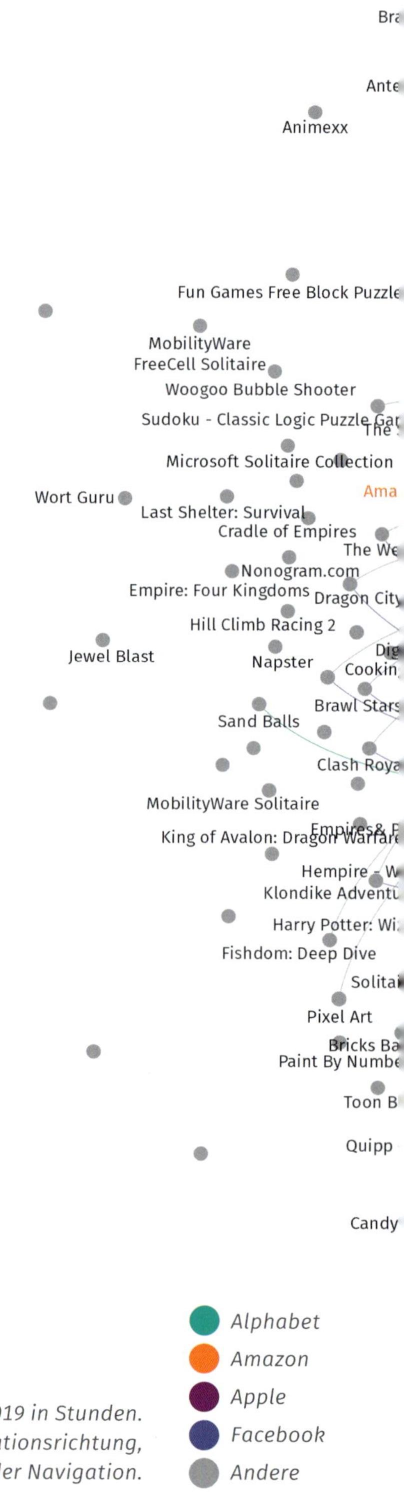

Die Bubble-Größe repräsentiert die gesamte Nutzungsdauer des Angebots im November 2019 in Stunden. Die Linienstärke zwischen den Bubbles zeigt die kumulierte Nutzungsdauer der Navigationsrichtung, die Linienfarbe entspricht dem Ausgangspunkt der Navigation.

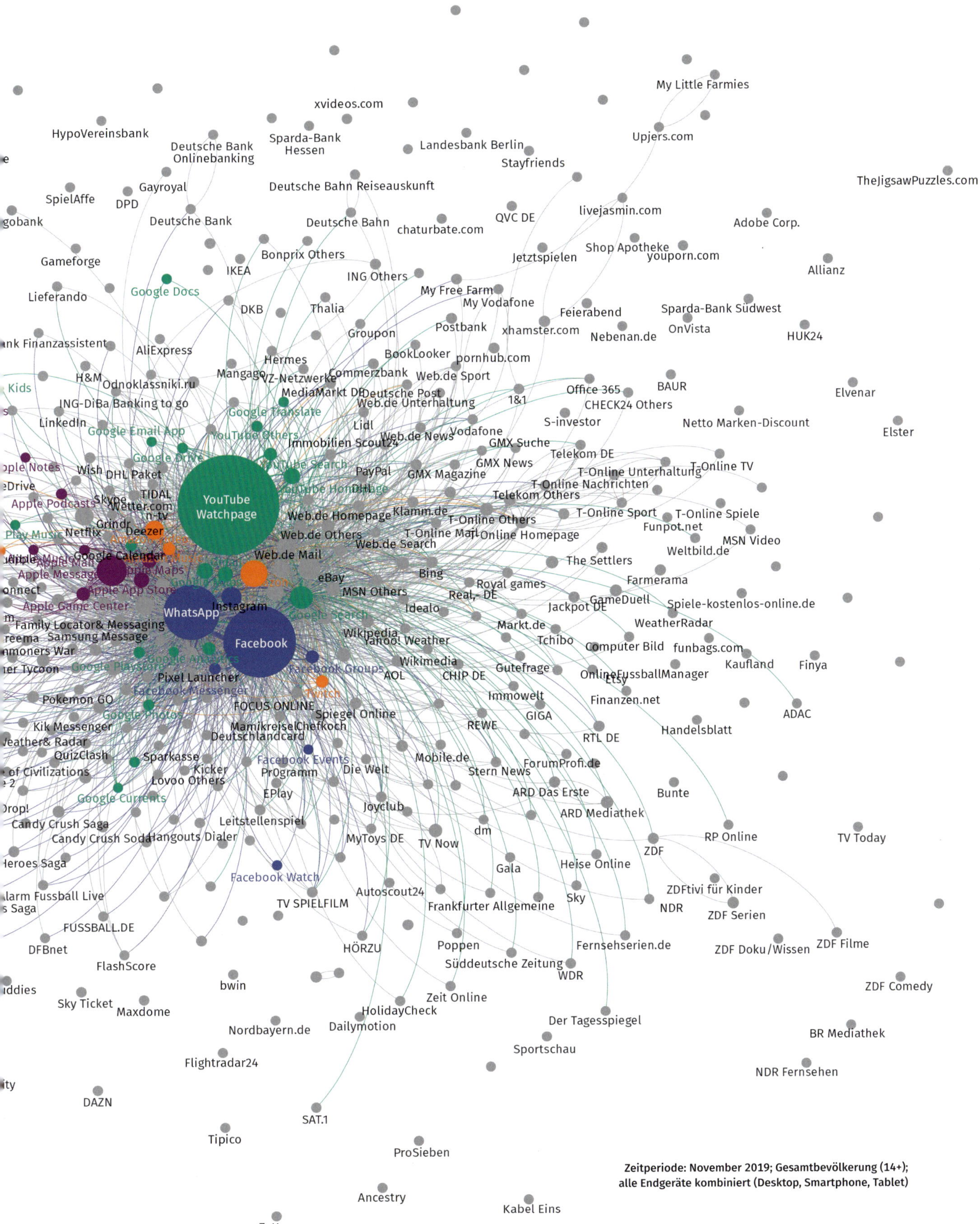

Zeitperiode: November 2019; Gesamtbevölkerung (14+);
alle Endgeräte kombiniert (Desktop, Smartphone, Tablet)

Was sind die Gründe für die digitale Konzentration?

Wir können als Zwischenfazit festhalten: Der gesamte Traffic aller digitalen Inhalte ist auf geradezu unvorstellbare Weise konzentriert. Sicherlich gibt es viele existierende Erklärungen, was die Gründe dafür sein könnten – wir wollen hier die wichtigsten drei erläutern:

Grund 1:

Grundlegende Arbeiten zu den starken Konzentrationstendenzen des digitalen Traffic stammen von Matthew Hindman, der zeigen kann, dass die digitale Navigation über große Gatekeeper und Aggregatoren, vor allem aber Suchmaschinen eine Begünstigung starker Marktführer zuungunsten der kleinen Anbieter bewirkt. Es entsteht ein sich selbst verstärkender Sog hin zu Winner-takes-all-Märkten.

Ferner erschweren Netzwerkeffekte einen Wechsel zur Konkurrenz, übrigens auch durch ein »kognitives Lock-in« (wenn die Nutzung eines Angebots zur Gewohnheit wird und dadurch ein Wechsel überproportionalen Aufwand bedeutet).

Außerdem räumt er auf mit dem Mythos der angeblich niedrigen Eintrittsbarrieren digitaler Märkte und belegt, dass große Player gigantische Summen in ihre technologischen Infrastrukturen investieren, was den Markteintritt potenzieller Wettbewerber häufig aufgrund schwer einholbarer Vorsprünge im Keim erstickt.

Suchmaschinen und Aggregatoren erzeugen Winner-takes-all-Märkte

Alle diese Faktoren verstärken sich gegenseitig und erzeugen die »Stickiness« digitaler Angebote – verstanden als Kraft eines Angebots, die Aufmerksamkeit der Nutzer immer häufiger und länger zu binden.

Grund 2:

Ein weiterer Grund für Konzentration besteht darin, dass die digitale Welt noch in den 1980er und 1990er Jahren stark über sogenannte offene Standards geformt wurde, wohingegen vor allem in den letzten etwa 15 Jahren zunehmend geschlossene Standards üblich wurden.

Felix Stalder hat dies sehr anschaulich durch den Vergleich zwischen E-Mail und Social Media illustriert. Im Falle der E-Mail hatte man sich bereits Anfang der 1980er Jahre auf ein sogenanntes offenes Protokoll geeinigt, und zwar das SMTP (Simple Mail Transfer Protocol).

Es handelt sich dabei um ein allen Wettbewerbern frei zugängliches Format, in das alle E-Mails fortan »verpackt« wurden, was eben auch erklärt, warum (bis heute) immer dieselbe Kommunikationsform (E-Mail) von ganz unterschiedlichen Anbietern, aber übrigens auch gänzlich unterschiedlichen Geschäftsmodellen (E-Mail-Programme, Webmail bzw. Freemail von E-Mail-Providern etc.) genutzt wird – Konkurrenten stehen zwar im Wettbewerb gegeneinander, tun dies aber auf der Grundlage eines offen für alle Teilnehmer verfügbaren Standards.

Im Gegensatz dazu setzen jedoch die großen Social-Media-Plattformen auf geschlossene Standards: Während Sie etwa eine E-Mail von Microsoft Outlook an Gmail und dann an web.de versenden können, ist es etwa bei Facebook nicht möglich, Nachrichten direkt auf andere Plattformen zu schicken – was verhindert, dass zusätzliche Wettbewerber auf der Grundlage desselben offenen Protokolls etwa mit Facebook konkurrieren, so wie dies etwa bei E-Mails der Fall ist.

Geschlossene Standards begünstigen Konzentration

Grund 3:

Ein dritter Ansatz kann zeigen, dass digitale Medien eine grundlegende Veränderung bei dem Nachfrageprinzip in der Marktwirtschaft bewirken. Das lässt sich hier nur verkürzt darstellen (vgl. ausführlich Andree 2010 und 2012): In der Marktwirtschaft soll sich der Erfolg eines Produkts auf Grundlage unzähliger einzelner Produktbeurteilungen durch einzelne Nutzer einstellen (»unsichtbare Hand«). Nach Möglichkeit soll »Reflexivität« ausgeschaltet werden. Reflexivität liegt dann vor, wenn nicht das Produkt, sondern die Nachfrage selbst beobachtet wird – wenn etwa Verbraucher das volle Restaurant gegenüber dem leeren bevorzugen, auch wenn das Essen möglicherweise in dem leeren Restaurant qualitativ besser ist.

Gesteigerte Reflexivität verändert die Grundlagen der Marktwirtschaft

Reflexivität ist in der Offline-Welt ein ärgerliches Randphänomen, das jedoch unter den Bedingungen der digitalen Medien zu einer zentralen Größe anwächst. Das liegt daran, dass digitale Medien Feedback-Strukturen radikal erweitern, verstärken und beschleunigen: Es entstehen immer neue Intermediatoren und Feedback-Schichten, etwa Likes, Follower, Rankings, Bewertungen, Rezensionen, Vergleichsportale, Hitlisten und so fort, zugleich tendiert die Zeitverzögerung des Feedback gegen null (Echtzeit), das Feedback wird immer präziser und feinkörniger.

Digitale Medien erzeugen Popularitätspopularität – sie stärken die Starken und schwächen die Schwachen

Vergessen wir auch nicht, dass die Algorithmen von Google, Facebook und so fort vor allem populäre Inhalte und Seiten belohnen (also: je beliebter ein Inhalt, desto mehr User bekommen den Inhalt zu sehen), sogar ohne dass die dahinterliegenden Feedback-Schleifen für die Anwender überhaupt sichtbar sind. Solche Selbstverstärkungsmechanismen erzeugen eine neue Art von »Popularitätspopularität« – die Positionen der Starken werden gestärkt, die Positionen der Schwachen geschwächt.

WAS SIND DIE GRÜNDE FÜR DIE DIGITALE KONZENTRATION?

KONKLUSION

Wie wirken sich digitale Medien auf Marktwirtschaft und Wettbewerb aus?

Mit dieser Übersicht wird auch deutlich, dass die neuen Medientechnologien die Grundlagen unserer Gesellschaft im Allgemeinen und der Wirtschaft im Besonderen strukturell verändern. Die obigen Bedingungen haben entweder nur unter digitalen Bedingungen Gültigkeit (Beispiel Suchmaschinen, Echtzeit-Feedback etc.), oder aber sie werden im digitalen Kontext in ihren Auswirkungen drastisch potenziert (Beispiel geschlossene Standards, Aggregatoren und Intermediatoren, Netzwerkeffekte, Markteintrittsbarrieren, Reflexivität etc.).

Die Rahmenbedingungen des Wettbewerbs haben sich unter digitalen Bedingungen fundamental geändert

Wettbewerb auf Grundlage digitaler Technologien findet also unter gänzlich anderen Bedingungen statt als Wettbewerb in Offline-Märkten. Das Beispiel der Konzentration ist hier eines von vielen: Die enorme Agglomeration von Traffic in der Hand eines kleinen Kreises von Giganten geht kausal nicht primär auf deren Produkteigenschaften, sondern vor allem auf die digitalen Marktbedingungen zurück.

Denn unter den Bedingungen digitaler Märkte reichen anfänglich winzige Vorteile, die sich in sehr kurzer Zeit zu uneinholbaren Vorsprüngen auswachsen. Die Produkte der Marktführer werden aufgrund der Konzentrationsdynamik des digitalen Markts mit einem so starken Rückenwind angetrieben, dass der Wettbewerb eben zu unfairen Bedingungen stattfindet – weswegen Konkurrenten keine echte Chance haben.

Ursprünglich winzige Vorsprünge werden unter digitalen Bedingungen in kürzester Zeit uneinholbar

Das heißt: Unternehmen wie Google oder Facebook sind nicht »schuld« an ihrer gigantischen Marktgröße – es ist das Ergebnis gigantischer Gravitationskräfte, die in digitalen Märkten wirken und potenzielle Konkurrenz verhindern.

Und zugleich sind Google oder Facebook auch nur zu einem sehr geringen Grad wegen ihrer Verdienste oder Innovationskräfte heute so groß, sondern hauptsächlich aufgrund eines glücklichen Zufalls, der viele Jahre zurückliegt.

Wenn ein beliebiges anderes Unternehmen damals ein paar Monate Vorsprung gehabt hätte, würde es heute ähnlich groß sein, Google oder Facebook würden nicht mehr existieren und wären längst vergessen.

2

Digitale Medien: Wie stark hat sich die Nutzung durchgesetzt?

Die wichtigsten Begriffe und Parameter

Fangen wir unsere Tour durch die verschiedenen Regionen der digitalen Medien mit den grundsätzlichsten und einfachsten Fragen an: Wie viele Menschen sind überhaupt im Netz? Wie viel Zeit verbringen sie mit digitalen Medien? Auf welchen Endgeräten tun sie das? Und wie entwickelt sich das im Zeitverlauf?

Wir schauen uns das zunächst für Deutschland gesamt an – aber zugleich erklären wir, sozusagen im Vorübergehen, die wichtigsten Parameter, auf denen die ganze folgende Studie aufbaut. Die folgenden Seiten geben Ihnen also auch einen tieferen Eindruck in die Instrumente, die uns bei unserer Vermessung des digitalen Universums zur Verfügung standen – auf diese Weise erhalten Sie ganz nebenbei auch eine kompakte Einführung in die wichtigsten Kennzahlen digitaler Mediennutzung.

DIGITALE MEDIENNUTZUNG IN DEUTSCHLAND

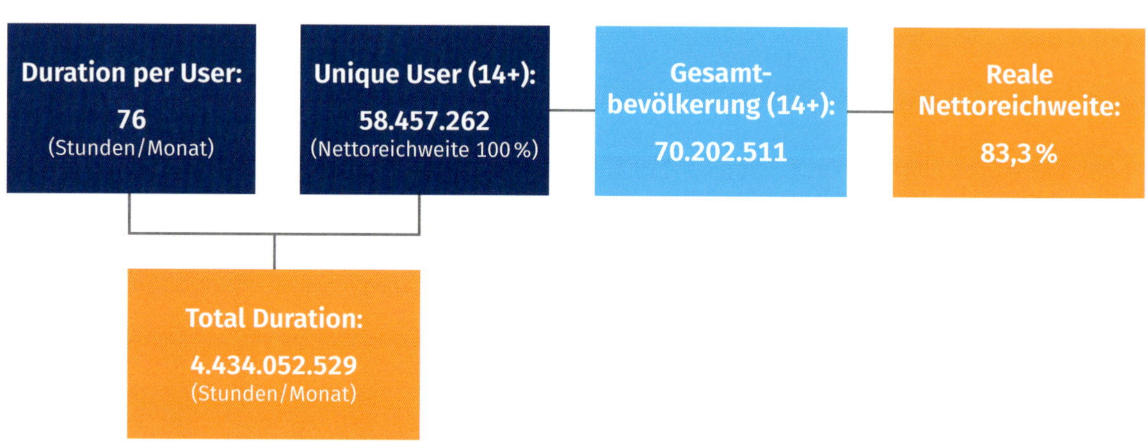

Zeitperiode: Q4/2019; alle Mediennutzungen; Duration gemittelt (Monat); Gesamtbevölkerung (14+); alle Endgeräte kombiniert (Desktop, Smartphone, Tablet)

Wie Sie schnell sehen können, nutzen in Deutschland etwa 58,5 Millionen Menschen – also Unique User, einzelne Personen – das Netz in der Zielgruppe ab 14 Jahren. Weil die Gesamtbevölkerung ab 14 Jahren bei etwa 70,2 Millionen Menschen liegt, heißt das zunächst, dass die Reale Nettoreichweite (nicht zu verwechseln mit Nettoreichweite, siehe Kasten!) nur bei 83,3 % liegt. Das bedeutet im Umkehrschluss: etwa 11,7 Millionen Menschen in Deutschland nutzen nach wie vor keine digitalen Medien via Smartphone, Desktop oder Tablet – 16,7 % der Bevölkerung leben nach wie vor in einer Offline-Welt.

83,3 % der deutschen Bevölkerung nutzen digitale Medien

Fun Fact

11,7 Millionen

Menschen über 14 Jahre in Deutschland leben nach wie vor in einer Offline-Welt!

Diese Ergebnisse zeigen auch, wie wichtig es ist, reale Mediennutzungen zu messen – denn auch wenn beispielsweise viele dieser Menschen ein Smartphone besitzen mögen, in dem hier zugrunde gelegten Zeitraum haben sie dieses über drei Monate hinweg nicht genutzt, um darüber digitale Medieninhalte zu konsumieren.

Obwohl die Durchsetzung digitaler Medien so weit fortgeschritten ist, gibt es sogar Ende 2019 noch eine starke Minderheit von Non-Usern in Deutschland, die man nicht einfach ausblenden sollte. Diese lassen sich auch schnell identifizieren: Etwa 8,6 Millionen davon sind über 60 Jahre alt, die verbliebenen Non-User stammen hauptsächlich aus der Altersklasse zwischen 50 und 60 Jahren.

FACHBEGRIFFE

Wichtige Fachbegriffe – einfach erklärt

Unique User

Mit diesem Maß wird die Anzahl der Nutzer beziffert. Mit »unique« (einzeln) ist gemeint, dass jeder Nutzer nur einmal gezählt wird, völlig unabhängig davon, ob er etwa nur ein einziges Mal das Netz nutzt oder ob die Nutzung immer wieder erfolgt. Damit steht der Begriff in einem Zusammenhang zur sogenannten Nettoreichweite (siehe unten).

Net Reach/Nettoreichweite

Diese bezeichnet den prozentualen Anteil der Nutzer eines spezifischen Angebots im Verhältnis zur Gesamtzahl aller Unique User – wenn etwa Facebook 82 % Nettoreichweite hat, bedeutet das im Umkehrschluss: Es gibt 18 % an Nutzern (!) digitaler Medien, die Facebook nicht verwenden.

Gross Reach/Bruttoreichweite

Der Vollständigkeit halber soll hier auch dieser Parameter erwähnt werden, auch wenn er im Folgenden keine Rolle spielen wird und eher bei Media-Messungen von Werbung wichtig ist. Im Unterschied zur Nettoreichweite werden bei Bruttoreichweiten Mehrfachkontakte in einem bestimmten Zeitraum (typisch ist ein Monat) mitgezählt, sodass leicht Werte signifikant über 100 % erreicht werden.

Reale Nettoreichweite/Penetration

Der Prozentsatz aller Unique User im Verhältnis zur gesamten Bevölkerung (der jeweiligen Altersspanne), sodass in dem Vergleich die Non-User mitgezählt werden. Der aufmerksame Leser wird nämlich bemerkt haben, dass der hier benutzte Indikator der Nettoreichweite keine Aussage über die *Nicht-Verwender* digitaler Medien zulässt (alle Unique User digitaler Medien zusammengenommen entsprechen 100 % Nettoreichweite – was auch den gängigen Definitionen entspricht).

Das hat in der Analyse Vor- und Nachteile. Sicherlich wäre es wenig sinnvoll, bei den Reichweiten von einzelnen digitalen Angeboten auch Personen mitzuzählen, die überhaupt keine digitalen Medien verwenden (zumal man dann auch differenzieren müsste: X% *wollen* Facebook nicht nutzen, Y% *können* Facebook nicht nutzen, weil sie eben gar keine digitalen Medien verwenden). Dagegen ist in Bezug auf die Durchsetzung digitaler Medien insgesamt in der Bevölkerung (der sogenannten »Penetration«) genau dieser Aspekt der wichtige und interessante. Deshalb nutzen wir in diesen Fällen den Ausdruck *Reale Nettoreichweite*.

Duration per Unique User

Diese bezeichnet die Dauer an Zeit, welche ein User im Netz verbringt; typischerweise handelt es sich um einen Durchschnittswert aus der Gesamtzahl aller Unique User (s.o.). Diese wird von uns je nach Aufschlüsselung in Stunden (oft: je Monat) oder Minuten (oft: am Tag) dargestellt.

Total Duration

Die gesamte absolute Nutzungsdauer. Hierbei handelt es sich um den wichtigsten Parameter der folgenden Analysen, weswegen er ausführlicher erläutert werden soll. Aufmerksame Leser werden bemerkt haben, dass eine faire »Vermessung« der digitalen Welt insofern schwierig ist, als die wichtigsten beiden Maßeinheiten (Nettoreichweite und Duration per Unique User) bei den einzelnen Angeboten komplett gegenläufig ausfallen können. So kann ein Angebot beispielsweise über eine riesige Nettoreichweite verfügen, jedoch nur eine verhältnismäßig niedrige Nutzungsdauer aufweisen (so hat Google Search eine Nettoreichweite von 98,2%, aber eine Nutzungsdauer von nur etwa 1 Stunde pro Monat). Umgekehrt gibt es beispielsweise Games, die nur von verhältnismäßig wenigen Nutzern gespielt werden, aber eine hohe Stickiness und demzufolge Verwendungsdauer aufweisen (so hat Candy Crush eine Nettoreichweite von nur 13%, aber eine Duration per Unique User von knapp 7 Stunden im Monat).

Die meisten marktüblichen Betrachtungsweisen fokussieren nur auf Nettoreichweite, was nach unserer Auffassung eine Missachtung des realen Nutzungsverhaltens darstellt, zumal es auch medienökonomisch wenig sinnvoll ist. Aus medienökonomischer Sicht ist die Total Duration, die *gesamte gebundene Aufmerksamkeit*, die ein Medienangebot anlocken kann, ein weitaus umfassenderer Indikator für dessen relative Stellung im digitalen Universum.
Aus diesem Grunde legen wir in den meisten Fällen diese Gesamtdauer (Duration) für viele Analysen zugrunde, also die aggregierte Nutzungsdauer aller Unique User.

USER VS. NON-USER

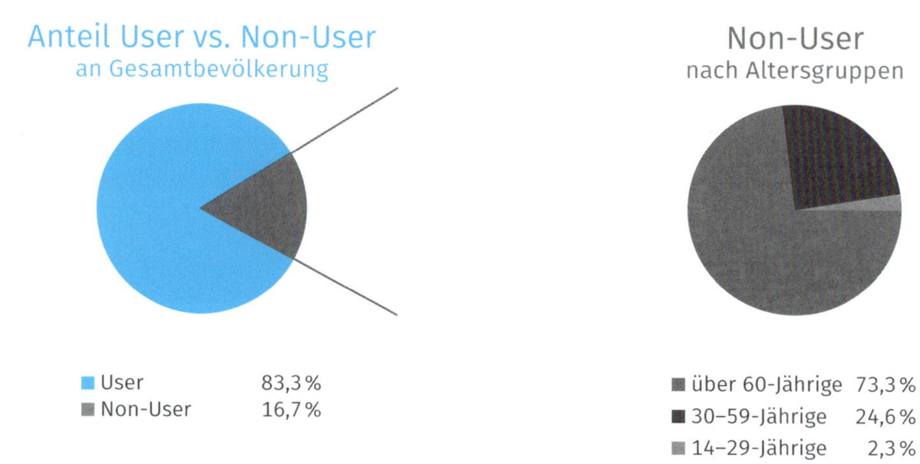

Zeitperiode: Q4/2019; alle Mediennutzungen; Gesamtbevölkerung (14+); alle Endgeräte kombiniert (Desktop, Smartphone, Tablet)

Das wird auch durch den Blick auf die Reale Nettoreichweite bestätigt: Während digitale Medien von fast der gesamten Bevölkerung genutzt werden, ist die Nutzung digitaler Medien bei den über 60-Jährigen immer noch recht niedrig, sie liegt dort nur bei knapp 60 % – die restlichen 40 % leben weiterhin in einer Offline-Welt aus TV und Print wie vor 20 Jahren.

USER VS. NON-USER: REAL NET REACH

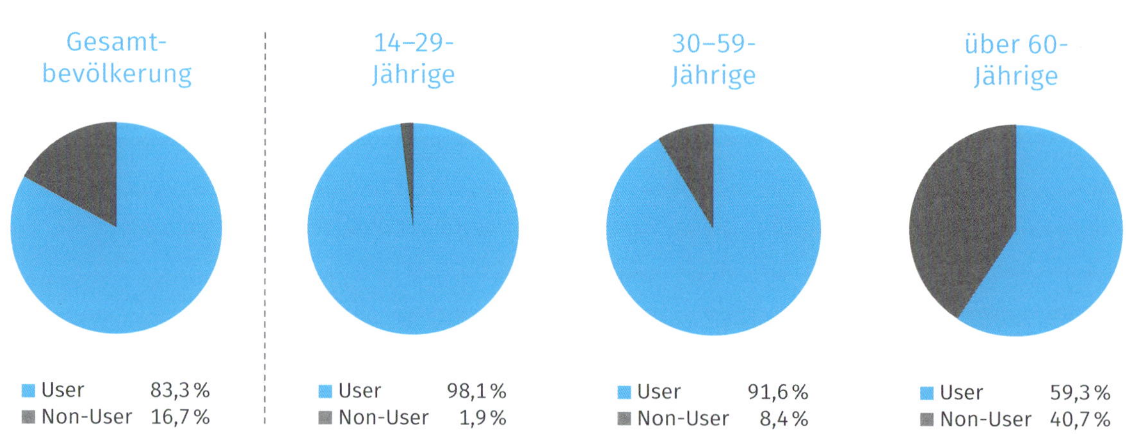

Zeitperiode: Q4/2019; alle Mediennutzungen; Gesamtbevölkerung (14+); alle Endgeräte kombiniert (Desktop, Smartphone, Tablet)

3

Markt: Wie wächst das digitale Universum?

Auf welche Weise nimmt die Nutzung digitaler Medien zu?

Der Gesamtmarkt der digitalen Medien bemisst sich nach der Summe aller in diesen Medien gebundenen *Aufmerksamkeit* – und diese lässt sich über zwei Achsen steigern, einerseits durch Penetration (*mehr Menschen* nutzen digitale Medien) oder durch Duration per Unique User (dieselben User nutzen digitale Medien *länger*). Der Indikator Total Duration liefert deshalb ein viel hochwertigeres und präziseres Maß für digitale Mediennutzung, weil er beide Dimensionen – Reichweite und Dauer – miteinander kombiniert.

Total Duration liefert den besten Indikator für Aufmerksamkeit

Mit den 17 nach Total Duration größten Angeboten lässt sich dies hier einsteigend gut illustrieren (s. Tabelle auf der nächsten Seite). Man sieht auf den ersten Blick die Spreizung zwischen Reichweiten und Nutzungsdauer per Unique User. Es gibt einerseits Angebote, bei denen beide Aspekte stark ausgeprägt sind – vor allem YouTube, aber auch Facebook und WhatsApp. Doch schon bei Google (hier: Search, Maps und Gmail insgesamt) und Amazon liegt das Übergewicht auf Reichweite und weniger ausgeprägt auf Nutzungsdauer. Ähnlich verhält es sich bei eBay, Web.de, GMX, T-Online und Microsoft, sie alle besitzen starke Reichweiten bei eher mäßiger Nutzungsdauer, was durch die jeweiligen Aktivitäten sowie durch die Geschäftsmodelle erklärbar ist.

Es gibt allerdings auch Topangebote in Bezug auf Nutzungsdauer, die aber deutlich schwächere Nettoreichweiten aufbauen. Apple ist ein typischer Fall (wir kommen ausführlich darauf zurück), aber auch Spiele wie Candy Crush, Gardenscapes oder Pokémon GO, die hier in der Liste auftauchen, obwohl sie nur 10,5 % bzw. 8,9 % Nettoreichweite besitzen. Zuletzt finden sich noch Player, die bei dieser Balance von Reichweite und Dauer eine mittlere Position einnehmen – wie etwa Instagram, Spotify oder Netflix.

Wie also entwickelt sich dieser Markt als Ganzes im Zeitverlauf? Und vor allem – entwickelt sich der Markt eher über zusätzliche Nutzer oder eine

In nur 12 Monaten wächst die Anzahl der Nutzer um 2,7 Millionen

längere Verweildauer? Die Antwort fällt hier tatsächlich erstaunlich schwarzweiß aus. Denn die Zahl der Unique User wächst im Verlauf von nur einem Jahr um 4,9 %, das sind mehr als 2,7 Millionen zusätzliche Personen. Dagegen bleibt die Nutzungsdauer exakt konstant bei durchschnittlich 76 Stunden im Monat (also etwa 152 Minuten täglich) – was wiederum zur Folge hat, dass die Dauer der gesamten digitalen Aufmerksamkeit exakt auf demselben Niveau wächst wie die Penetration, nämlich um 4,9 %.

Nutzungsdauer pro User bleibt (vor der Corona-Krise) konstant

Dies gilt wohlgemerkt für die von uns analysierten Zeitfenster. Es ist davon auszugehen, dass durch die Corona-Krise die Nutzungszeiten vorübergehend signifikant angestiegen sind (eine repräsentative Vergleichsmessung ergab für April 2020 im nationalen Lockdown eine Steigerung von +16 % versus +5 % unter »Normalbedingungen«, selbst hier betrug die Differenz also lediglich 11 %; vgl. Anhang). Es ist jedoch anzunehmen, dass dies eine besondere Situation darstellt und sich die Lage voraussichtlich ab dem dritten Quartal 2020 neu einpendeln wird. Für unseren Querschnitt ist es sinnvoller, »normale« Perioden zu untersuchen.

REICHWEITE ODER DAUER?

ANGEBOTE IM ÜBERBLICK

	Anbieter	Total Duration (Stunden/Monat)	Unique Users	Net Reach	Duration per U.U. (Minuten/Tag)
1	YouTube	585.008.567	55.091.146	94,2 %	21
2	Apple	330.277.846	26.015.221	44,5 %	25
3	Facebook	317.945.151	54.347.469	93,0 %	12
4	WhatsApp	309.197.454	49.598.785	84,8 %	12
5	Google	225.013.845	58.125.268	99,4 %	8
6	Amazon	162.345.991	55.707.064	95,3 %	6
7	eBay	85.115.062	51.218.216	87,6 %	3
8	Instagram	67.337.446	42.365.417	72,5 %	3
9	Web.de	62.042.446	39.848.920	68,2 %	3
10	Spotify	55.562.841	22.282.606	38,1 %	5
11	GMX	50.504.889	30.919.005	52,9 %	3
12	Netflix	49.840.011	20.395.610	34,9 %	5
13	Candy Crush	47.308.267	7.491.817	12,8 %	13
14	Gardenscapes	31.970.045	6.156.518	10,5 %	10
15	T-Online	30.383.722	36.271.888	62,0 %	2
16	Microsoft	29.583.337	41.325.156	70,7 %	1
17	Pokémon GO	25.667.321	5.222.865	8,9 %	10

Zeitperiode: Q4/2019; alle Mediennutzungen; Gesamtbevölkerung (14+); alle Endgeräte kombiniert (Desktop, Smartphone, Tablet)

Fun Fact

Die digitale Welt (als Markt von Aufmerksamkeit) wächst durch zusätzliche User, NICHT durch längere Nutzungen

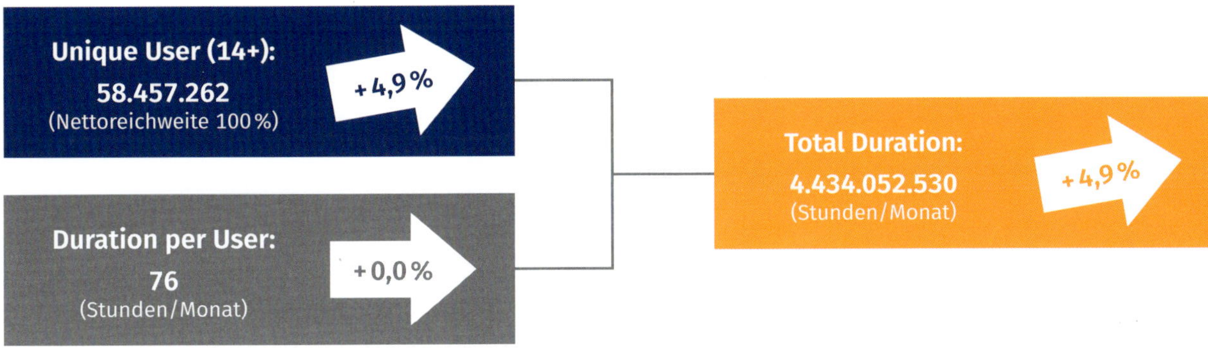

Zeitperiode: Q4/2019 vs. Q4/2018; Gesamtbevölkerung (14+); alle Endgeräte kombiniert (Desktop, Smartphone, Tablet)

Welche Nutzer treiben das digitale Wachstum?

In jedem Markt gilt, dass es für die einzelnen Teilnehmer von entscheidendem Interesse ist, präzise zu verorten, *in welchen Arealen* das Wachstum genau stattfindet – denn genau dort liegen ja auch die Wachstumspotenziale der Zukunft. In diesen neuen Gebieten lassen sich viel einfacher Marktanteile gewinnen als in denjenigen, die bereits bestehen und schon von Wettbewerbern okkupiert sind.

Zur Beantwortung dieser Frage haben wir die oben dargestellte Wachstumsdynamik einmal auf die drei Alterssegmente verteilt, einerseits die jungen User (14–29), andererseits die alten (60+) sowie die dazwischenliegenden Nutzer (30–59) als das Gros der arbeitenden Bevölkerung. Die Ergebnisse sind tatsächlich verblüffend, weil sie sehr klar zeigen, was die einzelnen, sehr unterschiedlichen Treiber hinter dem Gesamtwachstum sind.

Fangen wir hier mir Total Duration als der »Gesamtwährung« für die digitale Mediennutzung an. Der Gesamtmarkt wächst zwar um 4,9 %, ein Wert, der übrigens identisch ist bei der mittleren Zielgruppe (30–59). Dagegen sinkt die totale Nutzungsdauer bei den jungen Usern um 4,5 %. Für Unternehmen sind sie von allen Zielgruppen in Bezug auf Zuwachs mit Abstand am unattraktivsten (abgesehen davon, dass hier auch die Nettoeinkommen am niedrigsten sind – weswegen beispielsweise die Investitionen in Werbung hier regelmäßig die schlechtesten Ergebnisse liefern).

Noch interessanter ist, sich die darunterliegenden Faktoren vor Augen zu halten: Die Nutzerzahlen bei den Jungen steigen zwar (+2,5%), aber die Reduzierung der Nutzungszeit um -6,9% ist deutlich höher, was sich dann zu dem Gesamtrückgang aggregiert. Dieser Rückgang lässt sich einzelnen Angeboten zuordnen – und zwar vor allem Facebook, Snapchat, Pokémon GO, aber auch WhatsApp. Andere Angebote verzeichnen durchaus eine positive Entwicklung der Nutzungsdauer (z.B. YouTube, Apple, Amazon, Twitch), können die oben genannten Verluste aber nicht kompensieren.

Seit mehreren Quartalen ist die Entwicklung der Nutzungszeiten bei den jüngeren Usern am schwächsten

Den Rückgang von -4,5% würden wir hier nicht überbewerten, weil erfahrungsgemäß die Schwankungsbreite bei den jungen Usern recht volatil ist. Wir haben zur Überprüfung das Vorquartal vermessen – auch dort ist der Zuwachs mit Abstand am schwächsten, aber die Nutzungsdauer steigt immerhin noch sehr leicht.

Definitiv entwickelt sich die Nutzungsdynamik bei den Jüngeren seit mehreren Quartalen konsistent am schwächsten – was die gängigen Zerrbilder einer mediensüchtigen Generation etwas relativiert.

In der mittleren Bevölkerungsgruppe (30–59 Jahre) liegen die Werte recht nahe bei denjenigen der Gesamtbevölkerung – interessant ist lediglich, dass selbst hier die Zuwächse an neuen Usern noch unterdurchschnittlich ausfällt (sprich: Auch hier sind schon die meisten im Netz).

DIGITALE MEDIEN TOTAL:

WIE UND WO WÄCHST DIE NUTZUNG?

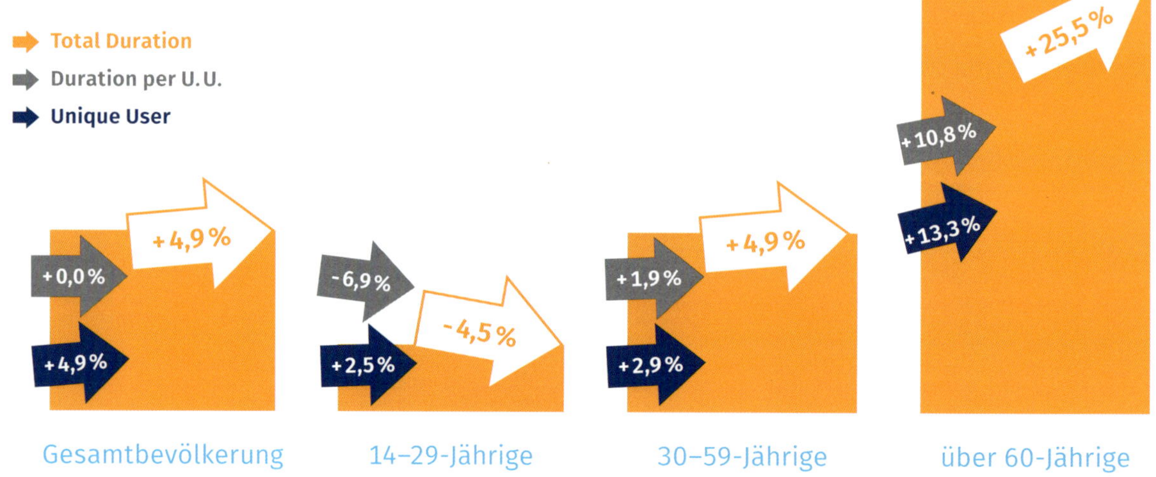

Zeitperiode: Q4/2019 vs. Q4/2018; Gesamtbevölkerung (14+); alle Endgeräte kombiniert (Desktop, Smartphone, Tablet)

Verblüffend dynamisch ist jedoch die Situation bei der Zielgruppe 60+, denn hier nimmt die Total Duration, also die gesamte im digitalen Universum verbrachte Zeit, um sagenhafte 25,5 % zu – und das innerhalb von nur einem Jahr (!). Bei den Senioren werden gerade Heerscharen neuer Nutzer für die digitalen Medien gewonnen.

Etwa 1,5 Millionen neue User (!) sind ins Netz gewandert, was einer Erhöhung um 13,3 % entspricht. Diese Dynamik spiegelt sich naturgemäß in einem ebenso erstaunlichen Zuwachs an Realer Nettoreichweite: Sicher, diese lag 2019 zwar »nur« bei 59,3 %, aber ein Jahr zuvor hatte sie noch viel tiefer gelegen (53,0 %) – ein Zuwachs um 6,3 Prozentpunkte binnen 12 Monaten.

In nur einem Jahr wandern 1,5 Millionen ältere User (60+) neu ins Netz

Ebenfalls dynamisch ist der Anstieg der Duration per Unique User in demselben Zeitraum: Diese wächst von 53 auf 59 Stunden, eine Erhöhung von 10,8 %, erneut im Verlauf nur eines Jahres. Damit schließen die digitalen Senioren und Rentner immer weiter an die Gesamtbevölkerung auf (76 Stunden) – die Dynamik zeigt auch, dass beide Faktoren einander positiv zu beeinflussen scheinen: Diese neuen User steigern in den ersten Jahren dann auch stark die Zeit, die sie im Netz verbringen.

Gegen den Strich:

Je älter die Zielgruppe, desto dynamischer steigt die Internetnutzung.

Das Wachstum bei den über 60-Jährigen ist mehr als 5-fach höher als im Bevölkerungsdurchschnitt!

And the Winner is ...
Welche Angebote gewinnen neue User?

Weil wir wissen, dass der Markt zuletzt ausschließlich durch Reichweitensteigerungen gewachsen ist, ist hier eine genauere Prüfung lohnend. Zunächst haben wir hier die Top-10-Angebote nach Reichweite ausgewiesen.

Wir wissen, dass 58,5 Millionen Nutzer in diesem Zeitraum digitale Medien verwendet haben. Deshalb ist bemerkenswert, wie viele neue Nutzer alle diese schon sehr weit durchgesetzten Plattformen für sich gewinnen können.

Bei acht von zehn liegt der Wert über 3 Millionen zusätzlicher User, die innerhalb von nur einem Jahr dazukommen. Besonders dynamisch wachsen Instagram und Facebook, der Star ist hier aber klar Otto, das 12,5 Millionen neuer Verwender anzieht.

TOP 10: ZUGEWINNE UNIQUE USER

RANKING NACH NET REACH

	Anbieter	Net Reach	Unique Users		
			2019	Davon neue User	Differenz vs. 2018
1	Google	99,4 %	58.125.268	3.029.452	5,5 %
2	Amazon	95,3 %	55.707.064	3.514.206	6,7 %
3	YouTube	94,2 %	55.091.146	3.222.136	6,2 %
4	Facebook	93,0 %	54.347.469	3.581.532	7,1 %
5	eBay	87,6 %	51.218.216	2.865.587	5,9 %
6	WhatsApp	84,8 %	49.598.785	5.206.925	11,7 %
7	Wikipedia	80,4 %	47.020.347	724.510	1,6 %
8	OTTO	74,9 %	43.800.551	12.520.234	40,0 %
9	PayPal	72,5 %	42.400.789	4.128.905	10,8 %
10	Instagram	72,5 %	42.365.417	5.139.742	13,8 %

Zeitperiode: Q4/2019 vs. Q4/2018; alle Mediennutzungen; Gesamtbevölkerung (14+); alle Endgeräte kombiniert (Desktop, Smartphone, Tablet)

Um noch genauer herauszufinden, welche Angebote den Markt treiben, haben wir noch weitere Angebote identifiziert, die besonders dynamisch ihre Nutzerzahlen steigern. Insgesamt fällt auf, wie konventionell die meisten sind – es handelt sich vor allem um Informationen und Nachrichten (CHIP, Focus, Spiegel, Süddeutsche, WAZ), Unterhaltung (RTL), Webportale (MSN, Yahoo!) sowie Online-Shopping (REWE, Wayfair, Tchibo).

ANDERE PLAYER MIT STARKEN ZUGEWINNEN (UNIQUE USER)

RANKING NACH NET REACH

Rang 2019	Rang 2018	Anbieter	Net Reach	Unique Users 2019	Davon neue User	Differenz vs. 2018
16	17	CHIP	63,8 %	37.310.084	4.271.577	12,9 %
18	23	FOCUS	60,2 %	35.195.077	5.479.819	18,4 %
25	27	Pinterest	54,4 %	31.820.089	4.521.938	16,6 %
26	29	Bing	53,7 %	31.376.467	4.716.151	17,7 %
28	34	Yahoo!	52,3 %	30.570.001	5.942.254	24,1 %
29	30	Spiegel	52,3 %	30.565.300	3.913.411	14,7 %
31	38	REWE	48,6 %	28.424.708	5.845.428	25,9 %
32	33	Wayfair	48,5 %	28.359.528	3.686.568	14,9 %
37	45	MSN	45,2 %	26.417.483	5.621.951	27,0 %
42	48	IMDb	41,3 %	24.125.777	4.061.634	20,2 %
47	69	Spotify	38,1 %	22.282.606	5.238.959	30,7 %
49	68	Tchibo	37,2 %	21.737.784	4.679.926	27,4 %
55	72	RTL	35,8 %	20.930.277	4.205.420	25,1 %
60	86	Sparkasse	34,5 %	20.165.405	5.533.615	37,8 %
76	101	Süddeutsche Zeitung	28,6 %	16.738.553	3.337.471	24,9 %
80	107	WAZ	28,0 %	16.392.881	3.549.461	27,6 %
87	164	Joyn	26,5 %	15.511.920	6.427.479	70,8 %

Zeitperiode: Q4/2019 vs. Q4/2018; alle Mediennutzungen; Gesamtbevölkerung (14+); alle Endgeräte kombiniert (Desktop, Smartphone, Tablet)

Es fällt auf, dass nur wenige Produkte hier aufgelistet sind, die aktuellere digitale Trends aufgreifen – allenfalls Pinterest sowie einige wenige Streaming-Angebote (Spotify, IMDb, Joyn). Selbst das gehypte TikTok taucht in dieser Liste noch nicht auf, weil die Nutzer »nur« um 2,4 Millionen zulegen und die Nettoreichweite »nur« 8,2 % beträgt.

Wachstum vor allem über generische Angebote

Dafür gibt es eine recht einfache Erklärung – und zwar der Gesamtkontext des Markts. Wenn der Markt nämlich ausschließlich über Penetration wächst, also über 2,7 Millionen neue User, und wenn mehr als die Hälfte dieser neuen User sogar älter als 60 Jahre alt sind, dann ist es auch nicht verwunderlich, warum dann auch die stark zulegenden Angebote eher generisch ausfallen – denn dieses Wachstum wird eben getrieben von diesen neuen Verwendern.

TOP 12 DER GENERATION 60+

RANKING NACH NET REACH

	Anbieter	Net Reach	Unique Users		
			2019	Davon neue User	Differenz vs. 2018
1	Google	98,3 %	12.303.415	1.613.400	15,1 %
2	Amazon	89,2 %	11.163.421	1.583.973	16,5 %
3	YouTube	86,9 %	10.876.939	1.574.966	16,9 %
4	Facebook	85,9 %	10.752.142	1.765.873	19,7 %
5	eBay	76,7 %	9.593.096	1.445.271	17,7 %
6	Wikipedia	71,1 %	8.904.307	584.453	7,0 %
7	T-Online	70,6 %	8.831.716	1.493.073	20,3 %
8	Microsoft	69,1 %	8.642.612	1.837.991	27,0 %
9	WhatsApp	68,3 %	8.549.902	2.175.433	34,1 %
10	Web.de	65,0 %	8.133.844	1.028.374	14,5 %
11	Deutsche Telekom	62,2 %	7.788.599	1.228.205	18,7 %
12	Payback	61,6 %	7.707.871	1.756.901	29,5 %

Zeitperiode: Q4/2019 vs. Q4/2018; alle Mediennutzungen; Gesamtbevölkerung (14+); alle Endgeräte kombiniert (Desktop, Smartphone, Tablet)

Diese Vermutung lässt sich schnell erhärten durch einen Blick auf die Top-Angebote, die von älteren Usern genutzt werden, erneut nach Nettoreichweite: Erwartungsgemäß handelt es sich um »konservative« Blockbuster, aber besonders bemerkenswert ist, dass diese durch die Bank äußerst dynamisch in einem Korridor wachsen, der weitgehend zwischen 15 und 20 % liegt. Erinnern wir uns, dass etwa 1,5 Millionen neue Nutzer aus dieser Altersklasse ins Netz wandern – es ist bemerkenswert, wie gleichförmig diese dann auch bei den großen Portalen als neue User ankommen.

And the Winner is ... Welche Angebote können die Nutzungsdauer am stärksten verlängern?

Auch wenn insgesamt das digitale Universum bei unseren Messungen durch neue Nutzer, nicht dagegen durch zusätzliche Nutzungs*dauer* wächst, ist es doch interessant, die existierenden Angebote zu durchkämmen, um diejenigen herauszufischen, die gegen den allgemeinen Trend dennoch in der Lage waren, die Nutzungsdauer signifikant zu erhöhen. Wir haben die einzelnen Player hier abgebildet in der Reihenfolge der absolut hinzugewonnenen

Nutzungsdauer. Es wird erstens deutlich, dass sich hier viele Challenger wiederfinden (Twitter ist noch der verhältnismäßig stärkste Player auf Rang 20).

Desweiteren zeigt sich erneut die starke Spreizung zwischen Nutzungsdauer und Reichweiten: Twitter oder Die Welt besitzen hohe Reichweiten, aber recht niedrige Nutzungszeiten, dagegen besitzt ein Angebot wie Coin Master nur 6,8 % Reichweite, aber eine erstaunlich hohe Nutzungsdauer.

Die Auswertung ist insofern besonders interessant, als hier (im Gegensatz zu den zuvor aufgelisteten Penetrationsgewinnern) auch viele Angebote auftauchen, die momentan einen Hype erleben und Indikationen für die zukünftige Entwicklung des digitalen Universums liefern können.

Hohe Dynamik vor allem bei Social Media (z. B. TikTok) und Bewegtbild (z. B. Twitch.tv, Joyn, TV Now)

Das bereits erwähnte Coin Master ist dabei ein eher umstrittenes Exemplar der wachsenden mobilen Gelegenheitsspiele – denn es ahmt in vielen Aspekten analoge Glücksspiele aus Spielhallen nach, weswegen gerade dieses Spiel extrem kontrovers diskutiert wurde.

Von den Social Media besticht neben Twitter vor allem TikTok, der neue Shooting-Star, sowie Reddit, die wir beide in Kapitel III gesondert analysieren. Ganz auffällig sind aber die vielen Video-on-Demand- und Streaming-Angebote wie Twitch.tv, Joyn, RTL, und auch das Portal der Zeitung Die Welt besitzt starke Content-Anteile aus diesem Bereich.

DIE GRÖSSTEN ZUGEWINNE AN NUTZUNGSDAUER

RANKING NACH DER ABSOLUT HINZUGEWONNENEN TOTAL DURATION (2019 VS. 2018)

	Rang (Total Duration)	Anbieter	Duration per U. U. (Stunden/Monat)	Duration per U. U. (Differenz in %)	Total Duration (Differenz in %)	Net Reach
1	32	Coin Master	2:48	180,5 %	1758,3 %	6,8 %
2	20	Twitter	0:46	62,0 %	77,8 %	45,9 %
3	35	TikTok	2:01	158,0 %	427,8 %	8,2 %
4	31	Twitch.tv	1:28	52,0 %	80,8 %	13,5 %
5	49	Die Welt	0:13	77,4 %	82,5 %	48,4 %
6	65	Joyn	0:16	32,2 %	125,7 %	26,5 %
7	29	TV Now	1:17	40,2 %	23,2 %	16,0 %
8	61	Sparkasse	0:13	46,7 %	102,2 %	34,5 %
9	63	RTL	0:12	40,5 %	75,9 %	35,8 %
10	81	Reddit	0:18	48,7 %	99,2 %	18,4 %

Zeitperiode: Q4/2019 vs. Q4/2018; alle Mediennutzungen; Gesamtbevölkerung (14+); alle Endgeräte kombiniert (Desktop, Smartphone, Tablet)

4

Endgeräte: Zugänge in die digitale Welt

Wie verteilt sich die Nutzung auf verschiedene Endgeräte?

Smartphone ist der wichtigste Zugang ins digitale Universum

Im Schnitt verbringen die Menschen in Deutschland durchschnittlich 152 Minuten pro Tag mit digitalen Medien. Besonders bemerkenswert ist die Verteilung – denn 49 % dieser Nutzungsdauer spielt sich auf dem Smartphone ab. Das Smartphone ist mittlerweile also mit Abstand der wichtigste Zugang zur digitalen Welt. Hinzu kommt, dass weitere 20 % der Aufmerksamkeit über Tablets gebunden wird.

Das ist ziemlich bemerkenswert, wenn man bedenkt, dass erst 2007 mit dem iPhone die mobile Transformation der digitalen Medien massenwirksam eingesetzt hat, und das iPad erst im Jahr 2010 das Licht der Welt erblickte – heute werden etwa 70 % des gesamten Traffic auf solchen Endgeräten erzeugt. Auf dem Desktop, dem ursprünglichen Zugang in die digitale Welt, finden heute nur etwas mehr als 30 % der gesamten Nutzungsdauer statt.

Die Kernfrage lautet sicherlich, wie sich diese Zahlen im Zeitverlauf entwickeln. Wir haben 5 Quartale in die Vergangenheit geblickt und sehen sofort, dass die Nutzungsdauer über den gesamten Zeitraum konstant bleibt.

Wenn man die Nutzung der verschiedenen Endgeräte je nach Altersgruppe betrachtet, sieht man schnell, dass die Nutzungsdauer bei der jüngeren Zielgruppe insgesamt am höchsten ist (169 Minuten täglich versus 152 Gesamtbevölkerung), und hier ist zugleich auch der Smartphone-Anteil am größten (60 %), wogegen der Desktop-Anteil am niedrigsten ist (25 %). Die mittlere Bevölkerungsgruppe liegt interessanterweise bei allen Werten ziemlich genau auf den Niveaus der Gesamtbevölkerung.

Ältere Nutzer bevorzugen Desktops

Die Älteren (60+) weisen dagegen ein ganz eigenes Profil auf: Hier ist der Desktop-Anteil mit Abstand am höchsten (39 %) und liegt sogar über dem

NUTZUNGSDAUER – ENTWICKLUNG IM ZEITVERLAUF

ENTWICKLUNG DER TÄGLICHEN NUTZUNGSDAUER NACH ENDGERÄT IN MINUTEN

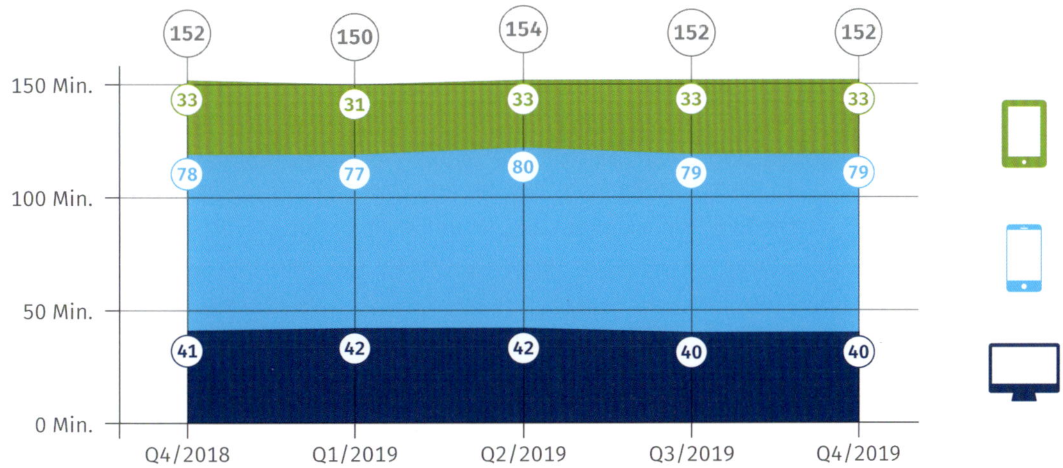

Zeitperiode: Q4/2018–Q4/2019; alle Mediennutzungen; Gesamtbevölkerung (14+); alle Endgeräte kombiniert (Desktop, Smartphone, Tablet)

DIGITALE MEDIENNUTZUNG

TÄGLICHE NUTZUNGSDAUER NACH ENDGERÄT UND ALTERSGRUPPE

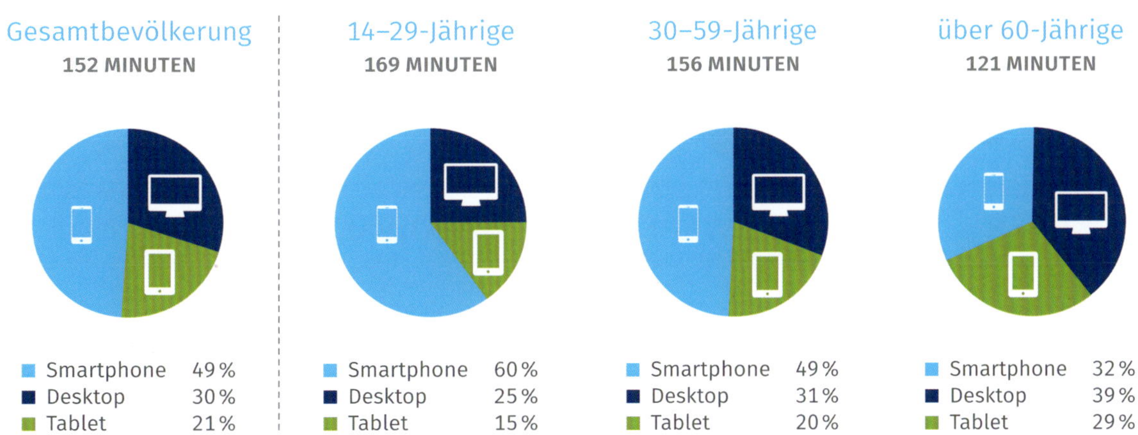

Zeitperiode: Q3/2019; alle Mediennutzungen; Gesamtbevölkerung (14+); alle Endgeräte kombiniert (Desktop, Smartphone, Tablet)

Niveau des Smartphones (32 %) – aber zugleich ist auch der Tablet-Anteil hier unter allen Teilen der Bevölkerung am höchsten (29 %), was sicherlich auch mit der besseren Lesbarkeit von Inhalten auf dem größeren Screen zu tun hat.

Man kann davon ausgehen, dass die Umwandlungsprozesse durch das Aufkommen neuer Endgerätekategorien nicht nur als Abtausch stattfinden. Vielmehr treten neuartige Nutzungsformen zusätzlich zu den alten hinzu. Bei mittleren und älteren Zielgruppen werden beispielsweise neue mobile Anwendungen (z. B. WhatsApp) zusätzlich zu den schon existierenden Nutzungen verwendet – dagegen werden junge Zielgruppen gewissermaßen auf den neuen Endgerätekategorien sozialisiert.

Was sind Sessions und Impressions?

An dieser Stelle ist es besonders lohnend, die Analyse durch eine zweite Perspektive zu ergänzen, in der man Sessions und Impressions berücksichtigt. Am besten fängt man dabei mit einer Klärung des Begriffs »Impression« an. Dieser stellt die unterste und elementarste Einheit bei der Vermessung der digitalen Mediennutzung dar.

WIE WERDEN DIGITALE INHALTE ABGERUFEN?

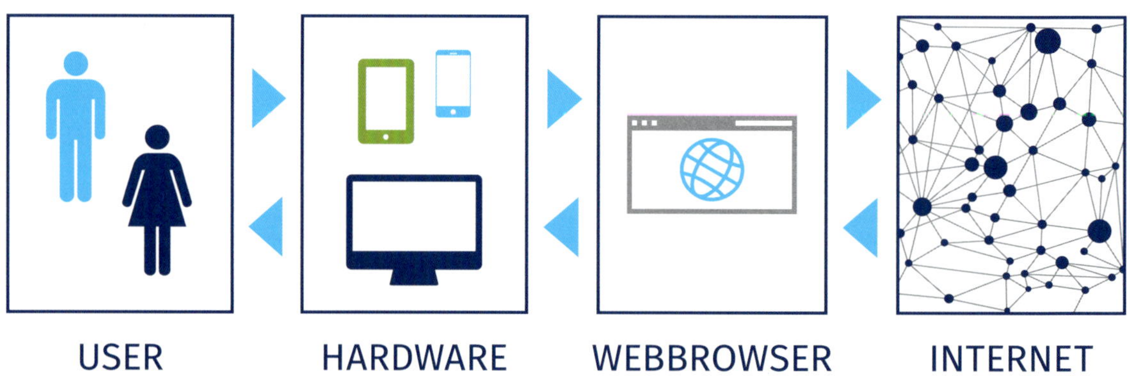

Bei der Navigation durch das digitale Universum rufen User typischerweise Angebote durch »Klicken« (Desktop) oder »Tippen« (Smartphone) auf, woraufhin diese über ein User Interface, etwa den Webbrowser oder eine App, angezeigt werden.

Jeder einzelne solche Aufruf erzeugt also eine solche »Impression« – sodass die Navigation zwischen Webinhalten, aber auch zwischen Smartphone-Apps als eine *Serie von aufeinanderfolgenden Impressions* dargestellt werden kann.

Dagegen wird die Gesamtheit aller Impressions über den Verlauf einer solchen Sequenz als »Session« gezählt – die zum Beispiel durch das Schließen des Angebots vom Nutzer beendet wird.

Wenn man nun weiß, dass Nutzer in Deutschland jeden Tag im Schnitt 152 Minuten mit digitalen Inhalten verbringen, kann man aus dieser Perspektive auch fragen, wie sich diese Nutzungszeit in Sessions und Impressions darstellen lässt.

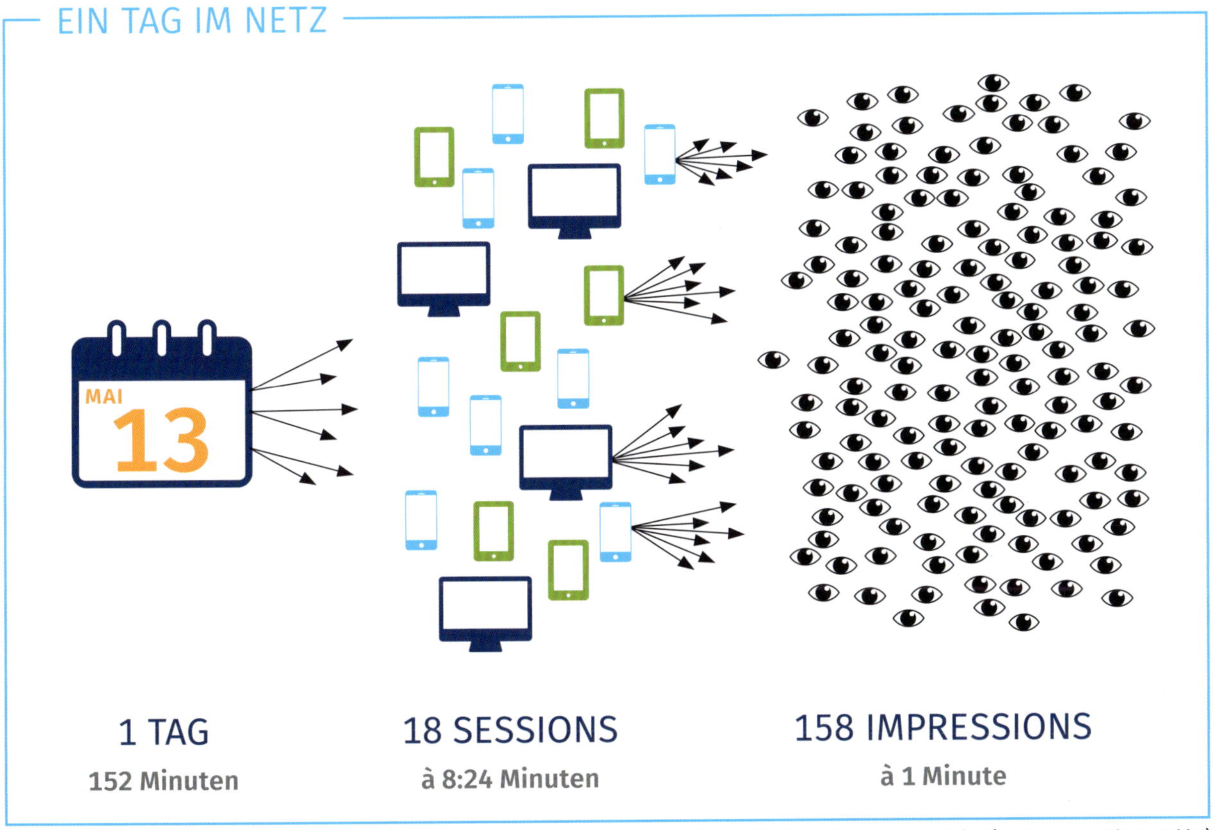

Zeitperiode: Q3/2019; alle Mediennutzungen; Gesamtbevölkerung (14+); alle Endgeräte kombiniert (Desktop, Smartphone, Tablet)

In den drei Endgerätekategorien verteilen sich diese 152 Minuten auf insgesamt 158 einzelne Seitenaufrufe, die einzelne Impressions von durchschnittlich einer Minute erzeugen. Diese 158 Impressions werden insgesamt in 18 Sessions erzeugt, die über den Tag verteilt liegen. Im Verlauf einer solchen Session ruft ein Nutzer im Schnitt also eine Sequenz von knapp 9 Impressions auf. Die einzelnen Sessions dauern durchschnittlich jeweils etwas mehr als 8 Minuten.

Nutzungsweisen nach Endgerätekategorie

Smartphone-Nutzung ist »schneller«

Jetzt können wir anfangen, diese Erkenntnisse mit unseren Messungen zu den einzelnen Endgerätekategorien zu verbinden. Denn wir können natürlich die Frage stellen, inwieweit sich das Nutzungsverhalten ändert, je nachdem über welches Endgerät Nutzer die Inhalte aufrufen. Und tatsächlich zeigen sich gravierende Differenzen. Nutzer verbringen 49 % ihrer täglichen digitalen Nutzungsdauer auf dem Smartphone, aber hier finden überproportional viele Impressions (58 %) und Sessions (62 %) statt. Aus diesem Grund ist auch die Dauer der einzelnen Sessions und Impressions dort mit Abstand am kürzesten.

TÄGLICHE NUTZUNGSZEITEN IM VERGLEICH

NACH ALTERSGRUPPE UND ENDGERÄT

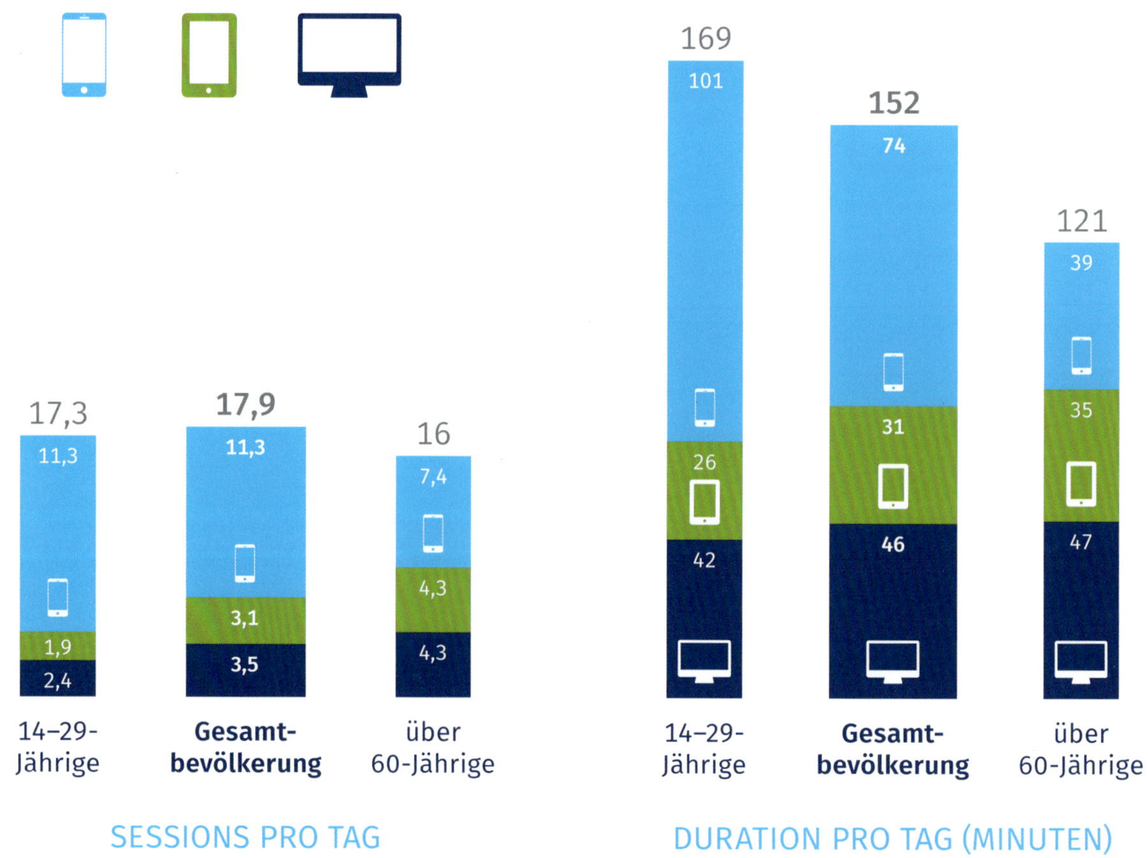

Die Smartphone-Nutzung ist also viel fragmentierter, unruhiger und schneller, wohingegen die Desktop-Nutzung exakt gegenläufig erfolgt: Nutzer verbringen hier 30 % ihrer Zeit, aber nur 19 % aller Sessions, die allerdings 32 % der Impressions liefern – weswegen es auch nicht verwunderlich ist, dass die durchschnittliche Dauer einer Session auf dem Desktop (mehr als 13 Minuten) etwa doppelt so lang ist wie die durchschnittliche Smartphone-Session (6 Minuten und 30 Sekunden).

Desktop-Nutzung ist »langsamer«

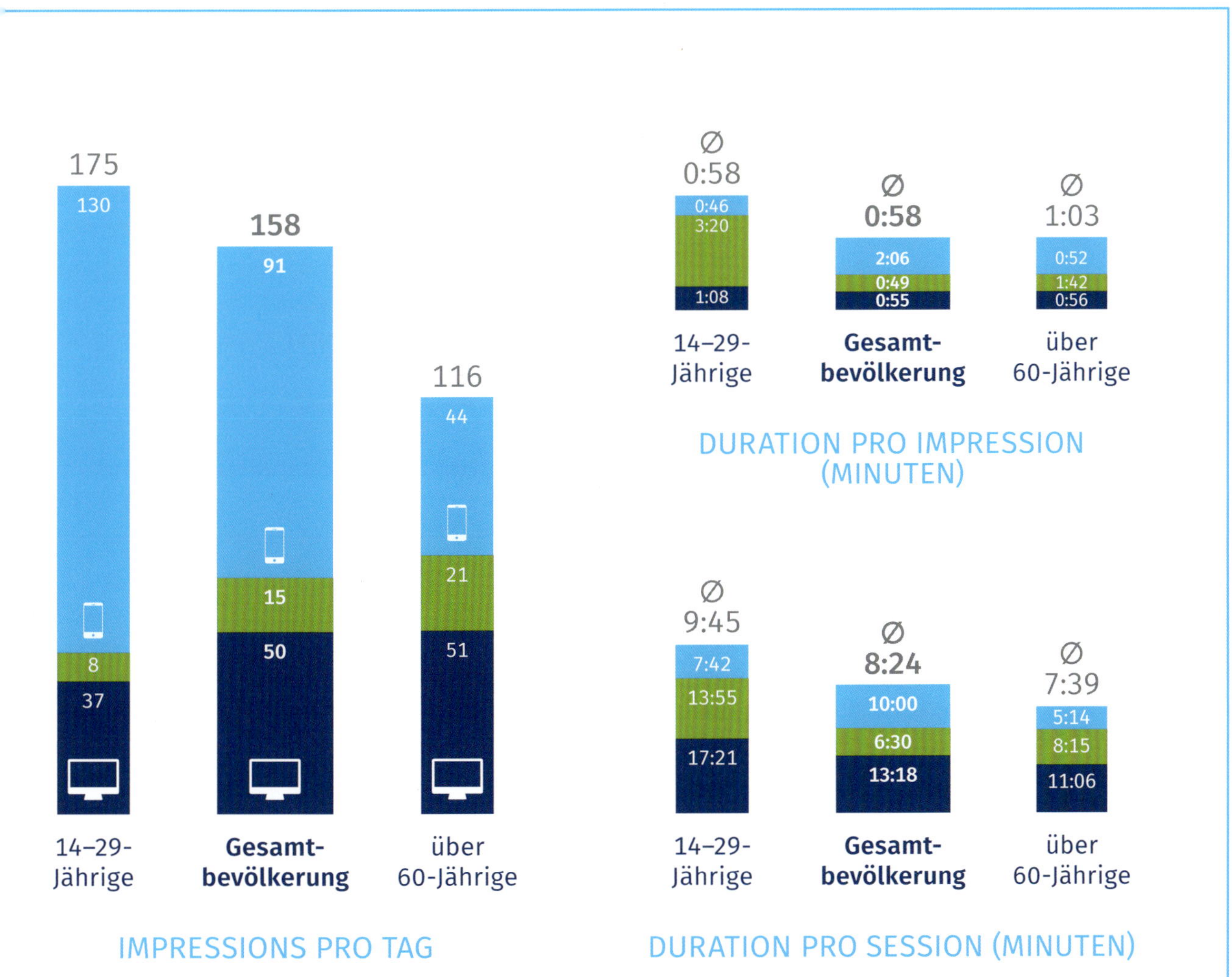

Zeitperiode: Q3/2019; Gesamtbevölkerung (14+); alle Endgeräte kombiniert (Desktop, Smartphone, Tablet)

Dagegen fällt beim Tablet die extrem lange Dauer der einzelnen Impressions auf. Diese sind im Schnitt länger als 2 Minuten, also mehr als doppelt so lang wie Impressions auf Desktop oder Smartphone.

Das zeigt zugleich, dass man es sich zu einfach macht, wenn man Tablets lediglich als größere Smartphones interpretiert.

Um es plakativ zu formulieren:

- *Smartphone-Nutzung erfolgt häufig, ist durch viele und kurze Impulse gekennzeichnet.*
- *Desktop-Nutzung erfolgt weniger häufig, dauert dann viel länger, ist dabei aber besonders zielgenau und »effektiv« (weil hier überproportional viele Impressions verarbeitet werden).*
- *Tablet-Nutzung erfolgt ebenfalls weniger häufig, ist jedoch im Flow der Nutzung deutlich langsamer, was dafür spricht, dass Nutzer sich hier eher zurücklehnen und viel passiver und entspannter Inhalte konsumieren.*

Insgesamt haben jüngere Nutzer eine höhere Tendenz zum Smartphone (60 %). Dagegen ist bei den älteren Nutzern der Desktop noch das wichtigste Endgerät (39 %), die starke Bedeutung von Tablets (29 %) lässt sich wahrscheinlich auch durch die bessere Lesbarkeit erklären.

II

AKTIVITÄTEN: WAS TUN MENSCHEN IN DER DIGITALEN WELT?

1 Übersicht der verschiedenen Aktivitäten in digitalen Medien

Grenzenlose Vielfalt

Eine der faszinierendsten Eigenarten digitaler Medien ist, dass sie für so extrem unterschiedliche Zwecke genutzt werden können. In dieser Hinsicht stellen sie sich tatsächlich auf fundamentale Weise anders dar als die Offline-Medien aus vergangenen Zeiten.

Vergleichen wir die Situation mit früheren »neuen Medien«. Egal, ob es sich um die Fotografie, die Zeitung, das Radio, das Grammophon, den Telegraphen, das Fernsehen handelte: Die Struktur dieser Medien schränkte ihre Nutzungsmöglichkeiten von Vornherein viel stärker ein.

Menschen tun mittlerweile (fast) alles über digitale Medien

Das Erstaunliche an den digitalen Medien besteht darin, dass sie Limitationen der Anwendung sehr weitgehend gesprengt haben. Wir stehen an einem Punkt, wo wir in der Lage sind, über eine einzige digitale Schnittstelle, etwa das Smartphone, völlig unterschiedlichen Aktivitäten nachzugehen.

Wir haben uns für dieses Kapitel das Ziel gesetzt, genauer zu bestimmen, *welche Aktivitäten* im digitalen Universum nun überhaupt welche Rolle spielen. Zwar ist die Diagnose, dass wir so erstaunlich heterogenen Tätigkeiten auf der Grundlage von digitalen Medien nachgehen, eigentlich eine Banalität. Daraus ergibt sich jedoch die viel interessantere Frage, welche Gebiete hier Schwergewichte darstellen, welche dagegen eher untergeordnete Bedeutung besitzen, was sich für Muster ermitteln lassen und welche Angebote in den einzelnen Kategorien eine entscheidende Rolle spielen.

Um diese Analyse durchzuführen, haben wir alle Netzinhalte insgesamt 14 verschiedenen Aktivitäten zugewiesen. Aufgrund dieser Vorsortierung können wir alle einzelnen Werte dann aggregieren, also zusammenführen – und so Aussagen darüber treffen, welche verschiedenen Aktivitäten im Verhältnis zueinander wie bedeutsam sind.

Erneut zeigt sich auch hier, dass Analysen auf der Grundlage von Reichweiten nur zu sehr unbefriedigenden Ergebnissen führen. Denn hier gilt: Fast alle Nutzer gehen fast allen Aktivitäten nach und nutzen Angebote aus völlig diversen Feldern ganz regelmäßig. Selbst Gaming ist mittlerweile so weit in der Mitte der Gesellschaft angekommen, dass 86 % aller Nutzer ihre Endgeräte in irgendeiner Form auch zum Spielen verwenden. Nur zwei Kategorien brechen aus: Pornografische beziehungsweise nicht jugendfreie Inhalte werden »nur« von 55 %, Glücksspiele bzw. Wetten von 51 % aller Nutzer genutzt.

DIE FLEXIBILITÄT DER DIGITALEN MEDIEN

AKTIVITÄTEN NACH NETTOREICHWEITE

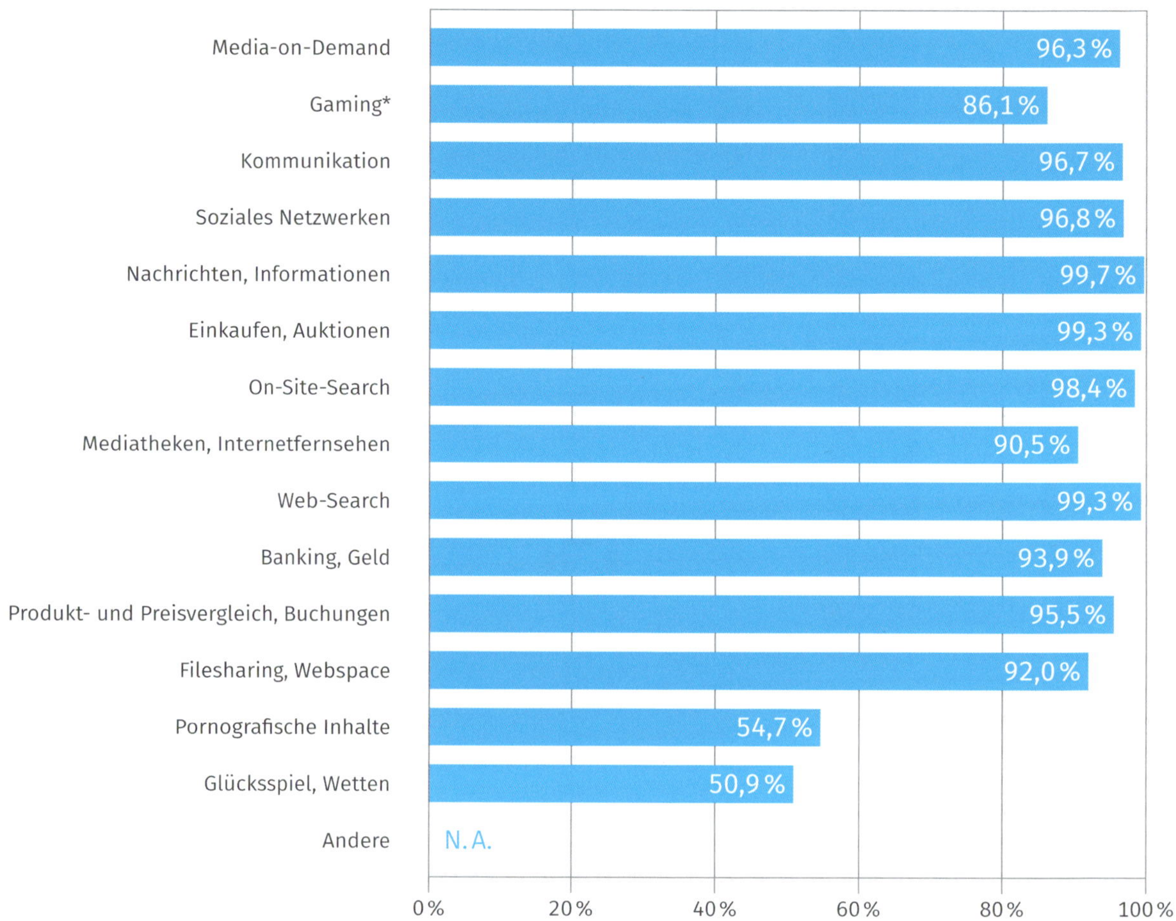

*nur Gelegenheitsspiele/Browsergames

Zeitperiode: Q3/2019; Gesamtbevölkerung (14+); alle Endgeräte kombiniert (Desktop, Smartphone, Tablet)

Starke Spreizung der Nutzungsdauer je nach Aktivität

Ein viel differenzierteres Bild liefert dagegen eine Darstellung nach dem Anteil der gesamten Nutzungsdauer je nach Aktivität – hier wird die ungeheure Bedeutung von Media-on-Demand deutlich (24 %), gefolgt von Gaming (18 %) und Kommunikation (13 %) sowie dem Sozialen Netzwerken (12 %).

Weil wir später ein sehr ausführliches Kapitel zu Social Media liefern, sei an dieser Stelle erwähnt, dass wir dort der Vollständigkeit halber viel mehr Angebote aufgenommen haben als hier – etwa YouTube (hier unter Media-on-Demand), WhatsApp oder Facebook Messenger (hier unter Kommunikation). Das Aggregat zu der viel enger gefassten Aktivität *»Soziales Netzwerken«* fällt hier deshalb viel kleiner aus als in diesem späteren Kapitel, die Zahlen sind also nicht vergleichbar.

Eine Überblicksbetrachtung nach der durchschnittlichen Nutzungsdauer pro User kann ebenfalls die gänzlich unterschiedliche Bedeutung der verschiedenen Aktivitäten illustrieren. Während User etwa 37 Minuten täglich mit Media-on-Demand verbringen, liegt Gaming ebenfalls bei stattlichen 32 Minuten; es folgen Kommunikation (20 Minuten) und Soziales Netzwerken (19 Minuten), am Ende der Reihe stehen pornografische Inhalte (3 Minuten) und Glücksspiel bzw. Wetten (1 Minute).

AKTIVITÄTEN NACH TOTAL DURATION

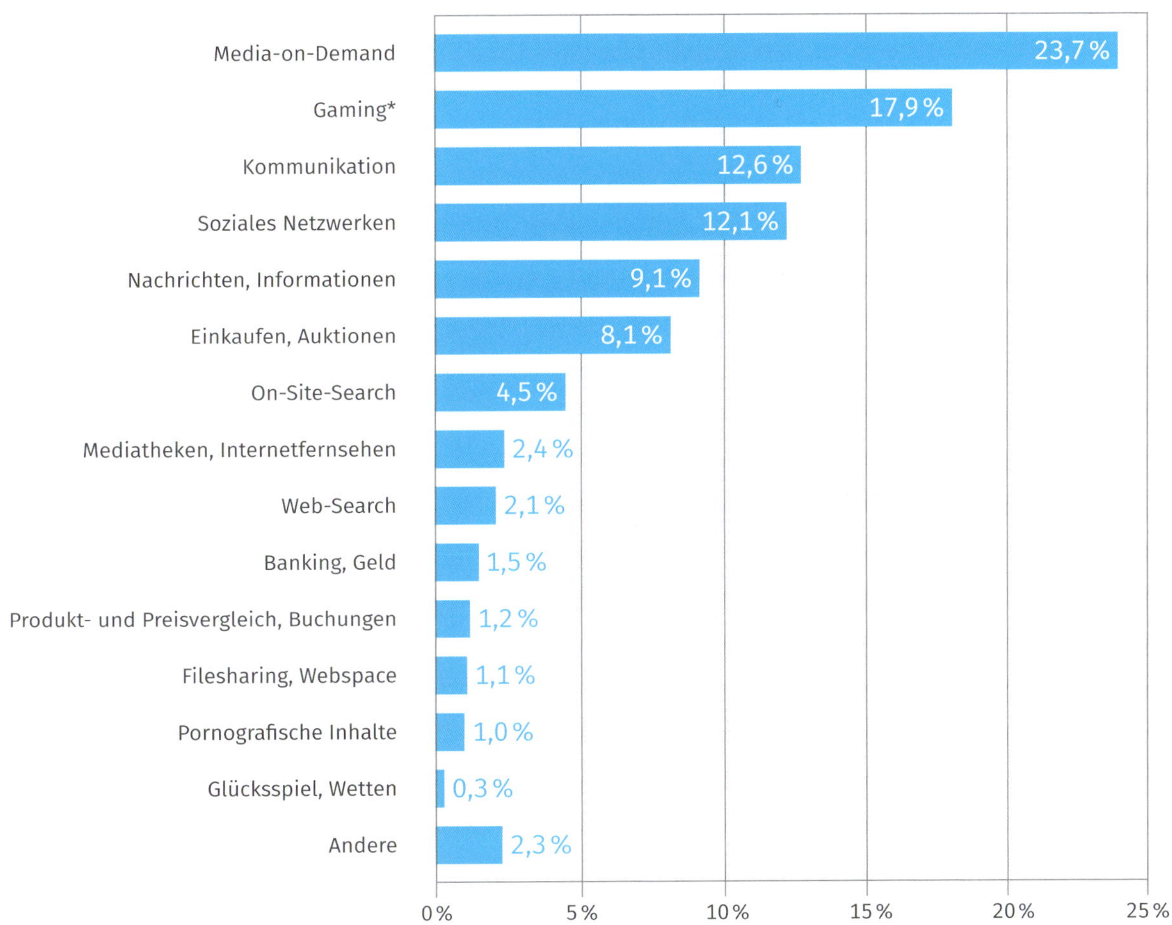

*nur Gelegenheitsspiele/Browsergames

Zeitperiode: Q3/2019; Gesamtbevölkerung (14+); alle Endgeräte kombiniert (Desktop, Smartphone, Tablet)

AKTIVITÄTEN NACH TÄGLICHER NUTZUNGSDAUER

PER UNIQUE USER IN STUNDEN

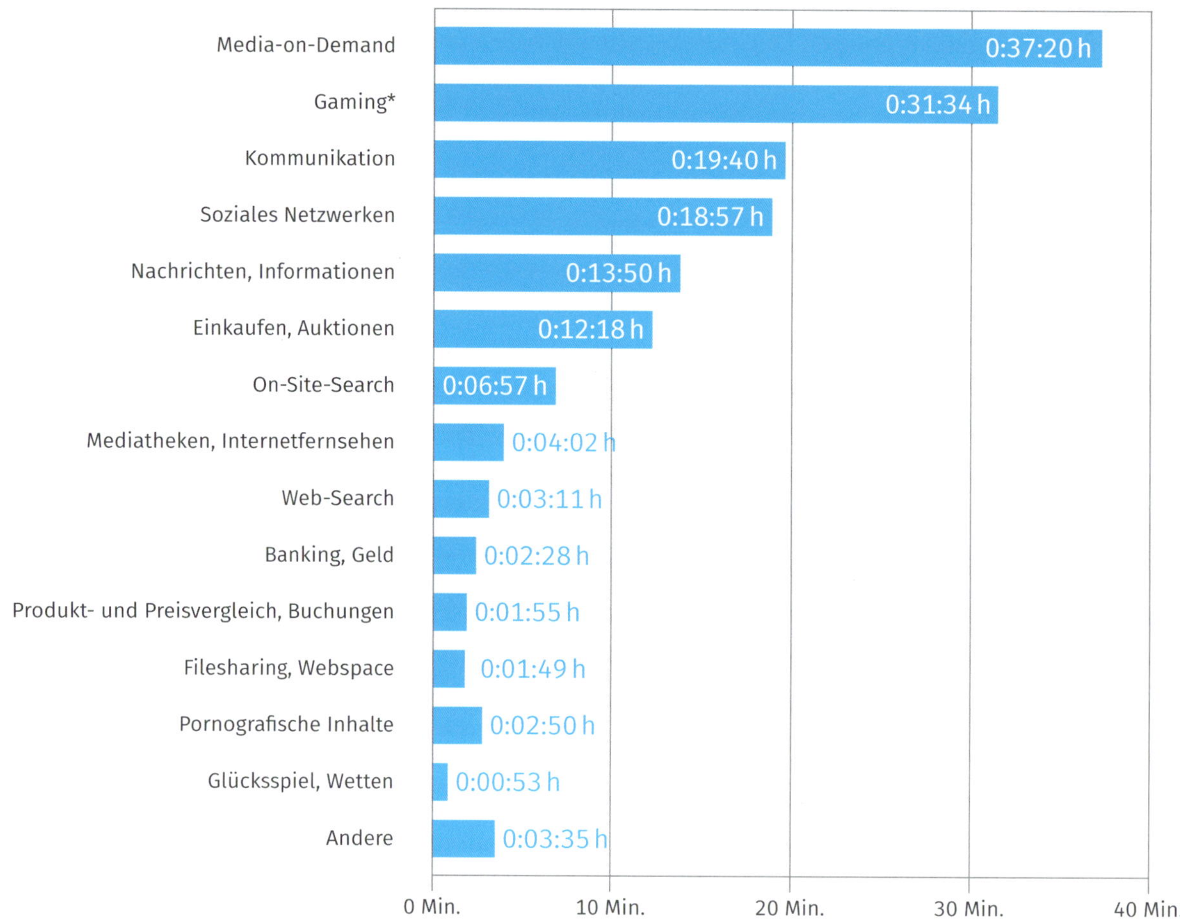

*nur Gelegenheitsspiele/Browsergames

Zeitperiode: Q3/2019; Gesamtbevölkerung (14+); alle Endgeräte kombiniert (Desktop, Smartphone, Tablet)

Wir werden im Folgenden nun diese einzelnen Aktivitäten so präzise wie möglich kartografieren, die wichtigsten Parameter der Nutzung vermessen und auch die bedeutendsten Angebote aus den einzelnen Bereichen skizzieren.

2

Bewegtbild- und Audionutzung

Audiovisuelle Inhalte: Klassifizierung

Bei der Klassifizierung der audiovisuellen Inhalte haben wir zunächst zwei Nutzungsformen voneinander unterschieden. Den weitaus größten Teil der gesamten Nutzungsdauer aus diesem Gebiet (mehr als 90 %) fassen wir unter dem Begriff »Media-on-Demand«. Darunter verstehen wir alle Inhalte (Video und Audio), die nicht linear konsumiert werden, sondern in individuellen Content-»Paketen« von den Nutzern abgerufen werden, also etwa YouTube, Netflix, Spotify etc.

BEWEGTBILD UND AUDIO:

NUTZUNG ÜBER SMARTPHONE, TABLET, DESKTOP

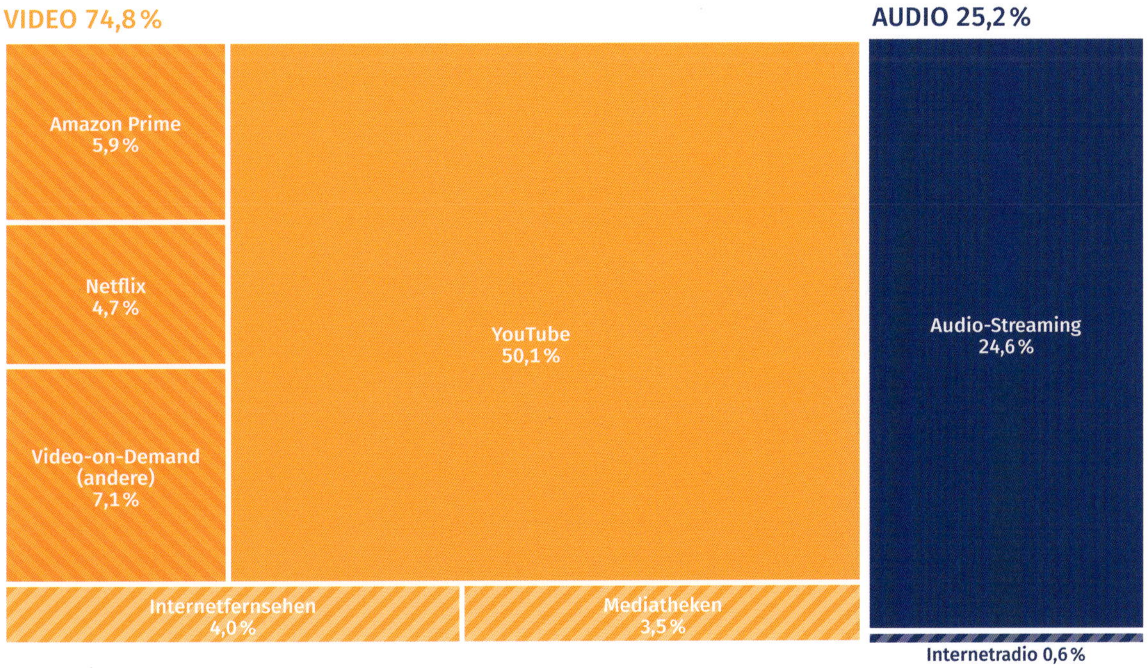

Zeitperiode: Q3/2019; basierend auf Total Duration; Gesamtbevölkerung (14+); alle Endgeräte kombiniert (Desktop, Smartphone, Tablet)

Unterscheidung Media-on-Demand versus Mediatheken und Internetfernsehen

Dagegen haben wir eine zweite Sphäre (»Mediatheken, Internetfernsehen u. Ä.«) abgesondert, in der wir alle Angebote vereint haben, die in erster Linie das klassische lineare Fernsehen (oder Radio) digital anbieten, verlängern oder zeitversetzt liefern – das können einerseits Mediatheken sein, aber andererseits auch neue Formen des Internetfernsehens sowie Webradio und dergleichen. Insgesamt erzielen diese Inhalte in unseren Messungen aber nur weniger als 10 % der gesamten Aufmerksamkeit für Bewegtbild und Audio. Die Übersicht zeigt beide Bereiche zusammengefasst – man sieht die deutlich geringere Bedeutung der Mediatheken und des Internetfernsehens.

Schwierigkeiten der Abgrenzung

Es ist bei den schraffierten Feldern am unteren und linken Rand dieser Übersicht offensichtlich, dass es sich um Hybridbereiche handelt. Hier ist es schwer, sinnvolle Grenzziehungen vorzunehmen. Das lässt sich an Beispielen schnell zeigen. Wenn ein Nutzer eine Fernsehserie verpasst und diese ausnahmsweise über eine Mediathek etwas später schaut, geht er dann nicht mehr der Aktivität des klassischen Fernsehens nach – obwohl er exakt dieselbe Sendung konsumiert? Ist Pay-TV dann analog, wenn es über eine Kabelverbindung oder einen Satellitenempfang übertragen wird, und wird derselbe Inhalt plötzlich digital bei einer Nutzung über IPTV? Und wäre dann nicht jeder normale Fernsehsender, der durch IPTV empfangen wird, den digitalen Medien zuzurechnen?

Die Digitalisierung des Fernsehens: Wo zieht man Grenzen?

Wenn wir allerdings den Rahmen so enorm weit fassten, dann würde plötzlich unter der Hand ein großer Anteil des klassischen Fernsehens unseren Gegenstand verwässern. Das fühlt sich jedoch deshalb falsch an, weil es auch im Gegensatz zu der Wahrnehmung der Nutzung steht. Nutzer würden etwa den Konsum eines Fußballspiels normalerweise als »Fernsehen« bezeichnen, völlig unabhängig davon, ob sie das konkrete Spiel über eine konventionelle Verbindung oder aber über eine Internetübertragung empfangen.

Wir können diese definitorischen Schwierigkeiten hier nicht lösen, zumal wir uns gerade mitten im Prozess der digitalen Transformation befinden und alle diese Größen in ständiger Bewegung sind – weswegen wir auf die einfachste denkbare Grenzziehung zurückgegriffen haben.

Wir haben auch hier mit exakt derselben Mechanik wie in allen anderen Aktivitäten und Kategorien nur die wichtigsten *Endgeräte* betrachtet, die typischerweise mit der Nutzung digitaler Inhalte verbunden werden, nämlich Smartphones, Tablets, Laptops und PCs (hier kombiniert als »Desktop«).

Den Fernseher rechnen wir nicht dazu, hier wird Nutzung nur dann erfasst, wenn Inhalte etwa über das Smartphone übertragen werden. Diese Grenze ist sicherlich willkürlich gewählt, aber sie ist wenigstens konsistent – und zuletzt entspricht sie in den meisten Fällen glücklicherweise auch der Wahrnehmung der Nutzer. Denn diese schauen wiederum Fernsehen eben nach wie vor weitestgehend über das spezielle Endgerät Fernseher, egal ob die Signale analog übertragen werden oder digital.

Media-on-Demand

Hintergrund: Rundfunk versus Streaming

Auf dem Feld von Media-on-Demand finden momentan die gravierendsten Transformationen statt. Sie werden die Größe des digitalen Universums dynamisch expandieren, erneut häufig auf Kosten der früheren Offline-Medien. Wir wollen versuchen, diese Sphäre Stück für Stück so zu erschließen, dass sich die einzelnen Teile zu einem verständlichen Ganzen zusammenfügen.

Streaming-Technologien erobern den Markt

Eines der grundlegenden technischen Prinzipien bei Media-on-Demand ist das sogenannte *Streaming*. Hierbei spielt man meist audiovisuelle Inhalte über Internetverbindungen ab, wobei die Daten *während* des Anschauens bzw. Zuhörens übertragen werden. Es ist sicherlich hilfreich, sich die Funktionsweise der Datenübertragung von Streaming kurz vor Augen zu führen. Sie lässt sich besonders eingängig durch einen Vergleich mit den Vorgängertechnologien des klassischen Rundfunks illustrieren.

RUNDFUNK VS. STREAMING: DER WEG ZUM KONSUMENTEN

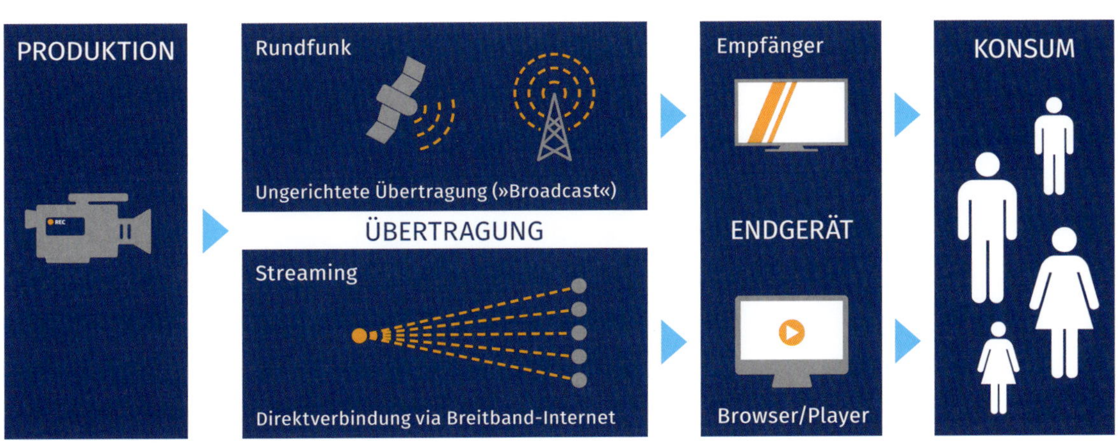

Beim Rundfunk erfolgte die Datenaussendung ungerichtet, was übrigens sowohl der deutsche Begriff (*Rund*-Funk) als auch die englische Bezeichnung (*Broad*-cast) markieren. Diesem Prinzip zufolge wurden Inhalte (etwa über eine Antenne oder einen Satelliten) gewissermaßen »an alle« versendet, die Daten von den Zuschauern oder Zuhörern über spezifische Empfänger decodiert und über das Endgerät konsumiert.

Beim Streaming hingegen haben wir es mit einer prinzipiellen *Direktheit* der Verbindung zwischen Sender und Empfänger zu tun – hier erhält jeder einzelne Nutzer individuell den Content über die spezifische Breitband-Internetverbindung ausgespielt. Aus diesem Grund ist die Ressourcennutzung von Netzwerkkapazitäten bei Media-on-Demand sehr verschwenderisch im Verhältnis zu dem einfachen Ausstrahlungsprinzip des Rundfunks.

MEDIA-ON-DEMAND: DETAILKARTE

ANTEIL AN TOTAL DURATION	23,7 %
NET REACH	96,0 %
DURATION PER U. U. (Ø Stunden/Monat)	18:39:55
DURATION PER U. U. (Ø Stunden/Tag)	0:37:20
TOTAL DURATION (Ø Stunden/Monat)	1.051.006.488
SESSIONS PER U. U. (Ø Monat)	36,1
AKTIVE TAGE (Monat)	14,3

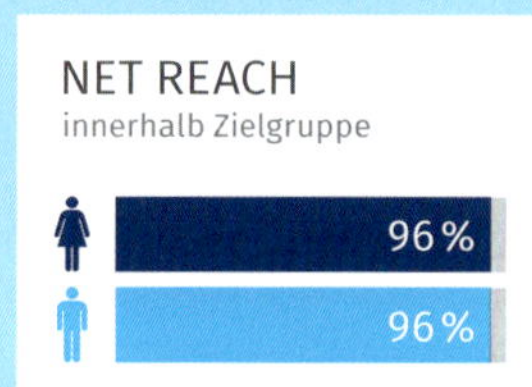

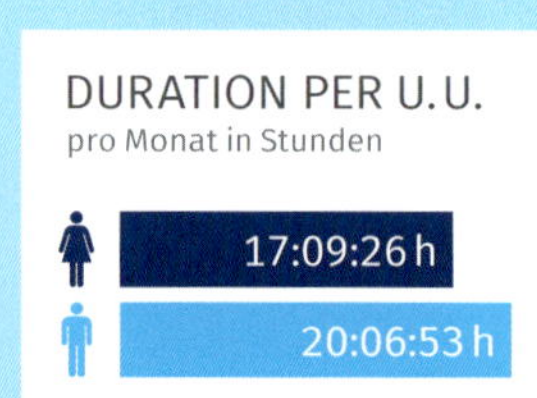

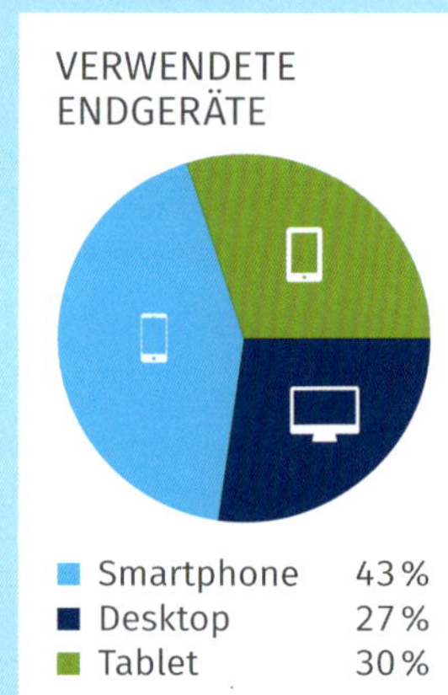

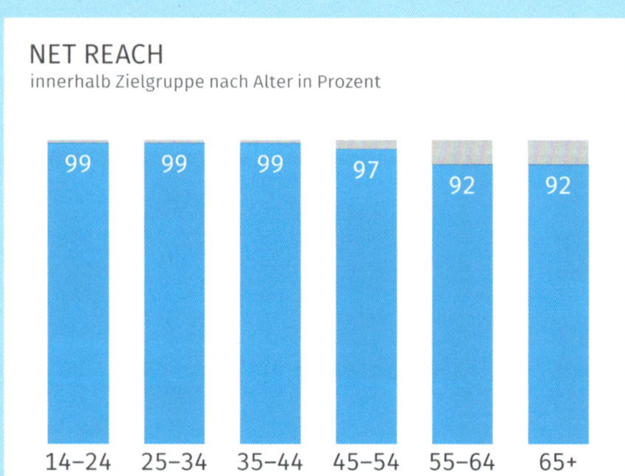

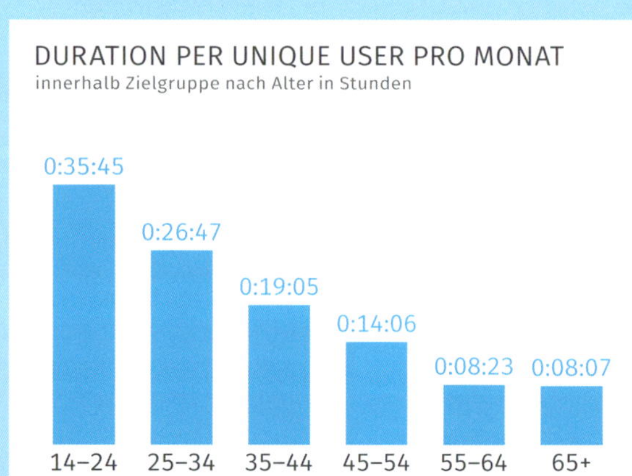

Zeitperiode: Q3/2019; Gesamtbevölkerung (14+); alle Endgeräte kombiniert (Desktop, Smartphone, Tablet)

Die individuell übertragenen Daten werden beim Streaming dann entweder über Webbrowser oder aber über die üblichen Apps und Media-Player genutzt. Während Nutzer aufgrund der limitierten Bandbreite früher gezwungen waren, Inhalte erst als Download abzuspeichern und danach zu konsumieren, erfolgt die Datenübertragung hier während der Wiedergabe (zum Ausgleich von Unregelmäßigkeiten der Übertragung wird ein zeitlicher Puffer eingesetzt).

Man geht übrigens davon aus, dass ein Großteil der momentanen globalen Steigerungen des digitalen Traffic auf das Konto der stark anwachsenden Streaming-Nutzung geht, was beispielsweise auch zu Debatten über die umweltschädlichen Folgen dieser Nutzungsform geführt hat (aufgrund des hohen Energieverbrauchs). Die massiven Umschichtungen durch die Streaming-Technologien liegen nun vor allem darin begründet, dass sie sehr große Areale des konsumierten Contents, nämlich Bewegtbild und Audio, betreffen.

Hoher Energieverbrauch – ist Streaming umweltschädlich?

Unsere Messungen können zunächst belegen, dass sich Media-on-Demand neben der hohen Nettoreichweite vor allem durch eine hohe tägliche Nutzungsdauer auszeichnet. Die User konsumieren diese Inhalte im Schnitt etwa alle zwei Tage, dann für etwas mehr als 1 Stunde (oder anders formuliert etwa 30 Minuten durchschnittlich am Tag).

So ergibt sich der hohe »Marktanteil« von knapp 24 %, womit diese Aktivität hier den ersten Rang einnimmt. Auffällig ist: Je jünger die User, desto intensiver und länger die Nutzungsdauer. Die 14–24-Jährigen verbringen fast doppelt so viel Zeit auf solchen Plattformen wie die Gesamtbevölkerung, nämlich mehr als 1 Stunde täglich.

Je jünger die Nutzer, desto höher der Media-on-Demand-Konsum

Video-on-Demand

Es empfiehlt sich, die verschiedenen Angebote von Media-on-Demand in zwei Subkategorien zu unterteilen, und zwar *Bewegtbild* einerseits (ca. drei Viertel) und *Audio* (ca. ein Viertel) andererseits. Das Feld der gestreamten Bewegtbildangebote (Video-on-Demand) lässt sich erneut in zwei Kategorien aufteilen – und zwar kostenlose sowie zahlungspflichtige Angebote. So liefert YouTube den Löwenanteil mit seinem riesigen Angebot an gratis verfügbaren Online-Videos, allein diese Plattform spielt stattliche 54 % der gesamten Nutzungsdauer ein.

YouTube als Video-on-Demand-Gigant

Es sei übrigens der Vollständigkeit halber erwähnt, dass wir kaum Nutzung des neuen Premiumangebots YouTube Music feststellen konnten – was mög-

Viele User verwenden YouTube zum Musikhören

licherweise damit zusammenhängen könnte, dass viele User Musikvideo-Playlists (kostenlos) bei YouTube ablaufen lassen und den Videokanal auf diese Weise zum Musikhören verwenden (nach einer Studie von Kantar hören 44 % der Gesamtbevölkerung über Videoplattformen Musik).

Die YouTube-Nutzungsdauer ist vor allem bei jungen Nutzern extrem hoch – die Plattform ersetzt im Netz zunehmend das, was früheren Offline-Generationen einmal das Fernsehprogramm war (wir kommen auf YouTube ausführlich in Kapitel III, 3 zurück).

Dailymotion ist eine ebenfalls kostenlose Video-Sharing-Plattform und gewissermaßen die europäische Alternative zu YouTube (das Unternehmen gehört zu dem französischen Vivendi-Konzern); auch hier können Nutzer gratis Videos konsumieren, allerdings mit einer weitaus geringeren Auswahl an angebotenem Content im Vergleich zu YouTube. Die solide Reichweite täuscht jedoch über ihre überschaubare Bedeutung hinweg – die marginale Nutzung lässt sich an der geringen monatlichen Duration per Unique User ablesen.

Solche Angebote sind vorwiegend kostenlos, werden also weitgehend durch Werbung finanziert. Dagegen verfolgen die meisten anderen Unternehmen gebührenfinanzierte Geschäftsmodelle. Während wir annehmen, dass das Gros etwa der YouTube-Nutzung auf den von uns gemessenen Endgeräten erfolgt, gehen wir davon aus, dass ein erheblicher Teil der Nutzung von

MEDIA-ON-DEMAND: ANGEBOTSÜBERSICHT

	Anbieter	Duration (Stunden/Monat)	Anteil Duration (von Kategorie!)	Duration per u. U. (Stunden/Monat)	Net Reach
	VIDEO-ON-DEMAND				
1	**YouTube**	566.488.484	53,9 %	10:40:51	92,9 %
2	**Amazon Video**	72.845.927	6,9 %	3:17:47	37,8 %
3	**Netflix**	53.134.991	5,1 %	2:53:01	31,5 %
4	**Maxdome**	2.879.310	0,3 %	0:56:58	5,2 %
5	**Dailymotion**	705.098	0,1 %	0:04:56	14,7 %
	AUDIO-STREAMING				
1	**Apple Music**	183.148.166	17,4 %	9:56:32	31,5 %
2	**Spotify**	57.570.110	5,5 %	3:05:11	31,0 %
3	**Amazon Music**	19.585.111	1,9 %	1:06:45	30,1 %
4	**Apple Podcasts**	19.103.268	1,8 %	4:02:32	8,1 %
5	**Deezer**	2.668.259	0,3 %	1:07:08	4,1 %

Zeitperiode: Q3/2019; Gesamtbevölkerung (14+); alle Endgeräte kombiniert (Desktop, Smartphone, Tablet)

Media-on-Demand-Abonnements auf TV-Geräten erfolgt, die hier nicht erfasst werden. Hier liegen sicherlich Potenziale für Anschlussuntersuchungen.

Netflix und Prime Video mit starken Reichweiten auf Desktop, Smartphone und Tablet

Netflix ist gewissermaßen der Klassiker unter diesen Anbietern und betreibt das Streaming-Geschäft bereits seit 2007 in den USA, in Deutschland ist es seit 2014 verfügbar. Dagegen entstand Amazons Video-on-Demand-Angebot erst 2014, und zwar nachdem der Konzern die bereits existierende Online-Videothek Lovefilm übernommen hatte. In den folgenden Jahren wurde dieser Service dann als Zusatzleistung für die Prime-Mitgliedschaft ausgebaut und auf diese Weise an die Amazon-Dienstleistungen angedockt. Beide Wettbewerber erzielen bei den gemessenen Endgeräten (Desktop, Tablet, Smartphone) Nettoreichweiten über 30 % mit einer Nutzungsdauer von durchschnittlich etwa 3 Stunden per Unique User monatlich; die Nutzung über TV-Bildschirme ist auch hier nur dann erfasst, wenn Inhalte etwa über das Smartphone übertragen werden.

Auf einem völlig anderen Niveau spielen die nachfolgenden Anbieter aus unserem Ranking, wie schon an Maxdome ersichtlich. Diese Video-on-Demand-Plattform gehört ProSiebenSat.1 Group und bietet neben dem Angebot von Filmen, Serien und Kinderprogrammen auch Eigenproduktionen (analog Netflix; die Zahlung erfolgt entweder in Form monatlicher Gebühren oder bei einzelner Nutzung/Pay-per-View bzw. Download).

Neuzugang 2020: Disney+

Hier herrscht momentan eine ungeheure Dynamik, es kommen immer neue Player auf den Markt wie aktuell Disney+, weswegen man dieses Feld genau im Auge behalten sollte.

Audio-Streaming

Das Feld der wichtigsten Video-on-Demand-Anbieter ist somit abgesteckt. Die Mechanismen von Media-on-Demand sind bei Audioinhalten weitgehend dieselben wie bei Bewegtbild. Auch hier erfolgen Zugriffe auf umfangreiche Content-Inventare über die einschlägigen Anbieter, die Inhalte werden dann in Echtzeit übertragen. Bei den Musik-Streaming-Angeboten besitzen Spotify, Apple und Amazon in etwa dieselbe Nettoreichweite, allerdings kann Apple hier eine deutlich höhere Nutzungsdauer per User erzielen als die Konkurrenten.

Apple: Umstellung von iTunes auf Streaming

Wichtig ist, dass man diese Differenz momentan nicht überbewertet, weil sie auf ein konkretes Ereignis zurückzuführen ist: Apple hat 2019 das äußerst erfolgreiche Format iTunes eingefroren und seine Services in der zweiten Jahreshälfte auf Streaming (Apple Music) umgestellt. Nutzer, die auf ihre alten

AUDIO-STREAMING – HÄUFIGKEIT DER NUTZUNG

IN PROZENT DER BEVÖLKERUNG (ALTER 14–69)

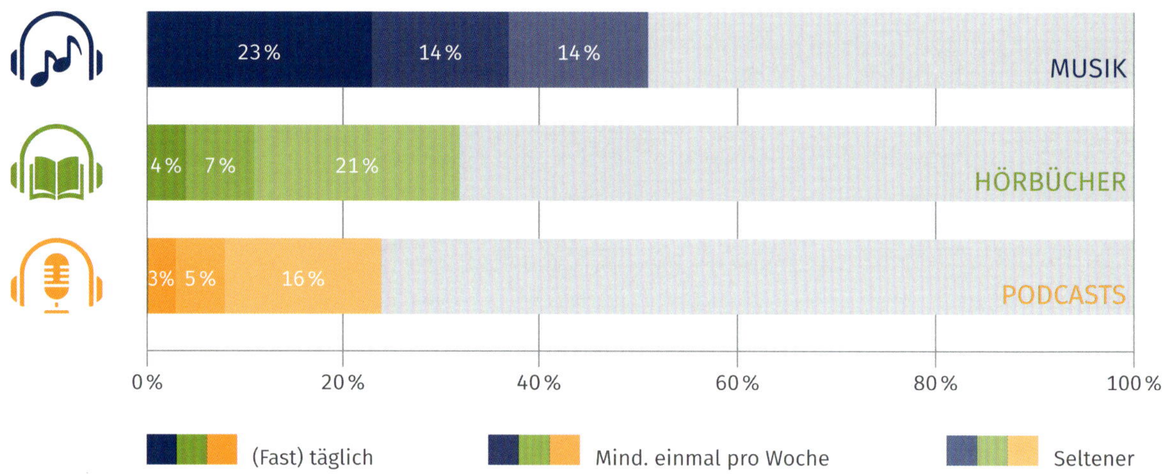

Quelle: SevenOne Media (Hrsg.): »Media Activity Guide 2019«; Alter: 14–69

iTunes-Inventare und -Bibliotheken zurückgreifen, tun dies hier über die App, weswegen der Vergleich der Nutzungszeit mit dem reinen Streaming-Angebot von Spotify asymmetrisch ist. Diese Werte werden sich erst im Verlauf einiger Quartale so einpendeln, dass sie sich sauber vergleichen lassen.

In der Kategorie des Audio-Streaming macht der Konsum von Musik sicherlich den Löwenanteil aus, allerdings überträgt ein Anbieter wie Spotify nicht nur Musikinventare, sondern auch Hörbücher und Podcasts. Leider besitzen wir momentan keine belastbaren Daten über die Verteilung der jeweiligen Nutzungsdauer. Wir wissen durch eine Studie von SevenOne Media, dass etwa die Hälfte der Befragten Musik streamt, Hörbücher und Podcasts dagegen deutlich weniger genutzt werden. Die Differenzen zeigen sich noch viel stärker bei intensiverer Nutzung (täglich bzw. einmal wöchentlich). Ähnliche Werte finden sich in einer Kantar-Befragung (Musikstreaming: 32 %; Podcasts und Radiosendungen: 17 %; Hörbücher: 15 %).

Musik dominiert den Audio-Konsum

Allerdings können wir einen Näherungswert gewinnen über Apple – denn Apple besitzt separate Angebote für Musik (Apple Music, allerdings inklusive Radio) und für Podcasts und Hörbücher (Apple Podcasts). Diese können wir nun sehr gut separat messen – es ergibt sich hier in Bezug auf die gesamte Nutzungsdauer ein sehr starkes Übergewicht von Musik. Um es in Zahlen zu fassen, geht bei Apple dann 90 % der Nutzungszeit auf das Konto von Musik inklusive Radio. Podcasts und Hörbücher zusammen erreichen dagegen nur die verbleibenden 10 %.

Mediatheken und Internetfernsehen

Wie bereits erwähnt, erleben wir momentan eine Zeitperiode, in der allmählich das frühere Medium des Fernsehens in die digitale Welt übersetzt wird.

Um trotz der erheblichen Schwierigkeiten einer genauen Unterscheidung beider Kanäle zu möglichst präzisen Abgrenzungen wenigstens in der Sphäre zu gelangen, die wir hier als digitale Welt beschreiben, haben wir alle Plattformen gesondert ausgewiesen, in denen typischerweise die Inhalte von *linearem TV* online gestellt werden (wohingegen Angebote wie Netflix oder Amazon Prime eher als digitalisierte Videotheken erscheinen).

MEDIATHEKEN UND INTERNETFERNSEHEN: DETAILKARTE

ANTEIL AN TOTAL DURATION	**2,4 %**
NET REACH	90,0 %
DURATION PER U. U. (Ø Stunden/Monat)	2:00:46
DURATION PER U. U. (Ø Stunden/Tag)	0:04:02
TOTAL DURATION (Ø Stunden/Monat)	106.464.375
SESSIONS PER U. U. (Ø Monat)	11,3
AKTIVE TAGE (Monat)	6,5

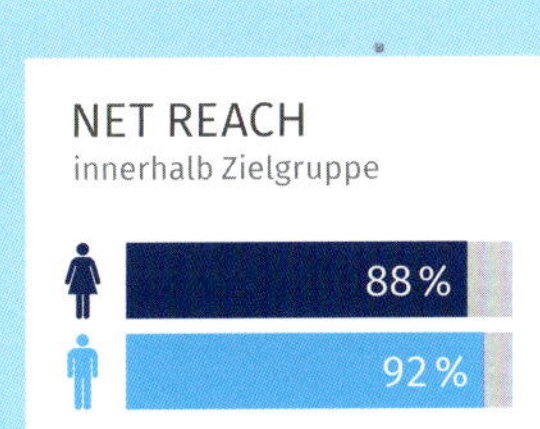

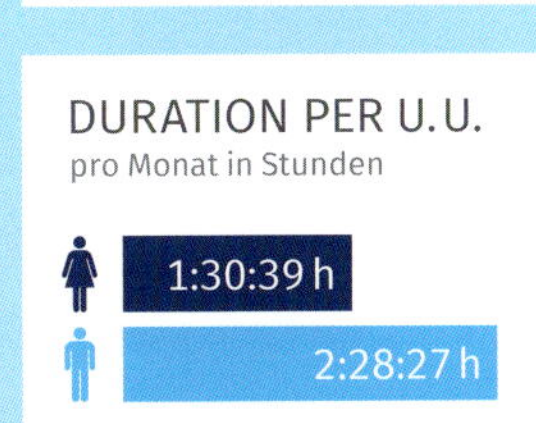

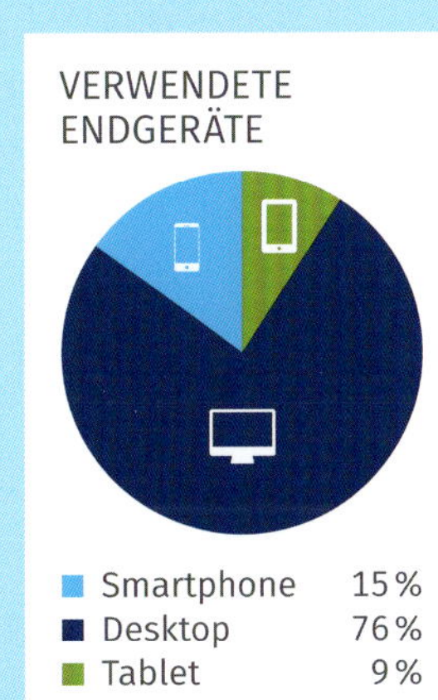

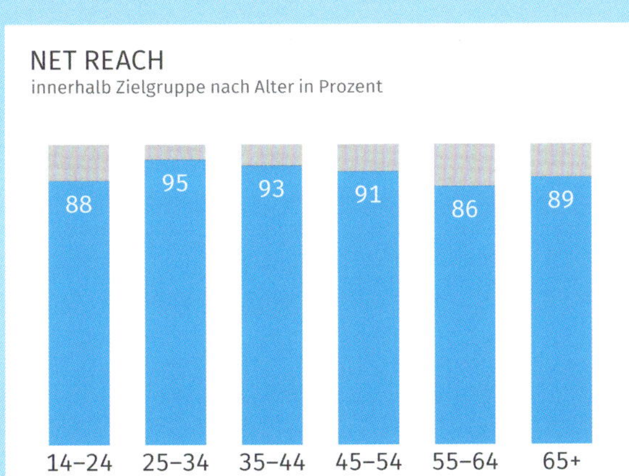

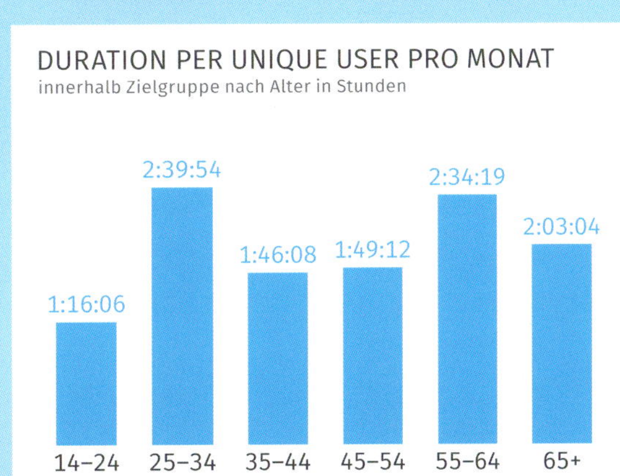

Zeitperiode: Q3/2019; Gesamtbevölkerung (14+); alle Endgeräte kombiniert (Desktop, Smartphone, Tablet)

Lineares TV online

Es handelt sich dann in solchen Fällen oft um *Mediatheken*, die vor allem *time-shifted linear content* liefern. Sender stellen hier Inhalte online, sodass diese von den Zuschauern für eine bestimmte (meist eingeschränkte) Zeit abgerufen werden können. Eine typische Nutzungsmotivation besteht darin, dass man etwa eine Sendung auch dann im Netz schauen kann, wenn man sie im Fernsehen verpasst hat.

Diese Kategorie behandeln wir hier gewissermaßen als Verlängerung von Media-on-Demand und aus diesem Grund an zweiter Stelle (unter den hier dargestellten Aktivitäten würde sie eigentlich erst auf Rang 8 liegen). Die Bedeutung solcher Nutzungen ist also erheblich geringer als Media-on-Demand – die gesamte Nutzungszeit dieser Kategorie beträgt im Verhältnis weniger als ein Zehntel. Das liegt weniger an der Nettoreichweite, die stattliche 90 % beträgt, sondern an der vergleichsweise geringen Nutzungsfrequenz und -dauer. Denn die User schauen solche Inhalte nur alle 4 bis 5 Tage, und eine durchschnittliche Session beträgt nur etwa 11 Minuten (Media-on-Demand liegt dagegen bei 31 Minuten pro Session).

Und während Media-on-Demand bei jungen Nutzern deutlich höhere Nutzungen erzielt, ist das Spektrum bei Mediatheken bzw. Internetfernsehen

MEDIATHEKEN UND INTERNETFERNSEHEN: ANGEBOTSÜBERSICHT

	Anbieter	Total Duration (Stunden/Monat)	Anteil Duration (von Kategorie!)	Duration per U.U. (Stunden/Monat)	Net Reach
1	TV Now	17.214.815	16,2 %	1:37:33	18,1 %
2	Twitch.tv	11.028.313	10,4 %	1:33:36	12,1 %
3	n-tv	10.098.628	9,5 %	0:29:02	35,7 %
4	ARD Mediathek	7.253.136	6,8 %	0:43:53	17,0 %
5	waipu.tv	6.536.793	0,6 %	3:23:37	3,3 %
6	Die Welt	5.998.702	5,6 %	0:12:27	49,4 %
7	daserste.de (ARD)	5.083.665	4,8 %	0:22:12	23,5 %
8	ZDF.de	4.671.639	4,4 %	0:18:11	26,4 %
9	RTL.de	3.772.426	3,5 %	0:12:30	31,0 %
10	Zattoo	3.442.358	3,2 %	1:38:06	3,6 %
11	sport1.de	3.176.460	3,0 %	0:21:06	15,5 %
12	Joyn	2.896.003	2,2 %	0:12:16	24,2 %
13	Sky Ticket	2.850.874	2,7 %	0:25:08	11,6 %
14	DAZN	1.594.917	1,5 %	0:25:32	6,4 %

Zeitperiode: Q3/2019; Gesamtbevölkerung (14+); alle Endgeräte kombiniert (Desktop, Smartphone, Tablet)

deutlich gleichmäßiger über die verschiedenen Altersklassen verteilt, was sicherlich auch mit dem tendenziell höheren Nachrichtenanteil innerhalb dieser Kategorie zu tun hat.

Die Vielfalt der verschiedenen Angebote reflektiert die Komplexität und Dynamik dieser Kategorie, man bemerkt auch auf den ersten Blick, dass das Feld dieser Angebote viel fragmentierter ist als bei den klassischen Media-on-Demand-Giganten, zumal fast jeder Sender eine Mediathek betreibt.

Wir sehen hier auch erhebliche Diskrepanzen zwischen Reichweiten und Nutzungsdauer, weswegen wir die wichtigsten Anbieter hier nach Total Duration gerankt haben. Wären wir nur nach Nettoreichweite vorgegangen, würde ein innovativer Anbieter wie Twitch.tv gar nicht in den Top 10 erscheinen.

Mediatheken

Um den Zugang zu erleichtern, werden wir die einzelnen Produkte gruppieren. Und um die sehr heterogenen Produkte angemessen zu würdigen, haben wir das Feld etwas offener gehalten. Einen guten Einstieg bieten uns die Portale der klassischen Mediatheken. Sie ermöglichen etwa den Zuschauern von Fernsehsendern, Sendungen online nachzuholen, die sie verpasst haben.

Unterschiedlicher Angebot-Mix je nach Plattform

Die Verfügbarkeit von Mediathekinhalten bei den öffentlich-rechtlichen Fernsehsendern variiert zwischen einigen Tagen und Monaten. Die Portale bieten meist auch einen Live-Stream, der ähnliche Zwecke erfüllt (etwa: Man kann eine Sendung auch dann schauen, wenn man gerade nicht zu Hause ist). Darüber hinaus enthalten sie oft zusätzliche Angebote an Magazinbeiträgen, die hier jedoch meist im Hintergrund stehen.

Einem ähnlichen Prinzip folgt TV Now, die große Video-on-Demand-Plattform der RTL-Gruppe. Auch hier finden wir ein Mediathekprinzip vor, denn Nutzer können Filme, Serien und andere Inhalte für den Zeitraum von sieben Tagen kostenfrei anschauen – allerdings verfügt die Plattform auch über ein zahlungspflichtiges Premiumangebot, bei dem Nutzer die Inhalte unbegrenzt nutzen und (wie zum Beispiel bei Netflix) auch eine Menge zusätzlicher exklusiver Serien schauen können.

Internetfernsehen

Freemium-Modelle bei Internetfernsehen

Eine wiederum größere Bündelung von Bewegtbildinhalten liefert Zattoo. Die Plattform für Internetfernsehen bietet gemischte Angebote aus ganz verschiedenen Sendern wie ARD und ZDF, RTL, n-tv und ProSiebenSat.1 sowie Formate wie Spiegel TV, BBC und so fort. Es handelt sich um ein Freemium-Modell, es sind also Teile des Angebots kostenlos, andere Teile sind nur über eine Premiummitgliedschaft zugänglich.

Auch waipu.tv bietet Internetfernsehen, wobei lineares Fernsehen als Live-Streaming verfügbar gemacht wird. Die Bedienung erfolgt durch Smartphones oder Tablets (der Name bezieht sich auf das Wischen, mit dem man Programme auf den Fernseher verschiebt, das »Waipen«). Auch hier werden die Programme sehr vieler Sender gebündelt. Die erste Stufe (40 Sender) ist kostenlos, man kann gegen die Zahlung von Gebühren die Pakete der empfangbaren Sender erhöhen (maximal etwa 100).

Eine andere Gruppe von Portalen liefert bunte Mischungen aus Magazin, Live-Streaming, Videoportal und Mediathek, wie etwa n-tv, Die Welt (mit großen Videoanteilen), RTL.de und sport1.de. Analog verfährt Joyn aus dem Hause ProSiebenSat.1 – diese Plattform soll in Kürze mit Maxdome zusammengeführt werden.

Anderen beim Gaming zuschauen: Twitch.tv

Einer der interessantesten Player ist jedoch twitch.tv, ein Live-Streaming-Portal für Computerspiele, das im Jahr 2014 von Amazon übernommen wurde. Wie eingangs erwähnt, verfügt es nur über eine recht geringe Reichweite, erzielt aber eine hohe Nutzungsdauer von etwa 1,5 Stunden per User im Monat, weswegen es hier im Ranking auch auf Platz zwei liegt.

E-SPORTS – LIVE-STREAMING

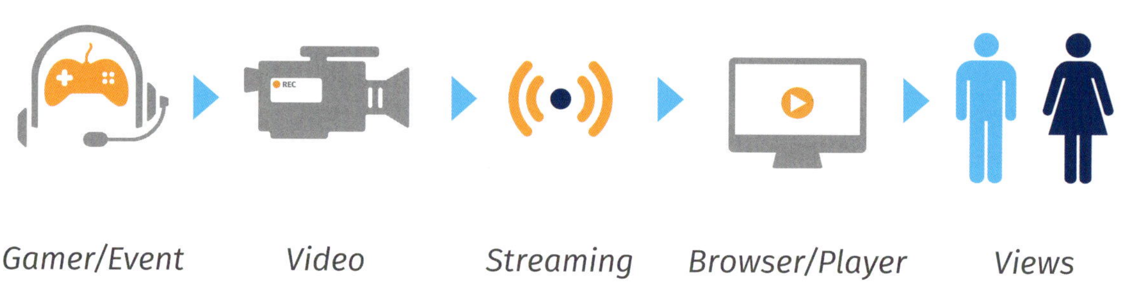

Twitch bietet einen komplexen Mix verschiedener Inhalte – in bestimmten Aspekten ähnelt es YouTube, weil Nutzer sich registrieren, spielen und das Ergebnis zugleich streamen können. Das Portal kapitalisiert also vor allem die sogenannten Lets-Play-Formate, bei denen Gaming gestreamt, moderiert und kommentiert wird (diese Kategorie ist auch bei YouTube äußerst beliebt). Damit ist es eine wichtige Instanz in der boomenden Kategorie des E-Sports – große Veranstaltungen werden auf Kanälen wie Twitch übertragen.

Zuletzt finden sich in diesem Feld auch die Hybride aus Pay-TV und Video-on-Demand mit Fokus auf Sport wie Sky Ticket oder DAZN.

Internetradio

Abschließend soll der Vollständigkeit halber noch Internetradio beleuchtet werden – denn auf dieselbe Weise, wie man lineares Fernsehen streamen kann, lässt sich natürlich auch das lineare Radio über das Internet nutzen.

Nach unseren Messungen liefert dieser Bereich erneut einen Beleg dafür, dass man vorsichtig sein sollte in Bezug auf Markteinschätzungen, die auf Befragungen beruhen. Laut der Kantar-Audio-Befragung 2019 nutzen 41,5 % der Bevölkerung Webradio, 18,5 % sogar täglich bzw. fast täglich; in der SevenOne-Media-Studie geben die Nutzer zwischen 14 und 69 Jahren an, im Schnitt 18 Minuten täglich Internetradio zu nutzen.

Internetradio: Nutzungsdauer auf niedrigem Niveau

Wir können dieses eigentlich beachtliche Niveau an Webradiokonsum jedoch nicht durch unsere eigenen Messungen bestätigen. Der größte Anbieter ist mit Abstand radio.de, ein Portal, über das Nutzer nach eigenen Angaben insgesamt 30.000 nationale und internationale Radiosender konsumieren

INTERNETRADIO: ANGEBOTSÜBERSICHT

	Anbieter	Duration (Stunden/Monat)	Anteil Duration (von Kategorie!)	Duration per U. U. (Stunden/Monat)	Net Reach
1	Radio.de	1.676.269	1,6 %	0:19:33	8,8 %
2	Antenne Bayern	562.945	0,5 %	0:10:23	5,6 %
3	Hit Radio FFH	472.686	0,4 %	0:11:41	4,2 %
4	SWR3	448.914	0,4 %	0:08:13	5,6 %
5	Deutschlandfunk	259.314	0,2 %	0:03:55	6,8 %

Zeitperiode: Q3/2019; Gesamtbevölkerung (14+); alle Endgeräte kombiniert (Desktop, Smartphone, Tablet)

können – aber die Nettoreichweite liegt selbst hier nur bei knapp 9 % (und das, obwohl unseren Messungen ein Quartal zugrunde liegt!). Die durchschnittliche Nutzungsdauer beträgt lediglich 20 Minuten im Monat.

Dass Radiosender nur geringe Reichweiten besitzen, ist aufgrund der regionalen Nutzung zwar nicht verwunderlich – aber die von den hier verzeichneten Internetradiosendern erzielte Nutzungsdauer ist insgesamt sehr gering. Wir wissen über die genannte Kantar-Studie, dass unsere Messungen die wichtigsten Endgeräte erfassen (so wird digitales Radio im Auto fast immer über das Smartphone empfangen).

Regional spezifisch, stark fragmentiert

Das Angebot ist allerdings nicht nur durch lokale Radiosender-Apps, sondern auch durch die Bündelung in unzähligen Aggregatoren wie beispielsweise der Sonos-App, der Apple-Musik-App so zersplittert und fragmentiert, dass hier möglicherweise zusätzliche Nutzungen jenseits unseres Messradars auftreten können.

3

Gaming

Schwierigkeiten der Datenerhebung

Die Gaming-Branche boomt seit Jahren

Kaum eine digitale Branche boomt seit Jahren so ungebrochen wie Gaming – Jahr für Jahr liefert diese Sphäre immer wieder neue Wachstumsrekorde. Aber ausgerechnet dieses Feld stellt uns vor eine besondere Herausforderung, die mit der technischen Methode unserer Datenerhebungen zu tun hat. Diese setzt uns leider in diesem spezifischen Feld Grenzen, die unsere Sicht einschränken. Hier sind die Details:

Bei unserem Panel von 16.000 Personen wird die Verwendung digitaler Medien bei jeder einzelnen Person auf den verschiedenen Endgeräten typischerweise über den Zugang per Webbrowser dokumentiert. Diese Lösung funktioniert hervorragend bei den anderen Kategorien und Aktivitäten, aber bei Gaming gibt es eine Hürde.

Diese besteht darin, dass zwar viele Gelegenheitsspiele ganz normal über Browser bzw. Apps gespielt werden, sodass unsere Tracking-Systeme die Nutzung registrieren und messen. Jedoch werden die klassischen Computerspiele wie etwa Fortnite oder Grand Theft Auto (wir nennen diese Art der Nutzung zur einfacheren Identifizierung im Folgenden »Intensiv-Gaming«) fast nie über das Interface eines Browsers angesteuert.

Typischerweise downloaden User solche Spiele etwa auf ihren PC. Der Download der Spiele erfolgt meist über Distributionsplattformen (Steam, Origin, battle.net etc.), über diese wird das konkrete Spiel dann auch gestartet und gespielt. Wenn es erforderlich ist, werden die Game-Server direkt angesteuert. Diese werden entweder von den Spieleherstellern oder den Publishern angeboten.

Weil diese Datenströme nicht über Webbrowser bzw. Apps laufen, ist unser »Teleskop« also aufgrund seiner Konstruktionsweise nicht in der Lage, diese

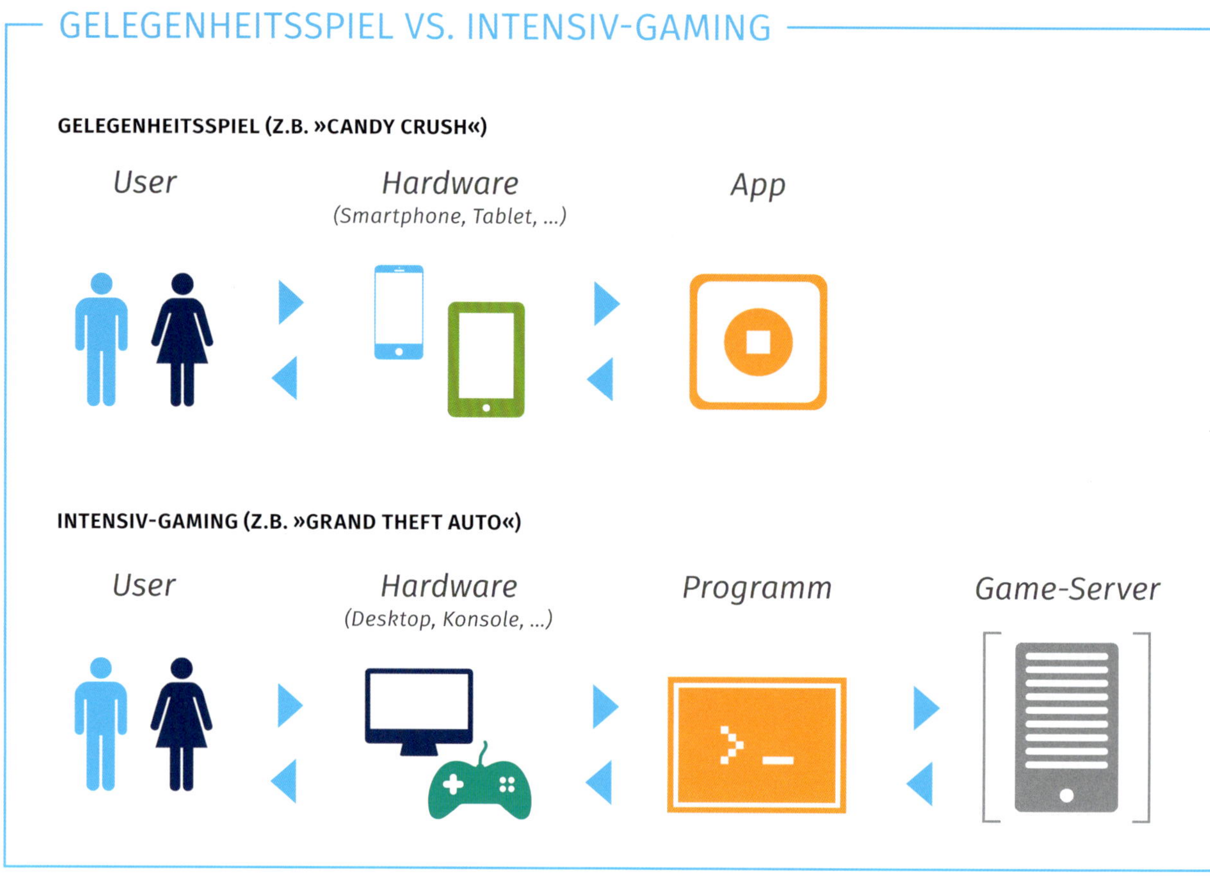

Teile des digitalen Universums wahrzunehmen und aufzuzeichnen – weswegen wir das Gesamtterritorium einleitend auf der Grundlage anderer existierender Studien grob umreißen werden (was uns übrigens einen guten Testfall liefert für das eingangs beschriebene Dilemma der vielen, aber unzusammenhängenden Fakten – wir werden nämlich beispielhaft sehen, welche Ergebnisse wir erhalten, wenn wir das sichere Fahrwasser unseres Cross-Media-Panels ausnahmsweise verlassen).

Hintergrund

Der Wissensstand zu Gaming lässt sich in etwa wie folgt zusammenfassen: Gaming ist schon seit langem dem nerdigen Challenger-Status entwachsen. Schon seit Mitte der 2010er Jahre wird auch in der populären Berichterstattung gern betont, dass die Umsätze der Gaming-Branche mittlerweile diejenigen der Filmindustrie überholt haben.

Gaming ist ferner keine Aktivität mehr, die auf junge User beschränkt ist – große Anteile auch der älteren Bevölkerung verbringen ihre Zeit mit Computerspielen. Dies ist beispielsweise ein Ergebnis der von Bitkom veröffentlichten Studie »Gaming-Trends 2019«.

Fun Fact

Gaming-Umsätze überholen die der Filmindustrie

Die genannte Bitkom-Studie ist äußerst nützlich, weil sie Nutzer befragt, welche Endgeräte sie nutzen (hier sind Mehrfachnennungen möglich). Hierbei erweist sich das Smartphone als wichtigstes Endgerät; ferner können die Autoren durch ihren Vergleich mit den Werten von 2018 eine Tendenz feststellen, dass sich die Werte für die mobilen Endgeräte (Smartphone, Tablet) stark erhöhen – was auch eine ihrer Kernthesen ist (»Gaming wird mobiler und flexibler«).

Smartphone ist das wichtigste Endgerät für Gaming

Für uns liefert dieser Überblick eine wertvolle Ergänzung, weil in unseren Beobachtungen die Sphäre der Spielkonsolen einerseits, aber auch die meisten Desktop-Nutzungen (Laptop und PC) fehlen. Eine Studie von Splendid aus dem Jahr 2018 kommt übrigens zu einem ähnlichen Schluss und sieht »Mobile Gamer auf dem Vormarsch« – gerade die regelmäßigen Spieler

GAMING: VERWENDETE ENDGERÄTE

IN PROZENT DER BEVÖLKERUNG (ALTER 16+)

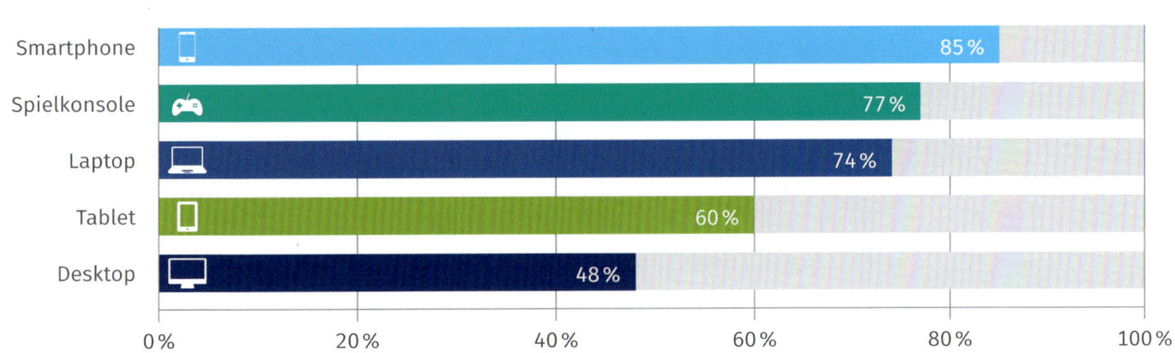

Quelle: Bitkom (Hrsg.): »Gaming-Trends 2019«

nutzten am meisten Smartphones (37 %), dagegen nur zu 27 % Desktops und zu 16 % Konsolen (Befragung von 2.024 Deutschen zwischen 16 und 69 Jahren). Allerdings lassen diese Angaben keine Schlüsse hinsichtlich der Bedeutung der einzelnen Endgeräte zu, weil wir hier nichts über die Nutzungsdauer erfahren.

Nutzungsdauer

Es ist sogar schwierig, die *allgemeine Nutzungsdauer für Games insgesamt* zu ermitteln. Diese ist sicherlich bei Jugendlichen viel höher als im Bevölkerungsdurchschnitt. Eine Untersuchung von Forsa aus dem Jahr 2018 berichtet von durchschnittlich 137 Minuten für 12–17-Jährige; man sollte bei solchen Selbsteinschätzungen jedoch Vorsicht walten lassen.

Eine Studie von SevenOne Media aus dem Jahr 2019 beziffert den Durchschnittswert für die gesamte Bevölkerung (14–69 Jahre) auf 30 Minuten täglich. Eine Studie von Limelight Networks aus dem Jahr 2020 gibt für deutsche Gamer eine durchschnittliche Spielzeit von etwa 1 Stunde täglich an.

Gelegenheitsspiele

Gelegenheitsspiele: Match-3, Aufbauspiele, Bewegungsspiele, Logikrätsel etc.

Wir können vor dem Hintergrund dieser Informationen präzisieren, welche Bestandteile des Gaming-Universums für uns sichtbar sind und welche nicht. Wir gehen davon aus, dass in unseren Daten das Gros der typischen Free-to-play-Games enthalten sind. Bei den meisten davon handelt es sich um die einschlägigen Match-3-Puzzle-Spiele (z. B. Candy Crush), Aufbauspiele für das Betreiben von Bauernhöfen, Dörfern und Städten (z. B. Hay Day, Township) sowie Hybride aus beiden Prinzipien (Gardenscapes, Homescapes), ferner AR-Games (Pokémon Go), Strategiespiele (Clash of Clans, Forge of Empires, Brawl Stars), Logikrätsel (Sudoku), Rennspiele (Hill Climb Racing), Abschieß- und Artillerie-Spiele (Angry Birds). Wir nennen diese im Folgenden »Gelegenheitsspiele«.

Intensiv-Gaming

Dagegen sind in unserem Universum nicht Spiele enthalten, die ausschließlich oder zumindest sehr weitgehend über Konsolen bzw. Desktops gespielt werden (»Intensiv-Gaming«). Dabei läuft der Datenaustausch nicht über das Browser-Interface. Es handelt sich vor allem um Ego-Shooter, Koop-Survival-

Games, Action- und Battle-Royal-Spiele, Open-World-Games und die unterschiedlichen Hybride aus diesen verschiedenen Genres, wie etwa Fortnite, Call of Duty, Grand Theft Auto, Overwatch, die Tom Clancy's Rainbow Six Serie, League of Legends, Counter Strike und so fort, aber auch Sportsimulationsspiele wie FIFA, Wii Sports etc.

Intensiv-Gaming: Ego-Shooter, Open-World-Games, Simulationsspiele etc.

Auf der Grundlage der oben zitierten Studien schätzen wir, dass beide Gebiete jeweils etwa die Hälfte der gesamten Nutzungsdauer ausmachen – allerdings nehmen wir auch an, dass der Anteil der zweiten Kategorie bei den jungen Nutzern deutlich höher ist, dann aber absinkt.

GAMING*: DETAILKARTE

ANTEIL AN TOTAL DURATION	17,9 %
NET REACH	86,0 %
DURATION PER U.U. (ø Stunden/Monat)	15:46:50
DURATION PER U.U. (ø Stunden/Tag)	0:31:34
TOTAL DURATION (ø Stunden/Monat)	794.485.475
SESSIONS PER U.U. (ø Monat)	45,9
AKTIVE TAGE (Monat)	13,5

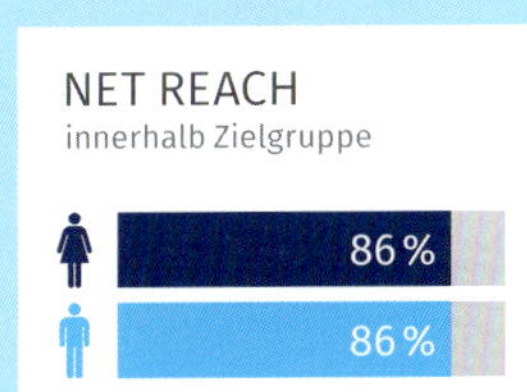

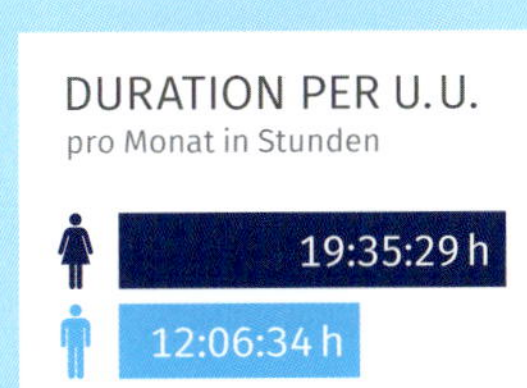

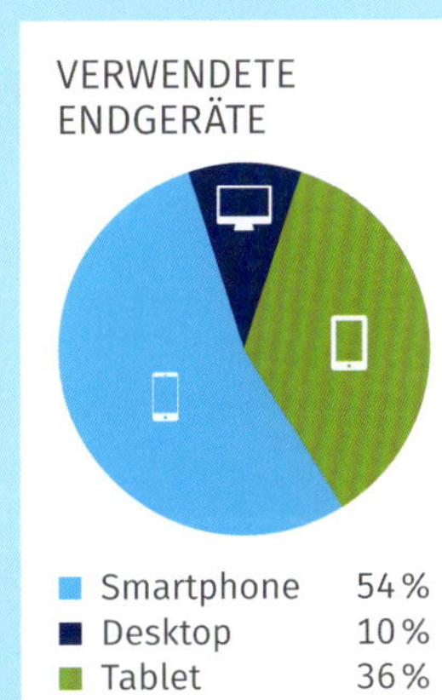

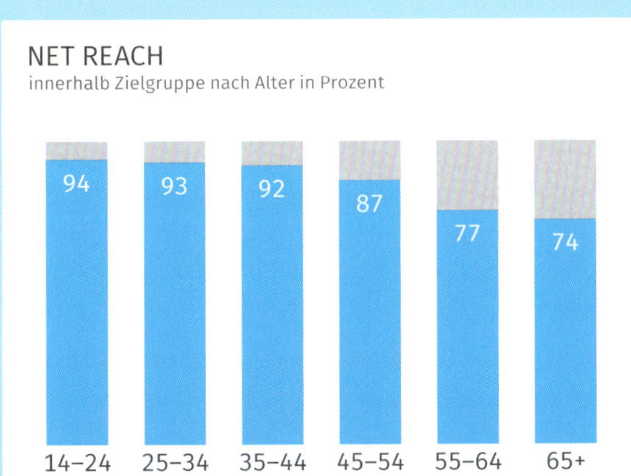

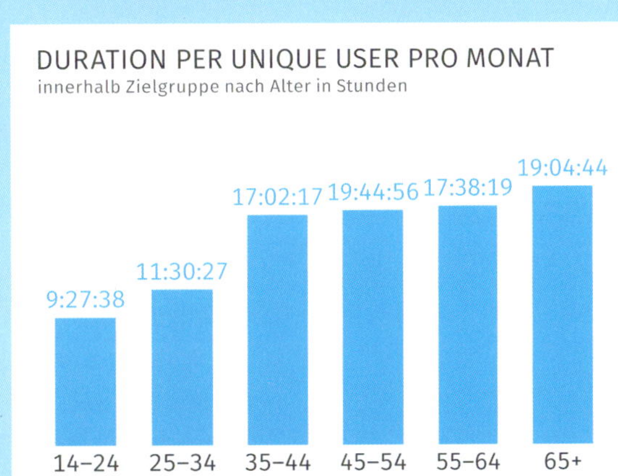

*nur Gelegenheitsspiele/Browsergames

Zeitperiode: Q3/2019; Gesamtbevölkerung (14+); alle Endgeräte kombiniert (Desktop, Smartphone, Tablet)

Bei der Auswertung der für unsere Messungen sichtbaren Gaming-Aktivitäten (»Gelegenheitsspiele«) ergeben sich folgende Ergebnisse: Die Nettoreichweite ist mit 86 % beachtlich. Ferner zeichnet sich die Nutzung durch sehr hohe Regelmäßigkeit aus: User spielen im Schnitt etwa jeden zweiten Tag, an solchen Gaming-Tagen verbringen sie im Schnitt etwa 1 Stunde mit dieser Aktivität.

Ältere Nutzer werden bei Gaming immer aktiver

Der Blick auf die Altersgruppen zeigt, dass sich diese Form von Gaming unter jungen Zielgruppen weiter durchgesetzt hat als bei den älteren. Bei den hier beobachteten Spielegattungen ist dagegen die Nutzungsdauer bei den älteren Nutzern am höchsten. Wir gehen jedoch davon aus, dass dies nur für die hier berücksichtigten Browser-Games gilt und dass sich diese Tendenz genau umkehren würde, wenn man die Sphäre von Konsolenspielen, vor allem von Action-Shootern und Open-World-Games, hinzuziehen würde. In jedem Fall wird eindrücklich bestätigt, dass Gaming mittlerweile vollständig bei den älteren Zielgruppen und auch Senioren angekommen ist.

Frauen verbringen mehr Zeit mit Gelegenheitsspielen als Männer

Bei Frauen und Männern ist die Reichweite exakt auf demselben Niveau, allerdings ist die Nutzungsdauer bei Frauen deutlich höher als bei Männern – hier ist jedoch wahrscheinlich dieselbe Mechanik am Werk, die schon in der Altersverteilung beschrieben wurde, dass nämlich Männer überproportional bei den Konsolenspielen vertreten sind (allerdings sollte man sich vor voreiligen Zuschreibungen hüten – die Limelight-Studie misst immerhin die allgemeine Nutzungsdauer für Smartphone und Konsolen, die Differenzen der Nutzungsdauer zwischen den Geschlechtern sind hier jedoch überschaubar und liegen nur bei etwa 15–20 %).

Übersicht Angebote

Bei den verschiedenen Angeboten fällt sofort ein Spezifikum des Gaming-Markts auf, und zwar die erhebliche Fragmentierung, die hier eine wohltuende Ausnahme bildet zu der extremen Konzentrationsbildung, die wir in den meisten anderen Kategorien beobachten konnten.

Diese Fragmentierung lässt sich schon an den geringen Nettoreichweiten ablesen. Aus den Hunderten von Angeboten, deren Nutzungen in unseren Analysen vermessen werden, liegt das reichweitenstärkste Spiel (Candy Crush) nur bei 13 %. Dies ist wohlgemerkt der Fall, obwohl wir generell (bei fast allen Reichweitenmessungen in diesem Buch) ein ganzes Quartal zugrunde gelegt haben (entsprechend würden die Reichweiten bei einer monatlichen Erfassung noch geringer ausfallen).

GAMING*: ANGEBOTSÜBERSICHT

	Anbieter	Net Reach	Duration (Stunden/Monat)	Anteil Duration (von Kategorie!)	Duration per U.U. (Stunden/Monat)
1	Candy Crush	13,0 %	51.017.098	6,4 %	6:52:47
2	Gardenscapes – New Acres	11,0 %	26.149.238	3,3 %	4:03:52
3	Homescapes	9,2 %	16.333.255	2,1 %	3:01:27
4	Pokémon GO	8,7 %	26.918.585	3,4 %	5:17:36
5	QuizClash	8,1 %	4.633.060	0,6 %	0:58:30
6	Hay Day	8,1 %	21.832.250	2,8 %	4:35:49
7	Coin Master	7,2 %	12.829.781	1,6 %	3:03:52
8	Clash of Clans	6,0 %	10.481.980	1,3 %	2:59:08
9	Township	5,9 %	20.768.671	2,6 %	6:02:42
10	Farm Heroes Saga	5,3 %	12.210.307	1,5 %	3:57:02

*nur Gelegenheitsspiele/Browsergames

Zeitperiode: Q3/2019; Gesamtbevölkerung (14+); alle Endgeräte kombiniert (Desktop, Smartphone, Tablet)

Starke Fragmentierung bei Gaming-Angeboten

Zu demselben Befund gelangt man übrigens, wenn man sich die Marktanteile vergegenwärtigt, die hier auf der Grundlage des Anteils an Total Duration gemessen werden: Der stärkste Wettbewerber ist Pokémon GO, das allerdings nur 3,4 % der gesamten Aufmerksamkeit des hier vermessenen Gaming-Markts bündelt. Und das in einem Markt, in dem die Kategorie der Konsolenspiele nicht enthalten ist!

Interessanterweise konnten wir aber auch einen allgemeinen Beleg finden, der nahelegt, dass diese Fragmentierung für beide Seiten des Markts gilt. Denn in der schon erwähnten Forsa-Studie wurden die Jugendlichen befragt, welche Computerspiele sie am meisten spielen – hier lag die Nummer eins (Fortnite) gerade einmal bei 19 %, die folgenden Angebote auf der Rangliste zeichnen sich durch eine noch viel geringere Marktdurchsetzung aus.

Dominanz des Smartphones bei Gelegenheitsspielen

Wenn wir nun zurückkehren zu den Angeboten, die von unserer Messapparatur wahrgenommen werden (»Gelegenheitsspiele«), dann ist erstaunlich, dass der Anteil der mobilen Endgeräte bei der Nutzung der hier berücksichtigten Games so hoch ist (90 %). Daraus ergibt sich, dass die Trennlinie, die unsere Messungen eingrenzt, durchaus zwei Spielewelten voneinander zu unterscheiden scheint. Es ist zwar prinzipiell möglich, dass spezifische Spiele sowohl über Browser als auch über Server nutzbar sind (z. B. Minecraft), aber bei den Browservarianten handelt es sich um abgespeckte Versionen, deren Nutzungsanteil gering sein dürfte.

WAS SPIELEN TEENAGER?

ANGABEN IN PROZENT; BEFRAGTE: 12–17 JAHRE

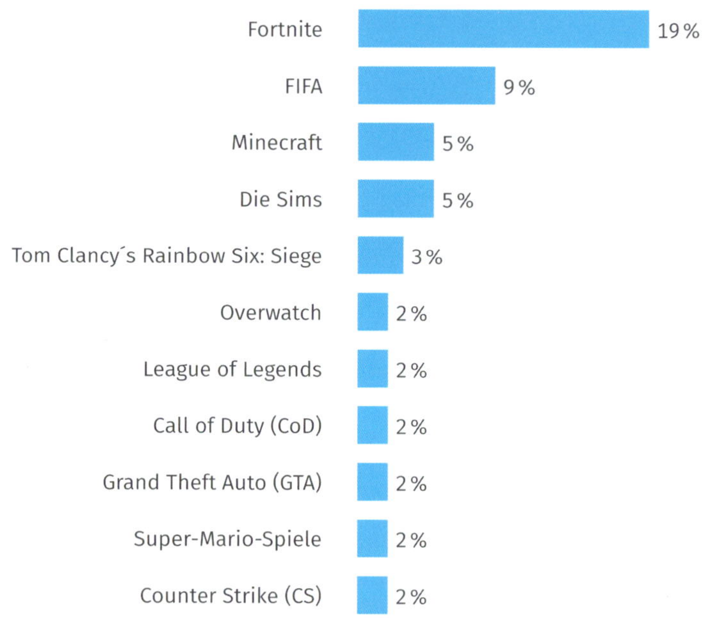

Quelle: Forsa (Hrsg.): »Geld für Games. Wenn Computerspiel zum Glücksspiel wird.«, Studie im Auftrag der DAK, 2019.

Theoretisch mag dies zutreffen, in der Gaming-Praxis dagegen wird die zweite Kategorie (»Intensiv-Gaming«) der Ego-Shooter, MOBA (Multiplayer-Online-Battle-Arena), Open-World-Spiele sowie Action-Strategie-Spiele und Sportsimulationsspiele offenbar ganz vorwiegend über Konsolen oder Desktops gespielt, denn sonst würden die hohen Reichweiten, die in der Bitkom-Studie zu Konsolen (77 %), Laptops (74 %) und PCs (48 %) gemessen wurden, keinen Sinn ergeben.

Wir konnten aus den publizierten Studien keine belastbaren Angaben zu Nutzungszeiten für diese zweite Kategorie ermitteln – es lassen sich über solche Quellen nur etwa Rankings zu Verkaufszahlen ermitteln (z. B. im Jahresreport der deutschen Games-Branche 2019 oder auf www.vgchartz.com). Diese sind für unsere Zwecke sicherlich gleich doppelt problematisch. Erstens sagt ein Verkauf nichts über die tatsächliche Nutzungsdauer aus. Zweitens nutzen User selbstverständlich auch Spiele, die sie schon vor Jahren erworben haben.

Ausblick

Dass die Kategorie an Spielen, die wir in einer sicherlich unzulässigen Vereinfachung unter »Intensiv-Gaming« behandeln, hier nur oberflächlich erschlossen wird und auch in diesem Atlas ein weißer Fleck auf der Landkarte bleiben wird, ist sicherlich unbefriedigend.

Das Beispiel zeigt auf, in welche Richtung wir in Zukunft bei der Kartografierung der digitalen Welt weiterarbeiten müssen. Dieser konkrete Fall liefert aber auch einen einschlägigen Beleg für unsere Feststellung aus der Einleitung dieses Buchs – dass wir nämlich über die digitale Welt so erstaunlich wenig wissen.

Fun Fact

Google liefert ***148 Millionen*** *Treffer für die Suchanfrage »Gaming Statistics«.*

Wer sich übrigens von dieser eingangs behaupteten, krassen Diskrepanz zwischen der Masse an verfügbaren Detailinformationen und dem Mangel an zusammenhängenden Darstellungen überzeugen möchte, darf im konkreten Fall gerne auf Google nach »Gaming Statistics« suchen – da findet man nämlich 148 Millionen Treffer (abgerufen am 06.04.2020).

4

Kommunikation und Soziales Netzwerken

Kommunikation

Unter der Aktivität »Kommunikation« werden hier im Wesentlichen zwei digitale Ausprägungen erfasst, und zwar E-Mail auf der einen und Instant Messaging auf der anderen. Beide zeigen zugleich die Transformation alter Medien durch die Digitalisierung in Richtung Sozialer Medien. Um es vereinfacht darzustellen: Ein Offline-Brief war stets eine Form von 1-to-1-Kommunikation (wer an mehrere Adressaten schreiben wollte, musste jedes Mal einen neuen Brief versenden). Analog verhielt es sich ursprünglich mit der guten alten SMS als Verlängerung der Handy-Kommunikation.

Schon die E-Mail bietet die Möglichkeit, ein und dieselbe Botschaft an viele Empfänger zu senden – und genau dies wird noch überboten durch die vielseitigen Gruppen- und Chatfunktionen von Instant Messengern, welche die digitale Kommunikation flächendeckend auf die mobilen Endgeräte verschoben haben. Durch solche Features ragen die Instant Messenger teilweise in das Feld der Social Media (nicht zufällig bot Facebook diese Verlängerung ursprünglich direkt auf seiner Plattform an), weswegen wir sie in Kapitel III noch gesondert und ausführlich behandeln werden.

Kommunikation findet mittlerweile zu 87 % auf mobilen Endgeräten statt

Bei der Aktivität »Kommunikation« fällt sofort die riesige Verbreitung auf, wir sehen hier äußerst hohe Reichweiten auch bei den älteren Verwendern. Zugleich zeigt die Ausweisung der Endgerätekategorien, wie häufig diese Aktivität mittlerweile auf mobilen Endgeräten stattfindet – 87 % der gesamten Nutzungszeit wird über Smartphones oder Tablets erzielt.

In dieser Kategorie ist der Blick auf die Einzelprodukte besonders lohnend – vor allem, weil er die gigantische Bedeutung von WhatsApp illustrieren kann. Als einzelnes Produkt vereint WhatsApp mittlerweile 54 % der gesamten Nutzungsdauer aller Messenger und aller Webmail-Dienstleister zusammengenommen (!) auf sich. Das Beispiel illustriert ferner auf dramatische Weise,

KOMMUNIKATION: DETAILKARTE

ANTEIL AN TOTAL DURATION	12,6 %
NET REACH	97,0 %
DURATION PER U. U. (Ø Stunden/Monat)	9:50:08
DURATION PER U. U. (Ø Stunden/Tag)	0:19:40
TOTAL DURATION (Ø Stunden/Monat)	556.068.342
SESSIONS PER U. U. (Ø Monat)	122,6
AKTIVE TAGE (Monat)	22,6

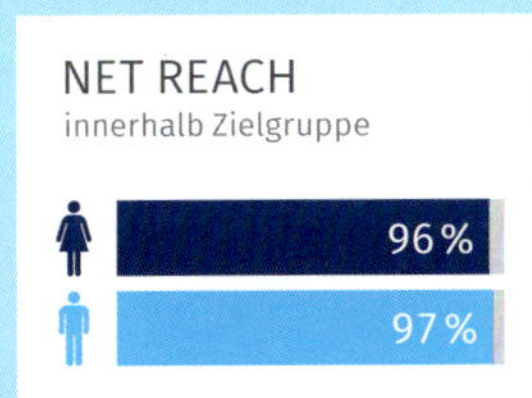

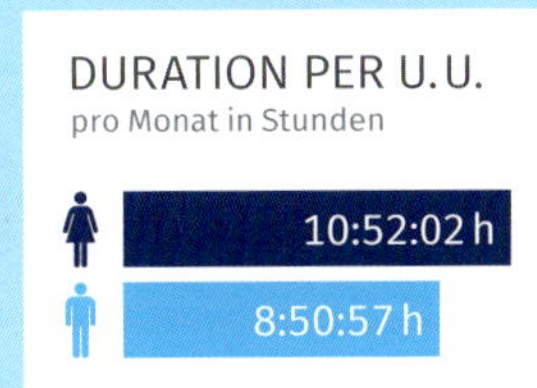

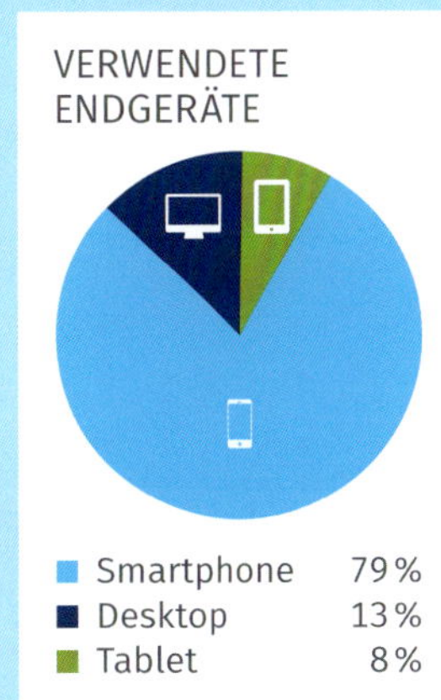

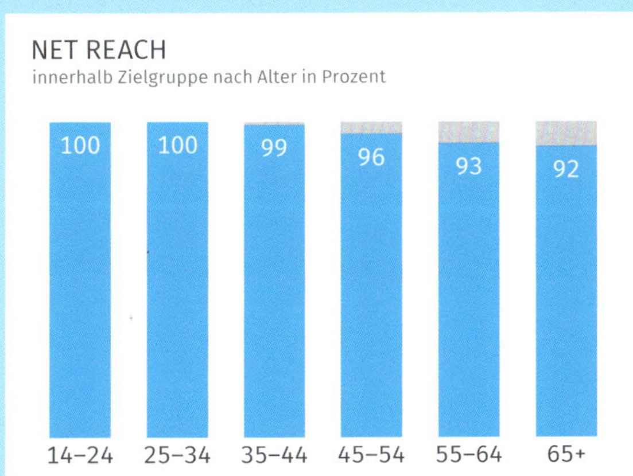

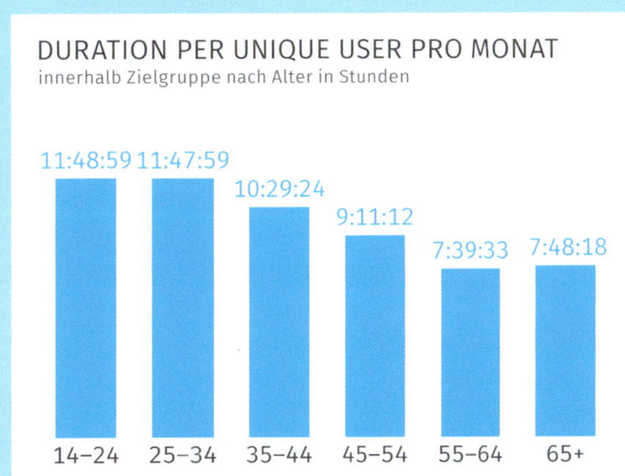

Zeitperiode: Q3/2019; Gesamtbevölkerung (14+); alle Endgeräte kombiniert (Desktop, Smartphone, Tablet)

welchen geradezu tödlichen Einfluss geschlossene Standards auf den ohnehin schon gefährdeten digitalen Wettbewerb nehmen. Denn: Alle E-Mail-Portale verwenden denselben (offenen) Standard SMPT (Klartext: Sie können eine E-Mail von einem Web.de-Account an einen Gmail-Account schicken) – die Marktanteile sind hier verhältnismäßig weniger konzentriert. Obwohl ein Gigant wie Google hier aktiv ist, können sich neben Gmail noch Konkurrenten behaupten.

Beispiel WhatsApp: Vorsicht vor geschlossenen Standards

Dagegen besitzen Instant Messenger geschlossene Standards (Klartext: Sie können keine Message von WhatsApp an Facebook Instant Messenger schicken) – sofort tritt der Lock-in-Effekt mit aller Wucht ein. Es gibt hier eigentlich nur noch WhatsApp und sonst nichts.

Das lässt auch Spekulationen über die Zukunft zu: In einem Szenario, bei dem Kommunikation mittelfristig auf mobilen Endgeräten stattfinden wird, bei dem also Messenger irgendwann E-Mails ersetzen werden, bleibt in dieser Kategorie nur noch ein Player bestehen, und zwar WhatsApp.

KOMMUNIKATION: ANGEBOTSÜBERSICHT

	Anbieter	Net Reach	Duration (Stunden/Monat)	Anteil Duration (von Kategorie!)	Duration per U.U. (Stunden/Monat)
	MESSENGER				
1	**WhatsApp Messenger**	84,1 %	302.765.223	54,5 %	6:09:26
2	**Facebook Messenger**	68,6 %	10.574.265	1,9 %	0:15:50
3	**Samsung Message**	41,5 %	2.336.340	0,4 %	0:05:46
4	**Apple Messages**	20,1 %	4.265.580	0,7 %	0:21:50
	E-MAIL				
1	**Gmail**	65,3 %	31.272.445	5,6 %	0:49:11
2	**Web.de Mail**	51,7 %	50.966.915	9,2 %	1:41:16
3	**GMX Mail**	46,4 %	39.761.635	7,2 %	1:28:00
4	**Microsoft Outlook**	38,1 %	12.337.753	2,2 %	0:33:15
5	**Apple Mail**	31,5 %	5.745.349	1,0 %	0:18:42
6	**Telekom Mail**	16,5 %	10.638.226	1,9 %	1:06:11

Das Panel misst ausschließlich private Endgeräte. Berufliche E-Mail-Kommunikation etwa im Büro wird nicht erfasst.
Zeitperiode: Q3/2019; Gesamtbevölkerung (14+); alle Endgeräte kombiniert (Desktop, Smartphone, Tablet)

Soziales Netzwerken

Weil Social Media in einem separaten Kapitel ausführlich behandelt werden (allerdings weiter gefasst als in der hier enger gehaltenen Nutzer-*Aktivität* des Sozialen Netzwerkens), können wir uns hier kurzfassen. Die extrem hohen Nettoreichweiten belegen, dass diese seit etwa 15 Jahren boomende Kategorie der digitalen Medien endgültig Mainstream geworden ist. Selbst ältere User (65+) sind zu 93 % auf solchen Plattformen unterwegs, dies auch durchaus mit respektablen Nutzungszeiten.

93 % Nettoreichweite auch bei Nutzern über 55 Jahre

SOZIALES NETZWERKEN: DETAILKARTE

ANTEIL AN TOTAL DURATION	12,1 %
NET REACH	97,0 %
DURATION PER U. U. (Ø Stunden/Monat)	9:28:20
DURATION PER U. U. (Ø Stunden/Tag)	0:18:57
TOTAL DURATION (Ø Stunden/Monat)	535.901.828
SESSIONS PER U. U. (Ø Monat)	57,6
AKTIVE TAGE (Monat)	17,3

NET REACH
innerhalb Zielgruppe

DURATION PER U. U.
pro Monat in Stunden

VERWENDETE ENDGERÄTE

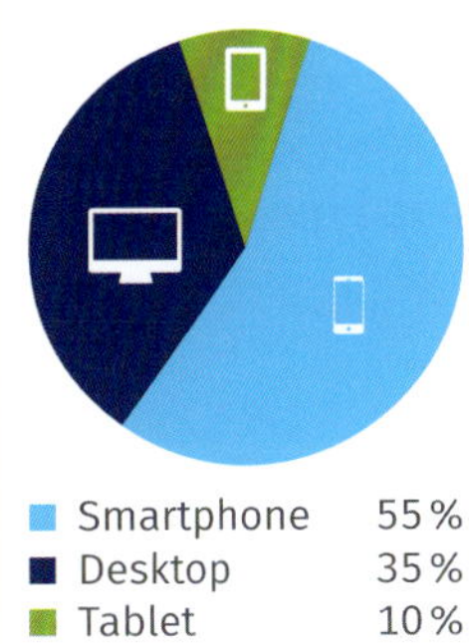

NET REACH
innerhalb Zielgruppe nach Alter in Prozent

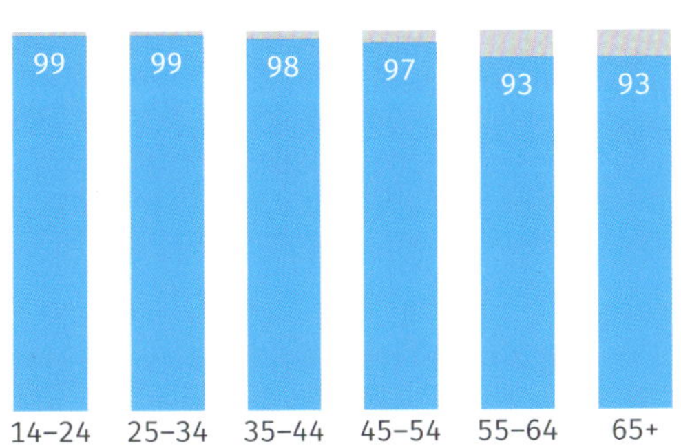

DURATION PER UNIQUE USER PRO MONAT
innerhalb Zielgruppe nach Alter in Stunden

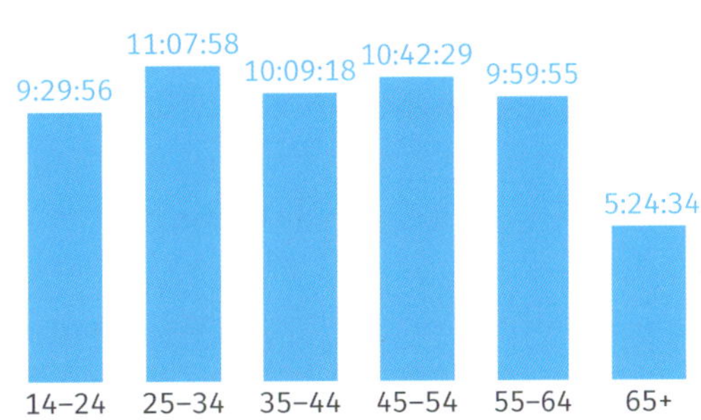

Zeitperiode: Q3/2019; Gesamtbevölkerung (14+); alle Endgeräte kombiniert (Desktop, Smartphone, Tablet)

II 5 Nachrichten, Informationen; Web-Search; On-Site-Search

Nachrichten, Informationen

Liegt der digitale Konsum von Nachrichten im Trend? Bei einem oberflächlichen Blick auf die Bedeutung der einzelnen Aktivitäten müssten Fortschrittsoptimisten zunächst frohlocken. Denn die Rubrik Nachrichten und Informationen firmiert hier immerhin auf Rang 5 und generiert einen Anteil an der Gesamtnutzung von 9 % – gar nicht schlecht, sollte man zunächst meinen.

Nachrichten und Informationen haben 100 % Nettoreichweite

Nachrichten und Informationen besitzen auch die höchsten Nettoreichweiten überhaupt, bei Männern und Frauen ebenso wie bei jungen und alten Nutzern. Aber trotz der hohen Durchsetzung dieser Aktivität lassen sich durchaus Tendenzen bei spezifischen Zielgruppen feststellen: Einerseits verbringen die jungen User (14–24) hier signifikant weniger Zeit (vgl. ausführlich Kapitel IV, 4), andererseits konsumieren Männer solche Inhalte viel mehr (und zwar etwa 50 % mehr) als Frauen. Die Nutzungszeiten sind jedoch überschaubar (durchschnittlich knapp 14 Minuten täglich) – insgesamt verbringen User 61 Sessions jeden Monat mit Nachrichten und Informationen, diese dauern durchschnittlich zwischen 6 und 7 Minuten.

Geringer Anteil an Qualitätsjournalismus

Auch in dieser Nutzungskategorie ist ein Blick auf die Details gewinnbringend. Aufgrund der fragmentierten Landschaft haben wir hier alle Angebote nach Total Duration gerankt. In dieser Detailübersicht gerät unser voreiliger Fortschrittsoptimismus jedoch insofern etwas ins Wanken, als sofort die geringe Bedeutung dessen deutlich wird, was man »Qualitätsjournalismus« nennen könnte.

Hochqualitative Angebote finden sich allenfalls auf Rang 3 (spiegel.de), Rang 7 (tagesschau.de) und Rang 10 (sueddeutsche.de). Wer mag, darf Rang 5 (focus.de) und Rang 12 (stern.de) noch dazurechnen. Die Reichweiten und die jeweils erzielten Nutzungszeiten sind leider recht gering.

NACHRICHTEN, INFORMATIONEN: DETAILKARTE

ANTEIL AN TOTAL DURATION	9,1 %
NET REACH	100,0 %
DURATION PER U.U. (Ø Stunden/Monat)	6:55:04
DURATION PER U.U. (Ø Stunden/Tag)	0:13:50
TOTAL DURATION (Ø Stunden/Monat)	403.040.730
SESSIONS PER U.U. (Ø Monat)	60,6
AKTIVE TAGE (Monat)	19,8

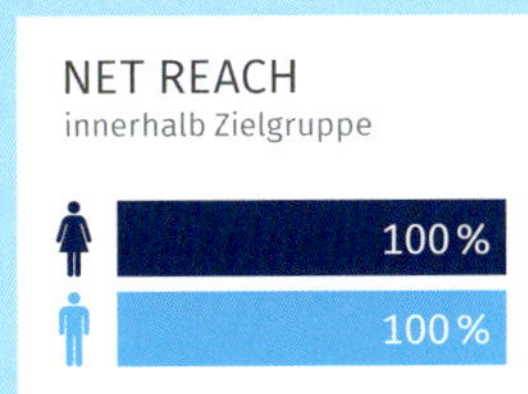

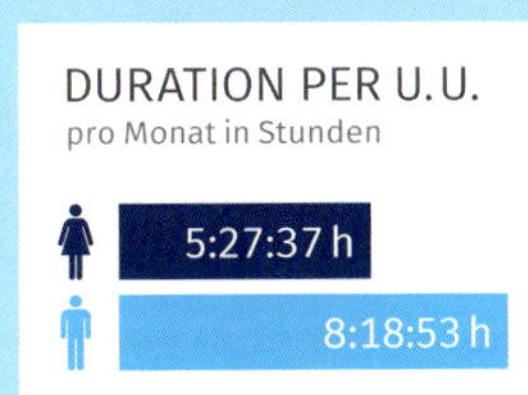

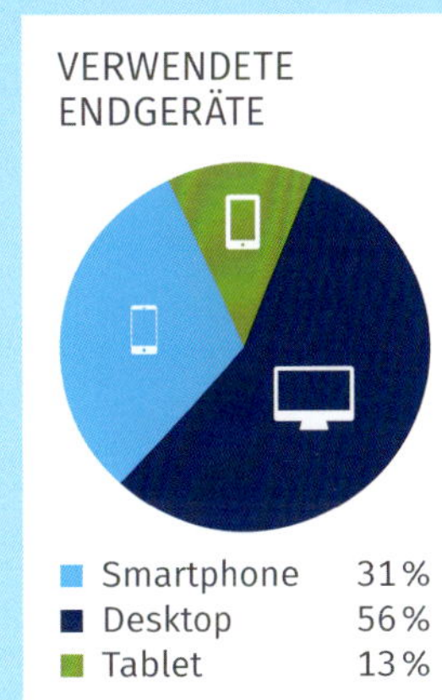

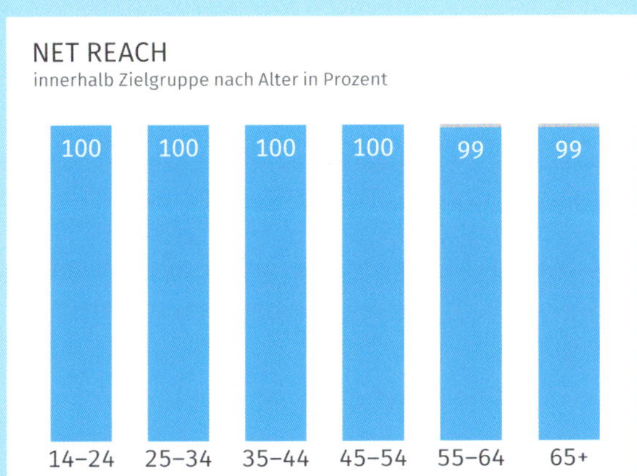

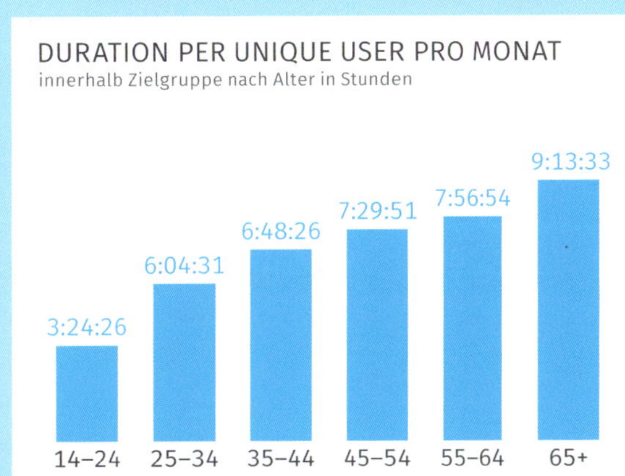

Zeitperiode: Q3/2019; Gesamtbevölkerung (14+); alle Endgeräte kombiniert (Desktop, Smartphone, Tablet)

Bemerkenswert ist ferner, dass es Plattformen mit relevanten spezifischen Inhalten gelingt, in diesem Ranking allgemeiner Angebote starke Positionen aufzubauen (Chefkoch, CHIP).

Besonders interessant ist auch der Vergleich der Online-Reichweiten führender Nachrichtenanbieter im Verhältnis zu ihren Auflagen der Printausgaben. Hier zeigt sich auf den ersten Blick sofort die viel höhere Verbreitung über das Internet – der Faktor liegt zwischen dem 25- und dem 258-Fachen. Sicherlich ist das ein etwas brachialer Vergleich, zumal nicht berücksichtigt wird, dass die Printausgabe häufig von mehreren Personen gelesen wird (laut der Befragung »Zeitungsqualitäten« von 2,7 Lesern pro Ausgabe). Die Gegenüberstellung hat aber hier in unseren Augen einen ganz anderen Erkenntniswert – und zwar, dass sich beide Sphären eben kaum miteinander vergleichen lassen.

Nachrichten online im Vergleich zu offline: hohe Reichweiten, winzige Dauer

NACHRICHTEN, INFORMATIONEN: ANGEBOTSÜBERSICHT

	Anbieter	Duration (Stunden/Monat)	Duration per U.U. (Stunden/Monat)	Net Reach
1	Bild	18.897.739	0:36:06	53,7 %
2	Wetter.com	13.793.040	0:29:10	48,5 %
3	Spiegel Online	8.616.478	0:18:15	48,5 %
4	T-Online-Homepage	7.243.708	0:20:06	37,0 %
5	FOCUS ONLINE	7.168.160	0:12:24	59,3 %
6	T-Online Others	6.198.661	0:13:10	48,3 %
7	Tagesschau.de	5.573.395	0:20:05	28,5 %
8	Chefkoch	5.120.149	0:10:07	51,9 %
9	Web.de-Homepage	2.878.632	0:07:53	37,5 %
10	Süddeutsche Zeitung	2.134.246	0:08:39	25,3 %
11	CHIP	2.110.831	0:03:38	59,6 %
12	Stern News	2.016.302	0:05:51	35,4 %

Zeitperiode: Q3/2019; Gesamtbevölkerung (14+); alle Endgeräte kombiniert (Desktop, Smartphone, Tablet)

Es ist offensichtlich, dass diese riesigen Diskrepanzen vor allem zeigen, dass der Konsum von Informationen im Netz auf völlig andere Weise stattfindet als etwa die Lektüre einer Zeitung oder Zeitschrift. Es ist schon verblüffend genug, dass ausgerechnet das Online-Angebot der Bild-Zeitung in Bezug auf Duration per Unique User die höchste Stickiness erzielt – aber selbst dieser Wert so niedrig liegt, nämlich bei nur 36 Minuten Nutzungsdauer im Monat.

REICHWEITEN-VERGLEICH: ONLINE VERSUS PRINT IN Q3/2019

	Anbieter	Net Reach	Unique Users Q3/2019	Printauflage Q3/2019	Faktor*
1	FOCUS	59,9 %	34.997.674	364.254	96
2	Bild	53,7 %	34.842.801	1.379.405	25
3	Die Welt	49,4 %	30.361.261	117.840	258
4	Spiegel	48,7 %	28.897.968	719.326	40
5	Stern	35,4 %	20.694.559	466.019	44
6	FAZ	27,6 %	16.143.074	226.678	71
7	Zeit	25,7 %	15.019.750	502.337	30
8	Süddeutsche Zeitung	25,3 %	14.805.282	326.611	45

Die Printauflagen entstammen den marktüblichen IVW-Zahlen (verkaufte Auflage).
*Der direkte Vergleich von Print- und Online-Reichweiten ist methodisch heikel – siehe Diskussion im Fließtext sowie Anmerkungen im Anhang.
Zeitperiode: Q3/2019; Gesamtbevölkerung (14+); alle Endgeräte kombiniert (Desktop, Smartphone, Tablet)

Dagegen erreichen die Online-Angebote etwa von Spiegel, Focus oder der Süddeutschen Zeitung nur noch weitaus niedrigere Werte (18, 12, 9 Minuten im Monat). Das Beispiel zeigt wieder, dass Reichweitenbetrachtungen zu voreiligen und oft falschen Schlüssen führen.

Auf der Grundlage einer Reichweitenbetrachtung könnte man noch dem Wunschdenken frönen, dass die Digitalisierung eine ungeheure Chance beispielsweise für die Printmedien darstellt. Es wären Empfehlungen denkbar wie: »Hier können Sie ein unendlich größeres Publikum erreichen. Sie steigern dort Ihre Reichweite um den Faktor 50 oder 100!«

Online-Nachrichten werden anders konsumiert als Offline-Nachrichten

Das ist auf eine sehr oberflächliche Weise richtig, aber es führt in dieser Verkürzung zu gravierenden Fehleinschätzungen. Denn es ist, plakativ gesprochen, verhältnismäßig egal, ob man Millionen von Nutzern auf seiner Webpräsenz hat, wenn diese sich aber nur durchschnittlich 9 Minuten pro Monat dort aufhalten wie etwa im Falle der Süddeutschen Zeitung.

Offline versus Online

Man merkt bei dieser Gegenüberstellung sofort, dass es sich um zwei grundlegend verschiedene Nutzungsverfassungen handelt. Die Lektüre einer Zeitung oder einer Zeitschrift erfolgte noch nach den Gesetzmäßigkeiten der »Gutenberg-Galaxis«. Man konzentrierte sich auf diese Tätigkeit, etwa morgens beim Frühstück oder abends auf dem Sofa, und widmete der Lektüre eine signifikante Zeit. Wer etwa die Süddeutsche Zeitung abonniert hat, verbringt über einen Monat viele Stunden mit dem Lesen ihrer Artikel.

Nachrichtenkonsum in der »Gutenberg-Galaxis«

Übersetzt man dieselben Inhalte in die digitale Galaxis, ändert sich offenbar auch die Rezeptionsweise fundamental: Nachrichten binden in der Online-Welt nur winzige Aufmerksamkeitsspannen, es handelt sich bildlich gesprochen jeweils nur um punktuelle Augenblicke, in denen kurz etwas aufblinkt im unaufhörlichen Flimmern und Flackern der digitalen Feeds.

Das lässt sich gut durch ein fiktives Beispiel illustrieren: Angenommen, ein Leser der Süddeutschen Zeitung verbringt im Schnitt 38 Minuten täglich mit der Lektüre der sechs Ausgaben pro Woche (laut der Studie »Zeitungsqualitäten« liegt der Wert für die tägliche Zeitungslektüre bei diesem Wert). In diesem Fall kommt unser fiktiver SZ-Leser im Monat auf ein Zeitkonto von etwa 19 Stunden. Dieser Wert ist übrigens viel höher als der aktuell durchschnittliche Konsum von Facebook im Monat für die Gesamtbevölkerung (unser SZ-Beispiel: 19 Stunden; reale Nutzung von Facebook circa 6 Stunden).

Printmedien verlieren online viel mehr an Nutzungsdauer, als sie an Reichweite gewinnen

Man könnte es also im Format unseres Beispiels auch so übersetzen: Die Süddeutsche hätte dann zwar ihre Reichweite um den Faktor 45 durch das digitale Angebot erhöht, aber zugleich die Nutzungsdauer um den Faktor 127 im Vergleich zum Printmaßstab reduziert. Oder wieder anders formuliert: Printmedien gewinnen durch die digitalen Ausgaben ungeheuer viel an Breite, aber sie verlieren in demselben Prozess ungeheuer viel an Nutzungsintensität und -tiefe.

Es sei angemerkt, dass unser Beispiel der Süddeutschen Zeitung völlig beliebig ist. Man könnte solche Analysen sicherlich in viele Richtungen detaillierter ausarbeiten (siehe Anhang). Darum geht es uns aber hier nicht.

Es geht uns in erster Linie darum, zu zeigen, dass die digitale Transformation eben nicht nur Offline-Inhalte in die Online-Welt *verschiebt,* sondern dass diese Transformation unsere *grundlegenden Rezeptionsweisen* von Medieninhalten *im Kern verändert* – die Konjunktur von Fake News und Clickbait in digitalen Medien dürfte vor diesem Hintergrund kaum eine Überraschung darstellen.

Nachrichtenkonsum: Ausblick

Zugleich können wir davon ausgehen, dass die Rezeptionsweisen aus der Gutenberg-Galaxis (hier: störungsfreie, konzentrierte und fokussierte Lektüre von Nachrichten) irgendwann verschwinden werden. Es ist dann irgendwann auch keine Frage mehr, ob wir das gut oder schlecht finden. Es wird irgendwann nicht mehr genug Leser geben, welche die erforderlichen Lektüreformen noch beherrschen.

Implodiert der Journalismus durch die winzigen digitalen Aufmerksamkeitsspannen?

Angesichts dieser Messungen ist die Frage erlaubt, ob es sich beim klassischen Journalismus in der digitalen Welt insgesamt um ein Auslaufmodell handelt und welche neuen Modelle potenzielle Nachfolger darstellen, welche die extrem kurzen Aufmerksamkeitsspannen der digitalen Welt adäquat bedienen können.

Weil die gesellschaftlichen Implikationen dieser Veränderungen so gravierend sind, werden wir im Teil IV dieses Buchs noch zwei Analysen zu Detailaspekten hinzufügen, und zwar zu der Bedeutung unabhängiger Blogs einerseits sowie zu der Rolle öffentlich-rechtlicher Angebote in diesem Spannungsfeld andererseits.

Web-Search

Search ist die wichtigste Aktivität von Nutzern, um die explodierende Komplexität und Angebotsfülle des Internet überhaupt zu bewältigen. Suchmaschinen bilden deshalb eines der Kernbereiche digitaler Medien überhaupt – und es ist kein Zufall, dass sich ganze Dienstleistungsindustrien etwa für SEO (die Suchmaschinenoptimierung von Webseiten), SEA (Suchmaschinenwerbung), für Datenanalysen, Keyword-Recherchen und so fort um dieses Paradigma herumgebildet haben.

Search: Wichtigstes Gateway in die digitale Welt

Web-Search ist eine Kategorie, die in unserer Methode sicherlich »unter Wert« verkauft wird, weil wir in unseren Messungen vor allem den Anteil der

WEB-SEARCH: DETAILKARTE

ANTEIL AN TOTAL DURATION	2,1 %
NET REACH	99,0 %
DURATION PER U. U. (∅ Stunden/Monat)	1:35:36
DURATION PER U. U. (∅ Stunden/Tag)	0:03:11
TOTAL DURATION (∅ Stunden/Monat)	92.447.443
SESSIONS PER U. U. (∅ im Monat)	42,1
AKTIVE TAGE (Monat)	16,8

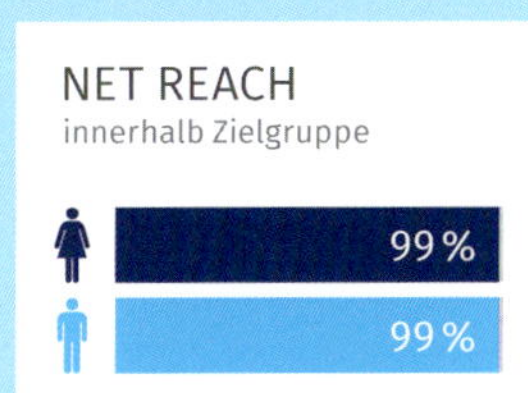

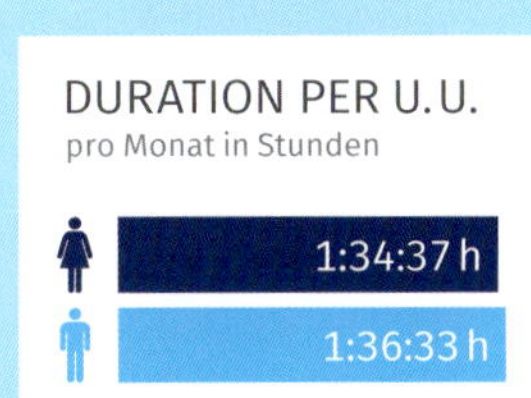

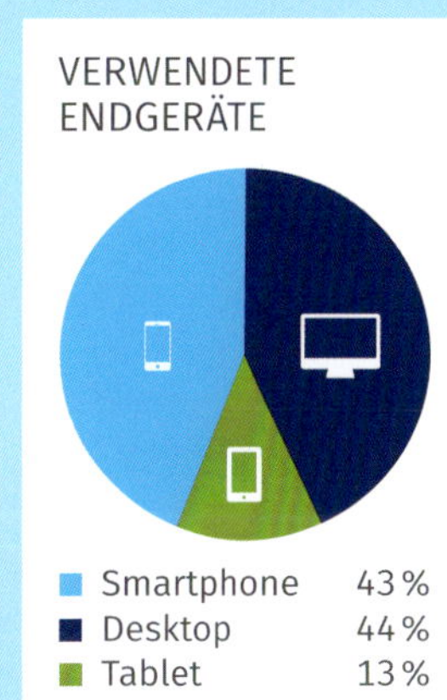

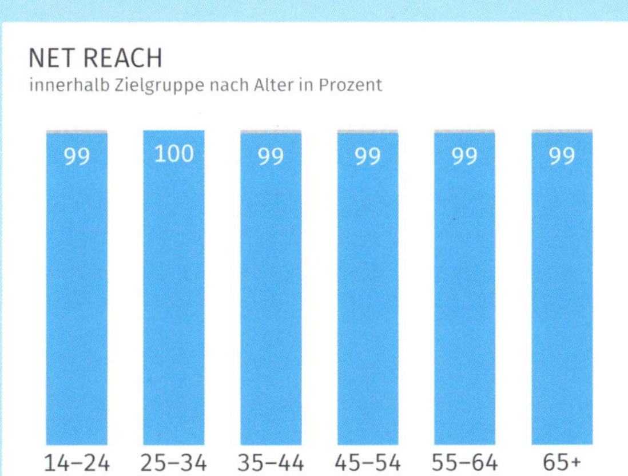

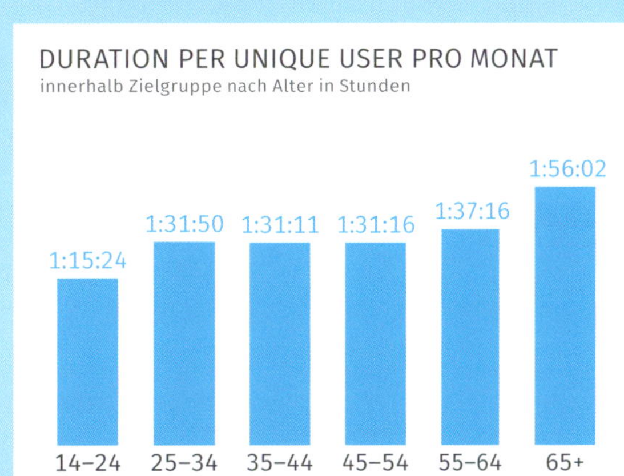

Zeitperiode: Q3/2019; Gesamtbevölkerung (14+); alle Endgeräte kombiniert (Desktop, Smartphone, Tablet)

WEB-SEARCH: ANGEBOTSÜBERSICHT

	Anbieter	Net Reach	Duration (Stunden/Monat)	Anteil Duration (von Kategorie!)	Duration per U.U. (Stunden/Monat)
1	Google	98,1 %	81.280.830	87,9 %	1:06:20
2	Bing	51,0 %	4.274.120	4,6 %	0:08:36
3	Yahoo! Search	18,7 %	193.862	0,2 %	0:01:04
4	DuckDuckGo	16,3 %	1.312.303	1,4 %	0:08:15
5	Startpage.com	14,8 %	311.707	0,3 %	0:02:10
6	Yandex	12,4 %	43.180	0,1 %	0:00:21
7	Ask.com	10,8 %	141.343	0,2 %	0:01:21
8	Web.de Search	10,6 %	874.180	1,0 %	0:08:26
9	Google Flights	10,6 %	201.181	0,2 %	0:01:57
10	Info.com	10,5 %	61.341	0,1 %	0:00:36

Zeitperiode: Q3/2019; Gesamtbevölkerung (14+); alle Endgeräte kombiniert (Desktop, Smartphone, Tablet)

Nutzungsdauer zugrunde legen. In dieser Dimension liegt Search nur bei etwa 2 % der gesamten Nutzungsdauer, was einerseits exakt den Tatsachen für diesen Parameter entspricht, andererseits jedoch insofern »schief« ist, als Suchmaschinen auf Geschwindigkeit optimiert sind.

Schnelle Weiterleitung ist von zentraler Bedeutung bei Search

Das Geschäftsmodell beruht nicht darauf, die Anwesenheit von Nutzern in Umsätze zu überführen (mit Werbung, Abonnements, Verkäufe etc.), sondern die möglichst schnelle Weiterleitung zu monetarisieren (siehe dazu auch die Ausführungen zu Google in Kapitel IV). Deswegen ist es nicht verwunderlich, dass wir hier erneut eine sehr hohe Nutzungsfrequenz von 42 Sessions im Monat feststellen, wobei die durchschnittliche Dauer einer Session nur etwa 2 Minuten und 20 Sekunden beträgt.

Jeder nutzt Google

Weil die Gesamtschau recht banal ist (das Ergebnis, etwas überspitzt: alle nutzen Search), können wir auch hier direkt in die Detailübersicht einsteigen, die ebenfalls nur Erkenntnisse in konkreten Zahlen beziffert, die man so auch erwartet hätte. Deshalb hier die Zusammenfassung nur fürs Protokoll: Google besitzt ein erdrückendes Beinahe-Monopol, Microsofts Alternative Bing schafft nicht einmal 5 % Marktanteil, Yahoo ist quasi vom Markt verschwunden.

In dieser Übersicht zeigt sich auch sehr anschaulich die Inkonsequenz der Nutzer in Bezug auf ihr eigenes digitales Navigationsverhalten: Die schlechte Publicity zu Google als Überwachungsmonster und Datenkrake liefert den nachhaltigen Alternativen (z. B. DuckDuckGo, StartPage) kaum Zulauf.

In Befragungen äußern 35 bis 40% der Nutzer, dass sie sich Sorgen um den Schutz ihrer Daten machen, sogar 83% denken, dass sich Unternehmen wie Google und Facebook nicht an die gesetzlichen Datenschutzbestimmungen halten, aber ihr reales Verhalten setzt der Datensammelwut großer Player keine wirklichen Widerstände entgegen.

Trotz Kritik an Google nutzen User kaum Alternativen

Die vielen existierenden Alternativen zu Google können allenfalls mikroskopisch kleine Stellungen aufbauen. Hinzu kommt, dass ein Anbieter wie DuckDuckGo im Verlauf eines Jahres sogar signifikant an Nettoreichweite verliert (von 20% auf 16%). Google Search bleibt damit das unangefochtene Gateway in die digitale Welt.

On-Site-Search

Search ist eines der wichtigsten Felder überhaupt im digitalen Universum, weswegen es ist nicht auf klassische Suchmaschinen beschränkt ist. Es gibt nämlich eine Menge weiterer Plattformen, die ebenfalls dadurch charakterisiert sind, dass sie von den Nutzern vorwiegend durch Suchanfragen verwendet werden, und die wir hier als separate Kategorie (On-Site-Search) darstellen.

Vielseitige Nutzung von On-Site-Search

Bei On-Site-Search handelt es sich um eine Mischkategorie, in der wir alle Plattformen und Apps gebündelt haben, die nicht klassischen Suchmaschinen zuzurechnen sind, aber im Gegensatz zu typischen Content-Portalen (wie etwa aus dem Bereich Nachrichten und Informationen) dadurch geprägt sind, dass sie in erster Linie durch konkrete Suchanfragen genutzt werden.

Auch hier fällt die hohe Nutzungsfrequenz ins Auge – monatlich absolvieren Nutzer im Schnitt knapp 46 Sessions auf solchen Portalen, die durchschnittliche Dauer pro Session beträgt etwa 4 bis 5 Minuten. Solche Suchaktivitäten der Nutzer richten sich inhaltlich auf heterogene Bereiche – sie können sich einerseits auf Orte oder Fahrtwege beziehen (z.B. Karten-Apps und Routenplaner), User recherchieren zudem nach Telefonnummern, Postleitzahlen oder aber nach spezifischen Themen auf Online-Enzyklopädien und dergleichen.

User recherchieren Orte, Telefonnummern, Themen etc.

Erneut handelt es sich bei On-Site-Search um eine Aktivität mit extrem hoher Reichweite. Dagegen ist die Nutzungsdauer verhältnismäßig überschaubar und beträgt im Schnitt nur etwa 7 Minuten pro Tag, was sicherlich auch mit der einfachen Struktur solcher Nutzungen verbunden ist (Frage-Antwort).

ON-SITE-SEARCH: DETAILKARTE

ANTEIL AN TOTAL DURATION	**4,5 %**
NET REACH	98,0 %
DURATION PER U. U. (ø Stunden/Monat)	3:27:46
DURATION PER U. U. (ø Stunden/Tag)	0:06:56
TOTAL DURATION (ø Stunden/Monat)	199.215.631
SESSIONS PER U. U. (ø Monat)	45,6
AKTIVE TAGE (Monat)	16,2

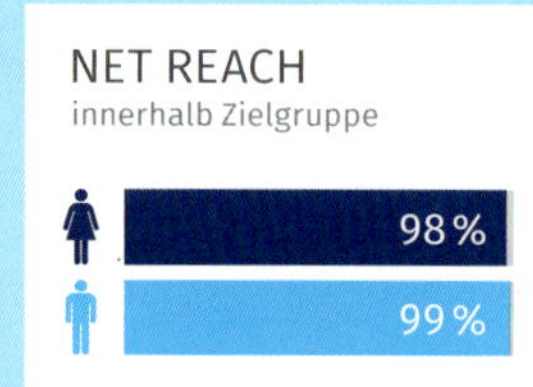

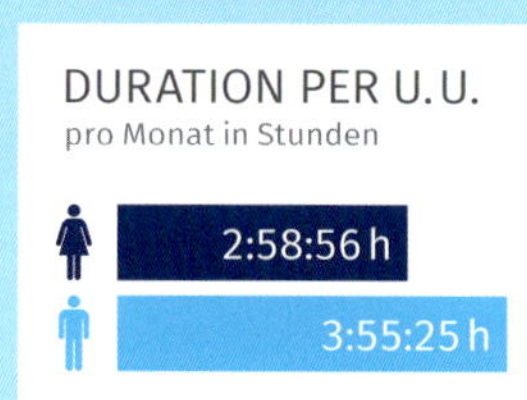

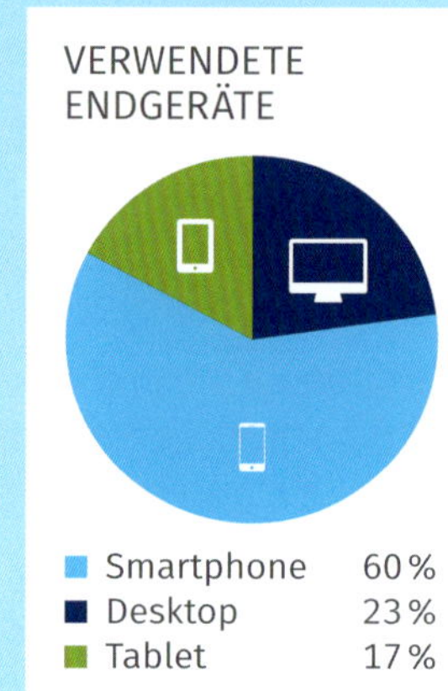

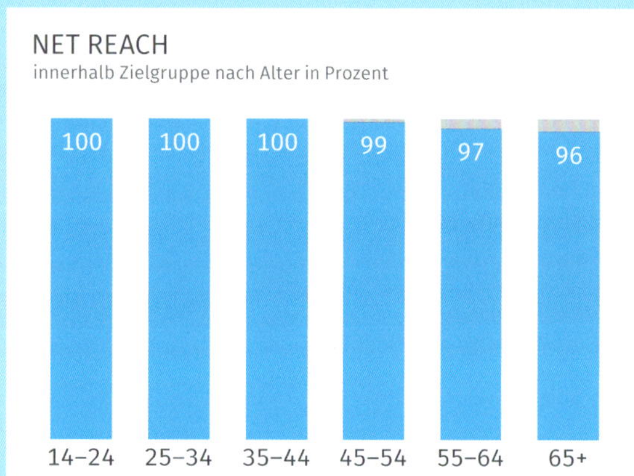

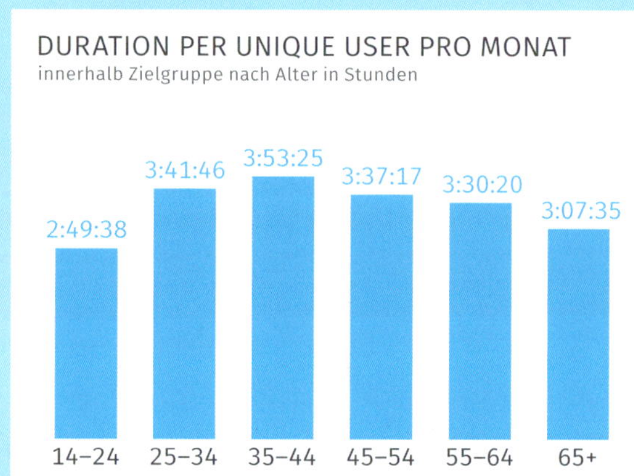

Zeitperiode: Q3/2019; Gesamtbevölkerung (14+); alle Endgeräte kombiniert (Desktop, Smartphone, Tablet)

Map-Apps generieren 45 % der Nutzungsdauer von On-Site-Search

Bei den Angeboten (hier gerankt nach Nettoreichweite) fällt sofort das starke Übergewicht der Map-Applikationen auf. Sowohl Google Maps als auch Apple Maps fallen hier durch recht ausgiebige Nutzungsdauer aus dem Rahmen, weswegen beide zusammengenommen allein knapp 44 % der Total Duration dieser Kategorie ausmachen.

Wikipedia besitzt noch eine respektable Reichweite bei mäßiger Dauer, die anderen Anbieter liefern typische Anwendungen für spezifische Suchservices, zum Beispiel Google Translate, Auskunftsplattformen zu Bahnverbindungen, Telefonnummern und dergleichen. Erwartungsgemäß handelt es sich hier um sehr spitz positionierte Angebote, weswegen die Nutzungszeiten durchaus limitiert sind.

ON-SITE-SEARCH: ANGEBOTSÜBERSICHT

	Anbieter	Net Reach	Duration (Stunden/Monat)	Anteil Duration (von Kategorie!)	Duration per U.U. (Stunden/Monat)
1	Google Maps	91,6 %	43.163.012	21,7 %	0:48:23
2	Wikipedia	74,5 %	10.402.217	5,2 %	0:14:20
3	Google Translate	46,4 %	2.386.080	1,2 %	0:05:17
4	IMDb	40,1 %	941.840	0,5 %	0:02:25
5	Apple Maps	31,4 %	43.800.049	22,0 %	2:23:15
6	Deutsche Bahn Auskunft	29,7 %	1.680.595	0,8 %	0:05:48
7	ImmobilienScout24	28,3 %	2.978.029	1,5 %	0:10:47
8	Das Oertliche	28,2 %	654.362	0,3 %	0:02:23
9	Google Contacts	27,6 %	712.977	0,4 %	0:02:39
10	Das Telefonbuch	26,0 %	454.537	0,2 %	0:01:48

Zeitperiode: Q3/2019; Gesamtbevölkerung (14+); alle Endgeräte kombiniert (Desktop, Smartphone, Tablet)

Besondere Rolle von IMDb aus dem Amazon-Konzern

Eine besondere Position nimmt hier die Datenbank IMDb (Internet Movie Database) ein – wir widmen ihr etwas mehr Aufmerksamkeit aus Gründen, die schnell geklärt werden sollen. Es handelt sich um ein typisches Exemplar eines in den 1990er Jahren ursprünglich von einer Community getragenen Portals, in dem Nutzer Informationen zu Filmstars, Filmen und mehr einstellten; heute enthält IMDb viele Millionen solcher Einträge.

IMDb wurde aber schon 1998 von Amazon erworben. Infolge der sich kontinuierlich verbessernden Streaming-Möglichkeiten veränderte sich der Use Case des Portals in den USA während der letzten Jahre zunehmend hin zu einer Video-on-Demand-Plattform, denn hier können Nutzer gratis Filme, Serien und mehr anschauen. Das lässt aufhorchen, zumal Amazon mit Prime Video ja bereits ein starkes Standbein in der strategischen Kategorie für gebührenfinanziertes Streaming besitzt.

Wird Amazon IMDb zum YouTube-Wettbewerber aufbauen?

Es ist offensichtlich, dass Amazon (neben Twitch.tv) mit IMDb also eine weitere schlagkräftige Plattform besitzt, mit der es in die große Kategorie kostenloser Streaming-Angebote vorstoßen kann, um so direkt YouTube durch ein AVoD (Advertising-Video-on-Demand)-Angebot attackieren zu können. Die Finanzierung erfolgt typischerweise durch Werbeunterbrechungen beim Schauen der Filme. Man sollte IMDb also genau im Auge behalten.

Zwar ist das von uns gemessene Nutzungsniveau der Datenbank in Deutschland noch gering (vor allem die Nutzungsdauer). Aber auffällig ist schon hier der Jahresvergleich bei der Reichweite: Net Reach beträgt im dritten Quartal 2019 »nur« 40 %, im Vorjahresquartal hatte die Reichweite allerdings nur 26 % betragen.

IMDb erhöht Zahl der Nutzer um 63 %

IMDb hat also innerhalb von nur 12 Monaten die Gemeinschaft seiner Nutzer um sagenhafte 63 % vergrößern können. Im Sommer 2019 hat Amazon auch angekündigt, das (aktuell nur in den USA angebotene) IMDb TV nach Deutschland zu bringen.

Die verschiedenen Puzzlesteine der Strategie Amazons liegen hier also klar auf der Hand – zumal Amazon die über IMDb ausgespielte Werbung auch direkt über sein E-Commerce-Imperium monetarisieren kann. Wir kommen in Kürze darauf zurück.

6 Einkaufen, Auktionen; Banking, Geld; Produkt-/Preisvergleich; Filesharing, Webspace

Einkaufen, Auktionen, Mieten

Laut einer Bitkom-Studie zum Online-Shopping nutzt fast jeder, der digitale Medien verwendet, diese auch zum Einkaufen (97 %). Das erklärt die mittlerweile gigantischen Umsätze, die über E-Commerce erzielt werden – so wurden im Jahr 2019 in Deutschland 72,6 Milliarden Euro Umsätze verbucht (nach bevh, Bundesverband E-Commerce und Versandhandel), laut einer anderen Marktfassung des Handelsverbands Deutschland beliefen sich die Nettoumsätze auf 53,3 Milliarden Euro, die jährlichen Wachstumsraten sind weiterhin zweistellig. Vor allem Kategorien wie Bekleidung, Elektronik- sowie Computerartikel erzielen hier die höchsten Umsätze.

Nutzung von Shoppingangeboten bei 99 % Nettoreichweite

Innerhalb der von uns gemessenen Aktivitäten liegen Einkaufen, Auktionen und ähnliche Nutzungen auf Rang 6, hiermit werden etwa 8 % der gesamten Online-Zeit verbracht. Auch hier sind die Nettoreichweiten durchweg enorm hoch, Junge wie Alte, Männer wie Frauen nutzen digitale Medien fürs Shopping. Dabei hat sich auch die Nutzung des Smartphones durchgesetzt, mittlerweile geht etwa 60 % der Nutzungsdauer auf das Konto von mobilen Endgeräten.

Trend zu mobilen Endgeräten

Besonders bemerkenswert ist die hohe Nutzungsfrequenz – unsere Messungen dokumentieren mehr als 60 Sessions pro Monat, die an mehr als 20 aktiven Tagen stattfinden. Diese Zahlen belegen auch, dass man sich durch die (verhältnismäßig) niedrige Nutzungsdauer nicht in die Irre führen lassen sollte – es handelt sich hier um gezielte und effektive Nutzungen, weswegen die durchschnittliche Nutzungsdauer pro Session nur bei etwa 6 Minuten liegt.

Zunächst einmal handelt es sich bei unseren Messungen selbstverständlich nur um Nutzungszeiten – diese müssen nicht in direkter Korrelation zu Umsätzen stehen. Diese seien als Referenzgröße für drei Player in Deutsch-

EINKAUFEN, AUKTIONEN, MIETEN: DETAILKARTE

ANTEIL AN TOTAL DURATION	**8,1 %**
NET REACH	99,0 %
DURATION PER U. U. (Ø Stunden/Monat)	6:08:59
DURATION PER U. U. (Ø Stunden/Tag)	0:12:18
TOTAL DURATION (Ø Stunden/Monat)	356.907.967
SESSIONS PER U. U. (Ø Monat)	60,5
AKTIVE TAGE (Monat)	20,4

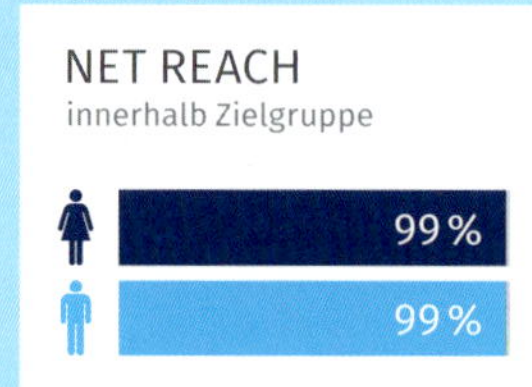

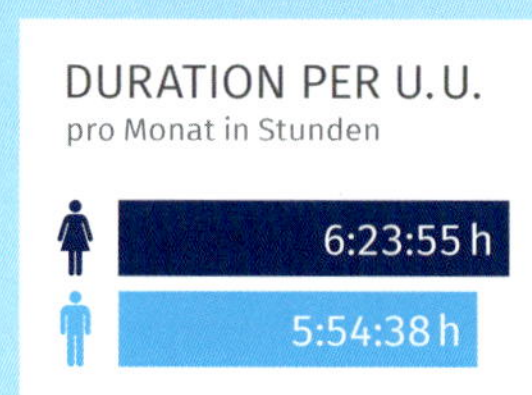

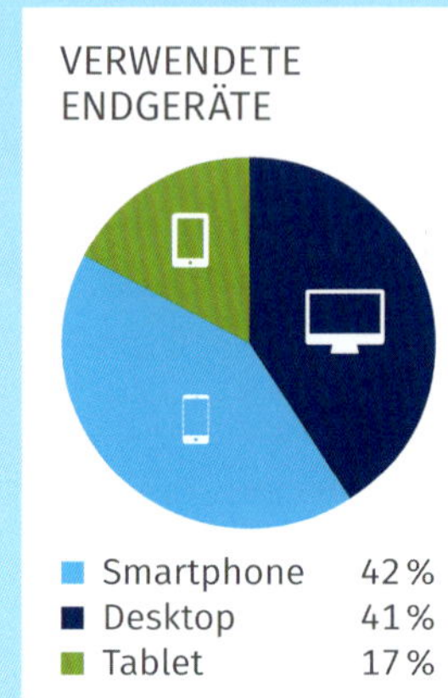

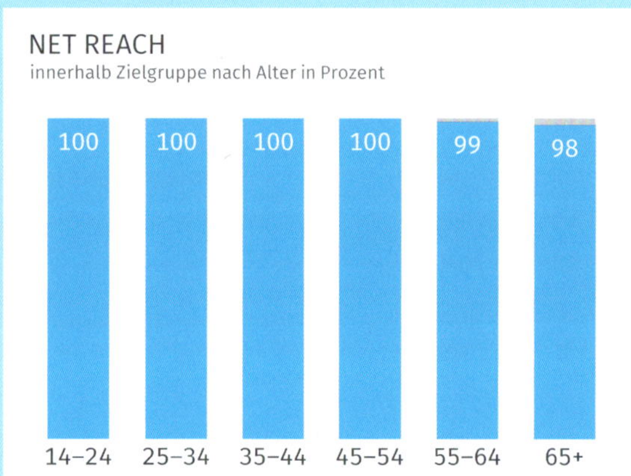

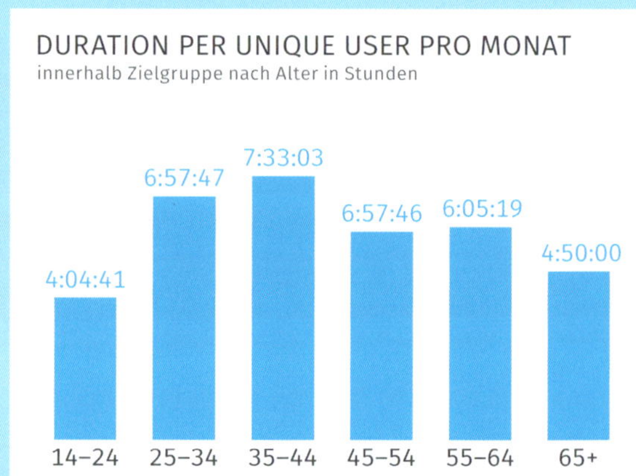

Zeitperiode: Q3/2019; Gesamtbevölkerung (14+); alle Endgeräte kombiniert (Desktop, Smartphone, Tablet)

land beispielhaft angegeben, und zwar für Amazon (9,3 Milliarden Euro), Otto (3,2 Milliarden Euro) und Zalando (1,4 Milliarden Euro) im Jahr 2018 für das B2C-Geschäft, das heißt Erlöse aus Verkäufen an private Endkunden.

Hohe Konzentration (Amazon, eBay)

In Bezug auf die Nutzungsdauer fällt einerseits sofort die überproportionale Bedeutung von Amazon sowie eBay inklusive eBay Kleinanzeigen auf. Ferner wird deutlich, dass jenseits dieser zwei großen Player die Wettbewerber sofort um Dimensionen kleiner sind.

Bei den meisten der folgenden Unternehmen handelt es sich oft um Plattformen mit sehr spezifischen Angeboten – wie Wish (stark rabattierte Produkte »direkt vom Hersteller«) oder Rossmann (Drogerieartikel).

EINKAUFEN, AUKTIONEN, MIETEN: ANGEBOTSÜBERSICHT

	Anbieter	Duration (Stunden/Monat)	Duration per U.U. (Stunden/Monat)	Net Reach
1	Amazon	66.002.195	1:11:53	94,2 %
2	eBay	50.694.642	1:03:31	81,9 %
3	eBay Kleinanzeigen	30.947.927	0:45:36	69,6 %
4	Wish	5.947.636	0:22:52	26,7 %
5	OTTO	4.038.586	0:06:06	67,9 %
6	Rossmann	3.443.778	0:10:50	32,6 %
7	Lidl	2.138.762	0:05:01	43,8 %
8	Tchibo	1.704.222	0:04:57	35,4 %
9	Zalando	1.591.984	0:07:56	20,6 %
10	MediaMarkt	1.359.620	0:03:56	35,5 %

Zeitperiode: Q3/2019; Gesamtbevölkerung (14+); alle Endgeräte kombiniert (Desktop, Smartphone, Tablet)

Otto stellt mit seinem Online-Shop für Mode, Schuhe, Möbel etc. eine gewisse Konkurrenz für Amazon dar, ebenso wie Zalando im Bereich Schuhe, Mode und Kosmetik. Es fällt jedoch sofort ins Auge, wie unterschiedlich die Größenverhältnisse sind – Otto erzielt nur 6,1 %, Zalando nur 2,4 % der Total Duration im Verhältnis zu Amazon.

Amazon als Content-Universum

Wenn wir die publizierten Geschäftsergebnisse der verschiedenen Player konsultieren, ist das Übergewicht von Amazon in Bezug auf die Nutzungsdauer also noch weitaus stärker ausgeprägt als hinsichtlich der Umsätze. Dieser Zusammenhang würde sicherlich eine tiefere Behandlung verdienen – wir wollen hier aber immerhin erste Hypothesen und erste Erklärungen formulieren.

Denn seit etwa fünf Jahren wird immer offensichtlicher, dass Amazon aufgrund der sehr weit entwickelten Reichhaltigkeit der Informationen auf der Plattform von Nutzern immer mehr *auch* als Suchmaschine verwendet wird. Amazon erfüllt in solchen Fällen dann zunächst weniger die Funktion eines Online-Shops.

Amazon wird auch als Suchmaschine verwendet

Gerade in frühen und mittleren Phasen des Kaufprozesses, wenn Nutzer sich noch über Produkte und Features informieren, nutzen sie Amazon eher als

Ersatz für Google. Etwa 55 bis 65 % aller Nutzer geben an, Amazon auch auf diese Weise zu nutzen. Das ergibt insofern einen Sinn, als keine andere Plattform über so extrem spezifischen und zugleich reichhaltigen Content auf Produktebene verfügt (allein die schiere Anzahl der Produkte liegt im dreistelligen Millionenbereich!).

Hohe Professionalisierung der Entwicklung von Produkt-Content

Die Bedeutung des Content für die Förderung von E-Commerce-Absätzen steht bei Amazon absolut im Fokus (weswegen es entsprechende Empfehlungen und Schablonen zur Verfügung stellt, etwa für A+-Content und dergleichen), und umgekehrt hat sich ein ganzes Segment an Beratungsfirmen etabliert, das Herstellern oder Händlern dabei hilft, die Gestaltung des Content zu professionalisieren – etwa mit Keyword-Recherchen, Wettbewerbsanalysen, Indexierung, Suchmaschinenoptimierung und A/B-Testing.

CONTENT: DIE DIMENSIONEN

Solche enormen Anstrengungen sind letztlich aber auch ein Reflex auf die sehr ausgeklügelten Anreizmodelle, die sich aus dem mehrschichtigen E-Commerce-Geschäftsmodell von Amazon ergeben. Dieses ist nämlich so konstruiert, dass es zwar oberflächlich als Online-Shopping-Plattform erscheint, aber zusätzlich so aufgebaut ist, dass es eine der produktivsten Content-Fabriken überhaupt darstellt.

Amazon besitzt ein vieldimensionales Ökosystem

Das beginnt schon auf der E-Commerce-Ebene. Denn Amazon ist ja nicht nur ein Online-Shop, sondern auch ein Marktplatz, also eine Plattform für Zehntausende andere Händler, Online-Shops etc., die ihre Waren über Amazon verkaufen (symptomatisch ist, dass sowohl Otto als auch Douglas ihre Plattformen momentan ebenfalls in diese Richtung erweitern) – und dies über verschiedene Servicemodelle wie Amazon Marketplace, Amazon Advantage oder Amazon Fulfillment.

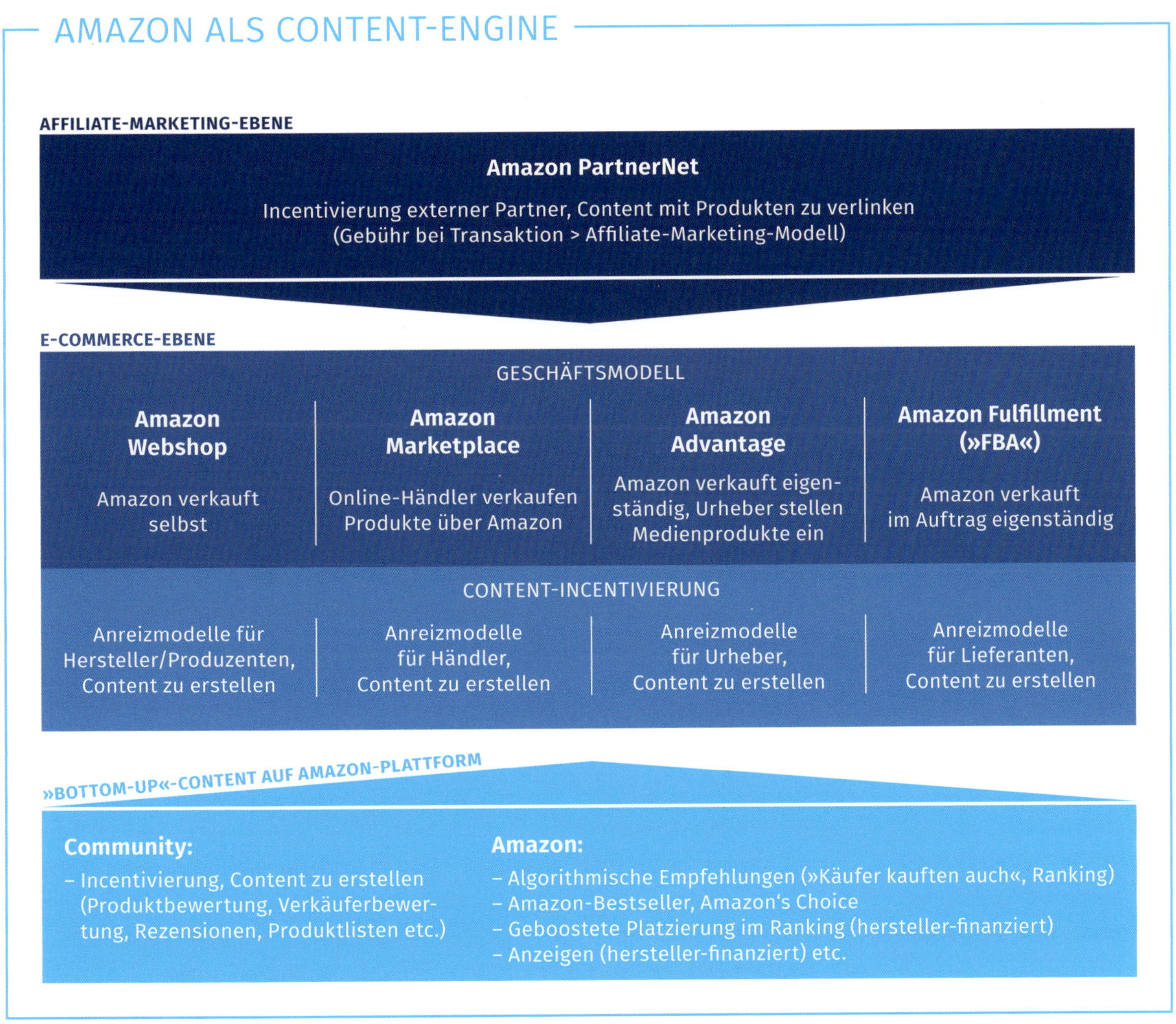

Amazon Marketplace: Warum lässt Amazon Konkurrenten auf die eigene Plattform?

Dieses mehrschichtige Geschäftsmodell ist unter anderem auch deshalb so erstaunlich, weil Amazon auf diese Weise gewissermaßen seine eigenen Konkurrenten auf der eigenen Plattform beherbergt. So lädt Amazon damit aber Zehntausende von Unternehmen ein, unablässig möglichst hochqualitativen Content zu jedem erdenklichen Produkt auf die Plattform zu stellen – zumal alle diese Player sich wieder gegenseitig Konkurrenz machen.

Zugleich ist aber die übergeordnete Plattform von Amazon selbst wieder eine ungeheure Content-Maschine – diese wird zunächst einmal von der Kunden-Community durch Bewertungen, Rezensionen, Empfehlungen, Produktlisten gefüttert.

Andererseits erzeugt die Plattform durch Algorithmen am laufenden Band eigene Empfehlungen, angefangen von den algorithmisch gesteuerten Produktrankings, personalisierten Empfehlungen (»Dies könnte Ihnen gefallen ...«), Produktverbindungen (»Käufer von diesem Produkt haben ebenfalls gekauft ...«) und so fort. Die verschiedenen Content-Schichten stellen für Amazon selbst wieder eine zusätzliche Wertschöpfungsebene dar. Verkürzt dargestellt, können Hersteller oder Händler Visibilität durch Kooperationsvereinbarungen bzw. Zahlung von bestimmten Analyse- oder Werbepaketen artifiziell erhöhen.

PartnerNet zur Erzeugung von Affiliate-Marketing

Zuletzt schafft Amazon durch das große PartnerNet auch Anreize dafür, dass Menschen auch jenseits der Plattform Content zu Produkten produzieren und diesen mit den Produkten auf der Plattform verlinken. Es handelt sich hierbei um Affiliate-Marketing, bei jedem Verkauf erhalten die Autoren von Amazon eine Provision.

Die ungewöhnliche Konstruktion des Geschäftsmodells liefert sehr plausible Erklärungen für unsere Beobachtungen. Amazon würde auf diese Weise einen positiven Schneeballeffekt allein durch die kaum schlagbare Reichhaltigkeit des Content auf der Plattform erzeugen. Jede Schicht des Geschäftsmodells erzeugt wieder positive Abstrahleffekte auf die anderen Schichten (derart skalierbare Geschäftsmodelle werden auch als »Flywheel« bezeichnet) – denn am Ende sind ungeheure Mengen an Informationen bei Amazon auf der Plattform verfügbar.

Die verschiedenen Ebenen des Amazon-Ökosystems verstärken sich gegenseitig

Es ist deshalb auch offensichtlich, warum Amazon so »freundlich« ist und die Konkurrenz auf der eigenen Plattform beherbergt. Es ist im Hinblick auf die Monetarisierung für Amazon nämlich »egal«, ob die Umsätze von Amazon *direkt* über Verkäufe erzeugt werden oder ob ein Partner aus dem Netzwerk das Produkt verkauft und Amazon »nur« die Gebühren erhält.

Denn es liegt ja auf der Hand: Weil Amazon letztlich über die verschiedenen Schichten seines mehrdimensionalen Geschäftsmodells alle Parameter der Konditionen frei festlegen kann, lassen sich die sehr vielen umsatzrelevanten Schrauben in dieser Maschine (Gebühren, Provisionen, Preise für Werbekostenzuschüsse, Rabatte etc.) jederzeit so einstellen, dass Amazon stets mehr Geld dabei verdient als seine »Partner«. Das lässt sich so empirisch nicht beweisen, es ist aber durch die Struktur dieses Geschäftsmodells mehr als offensichtlich.

Die von Amazons Händler-Netzwerk erzeugten Umsätze werden interessanterweise vom Konzern nicht publiziert. Durch ein versehentliches Leak in einer Konzern-E-Mail aus dem Jahr 2019 hat sich für Deutschland die Zahl von etwa 10 Milliarden Euro als Schätzwert im Markt etabliert (Amazon hat sofort dementiert, aber nach wie vor keine Zahl veröffentlicht).

Die Umsätze des Amazon-Händler-Netzwerks in Deutschland sind nicht bekannt

Banking, Geld

Banking und Geldgeschäfte regeln die meisten Menschen inzwischen übers Internet. Auch hier liegen sowohl die Nettoreichweiten als auch die jeweiligen Nutzungszeiten sehr gleichmäßig über alle Altersgruppen verteilt – auch ältere Nutzer sind hier also weitgehend digital geworden.

Wichtig ist, dass sich die von uns gemessenen Nettoreichweiten aus allen Angeboten aggregieren und auch Online-Bezahlsysteme umfassen – die Durchsetzung von Online-Banking ist dagegen wahrscheinlich etwas niedriger (in einer Studie von Bitkom wird die Durchsetzung mit 70 % angegeben, allerdings nutzen in der Stichprobe 18 % aller Befragten keine digitalen Medien. Hier erwies sich der Wert bei älteren Menschen recht niedrig, nur 21 % der Bürger im Alter von 65 Jahren und älter nutzten Online-Banking).

Banking und Geldgeschäfte werden vorwiegend auf dem Desktop erledigt

Die Nutzungszeit liegt allerdings bei nur etwa 1,5 % der gesamten digitalen Aufmerksamkeit, was auf 1 Stunde und 14 Minuten im Monat durchschnittlich herausläuft. Die etwa 14 Sessions im Monat dauern im Schnitt jeweils etwa 5 Minuten.

Hervorzuheben ist einerseits, dass Männer hier eine höhere Affinität aufweisen (sie verbringen knapp 40 % mehr Zeit mit digitalen Geldangelegenheiten als Frauen). Zweitens bleibt dieser Bereich sehr weitgehend eine Desktop-Domäne: 74 % der Nutzungszeit erfolgt auf Desktops, was im krassen Gegensatz zum Gesamtmarkt steht.

BANKING, GELD: DETAILKARTE

ANTEIL AN TOTAL DURATION	1,5 %
NET REACH	94,0 %
DURATION PER U. U. (∅ Stunden/Monat)	1:13:51
DURATION PER U. U. (∅ Stunden/Tag)	0:02:28
TOTAL DURATION (∅ Stunden/Monat)	67.578.621
SESSIONS PER U. U. (∅ Monat)	14,4
AKTIVE TAGE (Monat)	8,8

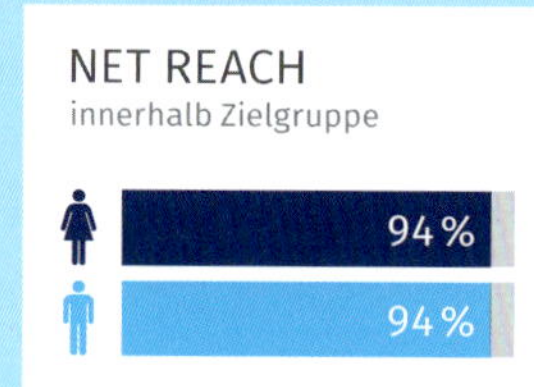

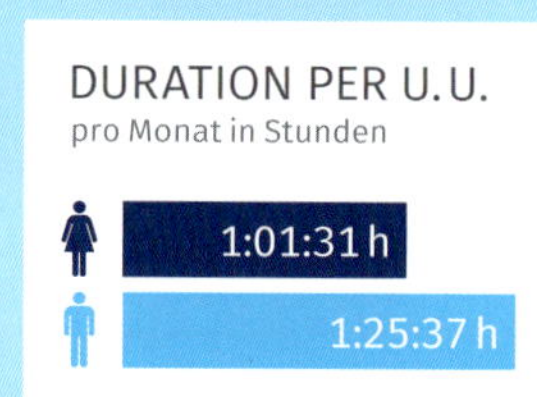

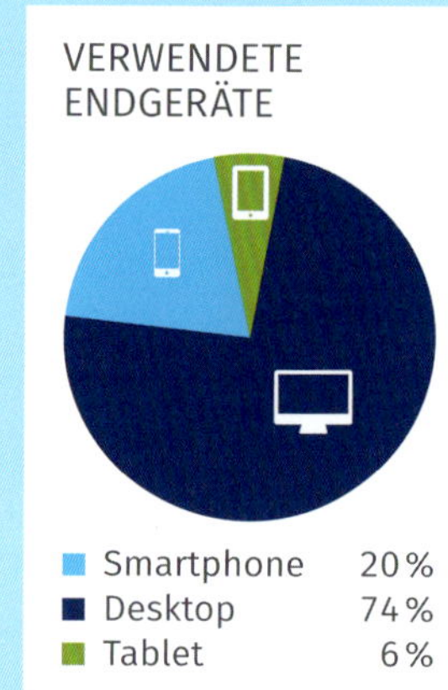

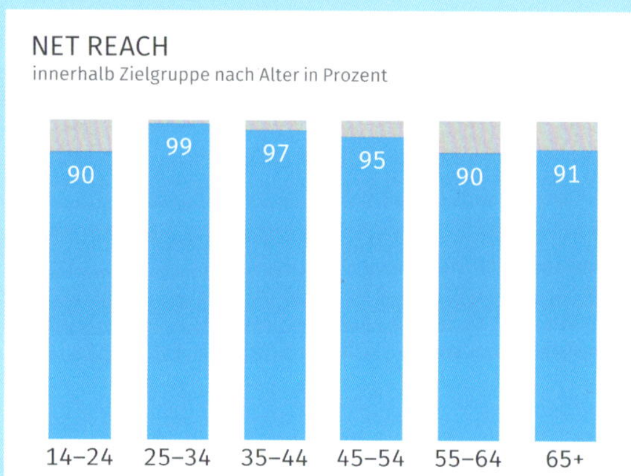

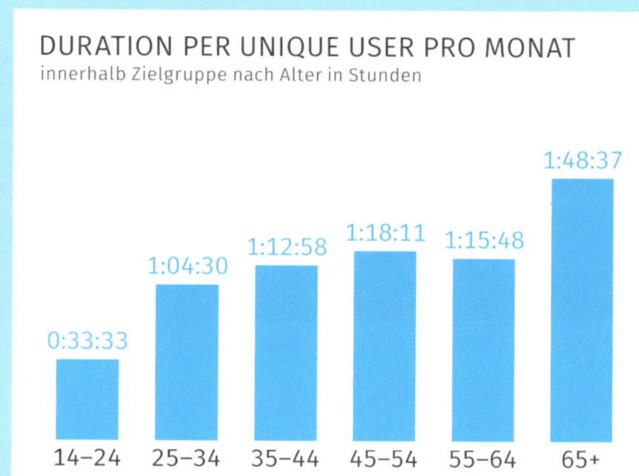

Zeitperiode: Q3/2019; Gesamtbevölkerung (14+); alle Endgeräte kombiniert (Desktop, Smartphone, Tablet)

Der Überblick über die verschiedenen Angebote zeigt zunächst einmal zwei Gruppen von Anbietern – einerseits die Online-Ableger der führenden Offline-Kundenbanken, wie Postbank, Commerzbank, Deutsche Bank, Sparkasse. Eine zweite Gruppe bilden die typischen Direktbanken wie Comdirect, DKB, Targobank (zuvor Citibank), ING-Diba und Consorsbank. Allerdings ist hier auffällig, dass die Deutsche Kreditbank ein Ableger der Bayerischen Landesbank ist ebenso wie Comdirekt ein Ableger der Commerzbank.

Zuletzt zeigt sich die mittlerweile erhebliche Bedeutung des Online-Bezahlsystems PayPal, das mit einer Nettoreichweite von knapp 70 % in diesem Bereich dominiert. Erfreulich ist, dass dieser Bereich (abgesehen von PayPal) im Gegensatz zu den meisten anderen diese Branche weniger von der

BANKING, GELD: ANGEBOTSÜBERSICHT

	Anbieter	Duration (Stunden/Monat)	Anteil Duration (von Kategorie!)	Duration per U. U. (Stunden/Monat)	Net Reach
1	Postbank	5.923.471	8,77 %	0:26:04	23,0 %
2	PayPal	4.125.786	6,11 %	0:06:05	69,6 %
3	Commerzbank	3.794.996	5,62 %	0:20:03	19,4 %
4	Comdirect	3.227.654	4,78 %	0:22:24	14,8 %
5	Deutsche Bank	2.770.824	4,10 %	0:26:03	11,0 %
6	DKB	2.518.388	3,73 %	0:17:58	14,4 %
7	Sparkasse	2.107.820	3,12 %	0:08:35	25,2 %
8	Targobank	1.319.662	1,95 %	0:14:20	9,5 %
9	ING-DiBa	1.125.692	1,67 %	0:12:58	8,9 %
10	Consorsbank	1.123.257	1,66 %	0:16:29	7,0 %

Zeitperiode: Q3/2019; Gesamtbevölkerung (14+); alle Endgeräte kombiniert (Desktop, Smartphone, Tablet)

Verhältnismäßig geringe Konzentrationsbildung bei Banking und Geld

Konzentration des Angebots in der Hand eines oder weniger Anbieter gezeichnet ist. Die Nettoreichweiten belegen auch, dass viele Nutzer offenbar parallel bei zwei oder mehr Banken Konten unterhalten oder sich zumindest auf den Seiten der anderen Banken informieren.

Produkt- und Preisvergleich, Buchungen

Hohe Reichweite und Nutzungsfrequenz

Produkt- und Preisvergleiche sowie Buchungen machen zwar nur 1,2 % der gesamten digitalen Mediennutzung aus. Diese Aktivität besitzt jedoch eine sehr hohe Reichweite, die gegen 100 % tendiert. Auch hier ist die Nutzung sehr breit ausgeprägt, also bei Jung und Alt, bei Männern wie Frauen gleichermaßen. Und zuletzt gilt: Obwohl die totale Nutzungszeit so gering ist, ist die Frequenz mit etwa 15 Sessions monatlich durchaus beachtlich.

Die Übersicht der einzelnen Produkte zeigt, dass Nutzer diese Aktivität vor allem auf drei Ebenen verfolgen. Zunächst verwenden sie klassische Portale für Preisvergleiche (Check24, Idealo) oder aber für Bewertungen, in unserem Ranking mit starkem Fokus auf Reisen (TripAdvisor, HolidayCheck). Laut der Bitkom-E-Commerce-Studie nutzen übrigens circa 55 % aller User solche Plattformen vor der Tätigung von Einkäufen über das Internet (Achtung: Wert auf Basis von Befragungen).

Die zweite Kategorie umfasst charakteristische Bonussysteme wie Payback, Social Shopping Communitys wie Mydealz sowie Rabattplattformen wie Marktguru.

Die dritte Kategorie ist auf die Planung und Buchung von Reisen fokussiert, hier finden sich Unterkunftsvermittlungen wie Airbnb und Buchungsplattformen wie booking.com oder Expedia. Insgesamt besitzt diese Kategorie eine hohe Affinität zu Reisen – fünf der hier gezeigten Top-10-Anbieter befassen sich hauptsächlich mit Reisen, aber auch Generalisten wie Check24, Idealo, Payback etc. sind hier aktiv.

PRODUKT- UND PREISVERGLEICH, BUCHUNGEN: DETAILKARTE

ANTEIL AN TOTAL DURATION	1,2 %
NET REACH	96,0 %
DURATION PER U. U. (Ø Stunden/Monat)	0:57:42
DURATION PER U. U. (Ø Stunden/Tag)	0:01:55
TOTAL DURATION (Ø Stunden/Monat)	53.707.677
SESSIONS PER U. U. (Ø Monat)	15,3
AKTIVE TAGE (Monat)	8,8

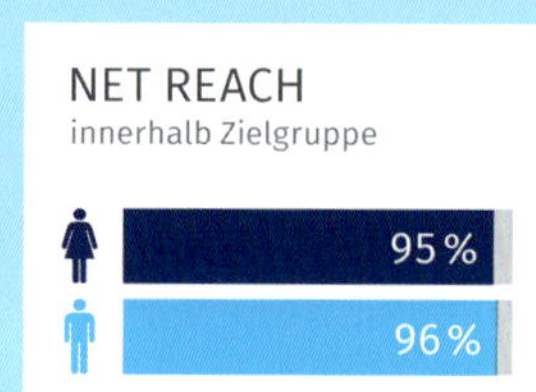

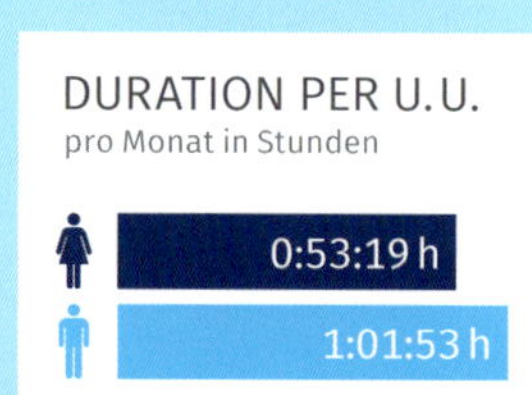

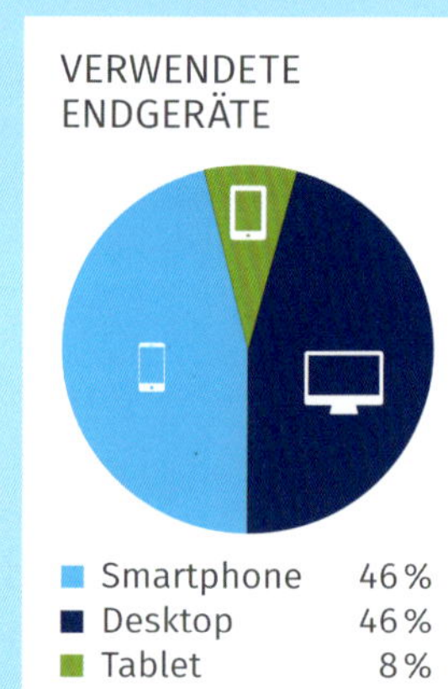

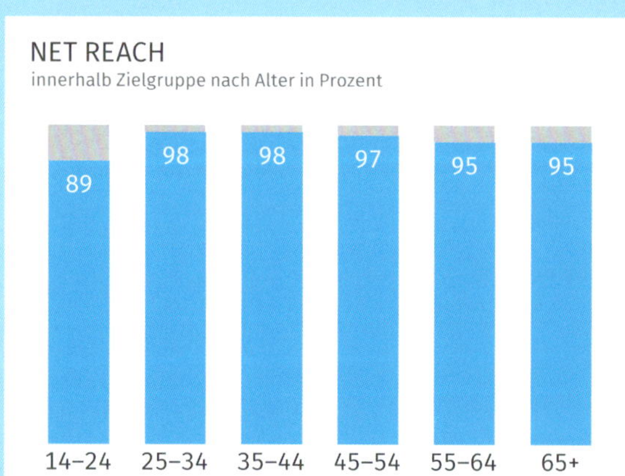

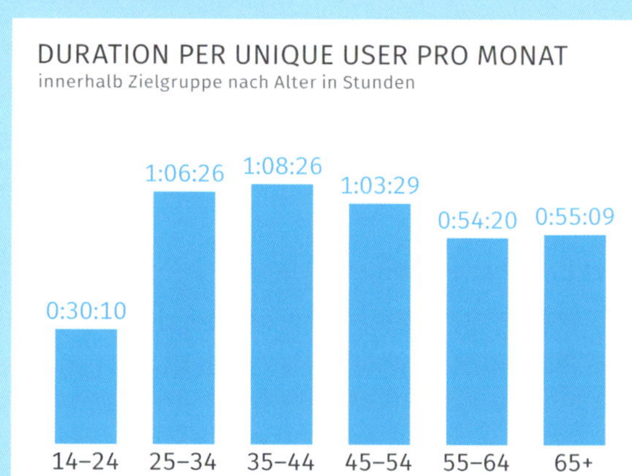

Zeitperiode: Q3/2019; Gesamtbevölkerung (14+); alle Endgeräte kombiniert (Desktop, Smartphone, Tablet)

PRODUKT- UND PREISVERGLEICH, BUCHUNGEN: ANGEBOTSÜBERSICHT

	Anbieter	Duration (Stunden/Monat)	Anteil Duration (von Kategorie!)	Duration per U.U. (Stunden/Monat)	Net Reach
1	Payback	14.618.139	27,2 %	0:22:30	66,7 %
2	Booking.com	4.014.041	7,5 %	0:08:47	46,9 %
3	Check24	2.944.422	5,5 %	0:07:03	43,0 %
4	Mydealz	2.891.671	5,4 %	0:15:43	18,9 %
5	TripAdvisor	1.812.592	3,4 %	0:05:27	34,1 %
6	Idealo	1.287.663	2,4 %	0:03:10	41,7 %
7	HolidayCheck	1.219.330	2,3 %	0:05:45	21,8 %
8	Airbnb	1.090.973	2,0 %	0:09:06	12,3 %
9	Marktguru	695.786	1,3 %	0:07:57	9,0 %
10	Expedia	580.834	1,1 %	0:04:11	14,2 %

Zeitperiode: Q3/2019; Gesamtbevölkerung (14+); alle Endgeräte kombiniert (Desktop, Smartphone, Tablet)

Filesharing, Webspace

Für Filesharing- und Webspace-Plattformen gilt dasselbe wie für die Preisvergleichs- und Buchungsplattformen, sie sind extrem weit verbreitet, hier lässt sich allenfalls ein leichtes Übergewicht bei den männlichen Nutzern ausmachen. Auch hier lassen sich immerhin noch durchschnittlich zehn Sessions im Monat nachweisen, die durchschnittlich etwa 5 bis 6 Minuten dauern.

Hohe Reichweite, niedrige Nutzungsdauer

FILESHARING, WEBSPACE: DETAILKARTE

ANTEIL AN TOTAL DURATION	1,1 %
NET REACH	92,0 %
DURATION PER U. U. (Ø Stunden/Monat)	0:54:45
DURATION PER U. U. (Ø Stunden/Tag)	00:01:49
TOTAL DURATION (Ø Stunden/Monat)	49.074.936
SESSIONS PER U. U. (Ø Monat)	10,3
AKTIVE TAGE (Monat)	6,1

NET REACH
innerhalb Zielgruppe

DURATION PER U. U.
pro Monat in Stunden

VERWENDETE ENDGERÄTE

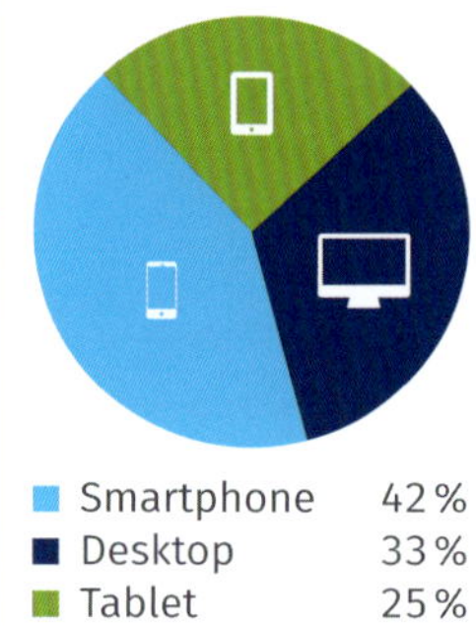

NET REACH
innerhalb Zielgruppe nach Alter in Prozent

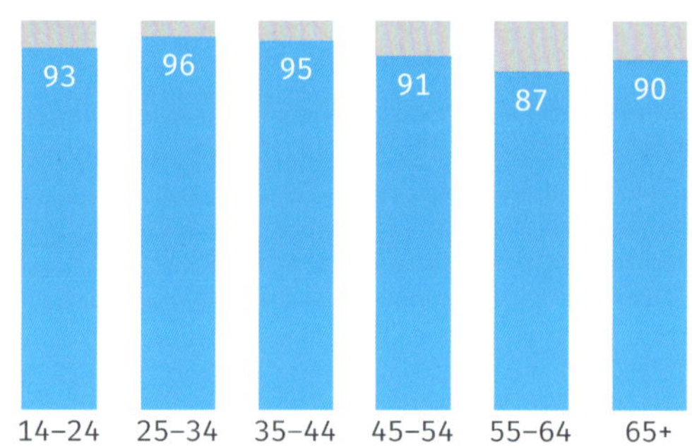

DURATION PER UNIQUE USER PRO MONAT
innerhalb Zielgruppe nach Alter in Stunden

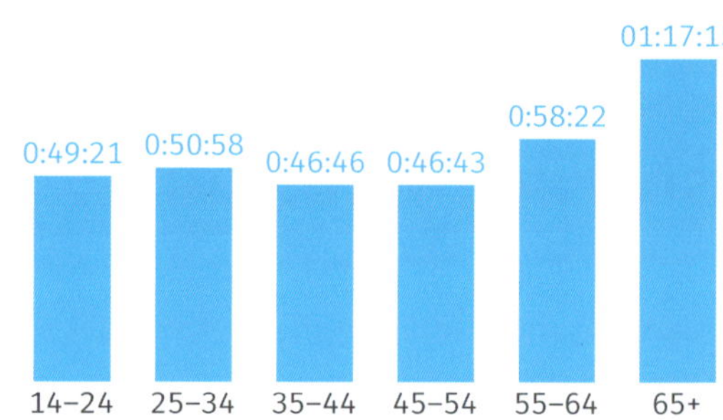

Zeitperiode: Q3/2019; Gesamtbevölkerung (14+); alle Endgeräte kombiniert (Desktop, Smartphone, Tablet)

FILESHARING, WEBSPACE: ANGEBOTSÜBERSICHT

	Anbieter	Net Reach	Duration (Stunden/Monat)	Anteil Duration (von Kategorie!)	Duration per U. U. (Stunden/Monat)
1	**Google Drive**	61,3 %	5.476.582	11,2 %	0:09:10
2	**Google Photos**	47,3 %	12.891.382	26,3 %	0:27:57
3	**Dropbox**	30,5 %	2.807.933	5,7 %	0:09:27
4	**Mozilla Firefox Web**	24,4 %	509.130	1,0 %	0:02:08
5	**Microsoft OneDrive**	19,9 %	6.650.220	13,6 %	0:34:19

Zeitperiode: Q3/2019; Gesamtbevölkerung (14+); alle Endgeräte kombiniert (Desktop, Smartphone, Tablet)

7 Pornografische Inhalte; Glücksspiel, Wetten

Pornografische Inhalte

Das Internet und die Pornografie sind schon von ihren Ursprüngen her sehr eng verbandelt. Einer der wichtigsten Vorzüge digitaler Medien liegt ja in der radikalen Vereinfachung des Zugangs bei gleichzeitiger Diskretion. Diese Rahmenbedingungen bedingten schon früh die massive Migration pornografischer Inhalte ins Netz sowie den Untergang etwa vieler Erotik-Zeitschriften.

Frühe Verbindung von Internet und Pornografie

Pornos besaßen also (relativ gesehen!) vor etwa 15 Jahren noch eine viel größere Bedeutung im gesamten Internet-Traffic, ganz einfach, weil solche Formate schon viel früher und konsequenter von der digitalen Transformation erfasst wurden. Plakativ gesprochen: Man ging damals vielen Aktivitäten noch offline nach, Pornos dagegen konsumierte man bereits online (zum Vergleich: 2007 ging in den USA 10,5 % des gesamten Traffic auf das Konto solcher Webseiten).

Der Konsum von pornografischen und nicht jugendfreien Inhalten macht in Deutschland heute 1 % der gesamten digitalen Nutzungsdauer aus, bei einer Nettoreichweite von 55 % – er erfolgt sehr weitgehend über Desktops. Die Nutzungsdauer liegt insgesamt bei etwa 1:24 Stunden im Monat, was nun einem recht geringen Anteil der gesamten Nutzungsdauer von genau 1 % entspricht.

Weil die Nutzung jedoch bei Männern und Frauen sehr unterschiedlich ausfällt, werden wir das Feld im Folgenden für beide Seiten jeweils separat erschließen. Die Differenzen zeigen sich schon bei den Hauptparametern: Die Nettoreichweite liegt bei Männern mit 73 % mehr als doppelt so hoch wie bei Frauen. Noch weitaus stärker ist die Differenz bei der Nutzungsdauer – die männlichen User verbringen mehr als fünf Mal so viel Zeit mit diesen Inhalten wie die Nutzerinnen im Monat.

73 % Nettoreichweite bei Männern, 35 % bei Frauen

PORNOGRAFISCHE INHALTE: DETAILKARTE

ANTEIL AN TOTAL DURATION	**1,0 %**
NET REACH	55,0 %
DURATION PER U. U. (Ø Stunden/Monat)	1:24:54
DURATION PER U. U. (Ø Stunden/Tag)	0:02:50
TOTAL DURATION (Ø Stunden/Monat)	45.227.979
SESSIONS PER U. U. (Ø Monat)	6,3
AKTIVE TAGE (Monat)	4,2

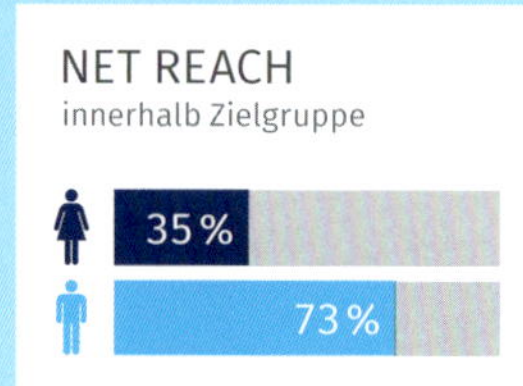

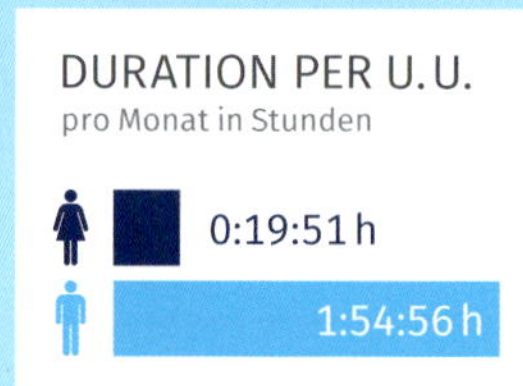

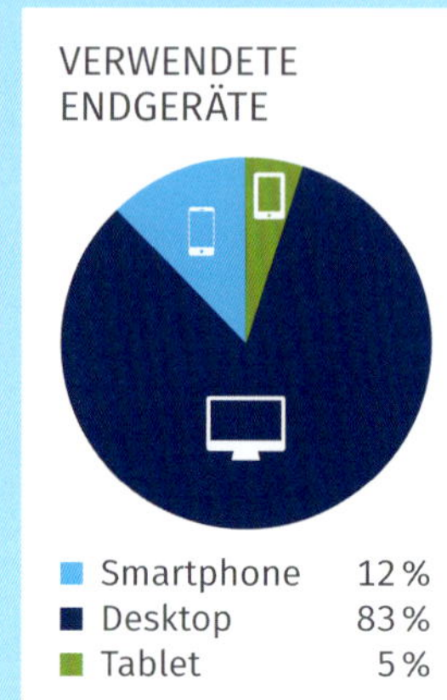

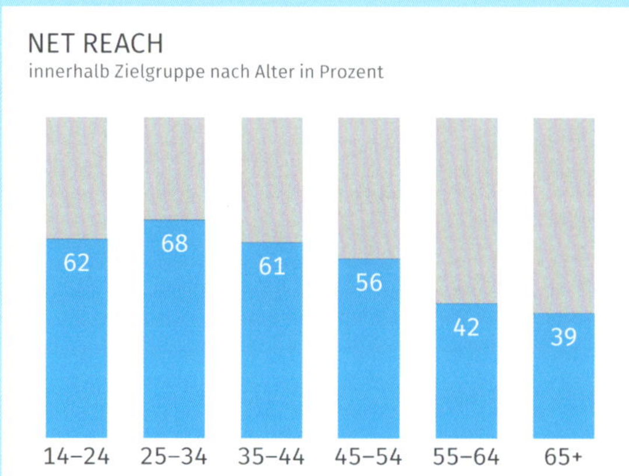

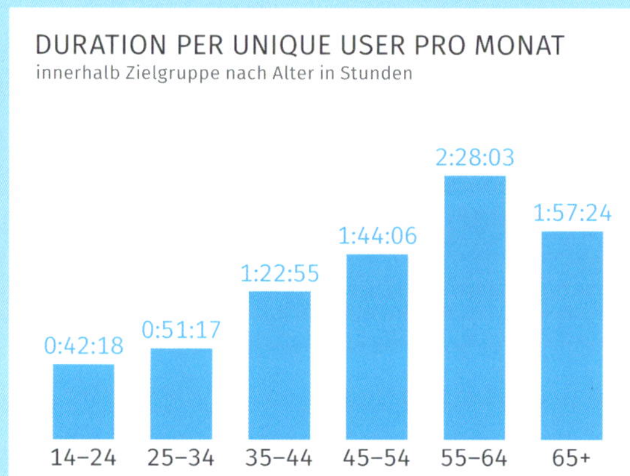

Zeitperiode: Q3/2019; Gesamtbevölkerung (14+); alle Endgeräte kombiniert (Desktop, Smartphone, Tablet)

PORNOKONSUM NACH GESCHLECHT: MÄNNER VS. FRAUEN

DEUTLICHE UNTERSCHIEDE IM NUTZUNGSVERHALTEN

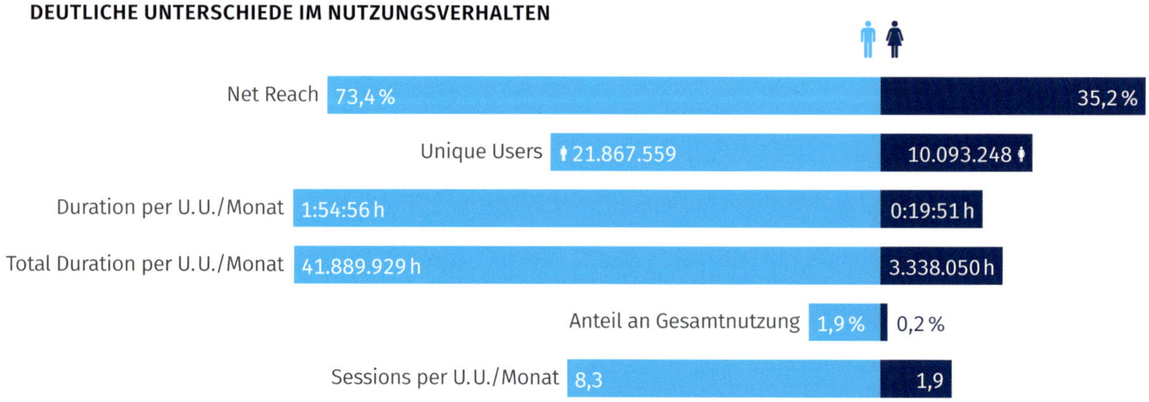

Zeitperiode: Q3/2019; Gesamtbevölkerung (14+); alle Endgeräte kombiniert (Desktop, Smartphone, Tablet)

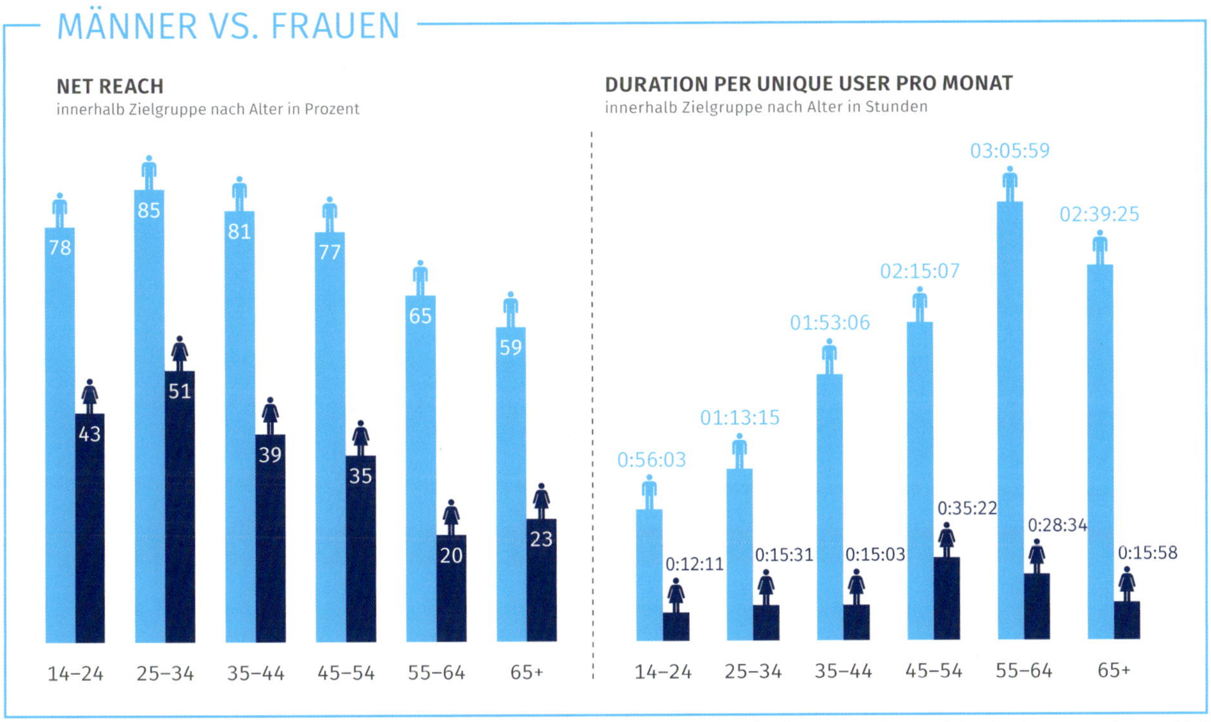

Zeitperiode: Q3/2019; Gesamtbevölkerung (14+); alle Endgeräte kombiniert (Desktop, Smartphone, Tablet)

Ähnlich ist das Bild auch bei den Sessions: Männer konsumieren im Schnitt 8,3 Sessions im Monat, also in etwa alle drei bis vier Tage eine, die weiblichen Nutzerinnen tun dies nur alle zwei Wochen. Zuletzt beträgt die durchschnittliche Dauer einer Session bei Männern etwa 18 Minuten, bei Frauen jedoch nur 10 Minuten.

Besonders interessant ist die Nutzung nach Altersklassen. Bemerkenswert dabei ist, dass die Tendenzen bei beiden Geschlechtern weitgehend dieselben sind, dass diese sich lediglich auf einem gänzlich anderen Niveau ausdrücken. Denn beim Schauen von pornografischen Inhalten verhält sich die Reichweite oft umgekehrt zur Dauer, und zwar sowohl bei Männern als auch bei Frauen: je jünger desto mehr, je älter desto länger.

Dauer pro Unique User ist bei älteren Nutzern höher

Bei beiden Geschlechtern liegt die höchste Nettoreichweite bei den jüngeren Usern (präzise: 25–34 Jahre, bei den Männern 85 %, bei den Frauen 51 %); dagegen nimmt die Nutzungsdauer mit dem Alter zu, sie erreicht das Maximum bei den Männern zwischen 55 und 64 Jahren (hier sogar etwa dreifach höher als bei den jungen Nutzern), bei den Frauen zwischen 45 und 54 Jahren.

Die Differenzen zeigen sich auch bei den Inhalten, die wir hier aufgrund des recht fragmentierten Markts nach Total Duration gerankt haben. Bei den Männern finden wir unter den Top 8 weitgehend typisch pornografische Web-

PORNOGRAFISCHE INHALTE: ANGEBOTSÜBERSICHT

	Anbieter	Duration (Stunden/Monat)	Net Reach	Duration per U.U. (Stunden/Monat)
	Männer			
1	xhamster.com	5.608.178	28,1 %	0:40:07
2	pornhub.com	3.944.739	29,3 %	0:27:04
3	xvideos.com	2.031.640	11,4 %	0:36:00
4	xnxx.com	1.734.183	7,7 %	0:45:22
5	youporn.com	1.317.559	16,1 %	0:16:30
6	chaturbate.com	1.083.980	12,1 %	0:18:03
7	redtube.com	496.689	12,3 %	0:08:08
8	livejasmin.com	493.104	22,3 %	0:04:27
	Frauen			
1	joyclub.de	781.1052	1,8 %	1:32:12
2	pornhub.com	271.0903	5,6 %	0:10:13
3	xhamster.com	247.390	4,6 %	0:11:13
4	youporn.com	169.607	4,1 %	0:08:38
5	poppen.de	127.891	1,3 %	0:19:59
6	eis.de	68.836	4,9 %	0:02:58
7	porn300.com	42.450	2,2 %	0:04:04
8	pornohirsch.com	40.489	3,3 %	0:02:34

Zeitperiode: Q3/2019; Gesamtbevölkerung (14+); alle Endgeräte kombiniert (Desktop, Smartphone, Tablet)

seiten, Ausnahmen bilden allenfalls die Webcam-Angebote livejasmin.com sowie chaturbate.com.

Bei den meistgenutzten Webseiten der Frauen befinden sich unter den Top 8 immerhin drei (eis.de, poppen.de, joyclub.de), die in charakteristischen Mischungen Sexspielzeuge, erotisches Dating, Sexkontakte etc. anbieten.

Jüngere Nutzer: Weniger monatliche Sessions als ältere

Eine zusätzliche Prüfung der Inhalte nach verschiedenen Altersklassen ergab übrigens keine wesentlichen neuen Erkenntnisse: Abgesehen von der bereits beschriebenen Mechanik (höhere Reichweiten bei jüngeren, längere Nutzung bei älteren Usern) ergeben sich in Bezug auf die genutzten Angebote nur wenig Differenzen. Interessant ist allenfalls, dass jüngere Pornonutzer signifikant weniger Sessions monatlich konsumieren als ältere (14–29: 4,6; 30–59: 7,1; 60+: 6,4).

Glücksspiel, Wetten

Wir beenden unsere Erschließung der verschiedenen Nutzungsaktivitäten mit Glücksspielen und Wetten, die nur noch 0,3 % der gesamten Aufmerksamkeit bei einer Reichweite von etwa 50 % anziehen. Dies sollte aber nicht über die große finanzielle Bedeutung dieser Kategorie hinwegtäuschen – die Umsätze deutscher Spieler auf solchen Plattformen werden auf etwa 2 Milliarden Euro im Jahr geschätzt.

Es lässt sich hier eine klare Tendenz zu Desktop-Nutzung erkennen. Ferner liegt die Reichweite bei Männern (61 %) deutlich höher als bei Frauen (40 %). Die Sessions sind auch hier recht kurz und dauern im Schnitt zwischen 5 und 6 Minuten.

Höhere Reichweite bei Männern

GLÜCKSSPIEL, WETTEN: DETAILKARTE

ANTEIL AN TOTAL DURATION	0,3 %
NET REACH	51,0 %
DURATION PER U. U. (ø Stunden/Monat)	0:26:21
DURATION PER U. U. (ø Stunden/Tag)	0:00:53
TOTAL DURATION (ø Stunden/Monat)	13.062.812
SESSIONS PER U. U. (ø Monat)	4,5
AKTIVE TAGE (Monat)	3,1

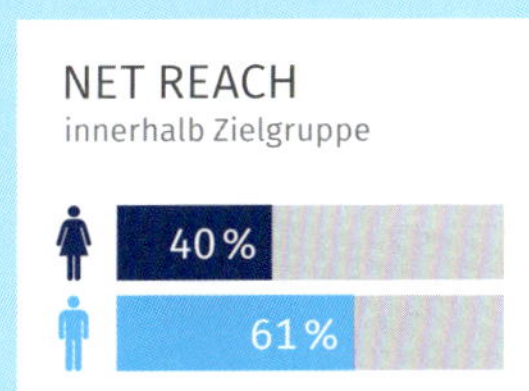

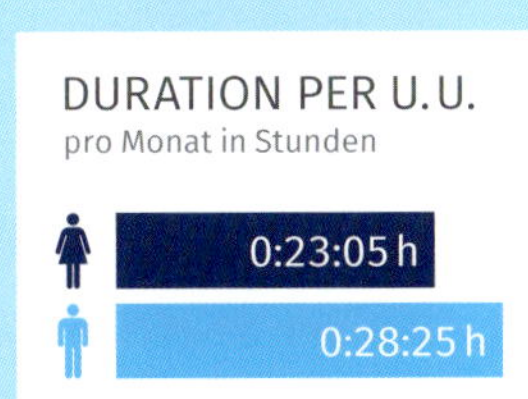

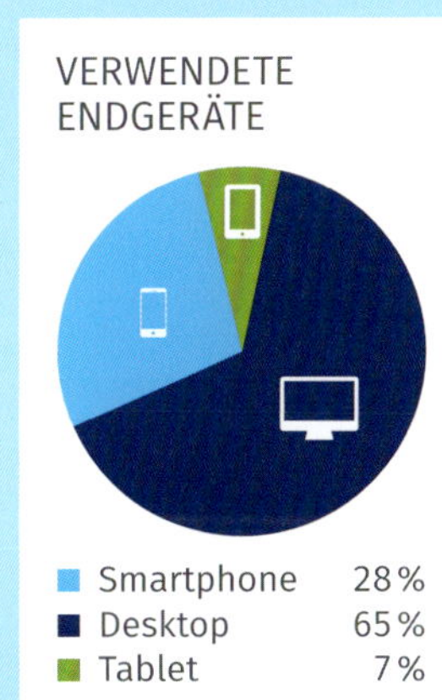

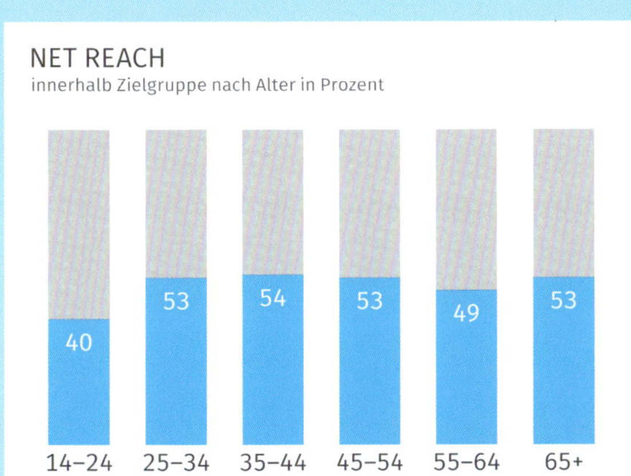

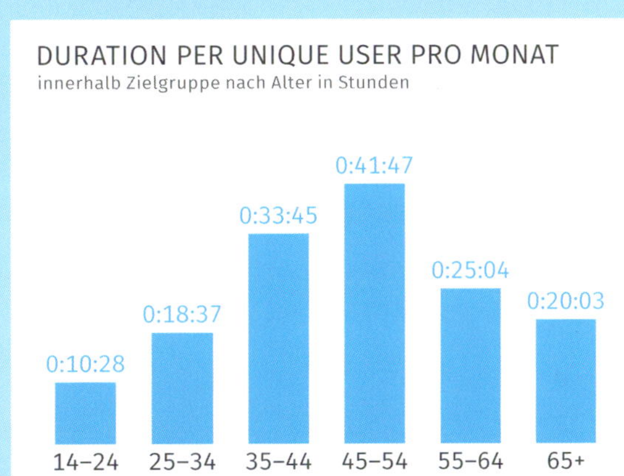

Zeitperiode: Q3/2019; Gesamtbevölkerung (14+); alle Endgeräte kombiniert (Desktop, Smartphone, Tablet)

GLÜCKSSPIEL, WETTEN: ANGEBOTSÜBERSICHT

	Anbieter	Net Reach	Duration (Stunden/Monat)	Duration per U.U. (Stunden/Monat)
1	Lotto.de	8,5 %	259.745	0:03:09
2	bet365	7,6 %	440.179	0:05:57
3	Lottoland	7,2 %	353.793	0:05:03
4	Kicktipp	7,1 %	1.945.773	0:28:15
5	Lotto24.de	6,1 %	140.023	0:02:22
6	Sunmaker	6,0 %	132.151	0:02:15
7	Bet-at-home	6,0 %	459.721	0:07:54
8	Tipp24	5,7 %	226.563	0:04:03
9	Deutsche Postcode Lotterie	5,5 %	82.382	0:01:32
10	WestLotto	5,4 %	208.545	0:03:59

Zeitperiode: Q3/2019; Gesamtbevölkerung (14+); alle Endgeräte kombiniert (Desktop, Smartphone, Tablet)

Mix aus Lotto, Sportwetten, Casinospielen und mehr

Es handelt sich bei den benutzten Plattformen um eine Melange aus den verschiedenen Lotto-Angeboten (Lotto.de, Lottoland, Lotto24, WestLotto) und Sportwetten (Bet-at-Home, Bet365 etc.); Kicktipp ist eine Plattform, auf der Nutzer Tippgemeinschaften organisieren können; diese spezifische Nutzung erklärt auch die deutlich höhere Nutzungsdauer im Verhältnis zu den anderen Plattformen. Bei Sunmaker handelt es sich um den Online-Ausläufer der gleichnamigen Slot-Maschinen.

Bei der Übersicht fällt sofort die Fragmentierung des Markts auf – Lotto.de liegt auf dem ersten Rang, erzielt aber eine Nettoreichweite von nur 8,5 %, die folgenden Anbieter erzielen jedoch solide Reichweiten auf ähnlichem Niveau.

8

Fazit: Aktivitäten im Überblick

1. Wozu wird welches Endgerät genutzt?

Wir sind nun am Ende unserer Tour durch die verschiedenen Territorien der Nutzung digitaler Medien. Der Überblick konnte auch verdeutlichen, dass die Nutzer ihre Endgeräte durchaus spezifisch nutzen. Es liefert also nur begrenzte Erkenntnisse, die Endgeräte über alle Inhalte hinweg darzustellen. Die Nutzer setzen nämlich für unterschiedliche Aktivitäten auch völlig unterschiedliche Schwerpunkte bei den Endgeräten – weswegen es durchaus sinnvoll ist, die Differenzen noch einmal gesondert zu veranschaulichen.

Nutzer setzen bei Endgeräten Schwerpunkte je nach Aktivität

Dabei haben wir bei der Aufbereitung der Daten eine Optimierung vorgenommen. In zwei Kategorien ergaben sich jeweils zwei Unterkategorien mit unterschiedlichen Nutzungsweisen der unterschiedlichen Endgeräte, und zwar bei Kommunikation (E-Mail versus Instant Messenger) sowie bei Media-on-Demand (Bewegtbild versus Musik) – weswegen wir bei beiden diese Unterkategorien separat zeigen.

Desktop-Nutzung nach Aktivitäten

Desktop hat Affinität zu »Büro«-Tätigkeiten

Die Desktop-Nutzung stellt tendenziell eine »büro«-artige Nutzung der digitalen Inhalte dar. Sie richtet sich zunächst einmal vor allem auf Aktivitäten, die in irgendeiner Form auf ernsthafte und konzentrierte Weise durchgeführt werden, also etwa Banking, Produkt- und Preisvergleiche, Reisebuchungen, die Nutzung von Suchmaschinen zur Beantwortung konkreter Fragen, dann das Lesen von Nachrichten und Informationen, aber eben auch die Nutzung von Mediatheken, bei denen ebenfalls eine hohe Affinität zu Nachrichten besteht.

Es gibt dann aber auch Fälle jenseits dieser Beschreibung. So werden auch Glücksspiele und Wetten vorwiegend über Desktops abgewickelt (was in gewisser Weise noch durchaus Sinn ergibt, es handelt sich hier ja ebenfalls um Geldgeschäfte). Eine Ausnahme ist jedoch ausgerechnet die Aktivität, welche am stärksten über Desktops konsumiert wird, und zwar der Konsum pornografischer Inhalte.

Smartphone-Nutzung nach Aktivitäten

Smartphone als »Zwischendurch«-Hardware

Im Gegensatz zum Desktop-»Büro« ist das Smartphone gewissermaßen die »Zwischendurch«-Hardware. Es ist unmittelbar einleuchtend, dass hier zunächst einmal bevorzugt Aktivitäten stattfinden, die sich mobil erledigen lassen – was aber zugleich höhere Anforderungen an die Einfachheit der Anwendungen stellt.

Nutzer passen sich bei ihren Anwendungen den Möglichkeiten der jeweiligen Endgeräte also an – was man schön zeigen kann im Falle der Aktivität, mit anderen Menschen zu kommunizieren. So nutzen User Instant Messenger fast ausschließlich am Smartphone, was interessanterweise auch dazu führt, dass sich die Art der Kommunikation selbst ändert. Der charakteristisch flapsige, knappe und durch Emojis ergänzte Kurzstil von WhatsApp-Botschaften würde in einer anderen Umgebung, etwa einer E-Mail, durchaus als unpassend erscheinen.

Nutzer hören unterwegs auf Smartphones Musik über Streaming-Apps, und sie verwenden On-Site-Search, und zwar vor allem die Map-Applikationen (bei den beiden Anbietern Google und Apple liegen die Smartphone-Anteile bei etwa 70 %). Zuletzt besitzt auch die Nutzung von Social-Media-Plattformen mittlerweile eine hohe Affinität zum Smartphone-Gebrauch.

Weil seit Instagram die neueren großen Apps alle Mobile-first-Ansätze verfolgen (z. B. Snapchat, TikTok), wird sich diese Tendenz in Zukunft weiter verstärken. Zuletzt ist der hohe Smartphone-Share beim Gaming bemerkenswert – immer mehr Angebote ermöglichen hier das Spielen zwischendurch, weswegen sich Gaming als Kategorie tendenziell vom Desktop wegbewegt und immer mobiler wird.

AKTIVITÄTEN: NUTZUNGSZEIT NACH ENDGERÄTEN

NACH DURATION IN PROZENT

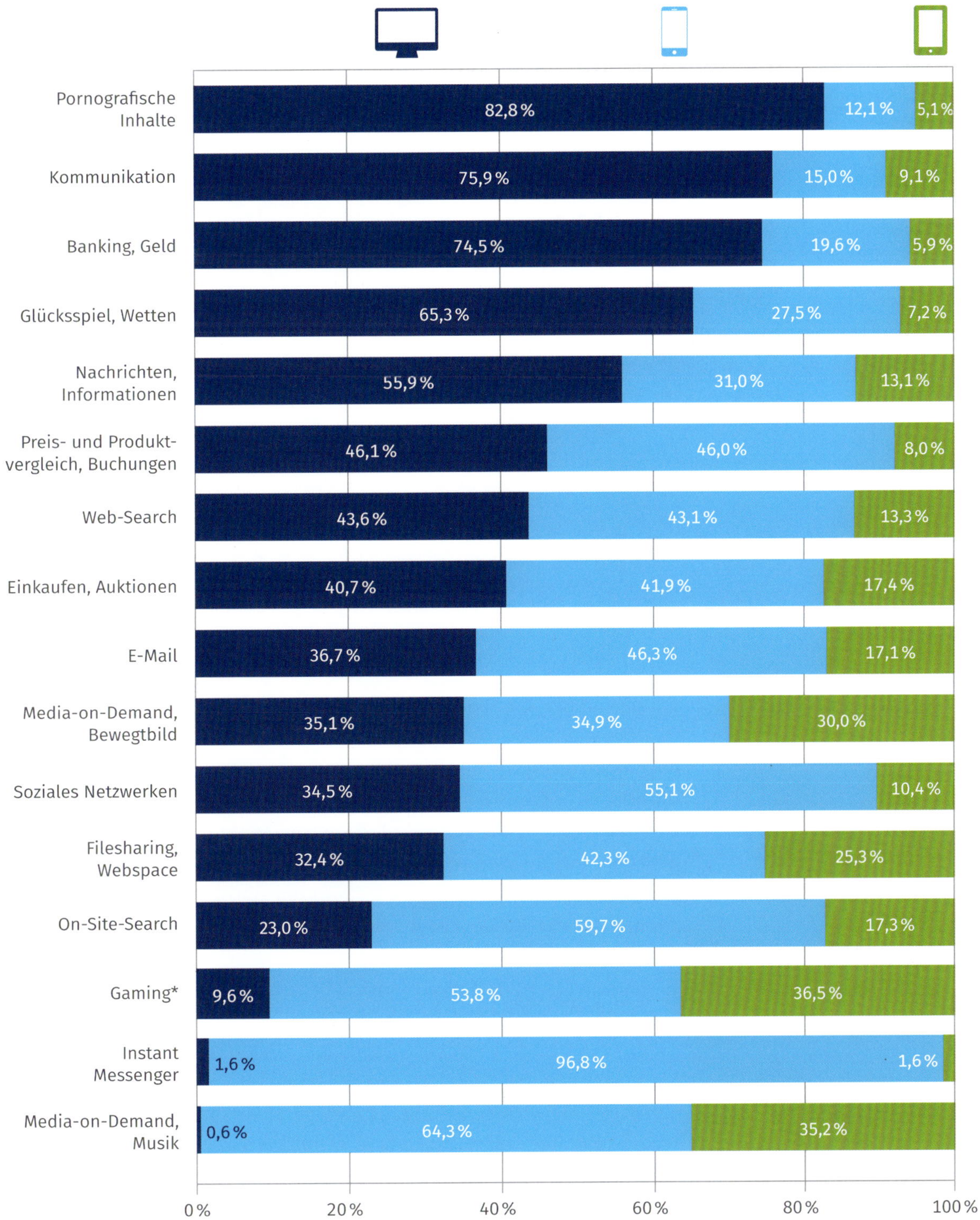

*nur Gelegenheitsspiele/Browsergames

Zeitperiode: Q3/2019; Total Duration in %; Gesamtbevölkerung (14+); alle Endgeräte kombiniert (Desktop, Smartphone, Tablet)

Tablet-Nutzung nach Aktivitäten

Tablet-Nutzung für »Zen«-Tätigkeiten

Nach dem »Büro« (Desktop) und dem »Zwischendurch« (Smartphone) entspricht das Tablet eher einer »Zen«-Hardware. Es wird von den Nutzern vor allem zu entspanntem Konsum unterhaltender Medieninhalte zu Hause genutzt – man hört darüber Musik, schaut Filme und nutzt es auch stark überproportional zum Spielen.

Tatsächlich besitzen ausgerechnet die ruhigeren Gelegenheitsspiele eine Tendenz zum Tablet – den höchsten Wert erzielt Hay Day (63 %), gefolgt von Candy Crush (47 %) und Gardenscapes (44 %).

Auch wenn das Tablet technisch gesehen eine Weiterentwicklung des Smartphones darstellt, besitzt es also ein durchaus eigenständiges Nutzungsprofil. Manchmal verlängert es mobile Nutzungen (z. B. bei Musik, aber auch bei Gaming). Bei Media-on-Demand für Bewegtbild dagegen, eine der umfassendsten Kategorien überhaupt, liefert es eher die komfortable Alternative zum Desktop.

2. Leben Frauen und Männer in verschiedenen digitalen Welten?

Männer und Frauen: Allgemeine Parameter mit nur geringen Unterschieden

Auch wenn das Frauen-versus-Männer-Thema stets für Unterhaltungszwecke dankbar ist, müssen wir auf der Grundlage der allgemeinen Parameter sagen, dass die Welt der beiden Geschlechter weniger unterschiedlich ist, als man denken möchte. Oder, um es andersherum zu formulieren: Es ist fast überraschend, wie extrem gering die Differenzen statistisch sind (z. B. geht es bei der durchschnittlichen monatlichen Nutzungsdauer nur um eine Abweichung von 0,1 %).

Bei Aktivitäten lassen sich geschlechtsspezifische Unterschiede ermitteln

Im direkten Vergleich fällt höchstens auf, dass Männer deutlich mehr Zeit am Desktop verbringen, Frauen dagegen viel stärker Smartphones und Tablets als Zugang zum digitalen Universum nutzen. Dagegen kann ein Blick auf die einzelnen Aktivitäten weitere, allerdings ebenfalls überschaubare Unterschiede freilegen. Um es plakativ zu sagen: Männer konsumieren mehr Nachrichten und Informationen, verbringen mehr Zeit mit finanziellen Themen oder auch besonderen thematischen Suchen, sie nutzen mehr Media-on-Demand und auch Live-Streamings, sie verbringen mehr Zeit mit Glücksspiel und Wetten und schauen viel mehr Pornos als Frauen.

MÄNNER VS. FRAUEN: GESAMTNUTZUNG IM VERGLEICH

NUTZUNG IM VERGLEICH

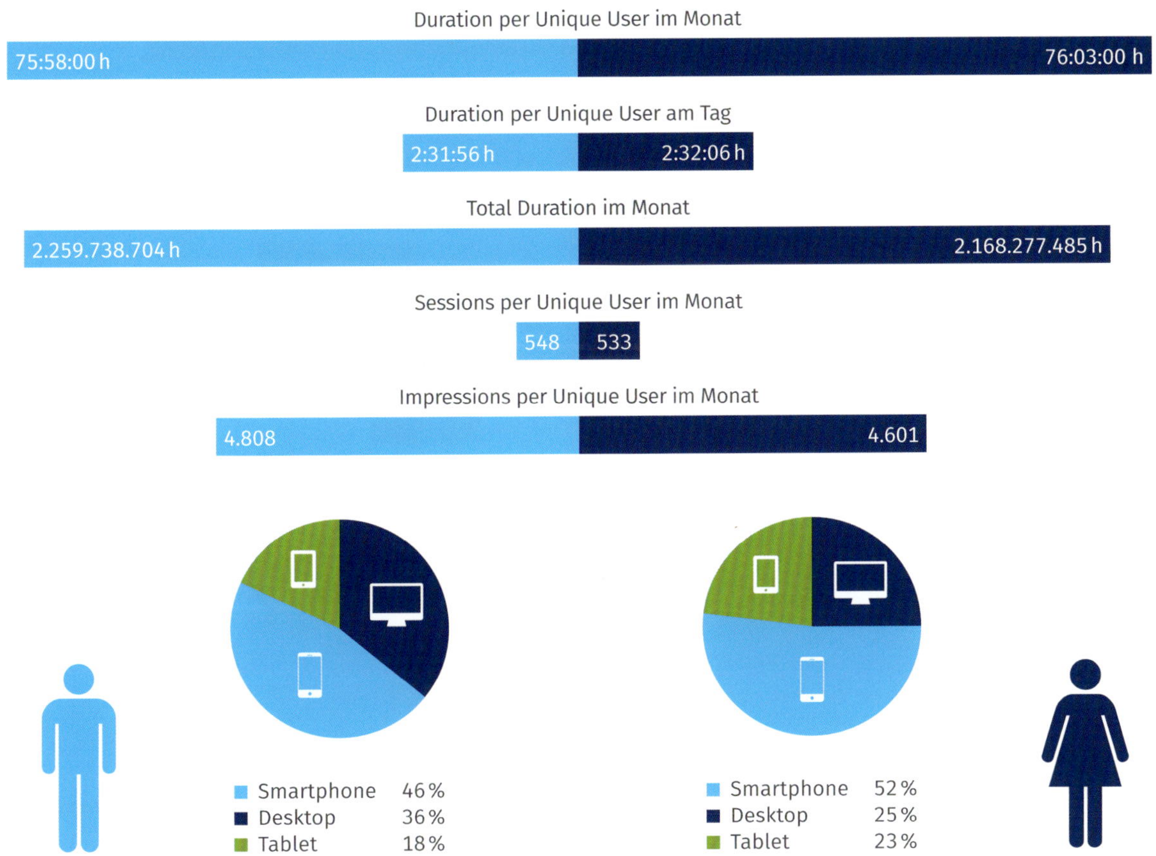

Zeitperiode: Q3/2019; Gesamtbevölkerung (14+); alle Endgeräte kombiniert (Desktop, Smartphone, Tablet)

Frauen nutzen ihre Zeit mehr zum Kommunizieren mit anderen, aber auch zum Sozialen Netzwerken. Sie verbringen ein wenig mehr Zeit mit Shopping, aber viel mehr Zeit mit Gaming als Männer (wobei hier Konsolenspiele und dergleichen nicht aufgeführt werden, was wahrscheinlich das Bild ändern würde – siehe oben, Kapitel II, 3).

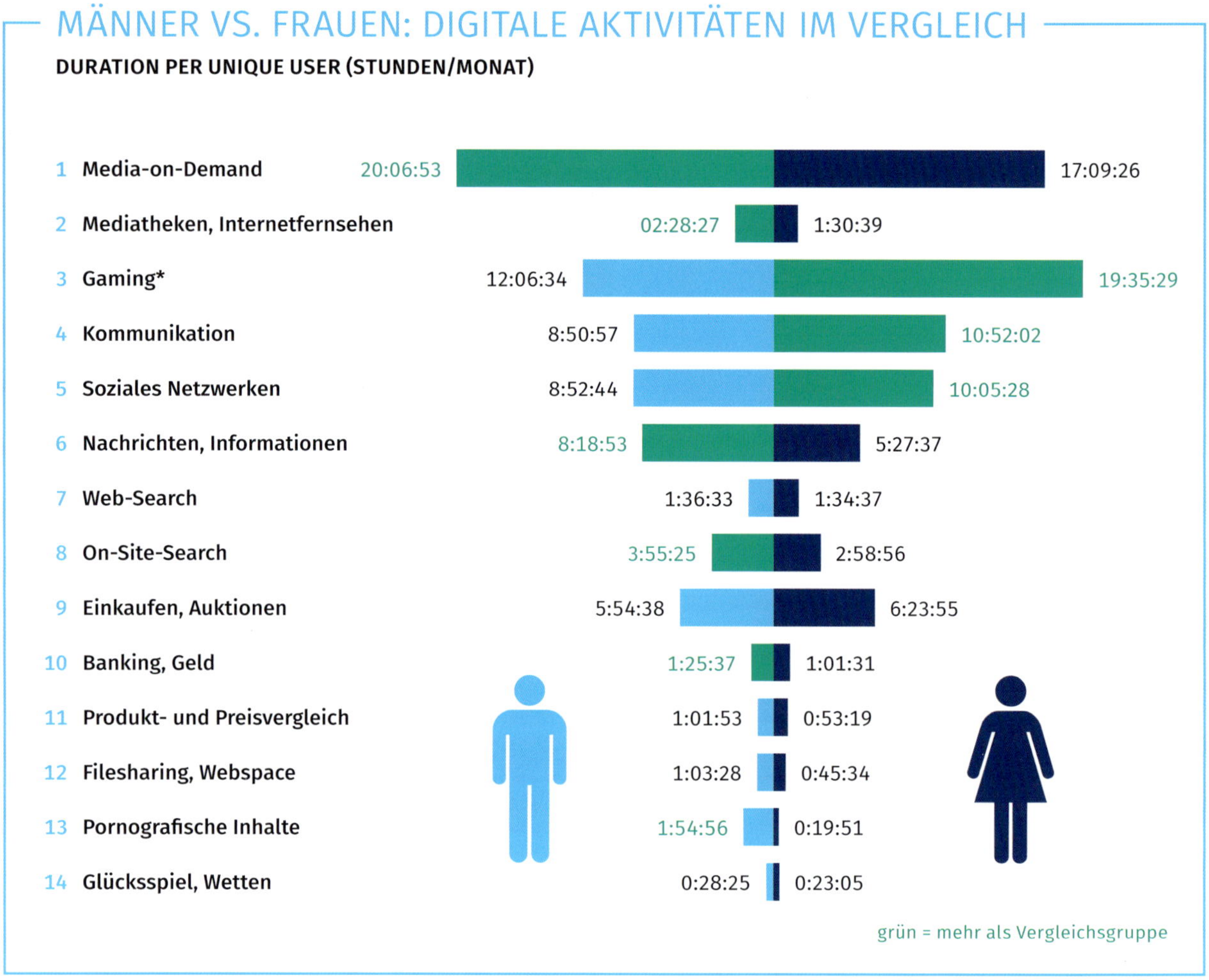

*nur Gelegenheitsspiele/Browsergames

Zeitperiode: Q3/2019; Gesamtbevölkerung (14+); alle Endgeräte kombiniert (Desktop, Smartphone, Tablet)

3. Welchen digitalen Aktivitäten gehen jüngere Nutzer nach?

Jüngere User konsumieren viel mehr Media-on-Demand

Im Überblick zeichnen sich die jüngeren User dadurch aus, dass Sie erheblich mehr Media-on-Demand konsumieren (die Differenz beträgt massive 14 Stunden pro Monat). Sie verbringen auch etwas mehr Zeit damit, mit anderen Usern zu kommunizieren.
Dagegen liegen die Nutzungswerte bei den meisten anderen Aktivitäten unterhalb der Vergleichsgruppe: Sie nutzen weniger Nachrichten- und Informationsportale, sie kaufen weniger ein, sie verbringen weniger Zeit mit finanziellen Themen, Produkt- oder Preisvergleichsplattformen, zuletzt interessieren sie sich weniger für Glücksspiel und Wetten. Dasselbe gilt für Porno: Zwar ist hier die Reichweite höher, aber die Nutzungsdauer fällt wesentlich geringer aus als bei der Vergleichsgruppe.

DIGITALE AKTIVITÄTEN DER JÜNGEREN NUTZER

	Kategorie	14–29-Jährige Net Reach	14–29-Jährige Duration per U.U. (Stunden/Monat)	Gesamtbevölkerung Net Reach	Gesamtbevölkerung Duration per U.U. (Stunden/Monat)
1	Media-on-Demand	99,5 %	32:57:18	96,3 %	18:39:55
2	Mediatheken, Internetfernsehen	91,0 %	2:02:06	90,5 %	2:00:46
3	Gaming*	93,4 %	10:14:58	86,1 %	15:46:50
4	Kommunikation	99,8 %	11:49:06	96,7 %	9:50:08
5	Soziales Netzwerken	99,6 %	10:10:24	96,8 %	9:28:20
6	Nachrichten, Informationen	100,0 %	4:14:14	99,7 %	6:55:04
7	Web-Search	99,5 %	1:23:23	99,3 %	1:35:36
8	On-Site-Search	99,9 %	3:05:36	98,4 %	3:27:46
9	Einkaufen, Auktionen	99,7 %	4:56:02	99,3 %	6:08:59
10	Banking, Geld	93,3 %	0:45:10	93,9 %	1:13:50
11	Produkt- und Preisvergleich	92,8 %	0:41:41	95,5 %	0:57:42
12	Filesharing, Webspace	94,5 %	0:50:09	92,0 %	0:54:45
13	Pornografische Inhalte	65,1 %	0:42:42	54,7 %	1:24:54
14	Glücksspiel, Wetten	45,6 %	0:14:04	50,9 %	0:26:21

grün = mehr als Vergleichsgruppe rot = weniger als Vergleichsgruppe

*nur Gelegenheitsspiele/Browsergames

Zeitperiode: Q3/2019; Gesamtbevölkerung (14+); alle Endgeräte kombiniert (Desktop, Smartphone, Tablet)

Interessant sind die Befunde bei Gaming – hier ist zwar die Nettoreichweite höher, allerdings ist die mit Spielen verbrachte Zeit deutlich geringer (sie wird vermutlich durch das hier nicht abgebildete »Intensiv-Gaming« mehr als ausgeglichen, siehe oben).

4. Welchen digitalen Aktivitäten gehen ältere Nutzer nach?

Bevor wir die älteren Zielgruppen charakterisieren, müssen wir zur Sicherheit noch einmal kurz daran erinnern, dass wir hier nur die Nutzungsformen derjenigen Personen beschreiben, die überhaupt digitale Inhalte nutzen. Wie oben dargelegt, nutzen aber in der abgebildeten Zeitperiode 40,7 % der Bevölkerung ab 60 Jahren keine digitalen Inhalte. Unsere Darstellung bezieht sich also nur auf die 59,3 %, die überhaupt an der digitalen Welt teilhaben.

Ältere User verbringen viel Zeit mit Nachrichten und Gelegenheitsspielen

Diese älteren User zeichnen sich zunächst dadurch aus, dass sie am intensivsten Nachrichten und Informationen konsumieren. Die Nettoreichweiten sind sowohl bei Gaming als auch bei pornografischen Inhalten niedriger als in der Gesamtbevölkerung. Dies ist jedoch insofern irreführend, als die Nutzungszeit hier wesentlich höher ist.

Dagegen ist die Nutzungszeit vor allem bei Media-on-Demand verschwindend gering. Ebenfalls niedriger liegen die Werte für Online-Shopping, für Soziales Netzwerken, aber auch für Kommunikationsplattformen insgesamt.

DIGITALE AKTIVITÄTEN DER ÄLTEREN NUTZER

		über 60-Jährige		Gesamtbevölkerung	
	Kategorie	Net Reach	Duration per U.U. (Stunden/Monat)	Net Reach	Duration per U.U. (Stunden/Monat)
1	Media-on-Demand	91,2 %	7:57:38	96,3 %	18:39:55
2	Mediatheken, Internetfernsehen	87,9 %	2:09:04	90,5 %	2:00:46
3	Gaming	73,9 %	18:55:04	86,1 %	15:46:50
4	Kommunikation	92,1 %	7:35:31	96,7 %	9:50:08
5	Soziales Netzwerken	99,2 %	5:58:19	96,8 %	9:28:20
6	Nachrichten, Informationen	99,3 %	9:04:54	99,7 %	6:55:04
7	Web-Search	99,0 %	1:53:12	99,3 %	1:35:36
8	On-Site-Search	95,7 %	3:05:12	98,4 %	3:27:46
9	Einkaufen, Auktionen	98,1 %	4:52:43	99,3 %	6:08:59
10	Banking, Geld	90,7 %	1:45:36	93,9 %	1:13:50
11	Produkt- und Preisvergleich	94,2 %	0:53:50	95,5 %	0:57:42
12	Filesharing, Webspace	88,6 %	1:14:55	92,0 %	0:54:45
13	Pornografische Inhalte	38,3 %	2:03:50	54,7 %	1:24:54
14	Glücksspiel, Wetten	52,0 %	0:22:05	50,9 %	0:26:21

grün = mehr als Vergleichsgruppe rot = weniger als Vergleichsgruppe

*nur Gelegenheitsspiele/Browsergames

Zeitperiode: Q3/2019; Gesamtbevölkerung (14+); alle Endgeräte kombiniert (Desktop, Smartphone, Tablet)

5. Entwicklung der Aktivitäten im Zeitverlauf

Besonders interessant ist ein genauerer Blick auf die prozentuale Veränderung zwischen dem ersten und dem letzten hier dargestellten Quartal. Welche Felder entwickeln sich hier besonders dynamisch? Wir sehen sofort, dass Bewegtbildnutzung stark zulegt (die größte Kategorie Media-on-Demand um 8,9 %, das kleinere Feld der Mediatheken und Internetfernsehen sogar um 15,9 %). Auch Search wächst besonders stark (On-Site-Search 14,9 %, Web-Search 13,0 %); zuletzt gewinnen auch Nachrichten und Informationen beachtliche 10,0 % dazu, was ein weiteres Indiz dafür liefert, dass hier starke Umschichtungen von offline auf online stattfinden.

DIGITALE AKTIVITÄTEN – ENTWICKLUNG

TOTAL DURATION IN STUNDEN, AKTIVITÄTEN MIT DYNAMISCHEM WACHSTUM SIND HERVORGEHOBEN

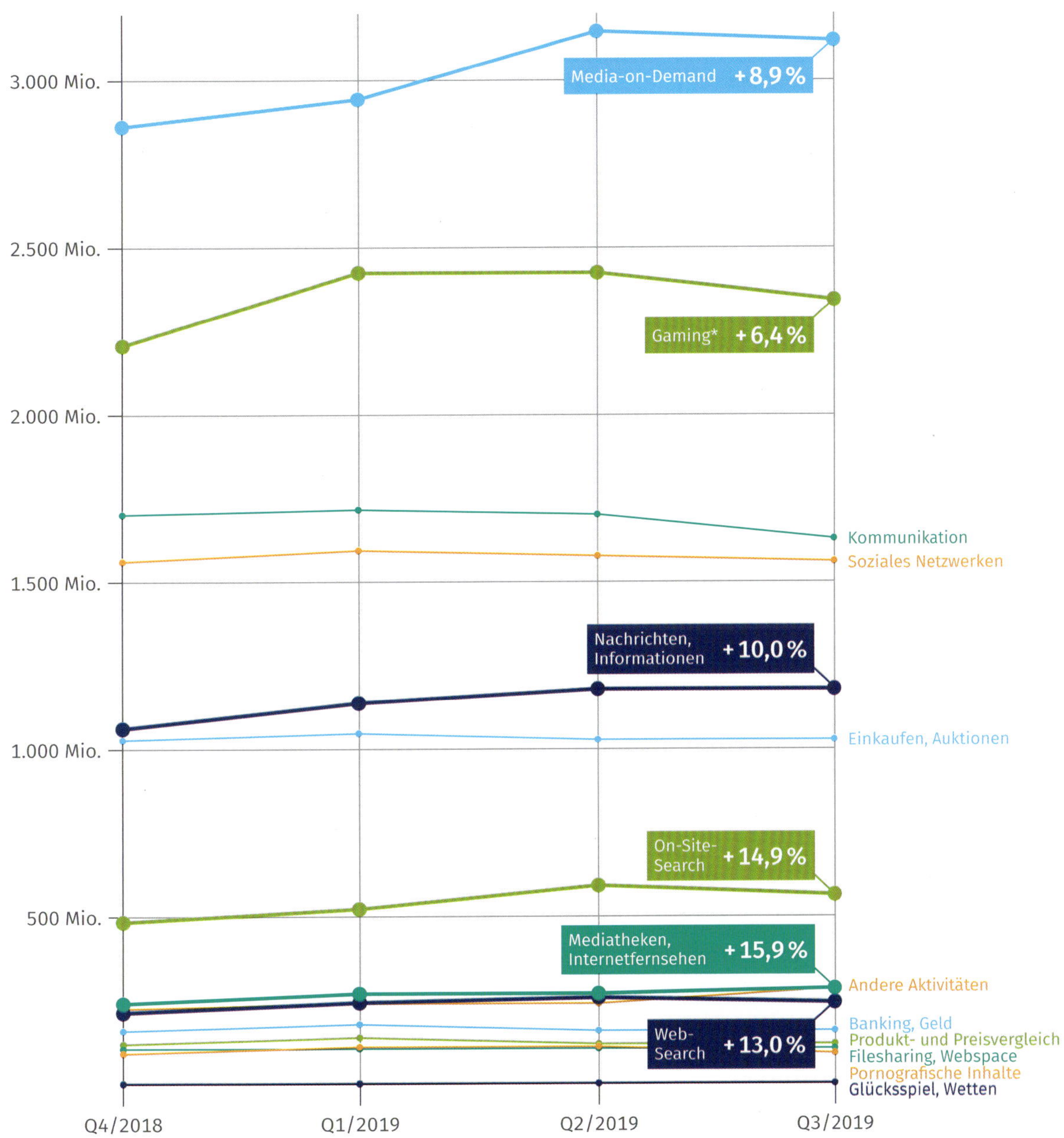

*nur Gelegenheitsspiele/Browsergames

Zeitperiode: Q4/2018–Q3/2019; Total Duration; Gesamtbevölkerung (14+); alle Endgeräte kombiniert (Desktop, Smartphone, Tablet)

III

DIE SPHÄRE DER SOCIAL MEDIA

DIE TERRITORIEN DER SOCIAL MEDIA

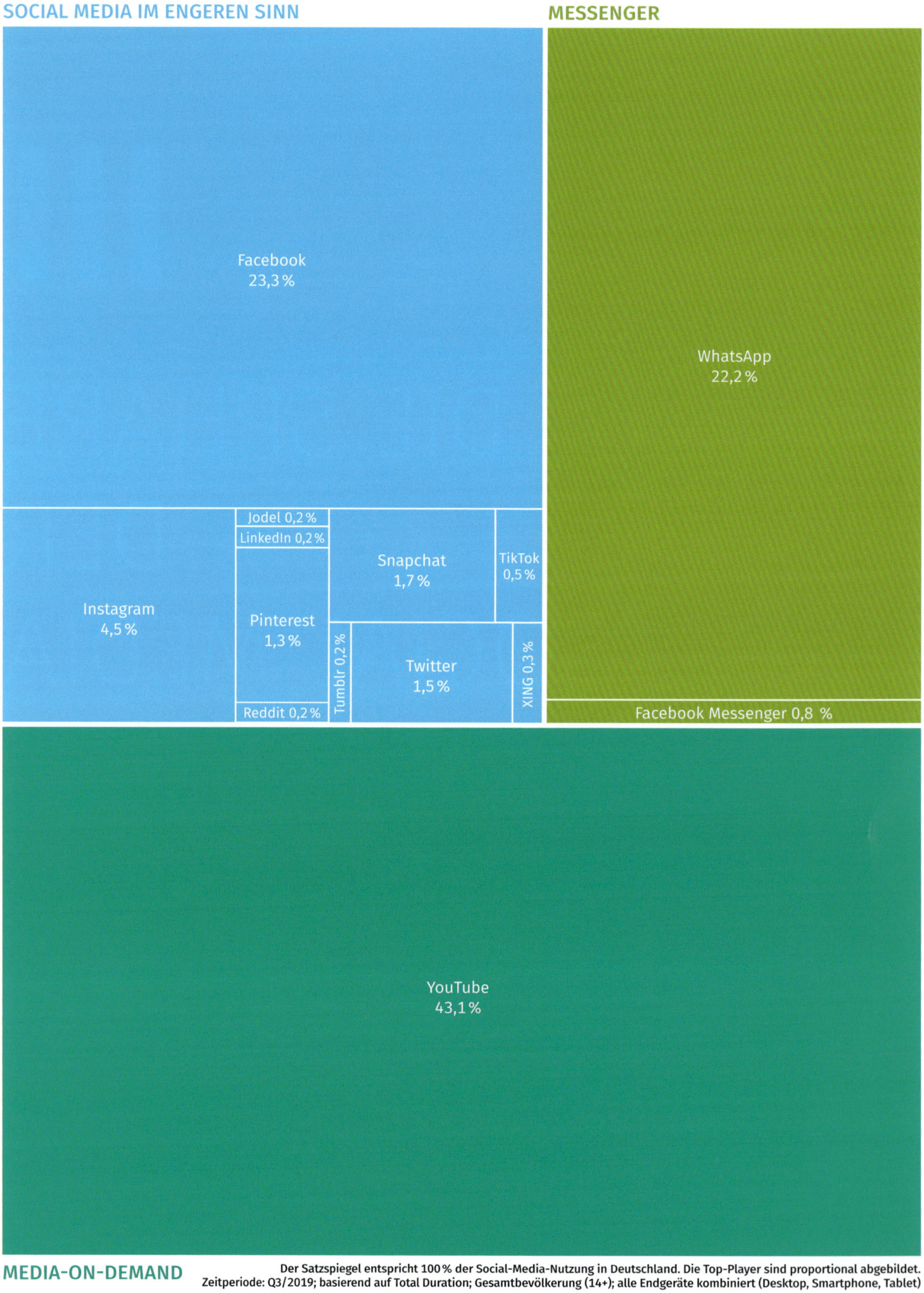

Der Satzspiegel entspricht 100 % der Social-Media-Nutzung in Deutschland. Die Top-Player sind proportional abgebildet. Zeitperiode: Q3/2019; basierend auf Total Duration; Gesamtbevölkerung (14+); alle Endgeräte kombiniert (Desktop, Smartphone, Tablet)

III 1

Übersicht: Die Dimensionen

Kennen Sie die unglaubliche Geschichte von Tom Sawyer, der dazu verdonnert worden ist, einen endlos scheinenden Gartenzaun weiß zu tünchen – und dem es gelingt, seinen Freunden diese Arbeit als so begehrenswert darzustellen, dass sie ihm diese nicht nur freiwillig abnehmen, sondern ihn dafür auch noch obendrein mit Geschenken bezahlen? Das ist tatsächlich genial – ebenso genial wie die Erfindung von Social Media, die nach ganz ähnlichen Mechanismen funktioniert.

Was ist damit gemeint? Um eine fundamentale Wahrheit der Social Media zu verstehen, müssen wir einen kleinen Umweg wählen. Schauen wir uns einmal einen anderen Medienmarkt zum Vergleich an, und zwar das Privatfernsehen. Im Offline-Zeitalter war es nicht unüblich, dass Menschen erst zur Arbeit gingen und sich danach vor den Fernseher setzten. Dabei war ihnen gar nicht bewusst, dass sie (aus einer ökonomischen Perspektive betrachtet) eigentlich weiterarbeiteten, auch wenn sie gar nicht mehr in der Fabrik schufteten – sie arbeiteten nicht mehr für ihren Arbeitgeber, sondern für die privaten Fernsehsender.

Wer fernsieht, arbeitet – für den Sender

Programmfelder als Magneten für Werbung

Denn wie Fabriken Güter verkaufen, verkaufen Fernsehsender die Aufmerksamkeit der Zuschauer. Das eigentliche Produkt der privaten Fernsehsender ist aus wirtschaftlicher Perspektive also die Werbung – und demgemäß besteht die Arbeit der Zuschauer darin, diese Werbung zu konsumieren, wofür sie als Lohn das Programm erhalten, welches von den Sendern als Lockvogel um die Werbung herum gruppiert wird, um die Zuschauer für ihre Arbeit zu bezahlen.

Stellen Sie jetzt sich vor, Sie wären der Geschäftsführer eines solchen Fernsehsenders – dann würden Sie versuchen, Ihre Werbeeinnahmen zu maxi-

ZUM VERGLEICH: GESCHÄFTSMODELL PRIVATFERNSEHEN

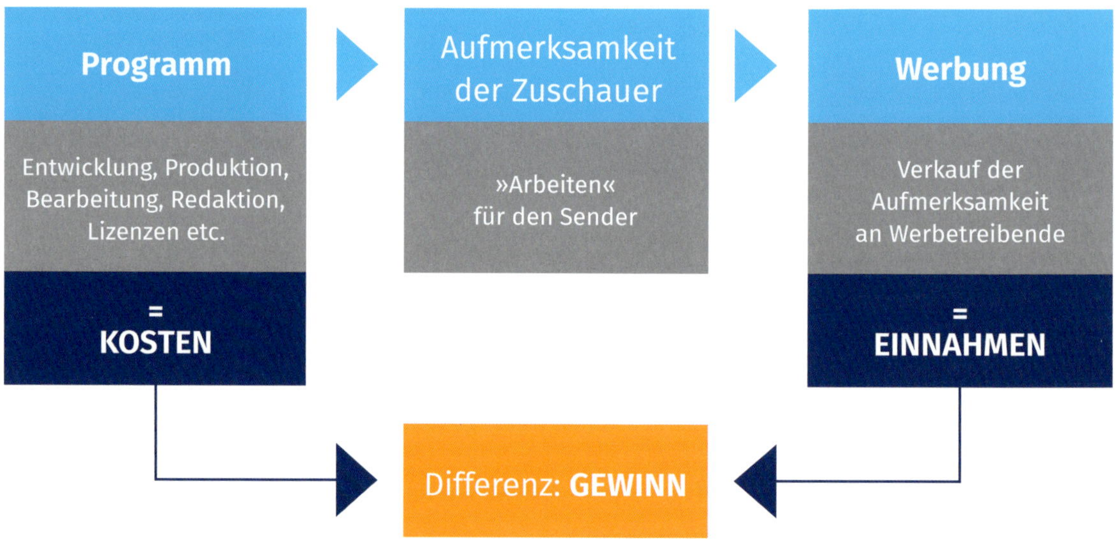

Erfolgsformel: Niedrige Programmkosten – hohe Werbeeinnahmen

mieren und gleichzeitig die Kosten zu senken. Die Kosten bestehen hauptsächlich in dem ökonomisch »lästigen« Programm, das Sie aufwendig entwickeln und produzieren müssen – weswegen Sie erstens versuchen würden, gerade eben so viel Programm um die Werbung herum zu platzieren, wie nötig ist, damit die Zuschauer nicht abspringen. Zweitens würden Sie versuchen, das Programm so kostengünstig wie möglich herzustellen. Auch dazu ein Beispiel: Als sich Anfang der 1980er Jahre Musikvideos als Verlängerung populärer Songs der großen Plattenlabel durchsetzten, entstand MTV als geniale Lösung des beschriebenen Konflikts – denn MTV musste einen Großteil seines Programms nicht mehr selbst produzieren. Die Videoclips, die ja eigentlich sowieso wieder nur Werbung für die Stars und ihre Alben darstellten, bezog der Sender gratis über die großen Labels (die Produktionen wurden über deren Werbebudgets bezahlt). Das Programm war für MTV daher gratis vorhanden! Man brauchte lediglich eine günstige Moderation zwischendurch – und die Werbung konnte man trotzdem schalten.

Aus ökonomischer Sicht ist das schon ziemlich genial, aber im Verhältnis hierzu ist die Erfindung von Social Media noch um ganze Potenzen genialer. Bei MTV arbeiteten die Zuschauer mit ihrem Konsum der Werbung für den Sender – und erhielten als Lohn dafür wenigstens noch die Musikvideos. Nun waren die Musikvideos wiederum »eigentlich« Werbung für die Starprodukte der Plattenlabel, aber immerhin wurde wenigstens noch dieses Programm-als-Werbung für die Zuschauer produziert.

Geschäftsmodell Social Media: Nutzer produzieren das Programm selbst

Es bedurfte der Genialität auf dem Niveau eines Tom Sawyer, um auf die Idee zu kommen, man könne die bedauerlichen Produktionskosten für das aufwendige, aber dennoch notwendige Programm (als Entlohnung für den Konsum von Werbung) komplett und für immer auf null (!) reduzieren. Die Zuschauer sollten sich dieses Programm von nun an selbst ausdenken, es selbst zum Nulltarif entwickeln und dann produzieren, damit es dann als Dekoration um das eigentliche Produkt, die Werbung, herumgruppiert werden könnte, die sie obendrein konsumieren müssten. In einem solchen Szenario gibt es eigentlich nur Einnahmen, wogegen die produktionsseitigen Ausgaben gegen null tendieren.

Fun Fact

So viele Menschen »arbeiten« gratis für Facebook:

2,5 Milliarden

Zeitperiode: Q4/2019, alle Nutzer weltweit; Quelle: Facebook

Hierfür benötigte man allerdings eine Art Meta-Lohn für die programmschaffenden und produzierenden Zuschauer. Auch dieser Lohn wurde auf die User abgewälzt durch einen ebenso genialen Trick: Man öffnete die Rückkanalfähigkeit der digitalen Medien für Partizipationsmöglichkeiten, und zwar für Likes, Kommentare und Shares, die als soziale Gratifikation in das Kollektiv zurückgestrahlt wurde. Die Zuwendung der Community lieferte das Honorar für die Content-Produzenten.

»Lohn« wird durch »Partizipation« sozial hergestellt

Auch wenn die Facebook- und Instagram-Nutzer es nicht wissen, sie arbeiten in ihrer Freizeit also auf (mindestens) vier Ebenen für die Plattformen: Sie erarbeiten zunächst einmal all die Likes, Shares und Kommentare, die in Form sozialer Anerkennung die »Arbeit« der Programmschaffenden bezahlen; sie produzieren Fotos, Videos und Texte und erarbeiten so den gesamten Content der Plattform selbst; und sie konsumieren zusätzlich auch noch die Werbung, die von der Plattform an Firmen verkauft wird. Hinzu kommt aber noch ihre Preisgabe persönlicher Daten, die nicht nur ein genaueres Targeting der

Wer gibt, dem wird gegeben

WIE ARBEITEN DIE USER FÜR FACEBOOK?

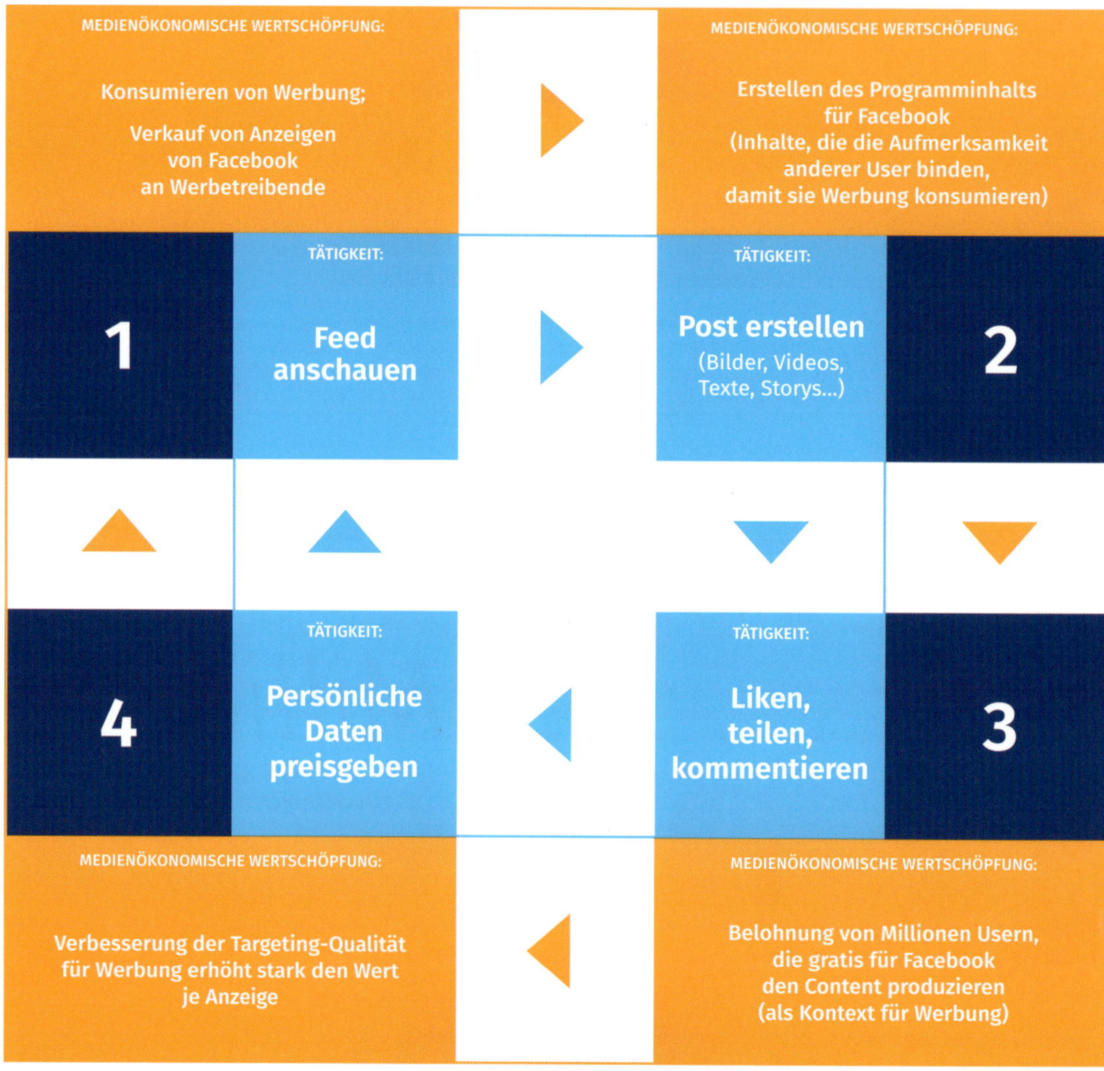

Werbung ermöglicht (was dann wieder den erzielbaren Preis für Werbung drastisch erhöht), sondern sogar ganz neue Geschäftsmodelle erschließen kann.

Wie bereits angerissen wurde, funktionieren Plattformen wie Facebook durch ein breites Arsenal von psychischen Belohnungen. Man postet Inhalte, um sich selbst darzustellen, seine Identität zu codieren, »impression management« (Goffman) zu betreiben und seinen sozialen Status zu messen. Dieser lässt sich

SOCIAL MEDIA:
STATUSINDIKATOREN

an Indikatoren wie Friends, Follower, Fans etc. ablesen, an Likes, Shares sowie an den Kommentaren, die man erhält. Man rezipiert die Inhalte anderer User und interagiert mit ihnen durch Likes, Shares und Comments, weil im Netz der Deal gilt: Wer gibt, dem wird gegeben. Nur durch dieses ständige Einzahlen in digitale Beziehungsarbeit wird der Einzelne selbst wieder Zuwendungen an Sozialstatus des Kollektivs in derselben Währung zurückerhalten.

Die Neuformatierung der Gesellschaft

Der revolutionäre Kern der großen Social-Media-Plattformen bestand vor allem darin, jeder einzelnen Person zu ermöglichen, persönliche Details aus dem eigenen Leben zu »publizieren«. Durch diese Veröffentlichung des Privaten hat sich jedoch der Zustand dessen, was als *Öffentlichkeit* bezeichnet wird, grundlegend gewandelt. Wenn man bedenkt, dass es exakt diese Öffentlichkeit ist, die das Fundament und die Grundmauern der westlichen demokratischen Gesellschaftsordnung darstellt, sollte man versuchen, so genau wie möglich zu verstehen, was sich hier exakt verändert.

Social Media verändern das Fundament der Öffentlichkeit

Die moderne Trennung einer öffentlichen von einer privaten Sphäre liefert die wichtigste Grundlage der Demokratie. Macht wird beispielsweise durch öffentliche Zustimmung (etwa durch Wahlen) verliehen, zum Zweck der Meinungsbildung gibt es öffentliche Foren des Austauschs wie auch die Presse, wo Nachrichten und Meinungen frei zirkulieren dürfen. Geschützt vor dieser Öffentlichkeit werden dagegen die Sphäre der Familie, der Arbeit und insgesamt alle intimen Aspekte der menschlichen Existenz.

Mit dem Aufkommen der Social Media bricht diese Unterscheidung zusammen. In der Sphäre der Social Media (welche immerhin etwa ein Viertel der gesamten Nutzungszeit digitaler Medien ausmacht) veröffentlichen

OFFLINE-WELT VS. ONLINE-WELT

OFFLINE-WELT:

PRIVAT VS. ÖFFENTLICH – GETRENNTE SPHÄREN

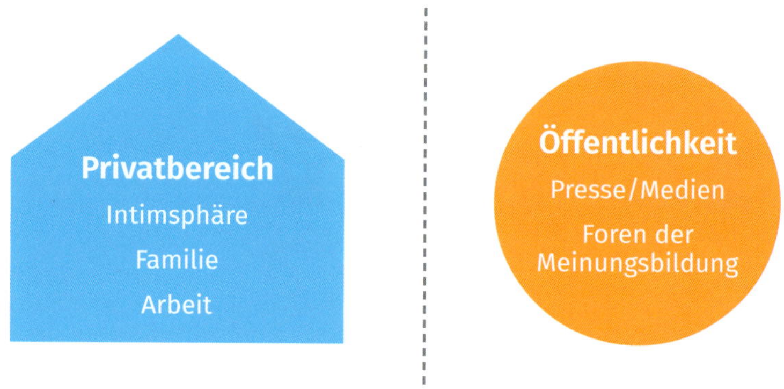

ONLINE-WELT:

TRANSFORMATION DURCH SOCIAL MEDIA – WECHSELSEITIGE DURCHDRINGUNG

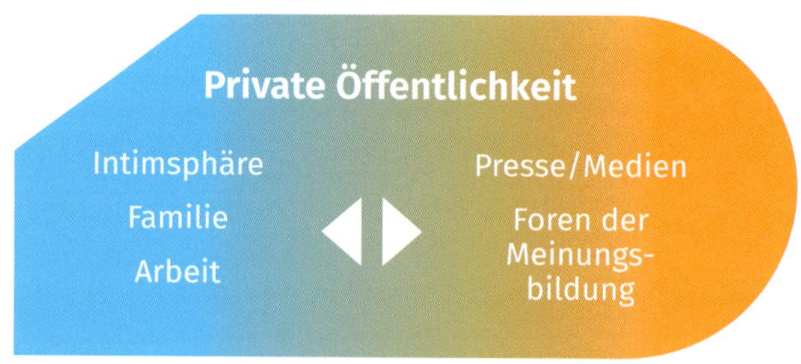

Individuen ihre Privatsphäre – und dieses Wegbrechen des privaten Schutzzaunes um unsere Existenzen kann viele Phänomene erklären, welche uns momentan beschäftigen, also etwa den Verlust der Kontrolle über unsere Privatsphäre *(post privacy)*, aber auch Hate Speech, Shitstorms oder einseitige politische Meinungsmache, bis hin zu Fake News als Nachrichten, die vortäuschen, aus zuverlässigen (öffentlichen!) Quellen zu stammen, jedoch zumeist von findigen Autoren als Clickbait erfunden werden, um mehrere hundert oder gar tausend Euro als Werbeeinnahmen zu erwirtschaften.

Neue Koordinaten: die Private Öffentlichkeit

Tatsächlich können wir noch gar nicht absehen, wohin dieser grundlegende Bruch unsere westlichen Gesellschaften führen wird. Die eigentümliche Beschaffenheit der Social Media wird auch als *Private Öffentlichkeit* bezeichnet und suggeriert einen Hybrid aus Privatheit und Öffentlichkeit, der aber in dieser Gleichmäßigkeit nicht einmal vorliegt. Die Komplexität der digitalen

Wirklichkeit ist tatsächlich so hoch, dass es geradezu erstaunlich ist, wie selbstverständlich wir sie als Nutzer täglich meistern.

Extreme Variabilität von Öffentlichkeit

Zunächst liegt der kategoriale Unterschied zu den Offline-Medien darin, dass Inhalte auf gänzlich verschiedene Öffentlichkeiten treffen. Genau dieser Aspekt war in der Epoche der Offline-Medien undenkbar: Sicherlich variieren die Auflage einer Zeitung oder die Einschaltquote eines Fernsehsenders, aber prinzipiell bleiben die angesprochenen Zielgruppen homogen, vergleichbar, planbar und greifbar. Das ist komplett anders bei Social Media: Jeder einzelne individuelle Post prägt seine eigene und ganz spezifische Öffentlichkeit aus.

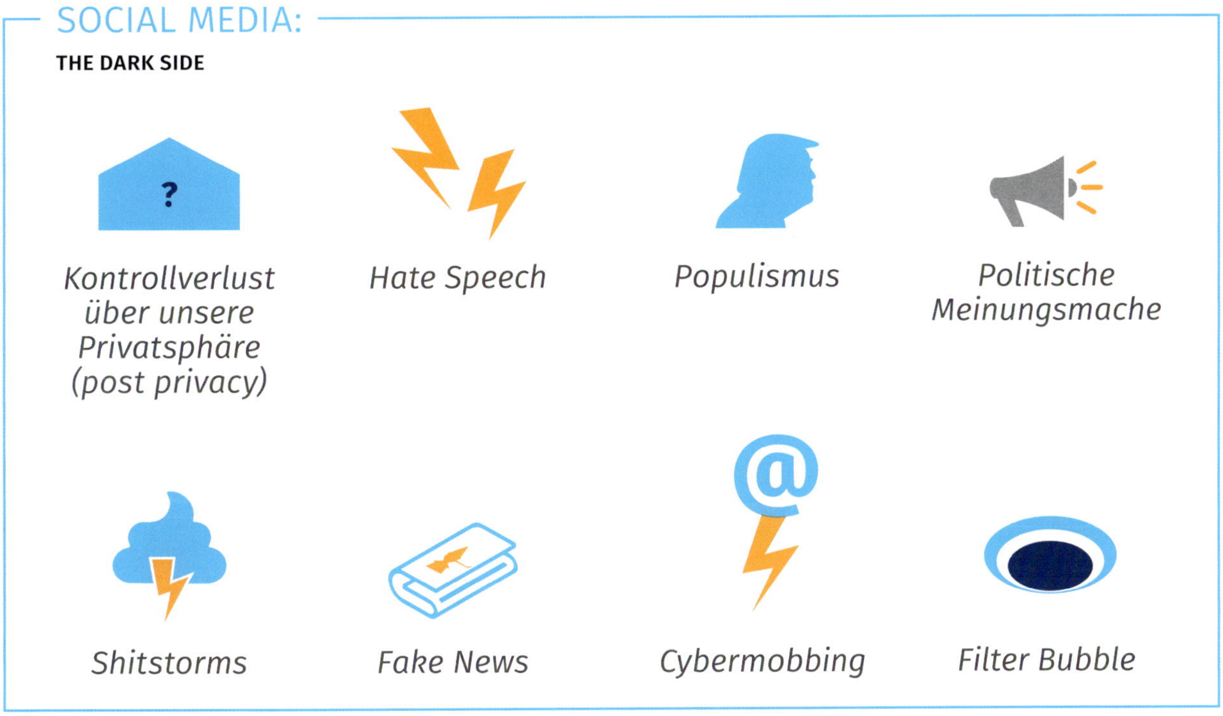

Aber auch wenn man auf die Ebene einzelner Posts geht, ist faszinierend, wie extrem volatil sich die einzelnen Beiträge zwischen Privatheit und Öffentlichkeit positionieren. Wir haben das hier einmal schematisch an nur drei Faktoren dargestellt, und zwar der inhaltlichen Dimension, dem Absender sowie der Frage, ob der Post nur über organische, also aus sich heraus hergestellte, Reichweite verfügt oder aber die Reichweite durch Bezahlung artifiziell vergrößert wurde.

Wählen wir dazu eine Reihe von Posts als imaginäre Abfolge:

1 Wenn *Beyoncé* ihren Schwangerschaftsbauch postet, ist das zwar inhaltlich ein maximal intimer Beitrag, andererseits geht dieser aber an ihre 143 Millionen Follower.

2 Dagegen hat *Influencerin larissa_elu* deutlich weniger Follower – sie postet sich hier in einem privaten Setting mit einem Glas ihres Lieblings-Matcha-Getränks in der Hand, aber es ist zu vermuten, dass dieser Post durch den Hersteller geboostet wird und nicht nur organische Reichweite erzielt, als Werbung ist es ein öffentlicher Post.

3 Wenn mein *Kumpel Klaus* ein Foto von seinem neuen Fahrrad teilt, sind alle drei Ebenen rein privat bzw. organisch.

4 Wenn dagegen *Agenturchef X* von der Weihnachtsfeier ein Teamfoto postet, bezieht er sich inhaltlich auf ehemals private beziehungsweise arbeitsspezifische Inhalte, aber er verbreitet diese Informationen ja mit einer öffentlichen Botschaft und als Repräsentant seiner Firma.

5 Wenn meine *Facebook-Bekannte Lara* (die ich noch nie persönlich getroffen habe) einen Aufruf für den Erhalt der Regenwälder verbreitet, dann handelt es sich inhaltlich um eine klassisch öffentliche Handlung (politischer Protest), der aber von einer Privatperson in einen privaten Zirkel eingespeist wird.

6 Wenn die *Lufthansa* über ein Foto die neue Destination Durban bewirbt, sind hier alle Parameter öffentlich, zumal auch hier die Reichweite durch Bezahlung vergrößert wird.

7 Wenn *Cem Özdemir* ein Foto postet, wie er in seiner Freizeit ein Brettspiel mit seinem Sohn spielt, dann ist das inhaltlich ein höchst persönlicher Post, der aber zugleich öffentlich bedeutsam ist, weil es sich um einen bekannten Politiker handelt.

Hyperkomplexität digitaler Öffentlichkeiten

Man sieht, dass sich die *Private Öffentlichkeit* bei näherer Betrachtung atomisiert in extrem unterschiedliche Positionierungen auf dieser Skala. Es ist schon erstaunlich genug, dass User diese Komplexität überhaupt bewältigen können (hier liegt sicher auch ein Ursprung für die vielen Kategorien-

SOCIAL MEDIA FEED: PRIVATE ÖFFENTLICHKEIT (SCHEMA)

DIMENSIONEN: ABSENDER – INHALT – PAID VS. ORGANIC

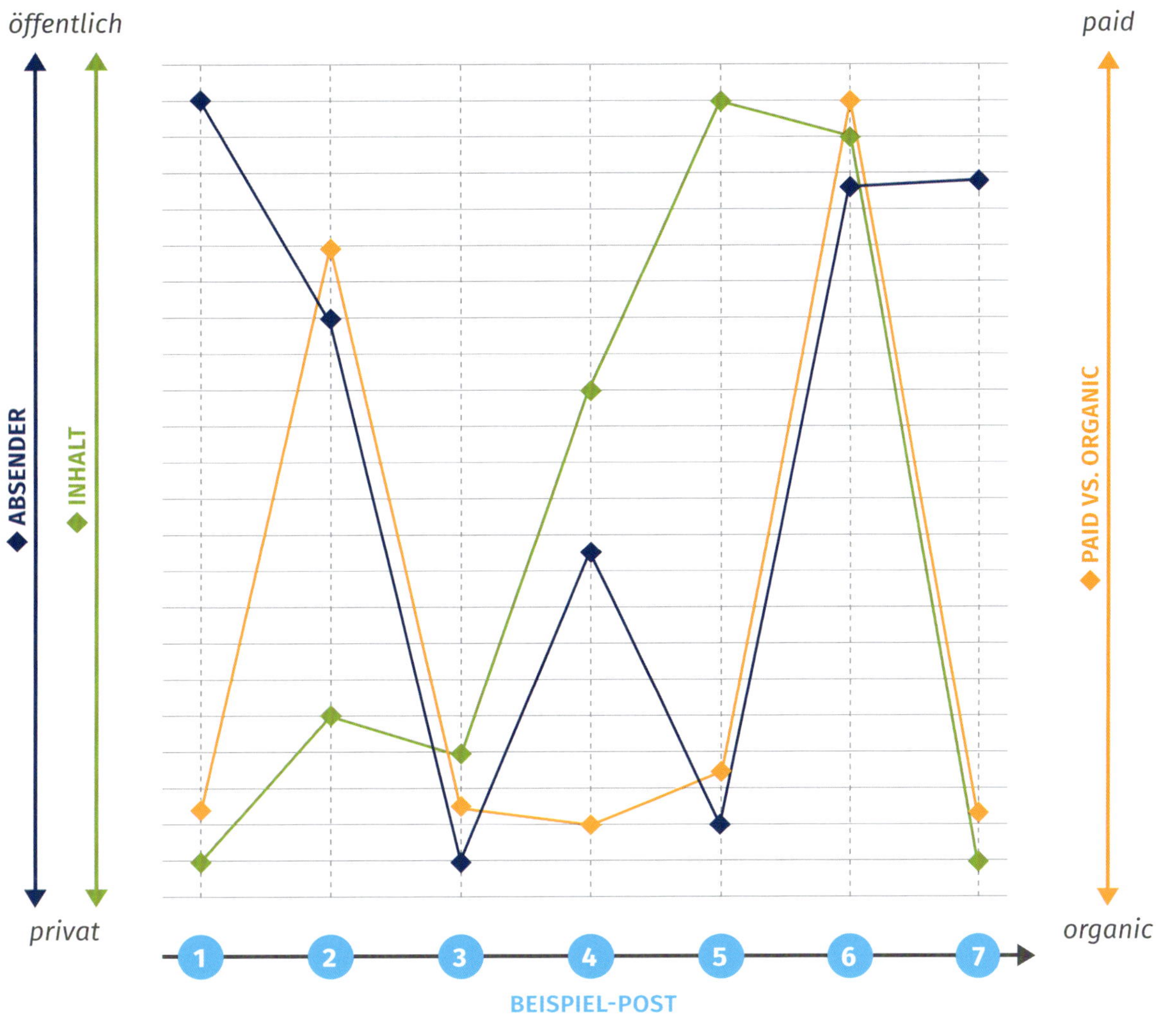

fehler beim Konsum von Social Media, etwa bei Fake News) – im Vergleich dazu sind etwa die Beiträge einer Tageszeitung homogen wie ein erratischer Block.

Noch verblüffender ist, dass auch diese Darstellung eine dramatische Vereinfachung zeigt. Hier haben wir nur drei Faktoren dargestellt, die übrigens von Nutzern auch verhältnismäßig leicht durchschaubar sind. In Wirklichkeit bestimmen jedoch viel mehr Aspekte, wie öffentlich oder privat ein Post umgesetzt wird. Das fängt einerseits ganz banal mit den »Privatsphäre-Einstellungen« an, welche wie Filter sehr stark Einfluss darauf nehmen, wer was genau sieht. Ferner hängt es auf der Ebene der einzelnen User davon ab,

Viele verdeckte Faktoren definieren den Grad der Öffentlichkeit

welche Freunde man in welche Richtung abonniert hat – wem folge ich, wer folgt mir? Man partizipiert also an einer Unzahl ganz individueller privater Öffentlichkeiten, die man auch nicht annähernd nachvollziehen kann.

Dann gibt es eine Menge Faktoren, die Einfluss auf die Facebook-Algorithmen nehmen, welche ihrerseits wieder verstärken oder dämpfen: Wie aktiv ist eine Person insgesamt, wie viele Interaktionen liefert ein Beitrag, welche (angenommene) Relevanz besitzt der Inhalt für spezifische Nutzer und so fort. Diese Parameter und viele andere mehr modulieren den Grad der Öffentlichkeit, welcher für jeden einzelnen Post individuell umgesetzt wird. Die K. I., die an die Stelle des ursprünglichen EdgeRank-Algorithmus getreten ist und nun die Reihenfolge im Newsfeed bestimmt, operiert auf der Grundlage von Tausenden von Faktoren.

Und zuletzt muss man sich vor Augen halten, dass die spezifische Ausformung dieser extrem volatilen *Privaten Öffentlichkeit* auch im Verhältnis der Social-Media-Anbieter gänzlich unterschiedlich ausgeprägt ist – so ist eine Plattform wie Snapchat in vieler Hinsicht geradezu intim und privat, wohingegen Netzwerke wie LinkedIn oder Twitter eher zu öffentlich relevanten Posts tendieren.

Wir erleben die digitale Neuformatierung der Demokratie

Mit diesen neuartigen Öffentlichkeiten formatieren wir aber die Fundamente unserer demokratischen Ordnung um – ohne dass wir momentan absehen können, wohin uns diese Reise irgendwann einmal führen wird. Die Radikalität dieser Transformation macht es wenig verwunderlich, dass die User häufig überfordert sind, Botschaften missverstehen oder falsch kontextualisieren (Stichwort Fake News), oder dass sie durch fehlgeleitete Übertragungen Opfer von Cybermobbing werden. Auch die Tendenz zur politischen Radikalisierung in Filterblasen gehört zu dieser Dynamik, handelt es sich doch auch hier um die durch digitale Plattformen ermöglichte Absonderung spezifischer Teilöffentlichkeiten in Form von ideologischen Echokammern.

Social Media – Kartografierung der Player

Sind YouTube oder Instant-Messenger-Dienste überhaupt Social Media?

Nähern wir uns den Social Media zunächst über einen vergleichenden Überblick. Bei einigen Kandidaten ist fraglich, ob man sie überhaupt zu Social Media zählen soll – ein Beispiel ist etwa YouTube, das sich in seinen Broadcast-Yourself-Anfängen sicherlich viel eher programmatisch den Social Media zuordnete, als dies heute noch der Fall ist. Dennoch liefern Aspekte wie die personalisierte Ausspielung von Inhalten, die interaktive Oberfläche, aber auch die YouTuber-Kultur genügend Gründe, YouTube hier mit zu berücksichtigen – wir werden YouTube aber gesondert aufgreifen.

SOCIAL MEDIA MAPPING

PROPORTIONAL NACH NUTZUNGSDAUER

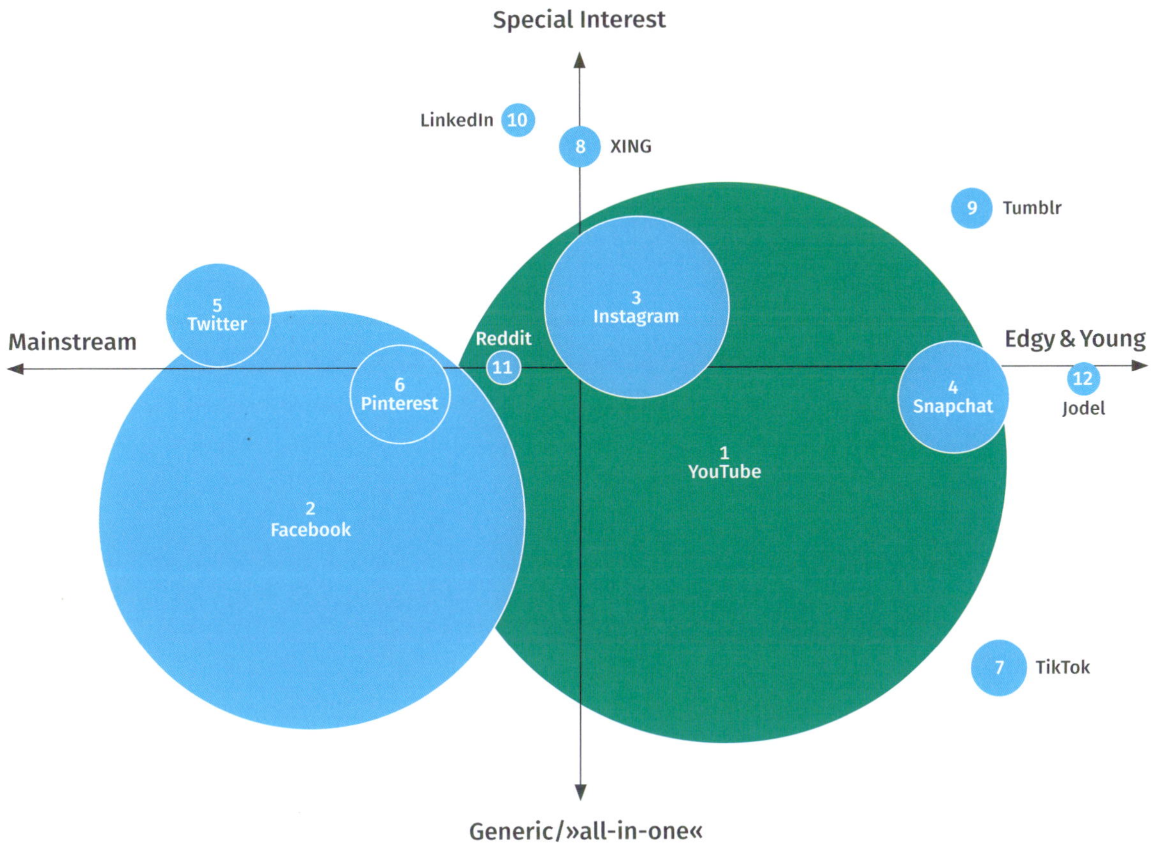

Die Größe der Kreise entspricht proportional dem Anteil der Nutzungsdauer.
Zeitperiode: Q3/2019; basierend auf Total Duration; Gesamtbevölkerung (14+); alle Endgeräte kombiniert (Desktop, Smartphone, Tablet)

Ähnlich schwergetan haben wir uns mit Messenger-Diensten. Für eine Berücksichtigung spricht allein schon der Facebook Messenger, der 2008 als Chatfunktion für Facebook entstanden ist. Nun wäre es sicherlich schief, WhatsApp außen vorzulassen – weswegen wir es hier zusätzlich berücksichtigen. Beide Messenger-Dienste werden am Ende gesondert analysiert.

YouTube und Facebook dominieren

Im Feld der Social Media (ohne Messenger) fällt zunächst die starke Dominanz von YouTube und Facebook auf, beide gemeinsam decken knapp 87 % der gesamten Aufmerksamkeit ab (d. h. Anteil an Total Duration). Instagram schließt zwar auf, aber auf einem deutlich niedrigeren Niveau von knapp 6 %. Würde man YouTube aufgrund seines Hybrid-Status herausnehmen, würde Facebook etwa 70 %, Instagram etwa 13 % des Markts einnehmen.

SOCIAL MEDIA: ANTEIL NUTZUNGSDAUER

OHNE YOUTUBE UND MESSENGER

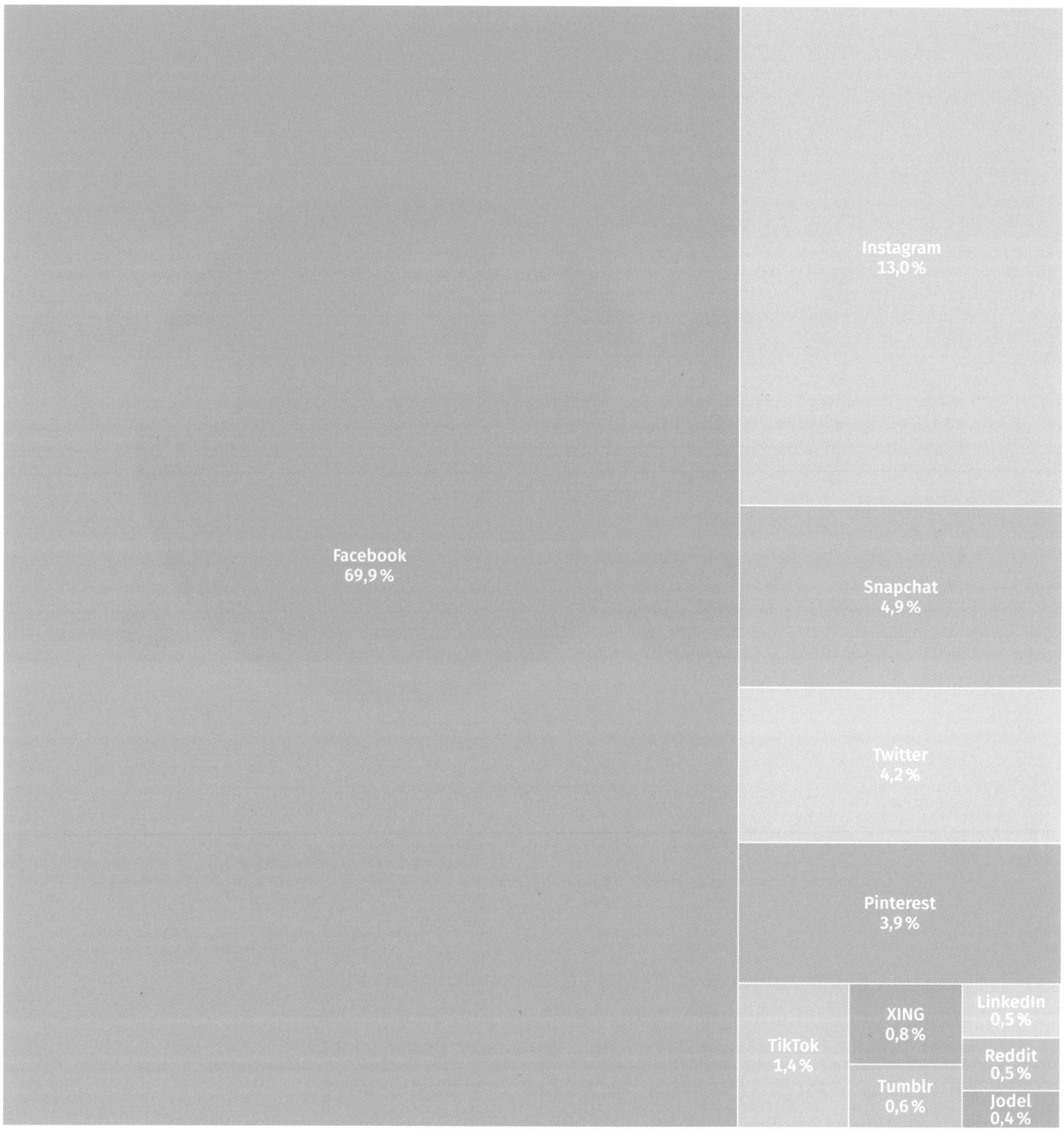

Zeitperiode: Q3/2019; basierend auf Total Duration; Gesamtbevölkerung (14+); alle Endgeräte kombiniert (Desktop, Smartphone, Tablet)

Es ist auffällig, dass alle anderen Plattformen Nettoreichweiten unter 50 % besitzen, eine ganze Reihe Nischenpositionierungen bilden das Tail End, wie etwa Snapchat, Reddit, Tumblr, TikTok und Jodel.

Erneut ist der Vergleich zwischen Nettoreichweite und Nutzungsdauer enorm nützlich. Jenseits der außerordentlich hohen Zeit, die User auf YouTube und Facebook verwenden, weisen die meisten Angebote recht niedrige Werte auf. Es fallen aber zwei Ausnahmen aus dem Raster, und zwar Snapchat und TikTok, deren Angebote im Umfeld der Social Media eine besonders hohe Stickiness besitzen und deshalb auch bei niedrigen Reichweiten überproportionale Mengen an Aufmerksamkeit binden – wir kommen später darauf zurück.

SOCIAL MEDIA – NUTZUNG IM ÜBERBLICK

NUTZUNGSDAUER IN STUNDEN PER UNIQUE USER IM MONAT

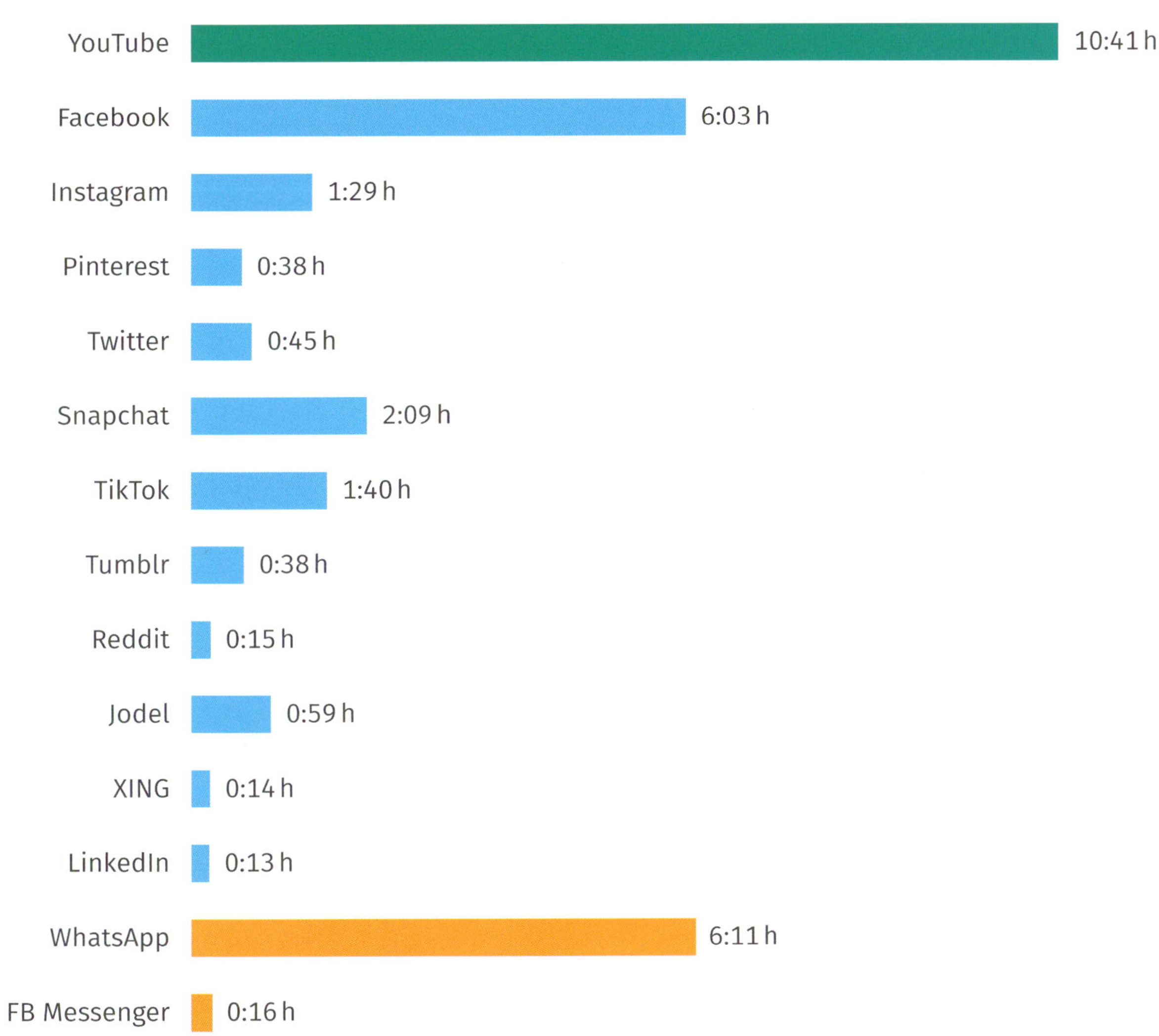

Zeitperiode: Q3/2019; Gesamtbevölkerung (14+); alle Endgeräte kombiniert (Desktop, Smartphone, Tablet)

III 2

Facebook und Instagram

Facebook: Der Klassiker unter den Social Media

Beginnen wir mit dem unangefochtenen Marktführer unter den »eigentlichen« Social-Media-Plattformen, Facebook. Das 2004 in den USA lancierte Netzwerk ist in seinem Kern nach wie vor eine Community, auf der Menschen sich durch die Anlage individueller Profile vernetzen können, um auf diese Weise Nachrichten in Form von Bildern, Texten, Videos etc. zu veröffentlichen. Um es in der Version des Unternehmensslogans wiederzugeben: »Facebook ermöglicht es dir, mit den Menschen in deinem Leben in Verbindung zu treten und Inhalte mit diesen zu teilen.« Aufgrund seiner gigantischen Größe ist diese Kernfunktion jedoch um eine große Zahl zusätzlicher Features erweitert worden.

Motivationen der Nutzung

Viele verschiedene Nutzungsmotivationen

Dasselbe gilt übrigens auch für die ganz unterschiedlichen, oszillierenden psychischen Motivationen, aus denen heraus Facebook genutzt wird – einerseits sicherlich sozialer Austausch, gerade auf der Ebene alltäglich-trivialer Inhalte, bis hin zu Klatsch; Selbstdarstellung, Identitätsarbeit und Show-off; Kontakthalten mit weit entfernt lebenden Bekannten sowie das Wiederfinden früherer Freunde; des Weiteren das öffentliche Anzeigen von sozialen Bindungen und dem sich daraus ergebenden kollektiven Status; voyeuristisches Ausforschen konkreter Personen; das Finden von Partnern und das Anbändeln (»anstupsen«); die Organisation von Veranstaltungen, das Lesen von Nachrichten, direkte Live-Kommunikation über die Chatfunktion, Verschicken von Geburtstagsgrüßen, aber eben auch Ausgrenzung und Mobbing.

Diese verschiedenen Aspekte sind erstens über die Jahre durch die immer neuen Funktionen und Features angewachsen (was bedeutet, dass sich der Use Case im Kern über die Jahre stark gewandelt hat – das kann auch ein Seitenblick auf die chauvinistische Vorversion facemesh.com illustrieren, die zur Bewertung der Attraktivität von Studentinnen genutzt worden war). Die Motivationen der Nutzung changieren aber auch je nach Lebensphase der User, nach tagesaktuellen Prioritäten oder sich wandelnden Gewohnheiten.

Immer mehr Funktionen und Features

Bei der aktuellen Facebook-Nutzung fällt zunächst die sehr hohe Nettoreichweite von 92,6 % auf – tatsächlich belegt es in Deutschland damit Rang 4 unter allen existierenden digitalen Angeboten (der Vollständigkeit halber sei erwähnt, dass es sich hier nicht zwangsläufig um registrierte User handeln muss, weil wir auch Nutzungen erfassen bei Inhalten, die etwa in nicht angemeldetem Zustand durch Verlinkung konsumiert werden). Beeindruckend ist, dass dieser Wert gegenüber dem Vorjahr sogar um 0,9 % Punkte zugenommen hat.

FACEBOOK-NUTZUNG: DETAILKARTE

TREND

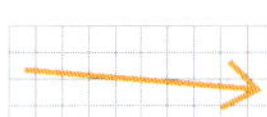

NET REACH

Q3/2018 → Q3/2019

91,7 % → 92,6 %

+0,9 % PUNKTE

	Q3/2018	Q3/2019	ÄNDERUNG
UNIQUE USERS	51.127.225	54.137.444	+5,9%
TOTAL DURATION (Ø Stunden/Monat)	335.889.244	327.943.031	-2,4%
DURATION PER U.U. (Ø Stunden/Monat)	6:34:11	6:03:27	-7,8%
SESSIONS PER U.U. (Ø im Monat)	42,6	41,5	-2,7%

NET REACH
innerhalb Zielgruppe nach Alter in Prozent

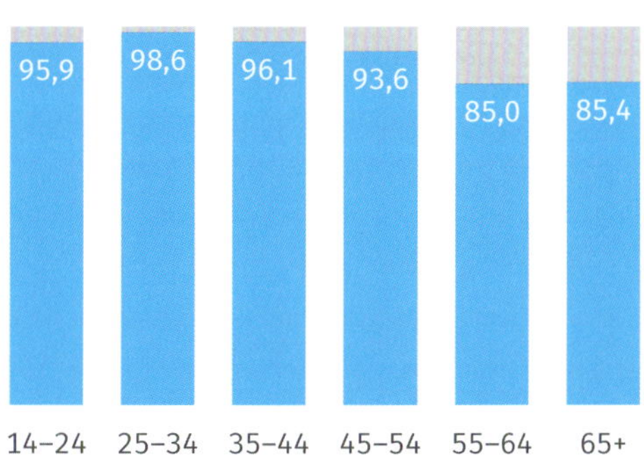

GESCHLECHT

Männer 51 %
Frauen 49 %

VERWENDETE ENDGERÄTE

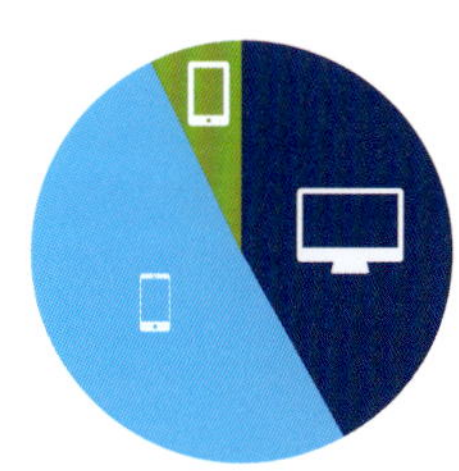

Smartphone 51 %
Desktop 42 %
Tablet 7 %

Zeitperiode: Q3/2019; Gesamtbevölkerung (14+); alle Endgeräte kombiniert (Desktop, Smartphone, Tablet)

Die Reichweite von Facebook nimmt zu

Diese Zuwächse werden vor allem bei den älteren Zielgruppen erzeugt, weswegen die Unique User (und damit die *reale* Nettoreichweite) deutlich stärker zunehmen, und zwar um knapp 6 %. Wie stark Facebook die gesamte Breite der Gesellschaft abdeckt, lässt sich auch an den anderen Werten ablesen: Zunächst einmal wird Facebook mittlerweile intensiv in den älteren Zielgruppen genutzt. Es ist kaum verwunderlich, dass eine so allgemein durchgesetzte Plattform dann etwa gleich von Frauen und Männern genutzt wird.

Es zeigt sich erneut, dass eine Beurteilung auf Grundlage von Reichweiten eben nur eine Seite der Medaille darstellt. Denn die Intensität der Nutzung nimmt ab, und das sogar erstaunlich stark – durchschnittlich waren Facebook-Nutzer mehr als eine halbe Stunde weniger auf der Plattform als noch vor einem Jahr. Dabei findet dieser Rückgang weniger in Bezug auf die Anzahl der monatlichen Plattformbesuche statt (dieser Wert ist noch recht stabil), aber eben sehr stark in Bezug auf die Intensität der Nutzung: Die monatlichen Impressions – die Zahl der Aufrufe von einzelnen Inhalten – sinken gar um mehr als 17 %.

Fun Fact

Facebook verliert in einem Jahr etwa 30 Minuten Nutzungsdauer pro User im Monat.

-30 Minuten

Aus diesem Grund zehrt der starke Rückgang der Nutzungsqualität auch die Gewinne in Bezug auf die erzielten Reichweiten wieder auf – was sich exakt beziffern lässt, und zwar durch den Verlust an Nutzungsdauer: Die gesamte, durch Facebook gebundene Aufmerksamkeit sinkt um 2,4 %.

Aufgrund dieser verblüffenden Ergebnisse haben wir die detaillierte Auflösung der Nutzung nach Altersgruppen noch einmal in einer anderen Dimension dargestellt – wir haben statt Reichweite die durchschnittliche Nutzungsdauer pro User ermittelt. Hier tritt das Problem dann auch sehr klar hervor: Die Plattform erzielt zwar noch hohe Nettoreichweiten unter den jungen Nutzern (> 95 %), aber die jungen User verbringen erheblich weniger Zeit mit Facebook – die höchste Nutzungsintensität findet sich dagegen bei Verwendern im Alter zwischen 45 und 64 Jahren.

Fun Fact

Nutzer zwischen 55 und 64 Jahren verbringen am meisten Zeit auf Facebook – im Schnitt täglich **17 Minuten**

(zum Vergleich: Nutzer zwischen 14 und 24 täglich 6 Minuten)

Wenn aber die jungen Nutzer nicht mehr in diese führende Plattform hineinwachsen, sondern nur kurz vorbeischauen, handelt es sich hier in der Zukunft um ein für das Unternehmen ernstes Thema – denn auch die weitaus jüngere Ausrichtung von Instagram, das ebenfalls zum Facebook-Konzern gehört, kann diese Verluste in der Gesamtrechnung nicht kompensieren.

Dieses Ergebnis ist auch deshalb so bedeutsam, weil es der allgemeinen Marktdynamik entgegenläuft. Wir wissen ja, dass in digitalen Märkten die großen und marktführenden Player bevorzugt, die kleineren Challenger jedoch strukturell benachteiligt werden. Es ist eklatant, dass alle anderen großen Player (Google, Apple, Amazon) diese Dynamik für sich zu nutzen wissen. Facebook ist hier also die Ausnahme von der Regel.

Facebook ist der einzige unter den Web-Giganten, der trotz steigender Nettoreichweite an Nutzungsintensität verliert

FACEBOOK-NUTZUNGSDAUER IN STUNDEN

PER UNIQUE USER IM MONAT NACH ALTERSSEGMENT

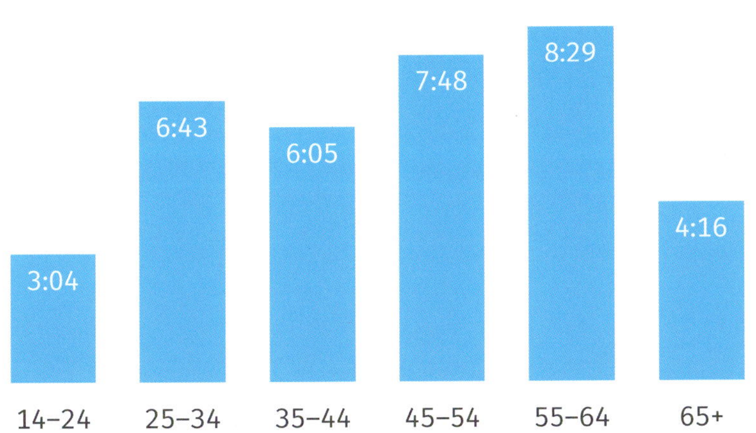

Zeitperiode: Q3/2019; Gesamtbevölkerung (14+); alle Endgeräte kombiniert (Desktop, Smartphone, Tablet)

Ist Facebook zu kommerziell geworden?

Als Begründung wagen wir zwei Hypothesen. Die erste ergibt sich aus der Beobachtung der kommerziellen Praxis von Facebook, die sich im Verlauf der letzten zehn Jahre drastisch gewandelt hat, und zwar in Bezug auf das Verhältnis zwischen Paid Impressions und Organic Impressions. Im Klartext: Vor etwa fünf bis zehn Jahren war es auch für Werbetreibende möglich, durch innovative und disruptive Formate beachtliche Organic Impressions zu erzielen, die ausschließlich aufgrund der Kreativität des Inhalts viral gingen. Dieser Faktor ist in den letzten Jahren stark zurückgegangen und durch Paid Impressions ersetzt worden: Es ist dann vorwiegend das Budget, das über die Anzahl der erzielten Views entscheidet.

Während diese Entwicklung zwar nur das Feld der Werbung betrifft, sehen wir eine ähnliche Entwicklung bei dem restlichen Content. Befragt man User, aus welchen Gründen sie Facebook nutzen, dann nennen sie in unterschiedlichen Schattierungen die Motivation, mit Freunden in Kontakt zu sein. Wenn man aber den Test macht und den Feed analysiert, stellt man fest, dass bei vielen ein je nach Person immer geringerer Anteil aller Posts überhaupt noch direkte Beiträge von Freunden sind – bei den meisten Posts handelt es sich um öffentliche beziehungsweise gesponsorte Inhalte. Teilweise gelangen sie in den Feed, weil sie von Freunden mit einem Like versehen oder kommentiert wurden, aber es sind eben doch gerade keine persönlichen, authentischen oder privaten Meldungen.

Dieses zunehmende Abdriften der Plattform von den ursprünglichen Werten wird sicherlich erstens öffentlich diskutiert und steht zweitens auch auf der Agenda des Facebook-Management – es bleibt abzuwarten, welche Weichenstellungen das Unternehmen hier in Zukunft vornehmen wird.

Instagram: Der Hype der Bilder

Innerhalb der verschiedenen Social-Media-Netzwerke hat Instagram sicherlich eine der schillerndsten Entwicklungen hinter sich – und auch hier ist die Wandlung der Nutzung bemerkenswert. Ähnlich wie Facebook wurde Instagram in den Jahren nach der Lancierung 2010 zunächst deutlich spitzer genutzt – es handelte sich ursprünglich um eine Social-Media-Plattform mit der Möglichkeit einer Bearbeitung von Fotos durch Filter, welche vor allem die Ästhetik eigentlich veralteter Sofortbild-Kameras durch digitale Linsen simulierte. Daher auch der Name Instagram als Referenz auf Instamatic, sowie das ursprüngliche Symbol der Polaroid-Kamera, inklusive der frühen Limitation auf quadratische Bildformate (quasi das Markenzeichen von Sofortbildkameras).

Der ursprüngliche Instagram-Hype beruhte auf dem Polaroid-Look

Instagram war damit auch eine verblüffende Reaktion auf die totale Ablösung der analogen durch die digitale Fotografie. Ausgerechnet zu einem Zeitpunkt, als die unendliche Bilderflut und die ebenso unendliche Manipulierbarkeit der Digitalfotos allgemein zur gesellschaftlichen Normalität wurden, ausgerechnet in dem Augenblick, als die letzten Analogkameras endgültig auf dem Schrotthaufen der Technikgeschichte endeten, erlebte die alte Ästhetik in Form dieses digitalen Retro-Remake ein Revival und wurde hip.

IMAGE EXPLOSION:

EXTREME STEIGERUNG DER PRODUKTIONS-, BEARBEITUNGS- UND DISTRIBUTIONSMÖGLICHKEITEN DIGITALER BILDER

In der Flut digitaler Bilder erschienen Instagram-Bilder »echter«

Mit dem Sieg der Digitalfotografie war ja auch der endgültige Untergang des Originals besiegelt. Analogfotos besitzen als einzigartigen Ursprungspunkt das Negativ, ein anfassbares Objekt, in dessen Material die Lichtstrahlen über chemische Reaktionen ihre Spuren eingegraben haben. Digitalfotos besitzen in diesem Sinne kein Original mehr: Sie bestehen nur noch aus bloßen Informationswerten. Die Informationen lassen sich unendlich oft kopieren – und in diesem Sinne kann man Kopien auch gar nicht mehr von einem vermeintlichen Original unterscheiden. Hinzu kommt, dass informationelle Bildwerte in jede nur denkbare Richtung manipuliert werden können.

Dagegen besitzen gerade Polaroid-Fotos eine unglaubliche Authentizität – denn sie fixieren diesen einen Augenblick, und zwar auf nur einem einzigen quadratischen Ausdruck, von dem sich (im Gegensatz zum Negativ) nicht einmal Abzüge machen lassen. Im Augenblick der totalen Verfügbarkeit und Manipulierbarkeit des Fotos schaffte Instagram also eine neue, digitale Art der Meta-Authentizität: Jeder konnte seine Digitalfotos mit diesen Vintage-

INSTAGRAM-NUTZUNG: DETAILKARTE

TREND

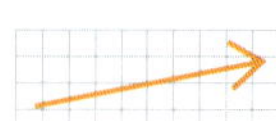

NET REACH

Q3/2018 → Q3/2019

64,9 % 70,0 %

+5,1 % PUNKTE

	Q3/2018	Q3/2019	ÄNDERUNG
UNIQUE USERS	36.192.605	40.892.710	+13,0%
TOTAL DURATION (Ø Stunden/Monat)	57.809.941	60.888.657	+5,3%
DURATION PER U.U. (Ø Stunden/Monat)	1:35:50	1:29:20	-6,8%
SESSIONS PER U.U. (Ø im Monat)	16,6	16,4	-1,0%

NET REACH
innerhalb Zielgruppe nach Alter in Prozent

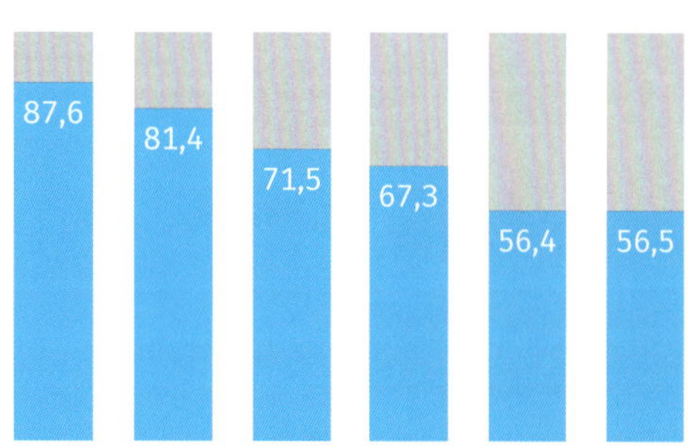

GESCHLECHT

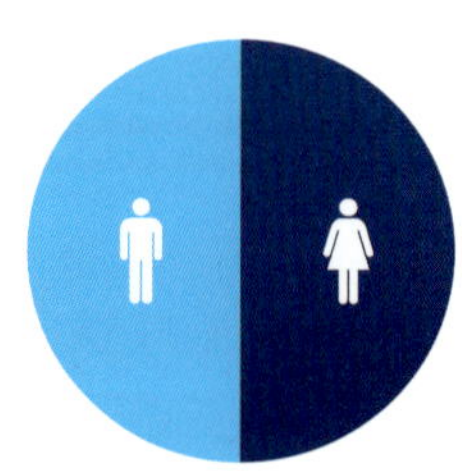

Männer 50 %
Frauen 50 %

VERWENDETE ENDGERÄTE

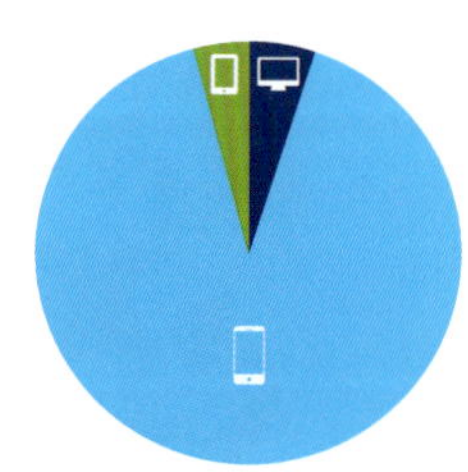

Smartphone 91 %
Desktop 5 %
Tablet 4 %

Zeitperiode: Q3/2019; Gesamtbevölkerung (14+); alle Endgeräte kombiniert (Desktop, Smartphone, Tablet)

Filtern so manipulieren, dass sie so aussahen, als wären sie Originale mit Aura und Einzigartigkeit. Es ist eine neuartige, digitale Simulation von Authentizität. Baudrillard, der philosophische Vordenker virtueller Welten, hätte sicher seine Freude gehabt an dieser digitalen Suggestion des Echten.

Content-Generator-Prinzip

Um die Bedeutung dieses authentischen Zaubers realistisch einschätzen zu können, muss man sich vor Augen halten, dass Instagram ursprünglich auf der Ebene der Social-Media-Features kaum Vorteile gegenüber dem Marktführer Facebook besaß – denn auf Facebook konnte man ja eigentlich viel flexibler nicht nur Bilder, sondern auch Texte, Videos und Links teilen. Es waren die Filter und Linsen, die den Unterschied ausmachten.

Das Prinzip, das Instagram damals zu einem so ungeheuren Erfolg katapultierte, ist faszinierenderweise dasselbe, das später bei Snapchat oder TikTok genutzt wurde: Instagram war im Gegensatz zu Facebook eben nicht eine bloß »durchlässige« Plattform zum Teilen von Inhalten, sondern wurde zusätzlich in gewissen Aspekten zu einem Content-*Generator*. Die Features der Bildbearbeitung ermöglichten einer breiten Masse von Nutzern ohne Vorkenntnisse die Anwendung kreativer Techniken, die nicht nur zu hochwertigen Ergebnissen führte, sondern auch einen besonderen Look hervorbrachte, mit dem man sich positiv absetzen konnte. Genau aus diesem Grund wurde Instagram so schnell zu einer regelrecht viralen Bewegung, dass Facebook nur etwa anderthalb Jahre nach dem Launch eine Übernahme zum Preis von 1 Milliarde US-Dollar ankündigte.

Instagram ermöglichte neue kreative Bildbearbeitungen

Der Rest der Geschichte ist bekannt – und analog zu Facebook wurde die Nutzung von Instagram parallel zu den einsetzenden Netzwerk-Effekten immer breiter und auch (seit etwa Mitte der 2010er Jahre) immer kommerzieller. Es ist also durchaus konsequent, dass man die Polaroid-Reminiszenzen im Logo-Relaunch von 2016 vollständig aufgab. Heute lassen sich Fotoreihen, Videos und Storys posten, neben der Videoanwendung IGTV bietet die Plattform auch direkte Kommunikationsoptionen etc.

Instagram besitzt heute in Deutschland 70 % Nettoreichweite – besonders beeindruckend ist das dynamische Wachstum der Plattform trotz ihrer schon jetzt beachtlichen Größe, denn Instagram kann im Verlauf von nur einem Jahr mehr als fünf Prozentpunkte hinzugewinnen. Der Anstieg der Zahl der Unique User ist mit 13 % deutlich höher, was zeigt, dass auch hier starke Gewinne in den älteren Zielgruppen zu verzeichnen sind, die noch in die digitalen Medien hineinwachsen (dies erklärt erneut die Differenz).

Die Reichweite von Instagram wächst dynamisch

Die Nettoreichweite ist im Gegensatz zu der von Facebook jedoch viel stärker altersabhängig: Instagram ist klar am stärksten bei den Jungen, die Nutzung nimmt proportional mit dem Alter der User ab. Erneut erkennt man schon an diesen Rahmenparametern, wie erheblich die Fehlurteile bei einer oberflächlichen Reichweitenbetrachtung sind – da erscheint etwa die Differenz von 70 % zu über 90 % bei Facebook gar nicht so groß.

Nutzungsdauer von Instagram liegt weit unter Facebook

Ein viel realitätsnäheres Bild liefert erneut die Total Duration – denn hier liegt Instagram mehr als 80 % unter der Performance von Facebook. Dieser kategoriale Unterschied geht auf zwei Treiber zurück: einerseits auf die deutlich niedrigere Nettoreichweite in den älteren Zielgruppen, andererseits aber auf die deutlich niedrigere Verweildauer pro Unique User, die erstens nur etwa bei einem Viertel des Werts von Facebook liegt und die obendrein noch sinkt (wobei davon auszugehen ist, dass hier Mixeffekte vorliegen – dass nämlich die hinzugewonnenen älteren User und ihre kürzeren Nutzungszeiten diesen Durchschnitt nach unten ziehen).

Übrigens liefert auch hier eine genauere Prüfung der durchschnittlichen Verweildauer je nach Altersgruppe wichtige ergänzende Erkenntnisse. Erneut zeigt sich, wie viel stärker die Unwucht zugunsten der jüngeren Zielgruppen sich auch hier in Nutzungsdauer ausprägt: Bei den jüngsten Nutzern liegt die Verwendung sogar noch über derjenigen von Facebook, aber die erzielte Dauer kollabiert regelrecht bei den älteren Verwendern. Genau das ist der Grund, warum Instagram in der Total Duration insgesamt so viel weniger Aufmerksamkeit einspielt als etwa Facebook.

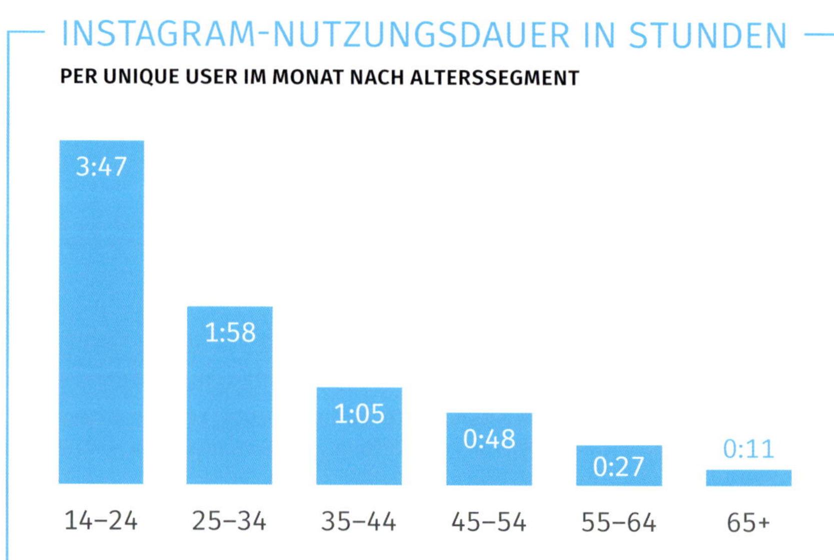

Zeitperiode: Q3/2019; Gesamtbevölkerung (14+); alle Endgeräte kombiniert (Desktop, Smartphone, Tablet)

III 3

YouTube als Hybrid

YouTube: Der Online-Video-Gigant

Spätestens jetzt empfiehlt es sich, die Behandlung der »typischen« Social-Media-Plattformen zu unterbrechen und YouTube zu analysieren. YouTube ist einerseits mittlerweile so groß und komplex, andererseits hat es sich im Verlauf der Jahre so sehr gewandelt, dass es wahrscheinlich unter allen hier behandelten Themen am schwersten zu fassen ist.

Die Schwierigkeiten beginnen schon mit der Frage, was YouTube eigentlich ist: Gehört es überhaupt noch zu den Social Media, oder ist es einfach nur ein Videoportal? Der Name selbst verweist auf die Intention, Usern zu ermöglichen, ihr Leben in Form von Videos mitzuteilen: »Tube« bedeutet Röhre bzw. Fernseher, YouTube könnte man also auch übersetzen mit »DuSendest«, und eine ähnliche Aufforderung stellte ja auch der ursprüngliche, stets mit dem Logo verbundene Claim »Broadcast Yourself« dar, also in etwa: »Geh‘ mit deinem eigenen Leben auf Sendung!«

»Broadcast Yourself«: Der Ursprung als soziales Medium

Die Elemente der Bewertung von Posts zunächst durch Vergabe von Sternchen, später durch Likes oder Dislikes, aber auch die emsig durch die Community genutzte Kommentarfunktion verweisen in die Sphäre der Social Media, ebenso wie die Möglichkeit, spezifische Kanäle zu abonnieren. Von Beginn an basierte ein großer Teil des Erfolgs von YouTube auf dem Engagement der Content produzierenden Community, den Creators, die durch innovative Formate das exponentielle Wachstum der Plattform überhaupt erst ermöglichten. Diese YouTuber avancierten zu den Digitalstars der Netzkultur, wobei die Überlappungen mit anderen Sphären der Social Media (von Instagram-Influencern bis hin zu TikTok) bemerkenswert sind.

Transformation einer Social-Media-Plattform

Das Problem des Urheberrechts

Die schon beschriebenen Anpassungsprozesse von Social-Media-Plattformen erfassten YouTube auf eine deutlich stärkere und fundamentalere Weise als etwa Facebook und Instagram. Dafür lassen sich im Wesentlichen zwei Gründe ermitteln, die einerseits das Feld des Urheberrechts betreffen und andererseits durch den Makrotrend von Media-on-Demand bzw. Streaming verursacht wurden.

Auch wenn die meisten Plattformen in ihren Anfangsjahren in einzelnen Aspekten in rechtlichen Grauzonen operierten, war die Situation bei YouTube insofern anders, als eine Vielzahl der durch die User hochgeladenen Inhalte massive Urheberrechtsverletzungen in Kauf nahmen. Der Kern dieser Debatte ist uns durch die EU-weite Urheberrechtsreform von 2019 sehr präsent. Es geht um die grundsätzliche Frage, ob die in der Netzkultur durchaus üblichen Bearbeitungen, Formatierungen und Resamplings existierender kultureller Inhalte (Bilder, Filme etc.) durch Kreative erlaubt sind, wenn dafür keine Lizenzen von den Inhabern der Rechte zuvor erworben wurden. Das neue Leistungsschutzrecht hat dies zugunsten der Rechteinhaber entschieden – de facto war die Praxis jedoch auch schon zuvor illegal.

Das galt insbesondere für das frühe YouTube, wo ganze Videos, Filme, Fernsehsendungen ohne Lizenz hochgeladen wurden, ganz abgesehen von den kreativen Urheberrechtsverletzungen, bei denen Inhalte bearbeitet und

CONTENT FLOW BEI YOUTUBE

Quelle: www.youtube.com/about/press/ (aufgerufen am 13.03.2020)

modifiziert wurden. Der Verkauf an Google im Jahr 2006 zu einem Preis von 1,65 Milliarden US-Dollar führte dann zügig zur Aussonderung von rechteverletzenden Videos durch das Content-ID-System (Vorformen ab 2007), das durch künstliche Intelligenz hochgeladene Inhalte auf Urheberrechtsverletzungen überprüft.

Content-ID-System überprüft Rechte

Der zweite Aspekt, der die Transformationen bei YouTube zusätzlich beschleunigte, war die Durchsetzung von Media-on-Demand bzw. Streaming-Angeboten im Massenmarkt – plakativ gesprochen handelt es sich darum, dass Nutzungspraktiken des Fernsehens digitalisiert werden und immer mehr Bewegtbild-Segmente über digitale Plattformen konsumiert werden. Aufgrund des gigantischen Marktpotenzials ist nachvollziehbar, dass aus Sicht von Google die Plattform YouTube den natürlichen Kandidaten darstellte, um gegen Konkurrenten wie Amazon Prime, Netflix oder Disney+ ins Feld zu treten.

Trend: Media-on-Demand

YOUTUBE-NUTZUNG: DETAILKARTE

TREND

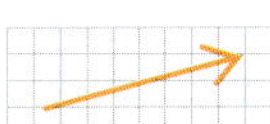

NET REACH

Q3/2018 → Q3/2019

93,1 % → 94,2 %

+1,2 % PUNKTE

	Q4/2018	Q4/2019	ÄNDERUNG
UNIQUE USERS	51.869.010	55.091.146	+6,2 %
TOTAL DURATION (ø Stunden/Monat)	563.549.996	585.008.567	+3,8 %
DURATION PER U.U. (ø Stunden/Monat)	10:51:54	10:37:08	-2,3 %
SESSIONS PER U.U. (ø im Monat)	24,8	23,6	-4,7 %

NET REACH

innerhalb Zielgruppe nach Alter in Prozent

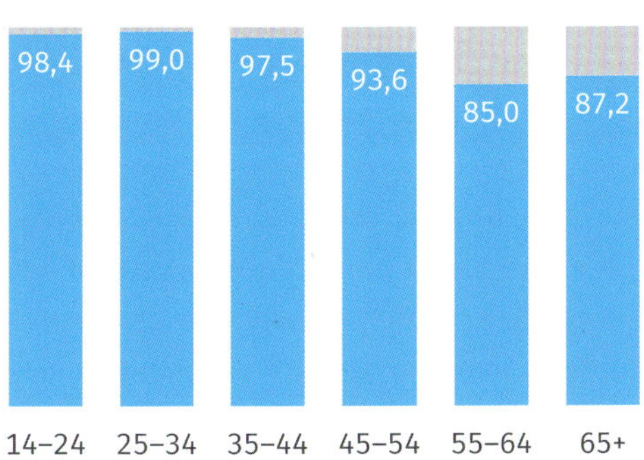

GESCHLECHT

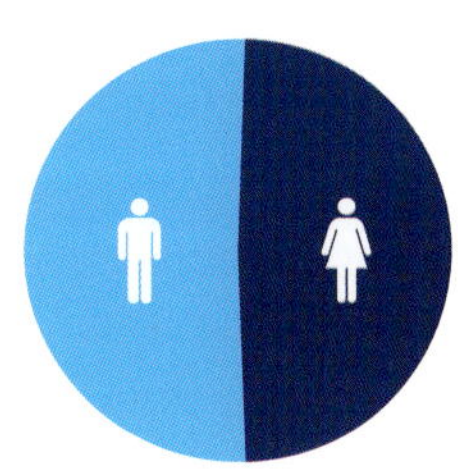

- Männer 51 %
- Frauen 49 %

VERWENDETE ENDGERÄTE

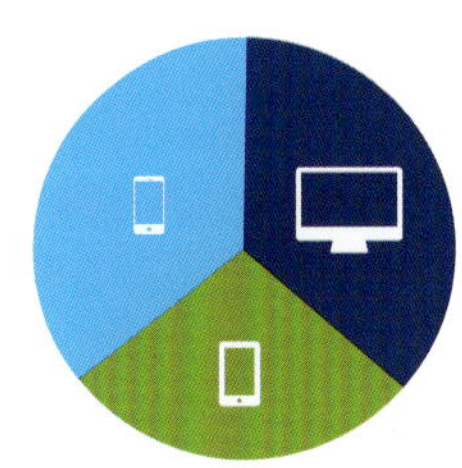

- Smartphone 36 %
- Desktop 36 %
- Tablet 28 %

Zeitperiode: Q4/2019; Gesamtbevölkerung (14+); alle Endgeräte kombiniert (Desktop, Smartphone, Tablet)

Auch wenn das ursprüngliche Geschäftsmodell von YouTube also ein ganz anderes war (»Broadcast Yourself«), lieferte die Plattform das perfekte Trojanische Pferd, um bei Media-on-Demand bzw. Streaming ins Zentrum der Aufmerksamkeit zu gelangen, und es ist ja auch offensichtlich, dass Produkte wie YouTube Premium (als direkter Subscription-Wettbewerber zu Prime und Netflix) sowie YouTube Music genau auf diese Märkte abzielen (allerdings können wir auf YouTube Music kaum Nutzung feststellen, was vermutlich mit dem sehr späten Markteintritt zusammenhängt).

Der Konflikt mit den YouTubern

Es ist offensichtlich, dass YouTube dieselbe Entwicklung der Generalisierung und der Kommerzialisierung durchlaufen hat, die wir schon bei Facebook und Instagram dargestellt haben. Im Fall von YouTube führt das jedoch zu einem viel grundsätzlicheren Konflikt zwischen der Plattform und den YouTube-Creators, also der bunten und hippen Schar von Kreativen, deren innovative Videos und Formate es YouTube über einen Zeitraum von etwa 15 Jahren überhaupt erst ermöglicht haben, zu dem Video-Giganten aufzusteigen, der er heute ist.

Einerseits sind die YouTuber zwar mittlerweile die Idole einer ganzen Generation geworden, auf Events wie den Kölner Videodays spürt man das ungeheure Identifikationspotenzial für die zahlreichen Fans.
Andererseits sind auch die Konflikte zwischen den YouTubern und ihrer Plattform bekannt – man muss sich nur das Feedback-Desaster um das von YouTube selbst stets zum Jahresende herausgegebene »Rewind«-Video anschauen. Schon 2017 zeichnete sich eine zunehmend negative Haltung der Community ab, das Video des Jahres 2018 erhielt dann mehr als 15 Millionen Dislikes und belegt seitdem den Rekord des unbeliebtesten jemals auf der Plattform hochgeladenen Beitrags. Auch wenn die rechtlichen und ökonomischen Treiber dieser Entwicklungen aus Sicht von Google verständlich sind – de facto steht keine existierende Plattform in einem so direkten und konträren Widerspruch zu der eigenen kreativen Basis wie YouTube.

Den Weltrekord für die meisten YouTube-Dislikes hält – YouTube

Ein Blick auf die Zahlen legt nahe, dass in diesem Konflikt wie so oft die ökonomischen Basisparameter den Sieg über Kreativität und Community davontragen. YouTube bleibt unter den erfolgreichsten Playern im Netz überhaupt. Dem Google-Management ist es offenbar gelungen, eine derart fundamentale Transformation, die in weiten Teilen im Widerspruch steht zu den ursprünglichen Werten dieser Community, so durchzuführen, dass die Ergebnisse trotzdem positiv ausfallen.

So wurden die hier in wenigen Zeilen beschriebenen Veränderungen eben in einem schleichenden Prozess über einen Zeitraum von etwa 15 Jahren gestreckt, sodass die Modifikationen im Vergleich zum Vorjahr für die User stets weniger fundamental erschienen. Des Weiteren sollte man nicht vergessen, dass die kreative Community der YouTuber erstens ja auch vom finanziellen Erfolg der Plattform profitiert, zweitens jedoch durch dieselben Netzwerk-Effekte der Plattform in noch deutlich stärkerem Ausmaß »gefangen« ist als ein passiver User. Egal wie unzufrieden sie sein mögen – eine Abwanderung von der Plattform dürfte für die meisten mit erheblichen ökonomischen Einbußen verbunden sein.

Bemerkenswert ist schon, dass die Plattform trotz ihrer überragenden Reichweite von über 90 % dennoch eine Steigerung von 1,2 Prozentpunkten erzielt. Und auch bei YouTube belegt das noch dynamischere Wachstum der Unique User um 6,2 %, dass viele ganz neue Nutzer digitaler Medien darunter sind. YouTube schafft es in nur 12 Monaten, mehr als 3 Millionen zusätzliche Verwender zu rekrutieren.

Trotz seiner gigantischen Größe gewinnt YouTube 6,2 % neue Nutzer – mehr als 3 Millionen

Aufgrund dieser vielen neuen, meist tendenziell älteren Nutzer wird dadurch die Nutzungszeit pro User im Durchschnitt reduziert. Viel entscheidender ist deshalb der absolute Zuwachs der gesamten Nutzungszeit, der bei 3,8 % liegt.

YOUTUBE-NUTZUNGSDAUER IN STUNDEN

PER UNIQUE USER IM MONAT NACH ALTERSSEGMENT

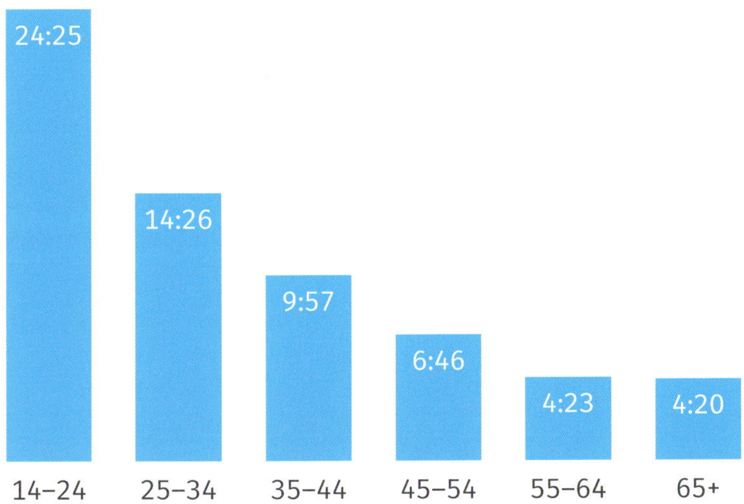

Zeitperiode: Q4/2019; Gesamtbevölkerung (14+); alle Endgeräte kombiniert (Desktop, Smartphone, Tablet)

Übrigens werden etwa 28 % aller Inhalte über Tablet angeschaut – was dafürspricht, dass User für den Konsum von Videos den Wechsel zu einem größeren Screen bevorzugen.

Ist YouTube das Fernsehen der Zukunft?

Auch bei YouTube liefert eine genauere Überprüfung der Nutzungsdauer nach Altersklassen verblüffende Erkenntnisse. Denn obwohl YouTube in Bezug auf die erzielte Total Duration sowieso schon ein Gigant ist, ist die Nutzungsdauer pro Unique User stark gespreizt. User zwischen 14 und 24 verbringen knapp 49 Minuten täglich auf YouTube – das ist mehr als fünfmal so viel Zeit wie die Nutzer jenseits der 55. Das verspricht hohe Wachstumspotenziale für die nächsten Jahre (die sich bereits jetzt an den aktuellen Zahlen ablesen lassen) – weil man hier ja gewissermaßen in die Zukunft des digitalen Medienmarkts blickt.

Diese Zahlen belegen auch, dass der Bottom-up-Konflikt bei YouTube angesichts dieser gigantischen Übermacht der Plattform in Zukunft letztlich überhaupt keine Rolle spielen dürfte. Die Kommerzialisierung der Plattform ist ohnehin so weit fortgeschritten, dass die weitere Entwicklung unaufhaltsam zu sein scheint. Dislikes auf Rewind-Formaten nerven vielleicht ein wenig, dürften bei solchen Ergebnissen für den Google-Konzern jedoch ein zu verschmerzendes Übel darstellen.

4

Die Territorien der Challenger

Pinterest: Hobbys, How-to, Visual Search

Während Plattformen wie Facebook und Instagram in vielen Aspekten auf ähnliche Weise funktionieren, verfügt Pinterest, das im Jahr 2010 ins Netz ging, über ein sehr eigenständiges Profil. Die Grundidee wird auch im Namen präzise ausgedrückt: Pinterest ist eine *Pinnwand*, an die User Bilder und Videos zu ihren *Interessen* heften können. Es ist bemerkenswert, dass die beliebtesten Profile auf Pinterest (noch) nicht von allgemeinen Celebrities stammen, sondern noch »organisch« auf der Plattform gewachsen sind, wie es ursprünglich auch einmal bei Facebook und Instagram der Fall gewesen ist.
Die Positionierung als Inspirations- und Hobbyplattform ist an die Nutzer gerichtet – während die Erfinder von Pinterest die Plattform als *Suchmaschine* verstehen, und zwar zunehmend als Pionier auf dem Feld des *Visual Search*. Wie beide Aspekte zusammengehören, werden wir später erklären.

Pinterest versteht sich selbst als Suchmaschine

Pinterests Ökonomie der Aufmerksamkeit

Die innere Mechanik von Pinterest kann man nur verstehen, wenn man genauer klärt, worin denn das Interesse der Nutzer besteht, das sich auf dieser Plattform ausdrückt. Wie man aus dem Marketing und der Werbewirkung weiß, ist die Aufmerksamkeit der Menschen eine Ressource, die nicht nur schwer zu erlangen ist, sondern zudem meist nur flüchtig vorhanden ist. Das gilt noch stärker bei der Reizüberflutung in unserer digitalen Welt: Es ist ja überhaupt nicht mehr möglich, die Millionen von Botschaften, die uns ständig bombardieren, intensiv aufzunehmen.

Ein Großteil unserer Aufmerksamkeit ist per se nur oberflächlich. Deswegen haben Marketing-Experten schon vor Jahrzehnten Konzepte entwickelt, wie es gelingen kann, etwa im Fall von Werbebotschaften User im Zeitverlauf immer stärker und stärker in den Bann zu ziehen. Solche Prozesse werden in Form eines Trichters (Funnel) dargestellt. Am bekanntesten ist das AIDA-Modell: In der ersten Stufe nimmt der Rezipient eine Botschaft nur wahr (Attention), danach ist er interessiert (Interest), bis er sich den Inhalt schließlich aktiv wünscht (Desire) und ihn kauft (Action).

Von oberflächlicher Aufmerksamkeit zu Interesse und Haben-wollen-Effekt

Dieses Modell ist in den letzten Jahren zu einer unübersehbaren Vielzahl verschiedener Umwandlungstrichter übertragen worden, die alle miteinander teilen, dass oberflächliche Aufmerksamkeit in aktives Interesse sowie Clicks und am Ende idealerweise auch Kundenfürsprache (Advocacy) überführt wird – der User verwandelt sich dann selbst in einen Markenbotschafter.

Pinterest ist nun eine Plattform, die solche Überlegungen und Modelle auf eine sehr durchdachte Weise in eine Benutzerschnittstelle übersetzt hat. Das

PINTEREST-NUTZUNG: DETAILKARTE

TREND

NET REACH

Q3/2018 → Q3/2019

47,8 % → 49,0 %

+1,2 % PUNKTE

	Q3/2018	Q3/2019	ÄNDERUNG
UNIQUE USERS	26.626.517	28.645.719	+7,6 %
TOTAL DURATION (Ø Stunden/Monat)	14.803.290	18.141.608	+22,6 %
DURATION PER U.U. (Ø Stunden/Monat)	0:33:21	0:38:00	+13,9 %
SESSIONS PER U.U. (Ø im Monat)	5,8	5,6	-3,5 %

NET REACH
innerhalb Zielgruppe nach Alter in Prozent

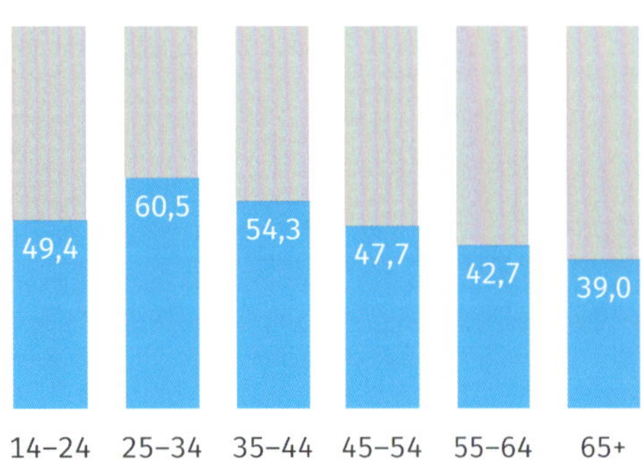

GESCHLECHT

Männer	37 %
Frauen	63 %

VERWENDETE ENDGERÄTE

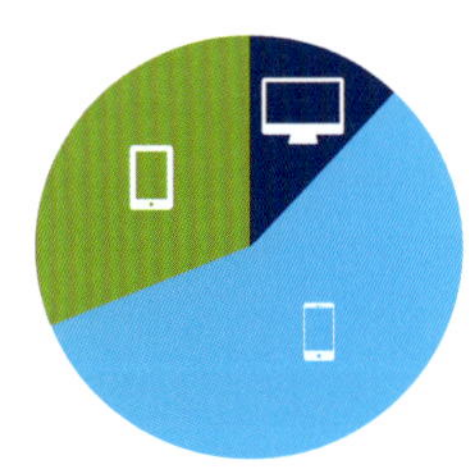

Smartphone	57 %
Desktop	12 %
Tablet	31 %

Zeitperiode: Q3/2019; Gesamtbevölkerung (14+); alle Endgeräte kombiniert (Desktop, Smartphone, Tablet)

sieht man schon allein daran, dass fast alle Inhalte, die bei Pinterest im Fokus stehen, aus Bereichen stammen, die erstens dem Konsum von Produkten zuzurechnen sind und zweitens ein schon existierendes Interesse der Verbraucher/User voraussetzen.

Am Ende des Funnels

Pinterest setzt sich ja genau dadurch von den großen Content-Generalisten ab, dass es sich an Menschen wendet, denen in ihrer Freizeit ein bestimmtes Thema wichtig ist – der eine kocht gerne vegan, ein anderer verwendet viel Zeit auf das ständige Optimieren seiner Inneneinrichtung, ein dritter ist passionierter Heimwerker und so fort. Pinterest bedient nicht nur solche Do-it-yourself-Trends wie Wohnungsdekoration, Cocktails, Basteln, Gärtnern, Smoothies und so weiter, sondern auch Styles, Make-up, Fashion, Architektur, Outdoor, Sport, Reisen sowie Lebensberatung zum Abnehmen, Entspannen, für besseren Schlaf etc. Das ermöglicht Nutzern auch, für konkrete Projekte aus dem Feld ihrer Hobbys einzelne Pinnwände zu generieren, was wiederum die Flut der in die Plattform hineinströmenden Bilder weiter potenziert.

Hobbys, Do-it-yourself, Styles, Deko, Design etc.

CONVERSION-FUNNEL

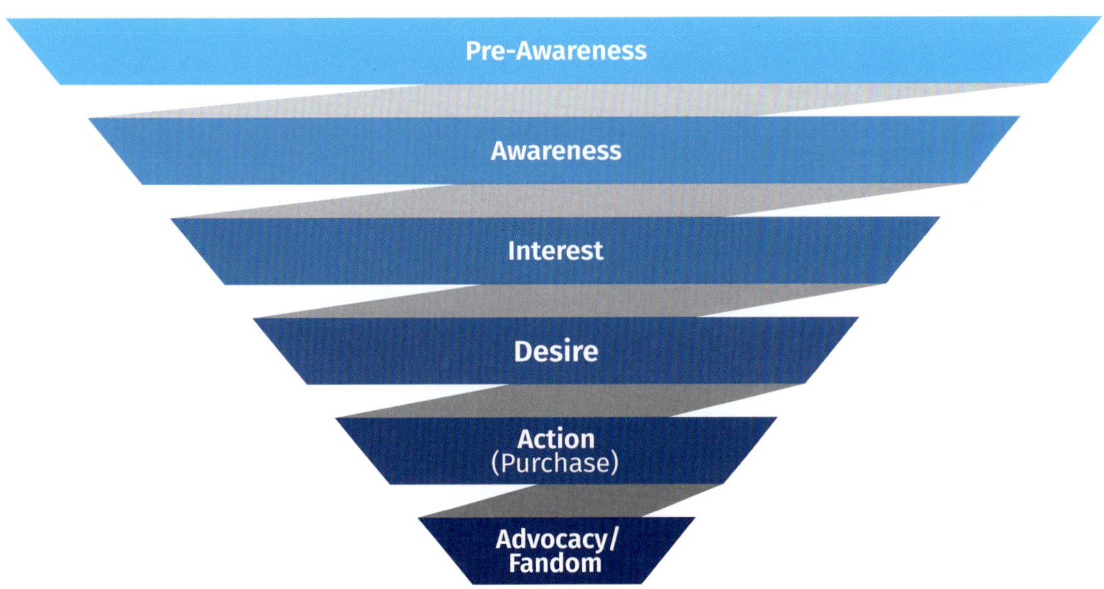

Pinterest lässt also im Trichter (Funnel) eigentlich die oberflächlichen Formen der Aufmerksamkeit hinter sich und dockt einfach direkt da an, wo schon Interesse besteht – was insofern raffiniert ist, als hier ja auch schon eine deutlich höhere Kaufbereitschaft besteht, ohne dass es dafür überhaupt werblicher Anstrengungen bedürfte. Deswegen wundert es nicht, dass Pinterest eine faszinierend einzigartige Stellung bezieht zwischen Authentizität und Kommerz.

Die unkommerziellste Plattform ist zugleich am kommerziellsten

Auf der einen Seite ist Pinterest sicherlich die kommerziellste aller Plattformen, denn es geht hier ja eigentlich nur um konsumierbare Inhalte, die auch ständig verlinkt werden mit den verschiedensten Anbietern aus der Welt des E-Commerce. Nirgendwo ist die Grenze zwischen Content und Anzeigen so fließend und oft undurchschaubar wie bei Pinterest (»Shop the Look«). Es liefert eigentlich Content als Kommerz. Andererseits könnte man es genau andersherum deuten: Pinterest ist die am wenigsten kommerzielle Plattform, weil man als User ja ohnehin schon diese so genannte Lean-forward-Haltung hat. Wenn ich beispielsweise ohnehin gerade nach Inspirationen für eine gusseiserne Leitertreppe fürs Dachgeschoss suche, finde ich das auch gar nicht schlimm, wenn unter den Inhalten auch Anzeigen stehen. Es ist deshalb auch nicht verwunderlich, dass auf Pinterest gerade Online-Shops mit Affinität zu Do-it-yourself-Trends ungeheuer starke Profile unterhalten (z. B. Home Depot, Wayfair etc.). Deswegen sind die Übergänge zwischen Content und Kauf bei Pinterest auch so fließend – denn natürlich posten auch viele User Inhalte nicht uneigennützig, sondern verlinken auf E-Commerce-Plattformen, die ihnen wiederum für jeden getätigten Kauf Provisionen zahlen, das heißt sie betreiben Affiliate-Marketing.

Pinterest besitzt ein ausgeklügeltes Anreizsystem

Es zeigt sich, dass auch Pinterest auf diese Weise ein sehr ausgeklügeltes System von Incentivierungen betreibt, was dazu geführt hat, dass Hunderte Milliarden von Bildern dort zu diesen ganz unterschiedlichen, konsumaffinen »High Involvement«-Inhalten gepostet wurden. Durch Features wie die Kamerafunktion Pinterest Lens wird deutlich, warum sich das Unternehmen als visuelle Suchmaschine versteht – denn durch die ungeheuren Datensätze an Bildern in Kombination mit Künstlicher Intelligenz wird Pinterest in Zukunft immer besser in der Lage sein, aktuellste Interessen von Nutzern direkt in den Umwandlungstrichter zu ziehen: Man muss lediglich mit der Handykamera ein Foto von einem Gegenstand machen, der einen interessiert, und schon wirft Pinterest vollautomatisch Bilder und Content zu ähnlichen Angeboten aus – mit Shortcut zu den entsprechenden Online-Shops.

Das Geschäftsmodell von Pinterest ist also nicht nur äußerst präzise konstruiert, sondern trotz der mittlerweile hohen Zahl von Angeboten an Social-Media-Plattformen unverwechselbar und einzigartig – was dann auch

WIE KOMMERZIELL IST PINTEREST?

+	−
Inhalte	**Nutzungsverfassung**
Starker Fokus auf monetarisierbaren Inhalten Fließender Übergang zwischen Content und Anzeigen Direkte Anbindung von Webshops	»Lean-forward«-Haltung (kommerzielle Angebote werden weniger als störend empfunden)

erklären kann, dass Pinterest als Challenger so dynamisch wächst: Die Unique User nehmen um 7,6 % zu, die Dauer pro User steigt um 13,9 %, was sich in der Total Duration dann auf ein stattliches Wachstum von 22,6 % potenziert.

Starkes Wachstum – überproportionale Nutzung von Tablets

Pinterest ist dabei eine Community mit überproportional vielen weiblichen Verwenderinnen – was sicherlich mit den angebotenen Inhalten zu tun hat. Bemerkenswert ist zuletzt der hohe Tablet-Anteil in der Nutzung, was dafürspricht, dass das hohe Involvement der interessierten Nutzer mit einer Rezeptionshaltung einhergeht, bei der qualitativ hochwertige, großformatige Darstellungen bevorzugt werden.

Twitter: Microblogging für Opinionleader

Twitter ist eines der erstaunlichsten Produkte unter den Social Media – zumal die ursprüngliche Anwendung ihren Sinn vollständig verloren hat. Denn zur Zeit der Gründung im Jahr 2006 (also noch vor dem iPhone!) ermöglichte Twitter das Posten von SMS-Botschaften auf Mobiltelefonen, weswegen die maximale Zahl der Zeichen auf 140 begrenzt war. Der Pionierstatus von Twitter als mobile Plattform wurde jedoch nach dem Launch des iPhones und dem Nachziehen von Facebooks iPhone-App erodiert – und die Limitation auf Kurznachrichten verlor immer mehr ihren Sinn.

Dennoch ist es Twitter über die Jahre gelungen, sich trotz der gewandelten Umgebung zu einer Art Opinionleader-Portal vor allem für politische Nachrichten, aber auch als Verlängerung für Fernsehformate zu etablieren. Das Prinzip der »Follower« begünstigt diese Asymmetrie – denn die Partizipation hat eine Tendenz zur Einseitigkeit der Verbindung (wohingegen etwa das »Freund«-Prinzip bei Facebook stets einen wechselseitigen Austausch und damit eine Verbindung auf Augenhöhe etabliert), weswegen eine Menge User bei Twitter vollständig passiv bleiben und die Tweets von Politikern, Prominenten und Meinungsführern lediglich lesen.

Asymmetrische Verbindungen zwischen Meinungsführern und Followern

Es scheint aber genau diese Asymmetrie zu sein, die Twitter heute einen Aktualitätsvorteil gegenüber anderen und konkurrierenden Medien und Formaten liefert, denn Celebrities können einen solchen Kanal perfekt dafür verwenden, »direkt« mit dem Publikum zu kommunizieren. Donald Trump ist das prominenteste Beispiel. Twitter ist deshalb zu einer Art Katalysatorplattform für Breaking News geworden, was sich auch daran erkennen lässt, dass viele klassische Printnachrichten die Impulse aus Twitter weiterverwerten (womit sie aber eigentlich Twitters Aktualitätsvorsprung noch verstärken).

Wahrscheinlich wegen des inhaltlichen Übergewichts politischer Inhalte besitzt Twitter eine leichte Tendenz zugunsten männlicher User mittleren Alters. Das politische Interesse der Nutzer zeigt sich auch darin, dass diese in Bezug auf Schulbildung und Universitätsausbildung deutlich über dem Bundesdurchschnitt liegen.

Die Reichweite von Twitter steigt nur mäßig und hauptsächlich in älteren Zielgruppen. Immerhin ist die Nutzungsdauer auch in den jüngeren Zielgruppen solide – allerdings auf recht niedrigem Niveau, also bei durchschnittlich 2 Minuten und 25 Sekunden täglich.

Dagegen schafft Twitter jedoch ein erstaunliches Wachstum in Bezug auf die Nutzungsdauer pro Unique User – diese wächst um stattliche 60%. Der Aktualitätsvorsprung von Twitter scheint sich also immer mehr zu einem Erfolgsmotor für die Plattform auszuwachsen.

TWITTER-NUTZUNGSDAUER IN STUNDEN

PER UNIQUE USER IM MONAT NACH ALTERSSEGMENT

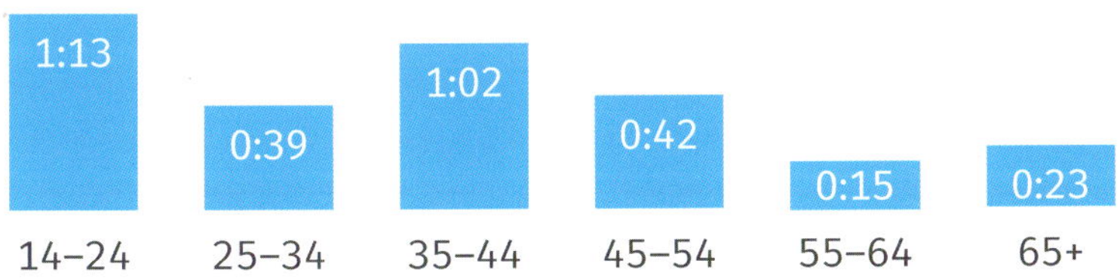

Zeitperiode: Q3/2019; Gesamtbevölkerung (14+); alle Endgeräte kombiniert (Desktop, Smartphone, Tablet)

TWITTER-NUTZUNG: DETAILKARTE

TREND

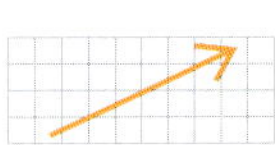

NET REACH

Q3/2018 → Q3/2019

44,6% 45,2%

+0,6% PUNKTE

	Q3/2018	Q3/2019	ÄNDERUNG
UNIQUE USERS	24.828.189	26.440.270	+6,5%
TOTAL DURATION (Ø Stunden/Monat)	11.576.557	19.714.104	+70,3%
DURATION PER U.U. (Ø Stunden/Monat)	0:27:58	0:44:44	+60,0%
SESSIONS PER U.U. (Ø im Monat)	5,2	6,8	+29,5%

NET REACH

innerhalb Zielgruppe nach Alter in Prozent

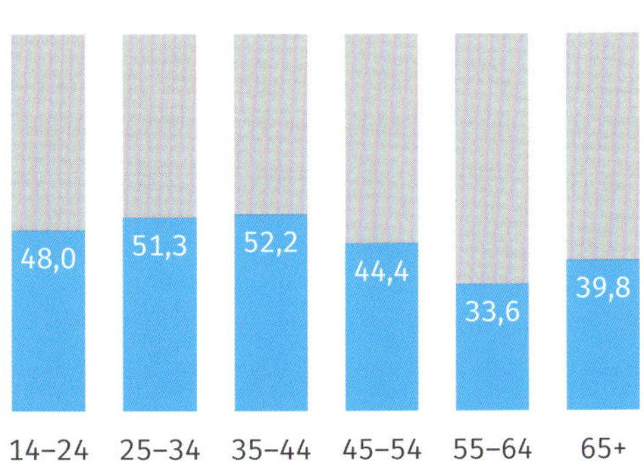

GESCHLECHT

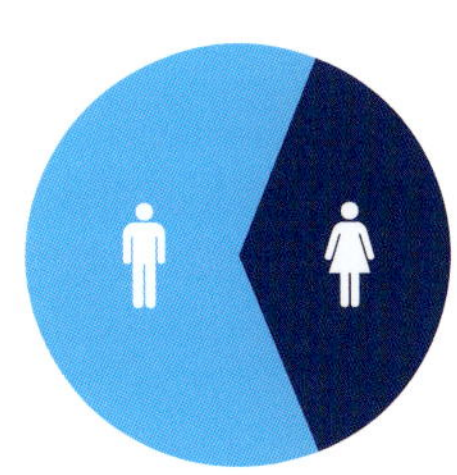

- Männer 62%
- Frauen 38%

VERWENDETE ENDGERÄTE

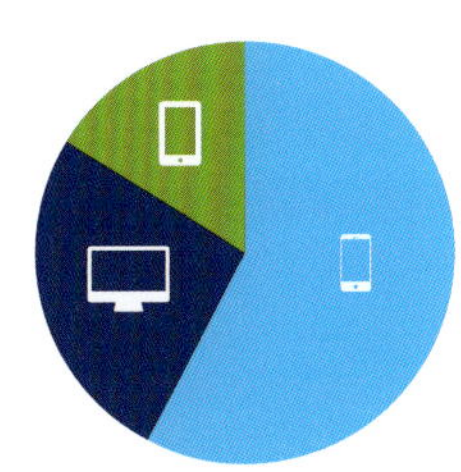

- Smartphone 58%
- Desktop 26%
- Tablet 16%

Zeitperiode: Q3/2019; Gesamtbevölkerung (14+); alle Endgeräte kombiniert (Desktop, Smartphone, Tablet)

Reddit: Der Social-News-Aggregator

Reddit gehört ebenfalls zu den frühen Social Media – die Plattform wurde schon 2005 gegründet. Sie gehört in die Sphäre *Social News*, die insofern eine besonders interessante Kategorie darstellt, weil sich in ihr Mitte der 2000er Jahre viele Facetten dessen zeigten, was man ursprünglich einmal als eine demokratisierende Dynamik der neuen Netzkultur erlebte.

So entstanden einerseits Plattformen, auf denen »Citizen Journalists«, Blogger, Interessierte, Nerds etc. auf kollaborative Weise eigenen Content publizieren konnten, als Alternative zu den klassischen Nachrichtenorganen und ihren hierarchischen Gatekeeper-Strukturen (z. B. NowPublic, NewsVine, Slashdot etc.).

News-Aggregatoren als Medienformate kollektiver Partizipation

Ferner kamen *News-Aggregatoren* auf wie etwa Digg, auf denen Nachrichten ähnlich wie in einem RSS-Feed gesammelt wurden und dann durch die positiven oder negativen Reaktionen der Community bewertet wurden (digging vs. burying) – die populärsten schafften es dann auf die Front-Page. Solche Aggregatoren zeichnen sich neben ihrer Betonung von kollektiver Intelligenz (»Wisdom of the Crowd«) sowie der Betonung partizipativer Kreation (»User Generated Content«) auch durch eine bunte Vielfalt von inhaltlichen Kategorien aus.

Koordinaten, Strukturen, Inhalte

100.000 aktive Subreddits

In diesem Gravitationsfeld entstand Reddit als Sammlung von Nachrichten, der Name ist ein Amalgam aus »lesen« (read) und »bearbeiten« bzw. herausgeben (edit). Nach eigenem Werbeslogan ist es die »Front Page of the Internet« – die Seite teilt sich heute auf in über 100.000 aktive Subreddits, wobei es sich um Sub-Communitys handelt, die sich für ein bestimmtes Thema interessieren. Die Nutzer bleiben anonym. Auch hier erfolgt die Organisation der Inhalte durch Up- und Downvoting – ferner erhalten Mitglieder für ihre Aktivitäten »Karma«-Punkte. Die Incentivierung der User erfolgt hier also über einen Gamification-Ansatz.

Ein Blick auf die beliebtesten Subreddits gibt einen guten Überblick zu den nachgefragten Themen, es finden sich neben den eigenen Announcements und Ratschlägen von Reddit vor allem lustige Inhalte (/r/funny), Content über Spiele (/r/gaming), zu Nachrichten (/r/worldnews) und Wissenschaft (/r/science), charakteristische Inhalte aus der Netzkultur (z. B. /r/aww für Bilder von Katzen und anderen niedlichen Wesen, bei denen man ganz reflexartig »Aww« macht, weil sie so süß sind …), aber auch erstaunlich viele Foren, in denen man zu allen möglichen Themen um Rat, Hilfe und Expertise bitten kann (die geläufige Abkürzung ist »AmA« für Ask me Anything); am bekanntesten ist /r/IAmA, wo sich bekannte Persönlichkeiten und Experten zu bestimmten kontroversen Themen einem Interview durch die Community stellen.

Auch Reddit gehört in Deutschland zu den Nischenanbietern. Der Marktanteil innerhalb der Social Media beträgt 0,5 % (Total Duration), auch wenn man YouTube und die Messenger im Markt nicht mitrechnet. Und vor allem die Nutzungsdauer pro Unique User fällt mit knapp einer Viertelstunde im Monat recht niedrig aus: Es ist dann auch erkennbar, dass Nutzer im Schnitt nur etwa zwei- bis dreimal im Monat diese Plattform besuchen.

REDDIT-NUTZUNG: DETAILKARTE

TREND

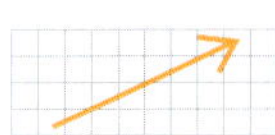

NET REACH

Q3/2018 → Q3/2019

13,8 % 16,6 %

+2,8 % PUNKTE

	Q3/2018	Q3/2019	ÄNDERUNG
UNIQUE USERS	7.715.003	9.707.415	+25,8 %
TOTAL DURATION (Ø Stunden/Monat)	1.535.083	2.355.987	+53,5 %
DURATION PER U.U. (Ø Stunden/Monat)	0:11:56	00:14:34	+22,1 %
SESSIONS PER U.U. (Ø im Monat)	2,1	2,7	+25,0 %

NET REACH
innerhalb Zielgruppe nach Alter in Prozent

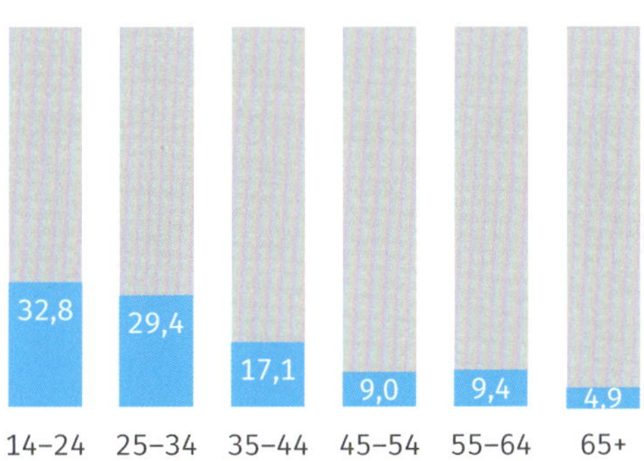

GESCHLECHT

Männer	69 %
Frauen	31 %

VERWENDETE ENDGERÄTE

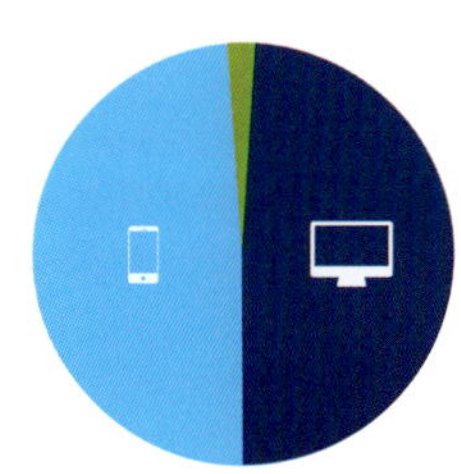

Smartphone	49 %
Desktop	49 %
Tablet	2 %

Zeitperiode: Q3/2019; Gesamtbevölkerung (14+); alle Endgeräte kombiniert (Desktop, Smartphone, Tablet)

Dagegen ist die Dynamik bei Reddit positiv: Die Reichweite ist mit knapp 17 % gar nicht übel, sie liegt bei den 14- bis 34-jährigen Nutzern sogar bei etwa 30 %. Am positivsten ist, dass Reddit in nur einem Jahr 25,8 % mehr User gewinnen und deshalb 2,8 Prozentpunkte an Reichweite zulegen kann. Auch wenn die Nutzungsdauer insgesamt sehr niedrig ist, so legt sie doch um starke 22 % zu – wodurch die Plattform insgesamt um 53,5 % wächst (Total Duration).

5

Disruptive Plattformen für junge Zielgruppen

Snapchat: Die Neuerfindung von Social Media

Vielzahl innovativer Features

Snapchat ist eine Plattform, die sich schon 2011 voll auf mobile Kommunikation fokussierte und deshalb mit einer ebenso mutigen wie präzisen Positionierung den Markt aufmischte: Man setzte in einem »Mobile-first«-Ansatz komplett auf das Smartphone als Endgerät und konstruierte das Netzwerk konsequent als Instant-Messaging-App.

Tatsächlich stellte Snapchat ein ganzes Feuerwerk an Innovationen dar. Eines der wichtigsten Merkmale der App bestand in dem spezifischen Darstellungsformat, welches Nachrichten wenige Minuten nach ihrer Übermittlung automatisch löschte. Des Weiteren bot Snapchat die Möglichkeit einer Bearbeitung von Bildern mit Augmented-Reality-Applikationen – mit Filtern konnten User die eigenen Kreationen (»Snaps«) beliebig manipulieren, verfremden oder um Sticker und Schriftzüge bereichern. Zuletzt lieferte Snapchat Geofilter, die es ermöglichten, Freunde im engeren Umkreis zu lokalisieren und mit ihnen in Kontakt zu treten.

WAS WAR REVOLUTIONÄR AN SNAPCHAT?

Mobile-first Ansatz | *Augmented Reality* | *Temporäre Posts/ Story-Format* | *Geofilter*

Man erkennt hier sofort den fast größenwahnsinnigen Anspruch, in einem Streich die Gattung Social Media völlig neu zu erfinden. Die Disruption erfolgte auf mehreren zentralen Ebenen zugleich. Abgesehen von der radikalen Mobile-first-Philosophie lieferte Snapchat zunächst einmal eine neuartige Form der Authentizität. Die User hatten schon mehrere Jahre Erfahrungen mit Social Media gesammelt, mit der sich abzeichnenden Kultur perfekter Selbstdarstellung einerseits, aber eben auch den Nachteilen der dauerhaften Verfügbarkeit geposteter Fotos. Diese führten sicherlich auch zu Reaktionen der Vorsicht und Selbstzensur, und da erschuf Snapchat eine neue Möglichkeit »echter« Kommunikation. Das formulierte CEO Evan Spiegel 2012 auch programmatisch klar aus: »Es geht um die ganze Bandbreite menschlicher Emotionen, nicht nur um das, was hübsch und perfekt aussieht.«

Neue Formen von Authentizität

Die Snaps erschienen im Verhältnis zu den existierenden Plattformen einfach schon durch ihren unmittelbaren und vergänglichen Charakter authentischer. Ein solches temporäres Format, in dem sich ein Bild zeigt und dann für immer verschwindet, senkt zudem noch die Hemmschwellen bei jungen Usern, weswegen dann auch die Inhalte auf Snapchat im Verhältnis zu den existierenden Plattformen mutiger, experimenteller und echter wirkten. Das ist aber nur der offizielle Teil der Wahrheit, denn in seinen Ursprüngen wurde das Portal von Nutzern auch als Sexting-Plattform genutzt: Man teilte freizügige Aufnahmen von sich, weil die Bilder sich ja ohnehin automatisch wieder löschten.

Die Versuchungen selbstlöschender Posts: Sexting

Der zweite revolutionäre Aspekt von Snapchat lag in einer ganz neuartigen Ausprägung dessen, was bei Instagram schon wichtig war – und zwar die berühmten Filter. Das Generator-Prinzip war bei Instagram noch recht schüchtern ausgeprägt, deutlich mutiger und kreativer waren zu derselben Zeit schon unterschiedliche Meme-Generatoren im Netz, die Nutzer dazu einluden, kreative Kombinationen aus Bild und Text selbst herzustellen, um sie dann zu posten.

Snapchat stellte all das weit in den Schatten durch seine ausgeklügelten Augmented-Reality-Filter, die es Nutzern ermöglichten, Gesichter mit Tierfeatures zu morphen, Blink- und Glitzereffekte über das Bild zu streuen, alle möglichen Arten von Verzerrungen durchzuführen und das Ergebnis dann durch Tools beliebig mit Schriften und Stickern weiterzubearbeiten. Wie konsequent Snapchat auf Augmented Reality setzt, wird auch deutlich daran, dass jeder User sich in einem ähnlichen Generator ein Bitmoji erstellt (also ein Lookalike-Emoji) und dass Snapchat auch viele weitere Bitmoji-Features auf der Plattform entwickelt hat.

SNAPCODE MIT BITMOJI

Auf diese Weise erweckte Snapchat etwas zum Leben, das meilenweit über Instagram hinausging: Die Plattform lieferte wie ein Editier-Studio präzise vorgefertigte Applikationen, mit denen sich innerhalb dieser festgelegten Transformationen immer neue Bilder und später Videos herstellen ließen. Gerade wegen dieses klar definierten »Korridors« für Kreativität haben die Ergebnisse eine starke Tendenz zur Serialität – wie heute auch bei TikTok, der aktuell gehypten Viralmaschine: Damals posteten auf einmal alle User Bilder von sich mit Tierohren oder Blumenkronen. Es handelt sich um eine ganz spezifische, *memetische* (nachahmende) Art von Viralität, weil hier eine Art »Rohform« für die User in einem Generator bereitgestellt wird, der sie dazu einlädt, damit zu experimentieren und so immer neue virale Interpretationen und Sequenzen zu dieser »Maske« zu erzeugen.

Das Generator-Prinzip entfacht virale Mechanismen

Zuletzt sollten auch die Snapchat-Streaks Erwähnung finden, zumal diese eine aktuelle Debatte darüber ausgelöst haben, inwieweit derlei Features suchtartige Verhaltensweisen fördern. Wir haben schon in vielen Facetten illustriert, auf welche Weise Social-Media-Plattformen ihre Nutzer für die

SNAPCHAT-NUTZUNG: DETAILKARTE

TREND

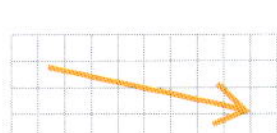

	Q3/2018	Q3/2019	ÄNDERUNG
UNIQUE USERS	10.622.771	10.582.139	-0,4%
TOTAL DURATION (Ø Stunden/Monat)	24.621.348	22.815.492	-7,3%
DURATION PER U.U. (Ø Stunden/Monat)	2:19:04	2:09:22	-7,0%
SESSIONS PER U.U. (Ø im Monat)	24,8	26,6	+7,1%

NET REACH

Q3/2018 → Q3/2019

19,1 % → 18,1 %

-1,0 % PUNKTE

NET REACH
innerhalb Zielgruppe nach Alter in Prozent

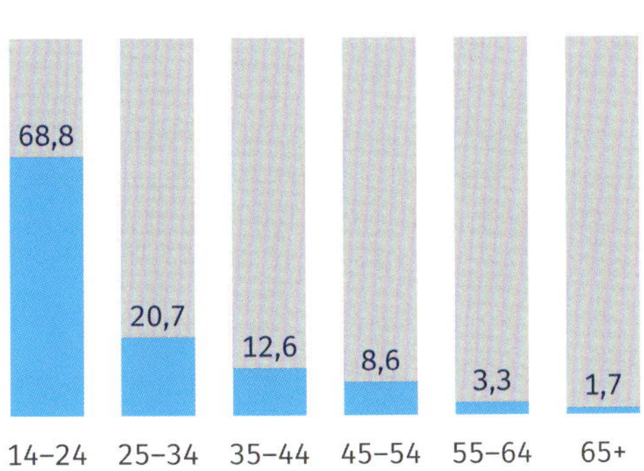

GESCHLECHT

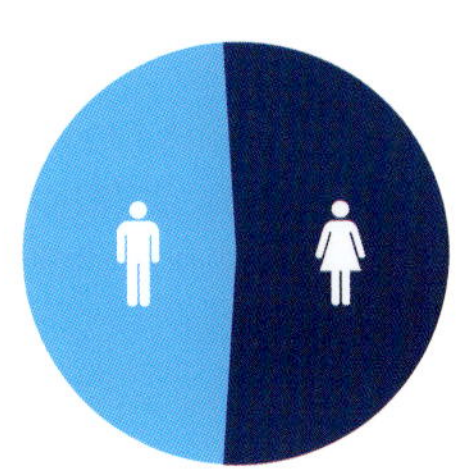

Männer	48 %
Frauen	52 %

VERWENDETE ENDGERÄTE

Smartphone	100 %
Desktop	0 %
Tablet	0 %

Zeitperiode: Q3/2019; Gesamtbevölkerung (14+); alle Endgeräte kombiniert (Desktop, Smartphone, Tablet)

verschiedenen Tätigkeiten auf der Plattform belohnen – um eine ganz ähnliche Funktion handelt es sich hier: Wenn User sich innerhalb von 24 Stunden gegenseitig Snaps zuschicken, erscheint neben dem jeweiligen Namen auf der Freundesliste als »Belohnung« und öffentliche Markierung der »besonders intensiven Verbindung« ein Flammen-Emoji (»Streak«).

Streaks als neue Währung für echte Freundschaft

Man sieht auch bei diesem Feature, wie schnell sich die verschiedenen Kicks der Social Media verbrauchen: Während bei Facebook ursprünglich etwa noch die Anzahl der Freunde eine Art Marker für Sozialstatus war, ist diese Wahrnehmung heute weitgehend verblasst, wohingegen die Anzahl der erreichten Freundschaften mit »Streaks« bei Teenagern zu einer dermaßen harten Währung wurde, dass User sich offenbar leere Messages zusenden, nur um möglichst keine Freunde mit Streak-Status zu verlieren.

Snapchat war Erfinder des Story-Formats

Diese grobe Skizze von Snapchat zeigt sofort, wie ungeheuer mutig und innovativ die App in den Markt ging und auch schnell als erste Plattform 2013 das Story-Format nachschob – die von dieser Plattform für die Nutzer ausgelegten Lockvögel, Köder und Belohnungsmechanismen waren derartig begehrenswert für die User, dass 2013 mehr Fotos über Snapchat als über Facebook gepostet wurden. Der Rest der Geschichte es bekannt: Facebook bot 3 Milliarden US-Dollar für eine Übernahme.

Die Offerte wurde von den Gründern abgelehnt, was aus der Perspektive des Jahres 2013 insofern verständlich ist, als jetzt längst klar war, dass die Gründer von Instagram bei einem Übernahmepreis von »nur« 1 Milliarde Dollar die Plattform viel zu günstig verkauft hatten, ein Fehler, den Snapchat nicht wiederholen wollte. Seitdem herrscht Feindschaft zwischen Facebook und Snapchat. Wie bedroht sich der Marktführer durch die Innovationen von Snapchat fühlte, lässt sich daran ablesen, wie viele Features auf Facebook und Instagram seither kopiert wurden – vor allem mit der Integration der Story-Funktion bei Instagram (2016) und Facebook (2017), aber eben auch durch unzählige Details wie animierte Masken, Emojis, Filter, Linsen und so fort.

Facebooks Abwehrstrategie besteht also im unverfrorenen Nachmachen, um auf diese Weise dem viel kleineren Wettbewerber mittelfristig das Wasser abzugraben – ganz einfach, weil es dann keine Gründe für Nutzer mehr gibt, dort Zeit zu verbringen. Wie steht es um den Erfolg?

Snapchat verliert signifikant an Bedeutung

Facebooks Strategie der Eindämmung von Snapchat scheint erfolgreich zu sein. Snapchat verliert sowohl Nettoreichweite als auch Unique User – noch ernster steht es aber um den Verlust an Duration per Unique User, der bei 6,9 % liegt. In der Summe verliert Snapchat dann 7,3 % an Total Duration – und

AUGMENTED REALITY

das ist tatsächlich ziemlich dramatisch, denn der Gesamtmarkt wächst um etwa 5 %, Snapchat verliert also mehr als 12 % relativ zum digitalen Markt.

Alle diese Befunde müssen aber noch in Verbindung mit der Verteilung der Nettoreichweite gebracht werden – und dann sieht die Lage für Snapchat noch kritischer aus. Denn Snapchat ist mittlerweile zwar knapp ein Jahrzehnt im Markt, es gelingt der Plattform aber offensichtlich nicht, die ursprünglichen User von vor etwa sieben Jahren zu halten. Das zeigt sich sehr stark in dem massiven Einbruch der Nutzung ab Mitte 20. Die User bleiben als Twens offenbar nicht weiter dabei, sondern wenden sich dann vor allem Instagram zu – Snapchat ist also vor allem eine »Teenie-Plattform«.

Snapchat gelingt es nicht, die alternden User zu halten

Damit befindet sich Snapchat jedoch in einer gefährlichen Lage: Das Angebot ist limitiert auf junge User, womit Snapchat sich schon per se in ein Segment positioniert hat, das erstens am schwächsten wächst und zweitens am wenigsten Kaufkraft besitzt. Dann sind aber gerade die jungen User diejenigen, die am wenigsten loyal und am schwersten zu halten sind, also am ehesten auf neue, hippe und disruptive Angebote aufspringen – wie seit zwei Jahren etwa auf TikTok. Dazu später mehr.

Auch wenn Facebooks Plan in Bezug auf den Lieblingsfeind Snapchat also aufzugehen scheint, ist dieser »Erfolg« angesichts der schwachen Performance von Facebook selbst jedoch mit einem hohen Preis erkauft.

TikTok: Der Shootingstar

Bei TikTok lässt sich beobachten, wie sich eine neue Plattform durchsetzt

TikTok ist der Newcomer unter den Social-Media-Plattformen – eine Beschäftigung mit dieser Plattform ist auch deshalb so lohnend, weil man hier quasi live beobachten kann, wie so ein neuer Stern im digitalen Universum entsteht. Der Eintritt in den Markt war komplex – im Prinzip wurde das Produkt in China 2016 unter dem Namen »Douyin« entwickelt und ab 2017 in Märkte außerhalb von Asien als »TikTok« lanciert; zusätzlich wurde 2018 die Firma musical.ly akquiriert und samt Community in die App integriert.

Die Benutzeroberfläche von TikTok ist radikal in ihrer Einfachheit: Man sieht Kurzvideos, die meist nur bis zu 15 Sekunden lang sind, per Swipe wischt man sich in einem endlosen Stream von Angebot zu Angebot. Das eigentlich Innovative an TikTok sind die hochentwickelten Augmented-Reality-Features für die Videoproduktion, zu denen hier ein kurzer Überblick genügen muss.

TIKTOK-NUTZUNG: DETAILKARTE

TREND

NET REACH

Q3/2018 → Q3/2019

4,2 % → 8,2 %

+4,0 % PUNKTE

	Q4/2018	Q4/2019	ÄNDERUNG
UNIQUE USERS	2.323.079	4.765.669	+105,1 %
TOTAL DURATION (Ø Stunden/Monat)	1.824.753	9.631.512	+427,8 %
DURATION PER U.U. (Ø Stunden/Monat)	0:47:08	2:01:16	+157,3 %
SESSIONS PER U.U. (Ø im Monat)	6,4	8,4	+30,2 %

NET REACH
innerhalb Zielgruppe nach Alter in Prozent

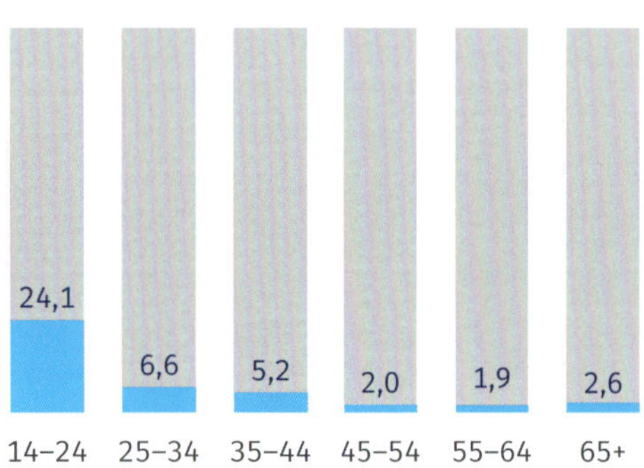

GESCHLECHT

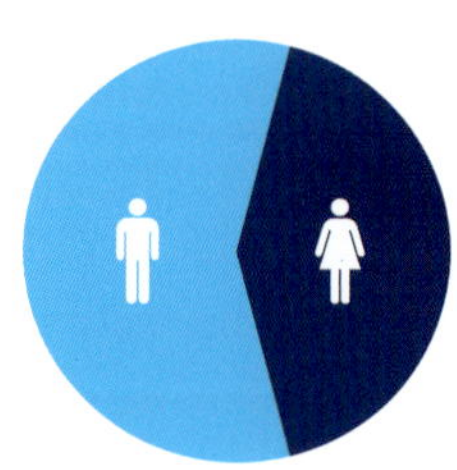

Männer 58 %
Frauen 42 %

VERWENDETE ENDGERÄTE

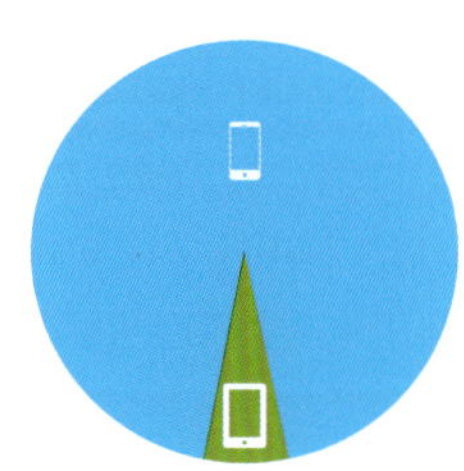

Smartphone 94 %
Desktop 0 %
Tablet 6 %

Zeitperiode: Q4/2019; Gesamtbevölkerung (14+); alle Endgeräte kombiniert (Desktop, Smartphone, Tablet)

Hochentwickelte AR-Features

Im Kern von TikTok steht eigentlich das Musikvideo sowie das Feature einfacher Synchronisation – sicherlich auch getrieben von früheren Funktionen aus musical.ly. Dabei können verschiedene Teile schrittweise gefilmt und dann kombiniert werden. Die Videos können durch eine Unmenge von Effekten bearbeitet werden: Sequenzen können beschleunigt oder verlangsamt, vorwärts und rückwärts eingespielt werden, Farben lassen sich filtern, Augmented-Reality-Elemente (analog zu Snapchat) können eingeblendet werden und so fort.

WAS WAR REVOLUTIONÄR AN TIKTOK?

Dabei führt TikTok verschiedene Aspekte memetischer (nachahmender) Viralität auf eine einzigartige und hochkonzentrierte Weise zusammen. Zunächst einmal verweist schon das Musikvideo als Gravitationszentrum von TikTok (und davor musical.ly) auf eine der frühesten Formen von Meme-Bildung, nämlich bei YouTube: Wir erinnern uns etwa an Soulja Boys »Crank That« (2007) oder Psys »Gangnam Style« (2012). Solche und ähnliche Clips zeigten schon sehr früh ein unglaubliches Potenzial memetischer Fortpflanzung – denn User imitierten und parodierten die Tänze, um diese wieder in die Social Media einzuspeisen und auf diese Weise gigantische virale Wellen zu erzeugen.

Die konsequente Anbindung an Musik setzt virale Potenziale frei

Dann ist es TikTok gelungen, das schon besprochene Generator-Prinzip weiterzuentwickeln, das ja (wie etwa bei Snapchat oder Meme-Plattformen) sowieso zu viralen Nachahmungen und diesen ganz eigentümlichen Formen serieller Kreativität führt. Es werden für User audiovisuelle Formate, Masken und Rahmen geliefert, in denen sie in Sekundenschnelle aus einfachen Inputs (Bilder/Videos) hochkomplexe eigene Artefakte produzieren können, um sie dann zu posten.

Fun Fact

Total Duration bei TikTok wächst in nur 12 Monaten um +428%

Auch TikTok folgt dem Generator-Prinzip

Das wird dann noch weiter potenziert durch spezielle Features – wie etwa eine einfache Songauswahl mit vordefinierten Passagen, was dazu führt, dass User immer wieder ähnliche Formate zu einem spezifischen Soundtrack ausbilden, zumal man beispielsweise eine Übersicht erhält zu allen Videos, die zu diesem Track schon erstellt worden waren. Diese Mechanik allein führt schon zu einer Tendenz, aus diesen vorgegebenen Versatzstücken immer neue Remixes und Samplings zu erzeugen.

Explosion der Kreativität in seriellen Formaten

Ganz ähnliche Ergebnisse erzielen natürlich auch Optionen, welche die Zuschauer explizit zum aktiven Mitmachen aktivieren: Etwa über »React« (User können ihre Reaktion auf ein Video mitschneiden, welches per Split Screen eingefügt wird), aber vor allem auch durch die »Duet«-Funktion, bei der User ein eigenes Video per Split Screen einem Video hinzufügen und es auf diese Weise weiterentwickeln. Aus diesem Grund besitzen die Videos bei TikTok einen so einzigartigen Status zwischen kreativer Neuerfindung und unendlichen Serien aus einem recht überschaubaren Set von Formaten (das sich über die Zeit aber dynamisch wandelt) – wie etwa die komisch-falsche Lippensynchronisation, Transformationsvideos, immer wiederkehrende Tanz- und Bewegungstypen (Renegade, Spooky Scary Skeletons, Get Silly), verschiedene Challenges (Dancing Clothes Challenge, Pretty Boy Swag Challenge, OMGChallenge, They tried to put me on the Cover of Vogue), Question-Memes (»nope – yup – nope – yup ...«), Fail-Videos, »wie man ein Mädchen glücklich macht« und so fort.

Der TikTok-Hype ist ungebrochen

Wie anfänglich bei Snapchat, so scheinen es momentan auch bei TikTok die eingebauten memetisch-viralen Kräfte zu sein, welche den kometenhaften Aufstieg der Plattform anfeuern. TikTok ist momentan klar das am meisten gehypte Produkt im gesamten Markt. Die Zahl der Unique User hat sich in 12 Monaten mehr als verdoppelt, TikTok ist in nur kurzer Zeit von einer kleinen Tail-End-Nischengröße zu einem ernsthaften Konkurrenten mit mehr als 8% Nettoreichweite gewachsen. Eine noch stärkere Dynamik findet sich in der Nutzungsdauer pro Unique User – denn hier zeigt sich am besten, wie sehr es einem Angebot gelingt, nachhaltig und dauerhaft Aufmerksamkeit zu binden. TikTok legt hier mehr als 1 Stunde an Nutzung zu und erreicht damit mehr als eine Verdoppelung – zudem ist der erreichte Wert (2:01 Stunden im

Monat) sehr hoch und belegt die extrem hohe Stickiness dieser Plattform. Die Kombination dieses spektakulären Wachstums der Reichweite mit der Verlängerung der Nutzungsdauer liefert im Gesamtbild eine unglaubliche Dynamik in der Gesamtnutzung: Diese hat sich innerhalb von nur 12 Monaten mehr als vervierfacht!

Der Blick auf die User zeigt, dass TikTok leicht überproportional von Männern verwendet wird (58 %), was uns insofern überrascht hat, als wir von den Inhalten eher ein Übergewicht bei den weiblichen Usern vermutet hätten. An dieser Stelle ist die reine Betrachtung nach Reichweite jedoch irreführend, denn in Bezug auf die Nutzungsdauer stellt sich die Lage ganz anders dar, denn männliche Nutzer nutzen die App wesentlich kürzer, die Verweildauer der weiblichen User ist mehr als doppelt so lang, weswegen sich die gesamte durch die Plattform gebundene Aufmerksamkeit exakt umgekehrt verteilt – und zwar in etwa zu zwei Dritteln auf weibliche, dagegen nur zu einem Drittel auf männliche Verwender. In Bezug auf die Altersgruppen ergibt sich ein ähnliches Bild wie bei Snapchat – woraus sich zugleich die wichtigste Schlussfolgerung ergibt. Denn eine so junge Verwenderschaft liefert einerseits das Potenzial für TikTok, auch in Zukunft ähnlich gigantische Wachstumsraten einzufahren. Das wäre dann das YouTube-Szenario.

Weibliche User verbringen mehr als doppelt so viel Zeit auf TikTok wie männliche:

2:31 h Duration per U. U. (Stunden/Monat)	**1:03 h** Duration per U. U. (Stunden/Monat)
4.098.566 h Total Duration (Stunden/Monat)	**2.365.737 h** Total Duration (Stunden/Monat)
63 % Anteil an Total Duration	**37 %** Anteil an Total Duration

Allerdings kann man davon ausgehen, dass Facebook, aber wahrscheinlich auch YouTube die Zeichen der Zeit erkannt haben und sicher bald ähnliche Features auf ihren Plattformen anbieten werden, um TikTok einzudämmen und ihm allmählich das Wasser abzugraben – das wäre dann das Snapchat-Szenario. Instagram besitzt in Brasilien schon eine »Reels«-Funktion (eine zusätzliche Musik-Funktion für Storys); es gibt zum Zeitpunkt des Abfassens dieser Zeilen auch erste Leaks, dass Instagram schon an einer Integration des »React«-Features arbeitet.

TikTok-Features bald bei Instagram?

In den deutschen Offline-Massenmedien wird TikTok übrigens vor allem in Hinblick auf die Frage nach der Zensur von Inhalten besprochen. Inwieweit Politik hier eine zentrale Rolle spielt, ist aufgrund des Fokus auf Unterhaltung und Spaß zwar noch offen, wichtiger ist die Frage nach der Unterdrückung von Inhalten, die etwa mit Homosexualität zu tun haben.

Man sollte aber auch der Plattform selbst Aufmerksamkeit schenken, denn momentan ist kein Player im Markt so innovativ wie TikTok. Die App stellt somit eine Blaupause für die nächsten Generationen der Social Media dar. Wer also verstehen will, auf welche Weise wir audiovisuelle Medien in etwa 5 bis 10 Jahren verwenden werden, kommt um eine intensive Beschäftigung mit TikTok und den neuartigen expressiven Möglichkeiten dieser Plattform nicht herum.

Tumblr: Digital Counter Culture

Micro-Blogging für Rebellen

Schon 2007 ging Tumblr live und positionierte sich von Beginn an als rebellisches Gegenstück zu der Mainstream-Plattform Facebook, aber auch Twitter. Das Wort *tumble* bedeutet »stürzen« bzw. »taumeln«, der Name Tumblr nimmt aber auch Bezug auf die frühen *tumblelogs*, die etwa seit der Mitte der 2000er Jahre häufig anarchische Formen von Micro-Blogs bezeichneten. Die Idee bestand also darin, eine Plattform für solche Micro-Blogs zu schaffen. Gewissermaßen lieferte Twitter 2006 hierfür das Mainstream-Format und Tumblr 2007 die Rebellenversion.

Das Besondere an Tumblr ist sicherlich die ganz eigene und spezifische, etwas düstere und melancholische Ästhetik. Die Fotos sind oft durch Filter

TUMBLR-NUTZUNG: DETAILKARTE

TREND

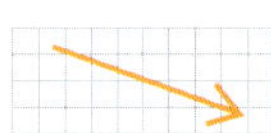

NET REACH

Q3/2018 → Q3/2019

10,9 % → 7,3 %

-3,6 % PUNKTE

	Q3/2018	Q3/2019	ÄNDERUNG
UNIQUE USERS	6.074.377	4.252.747	-30,0 %
TOTAL DURATION (Ø Stunden/Monat)	3.947.995	2.762.682	-30,0 %
DURATION PER U.U. (Ø Stunden/Monat)	0:39:00	00:38:58	-0,1 %
SESSIONS PER U.U. (Ø im Monat)	5,0	5,9	+18,1 %

NET REACH
innerhalb Zielgruppe nach Alter in Prozent

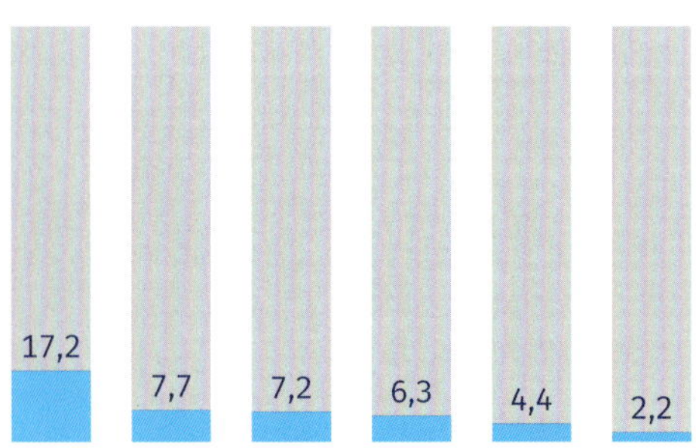

GESCHLECHT

Männer	63 %
Frauen	37 %

VERWENDETE ENDGERÄTE

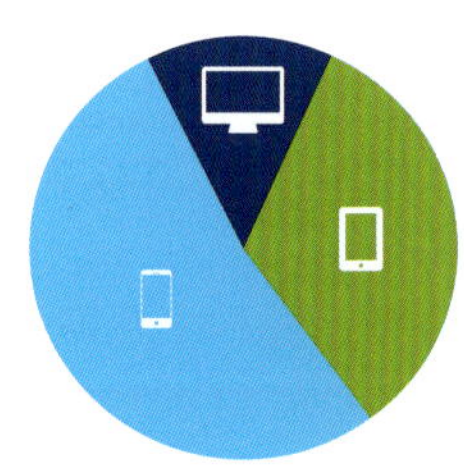

Smartphone	53 %
Desktop	14 %
Tablet	33 %

Zeitperiode: Q3/2019; Gesamtbevölkerung (14+); alle Endgeräte kombiniert (Desktop, Smartphone, Tablet)

bearbeitet, erscheinen monochrom oder verblasst, sind moody und verfügen etwa über die charakteristischen Lichterketten – »fairy lights«. Die Posts erscheinen als radikal »unzensiert« und waren dies im wörtlichen Sinne bis etwa 2017, da eine große Menge von Beiträgen pornografischer Art auf der Plattform gepostet worden war (Tumblr verlor viele User nach dem Verbot von Pornografie).

Anfänge mit Porno-Affinität

Die extrem diverse und liberale Plattform war seit jeher ein Forum für die Belange von LGBTQ+-Communitys. Abgesehen davon wurde Tumblr auch von Minderheiten, Subkulturen oder Fangemeinschaften als expressives und buntes Medium für ihre Inhalte und Belange genutzt, es eröffnet gerade auch jungen Menschen ein Experimentierfeld für die eigene Identitätsfindung. Es herrscht ferner eine Affinität zu extremeren Musikstilen, mitunter aber auch zu Themen wie Depressionen, Magersucht oder anderen psychischen Problemfeldern. Schon seit jeher haben die Inhalte jenen wunderbaren Hang zum Absurden und Abgelegenen der früheren nerdigen Netzkultur, wie schon früh »Kim Jong-il Looking at Things«, später »Brides Throwing Cats«, »Exploding Actresses« und so fort; andere charakteristische Inhalte sind Memes, Fan Fiction, Mangas, Anime, Fotografie, Kunst und so weiter.

Tumblr ist schon von den Fundamentaldaten her gesehen eine Marginalgröße. Selbst wenn man YouTube und Messenger-Apps aus dem Markt herausrechnet, hat Tumblr unter den verbliebenen Social-Media-Portalen nur etwa 0,6 % Marktanteil (Total Duration). Die Analyse der Nutzung von Tumblr zeigt ferner, dass die Anziehungskraft dieser digitalen Gegenkultur stark nachlässt.

Die Zahlen liefern tatsächlich ein erschreckendes Bild: Innerhalb von nur einem Jahr hat Tumblr etwa 30 % an Nutzern verloren. Die Nutzungsdauer pro Unique User bleibt zwar konstant, fällt aber für ein derartiges High-Involvement-Publikum insgesamt recht niedrig aus. Und diese Kombination führt dazu, dass die Nettoreichweite dann deutlich niedriger ausfällt, wenn man sie nur über einen Monat (statt wie hier über ein Quartal) misst – sie liegt dann bei genau 4,0 %. Auch die Prüfung der Altersverteilung liefert da keine positive Perspektive. Noch viel mehr als bei Snapchat gilt auch für Tumblr, dass es nicht gelingt, die älter werdenden User zu halten. Denn Tumblr müsste auch starke Reichweiten bei Nutzern zwischen 25 und 40 Jahren aufweisen – tatsächlich kollabiert die Reichweite aber ab Mitte 20.

Tumblr verliert an Anziehungskraft

Insgesamt scheinen die Aussichten für solche radikaleren und auch potenziell politischen Gegenöffentlichkeiten zum allgemeinen Mainstream limitiert zu sein – das zeigt vor allem die exakt gegenläufige Dynamik bei einer Plattform wie TikTok. Es bleibt abzuwarten, wie sich die Dinge weiterentwickeln.

Jodel: Die hyperlokale Community

Endlich haben wir unter all den Social-Media-Wettbewerbern einmal ein deutsches Unternehmen, und zwar Jodel. Auch hier sind die Nutzer anonym, ferner kann man nur Beiträge sehen, die aus einer Entfernung von maximal zehn Kilometern gepostet wurden, und das alles in Echtzeit – was übrigens auch den Namen erklärt, denn ganz ähnlich verhält es sich ja, wenn man in den Bergen jemanden jodeln hört: Man vernimmt den Ton, aber man erkennt nicht den Urheber.

Geofilter ermöglichen lokale Interaktion

Das Besondere an Jodel ist also dieser hyperlokale Zuschnitt, der durch die Verknüpfung mit der GPS-Lokalisierung der Smartphones möglich gemacht wird. Jodel wurde 2014 gegründet, war allerdings eine Nachahmung der 2013

JODEL-NUTZUNG: DETAILKARTE

TREND

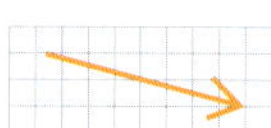

	Q3/2018	Q3/2019	ÄNDERUNG
UNIQUE USERS	2.213.868	2.127.835	-3,9 %
TOTAL DURATION (Ø Stunden/Monat)	2.712.740	2.092.798	-22,9 %
DURATION PER U.U. (Ø Stunden/Monat)	1:13:31	0:59:01	-19,7 %
SESSIONS PER U.U. (Ø im Monat)	14,9	10,7	-28,0 %

NET REACH

Q3/2018	→	Q3/2019
4,0 %		3,6 %

-0,4 % PUNKTE

NET REACH
innerhalb Zielgruppe nach Alter in Prozent

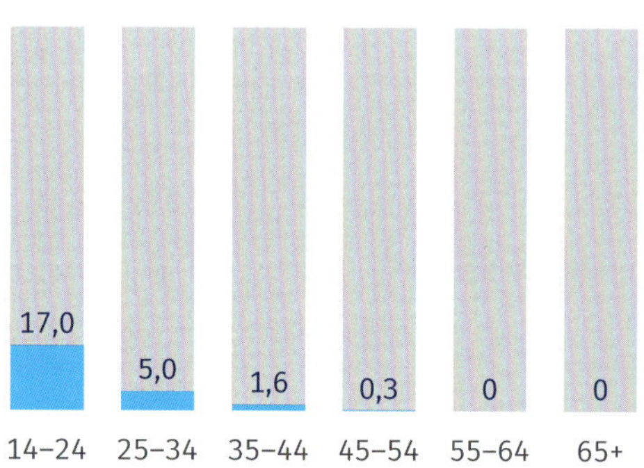

GESCHLECHT

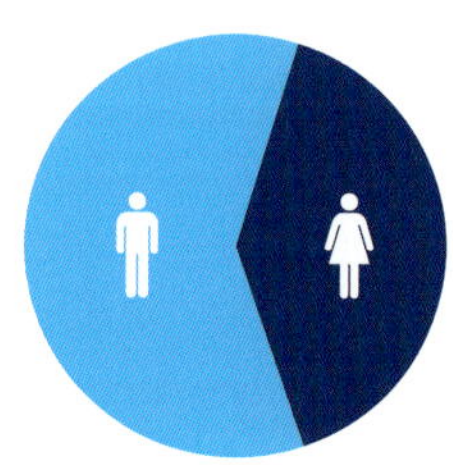

Männer	60 %
Frauen	40 %

VERWENDETE ENDGERÄTE

Smartphone	100 %
Desktop	0 %
Tablet	0 %

Zeitperiode: Q3/2019; Gesamtbevölkerung (14+); alle Endgeräte kombiniert (Desktop, Smartphone, Tablet)

lancierten amerikanischen App Yik Yak (die mittlerweile vom Markt genommen wurde), bei der die User durch Erreichen eines »Yakarma«-Werts belohnt wurden – ganz analog erhalten Jodler Karma-Punkte.

Authentisch, derb, manchmal pornografisch

Interessant an Jodel ist, dass auch diese Plattform mit neuen Formen von Authentizität spielt. Zunächst einmal müssen Bilder und Filme direkt aufgenommen werden. Schon die lokale Nähe spielt da eine zentrale Rolle (und viele Posts nehmen auch Bezug auf lokale Phänomene). Aufgrund der Anonymität der User gibt es bei Jodel auch keine Privatsphäre-Einstellungen. Die Anonymität führt zu einer tendenziell enthemmten Kommunikation, was mitunter erotische und pornografische Inhalte mit sich bringt (wie etwa der Channel PoJoSo, das Kürzel für »Porno-Jodel-Sonntag«, über das Amateurbilder und -videos gepostet werden). Die lokale Bezugnahme macht Jodel ferner beliebt als App zum Anbändeln und fürs Dating, aber auch für die Suche von Hilfe; es werden vor allem Witze gepostet, von denen viele auf konkrete Situationen Bezug nehmen.

Unsere Analysen legen nahe, dass Jodel es zwar geschafft hat, zwischen etwa 2015 und 2018 einen gewissen Hype unter jungen Zielgruppen auszulösen, dass diese Zeit aber vorbei ist. Kritisch ist zunächst, dass die Nettoreichweite sinkt – die App verliert 3,9 % ihrer Nutzer innerhalb eines Jahres.

Jodel verliert stark an Reichweite und Nutzungsdauer

Wichtiger ist aber der starke Rückgang an Stickiness – denn im Durchschnitt verbringen die Verwender etwa 20 % weniger Zeit auf dem Portal als noch vor einem Jahr. Beide Faktoren multiplizieren sich dann zu einem Verlust an Total Duration von mehr als 40 % – was insofern ein Problem ist, als die Basis ja ohnehin schon recht niedrig liegt.

6 Karrierenetzwerke

LinkedIn wie XING gehören zu den Social Media der ersten Generation (Launch bereits 2003), auch wenn sie anfänglich zunächst funktional recht limitierte Applikationen auf die spezifischen Anforderungen für die Kontaktpflege im geschäftlichen Umfeld darstellten. Aktuell handelt es sich um ausgereifte Plattformen mit einer verblüffenden Vielzahl von Funktionalitäten – weil sie recht ähnlich funktionieren, werden sie hier gemeinsam dargestellt.

Karrierenetzwerke besitzen andere Geschäftsmodelle

Das Geschäftsmodell unterscheidet sich gravierend von den anderen Plattformen, die weitestgehend ihre Einnahmen durch Werbung erzielen, weswegen es kurz erläutert sei. Die Mehrheit der Nutzer erhält einen Gratiszugang, der ihnen ermöglicht, auf der Plattform ihre Kontakte zu pflegen sowie Informationen über sich selbst in einem Profil zu gestalten, um sich auf diese Weise dem Markt zu empfehlen. Angestellte entwickeln hier auf immer professionellere Art und Weise ihre eigene Personenmarke und präsentieren sich dadurch in sehr vielschichtigen Facetten (Lebenslauf, Publikationen, Empfehlungen, Endorsements etc.) der digitalen Öffentlichkeit.

Das Entscheidende ist genau diese ebenso einzigartige und wertvolle Aggregation von Informationen, die auf verschiedenen Wegen monetarisiert werden: Erstens können Firmen, Headhunter und andere HR-Agenturen Business Solutions abonnieren, wodurch ihnen spezifische Search-Funktionalitäten und Recruiting-Tools zur Verfügung stehen, die sie nutzen können, um damit ihre offenen Stellen neu zu besetzen.

Zweitens können sie Paid Content posten, also gesponsorte Anzeigen vor allem für die Bewerbung des Firmen-Images schalten. Drittens bietet man aber Premium-Mitgliedschaften für die Nutzer an und damit verschiedene Nutzendimensionen – die vor allem die Sichtbarkeit des eigenen Profils für Recruiter erhöhen. Ferner kann man identifizieren, wer genau die eigene Seite besucht hat, und außerdem eröffnen sich bessere Funktionalitäten für die Jobsuche. Zuletzt werden diese Plattformen aber immer wichtiger als Vertriebs-Tool für alle möglichen Dienstleistungen, da man hier potenzielle Kunden schnell identifizieren und direkt kontaktieren kann.

XING: Kontakte für die Karriere

Interessanterweise entwickeln sich beide Plattformen auch recht ähnlich. In Deutschland ist XING nach wie vor Marktführer mit 27,1% Nettoreichweite – dabei kann die Plattform knapp 10% neue User innerhalb von einem Jahr gewinnen, vorwiegend in den älteren Zielgruppen. Auch die Dauer pro Unique User wächst mit knapp 30% dynamisch; das niedrige Niveau von nur 14 Minuten im Monat ist der sehr spezifischen Positionierung zuzuschreiben. Insgesamt ist die Reichweite am höchsten zwischen etwa 25 und 44 Jahren, was die hohe Relevanz solcher Plattformen bei der Jobsuche belegt; es gibt ein leichtes Übergewicht zugunsten männlicher User.

XING-NUTZUNG: DETAILKARTE

TREND

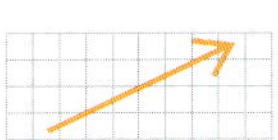

NET REACH

Q3/2018 → Q3/2019

26,0% 27,1%

+1,1% PUNKTE

	Q3/2018	Q3/2019	ÄNDERUNG
UNIQUE USERS	14.475.558	15.858.577	+9,6%
TOTAL DURATION (Ø Stunden/Monat)	2.592.560	3.672.415	+41,7%
DURATION PER U.U. (Ø Stunden/Monat)	0:10:45	0:13:53	+29,1%
SESSIONS PER U.U. (Ø im Monat)	2,6	3,2	+22,8%

NET REACH

innerhalb Zielgruppe nach Alter in Prozent

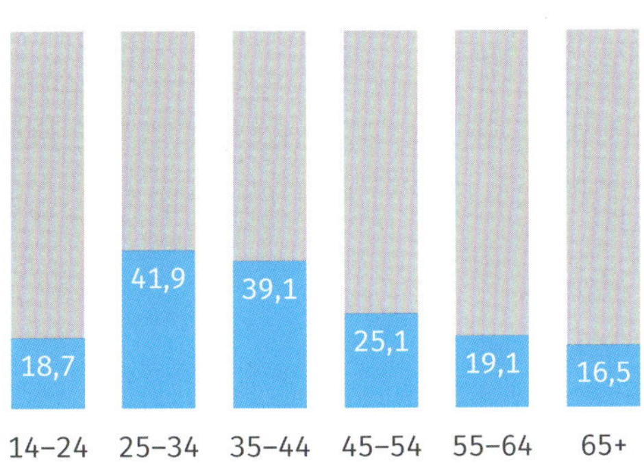

GESCHLECHT

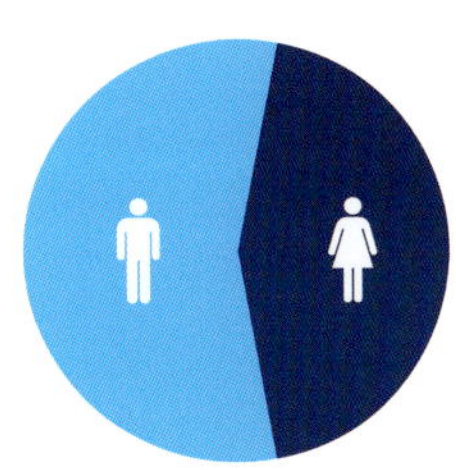

Männer 56%
Frauen 44%

VERWENDETE ENDGERÄTE

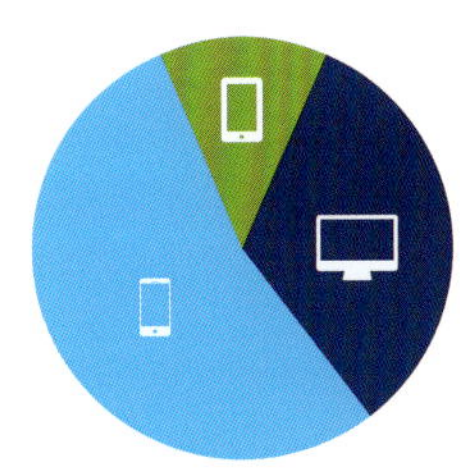

Smartphone 54%
Desktop 33%
Tablet 13%

Zeitperiode: Q3/2019; Gesamtbevölkerung (14+); alle Endgeräte kombiniert (Desktop, Smartphone, Tablet)

LinkedIn: Kontakte plus Content

LinkedIn ist ein ursprünglich englischsprachiges Portal, seine erzielte Nettoreichweite von etwa 19 % in Deutschland ist durchaus beachtlich. Die Parameter entwickeln sich ebenfalls dynamisch und fast deckungsgleich zu denjenigen bei XING – was insgesamt zeigen kann, dass die professionelle Vermarktung der eigenen persönlichen Brand auf diesen Netzwerken im heutigen Arbeitsmarkt inzwischen unverzichtbar geworden ist.

LinkedIn ist im Verhältnis zu XING mittlerweile viel umfangreicher und vielseitiger als Content-Plattform aufgestellt.

LINKEDIN-NUTZUNG: DETAILKARTE

TREND

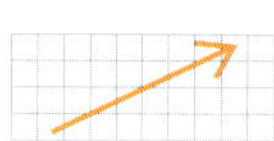

NET REACH

Q3/2018 → Q3/2019

18,6 % 18,7 %

+0,1 % PUNKTE

	Q3/2018	Q3/2019	ÄNDERUNG
UNIQUE USERS	10.383.302	10.915.562	+5,1 %
TOTAL DURATION (Ø Stunden/Monat)	1.649.243	2.399.426	+45,5 %
DURATION PER U.U. (Ø Stunden/Monat)	0:09:32	0:13:11	+38,3 %
SESSIONS PER U.U. (Ø im Monat)	2,2	3,0	+35,9 %

NET REACH

innerhalb Zielgruppe nach Alter in Prozent

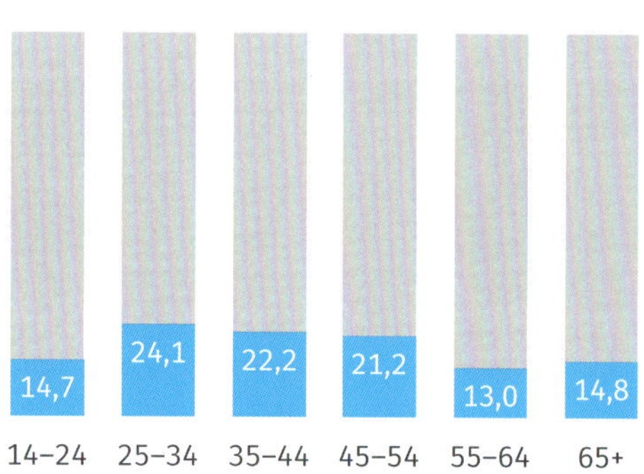

GESCHLECHT

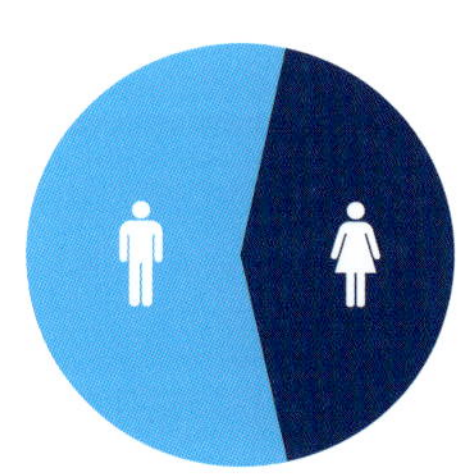

Männer	57 %
Frauen	43 %

VERWENDETE ENDGERÄTE

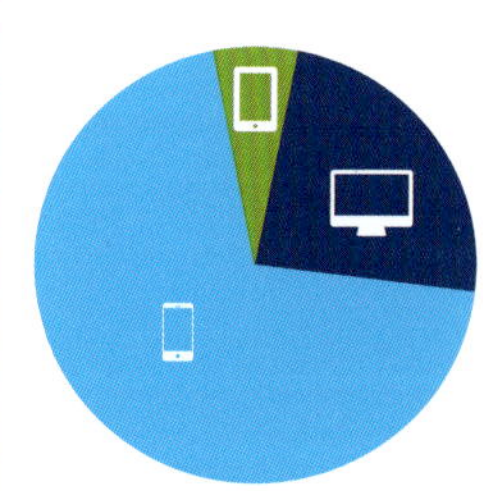

Smartphone	70 %
Desktop	24 %
Tablet	6 %

Zeitperiode: Q3/2019; Gesamtbevölkerung (14+); alle Endgeräte kombiniert (Desktop, Smartphone, Tablet)

7

Instant-Messenger-Dienste

WhatsApp: Der Instant-Messaging-Riese

Auch wenn WhatsApp im normalen Sprachgebrauch nicht intuitiv sofort den Social Media zugerechnet wird, sind die Überlappungen doch offensichtlich: Die App ermöglicht Status-Meldungen, die häufig an Gruppen gehen und von deren Teilnehmern kommentiert oder etwa mit Emojis versehen werden können; neben Texten können auch Fotos, Videos und diverse andere Dateiformate versendet werden. Aufgrund der fließenden Übergänge werden wir diese Plattform ebenso wie Facebook Messenger kurz vorstellen.

WhatsApp ist der unbestrittene Marktführer der Instant Messenger und wächst trotz seiner dominanten Marktposition weiter dynamisch – in nur einem Jahr gewinnt es mehr als 4 Millionen neue User, vor allem bei den älteren Zielgruppen, bei denen die Kommunikation mit kurzen Textbotschaften mittlerweile zunehmend selbstverständlich wird. Im Schnitt verbringen User etwas mehr als 12 Minuten täglich mit dem Versenden solcher Messages.

Weil in der öffentlichen Wahrnehmung vor allem die jungen Nutzer als besonders »süchtig« in Bezug auf WhatsApp dargestellt werden, haben wir die Nutzungsdauer noch einmal nach Alterssegmenten überprüft. Der überraschende Befund ist, dass sich zwar eine leicht verstärkte Nutzung bei den jüngeren Verwendern messen lässt, die etwas mehr als 15 Minuten täglich auf der App verbringen – wir können jedoch keine extreme Unwucht erkennen, welche der aktuellen gesellschaftlichen Debatte entsprechen würde. Das hat möglicherweise auch damit zu tun, dass jüngere Zielgruppen solche Messages viel schneller verfassen als ältere.

WHATSAPP-NUTZUNG: DETAILKARTE

TREND

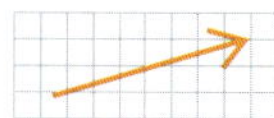

NET REACH

Q3/2018 → Q3/2019

80,9 % → 84,3 %

+3,4 % PUNKTE

	Q3/2018	Q3/2019	ÄNDERUNG
UNIQUE USERS	45.111.599	49.294.123	+9,3 %
TOTAL DURATION (ø Stunden/Monat)	279.883.328	304.496.135	+8,8 %
DURATION PER U.U. (ø Stunden/Monat)	6:12:15	6:10:37	-0,4 %
SESSIONS PER U.U. (ø im Monat)	96,2	96,2	0,0 %

NET REACH

innerhalb Zielgruppe nach Alter in Prozent

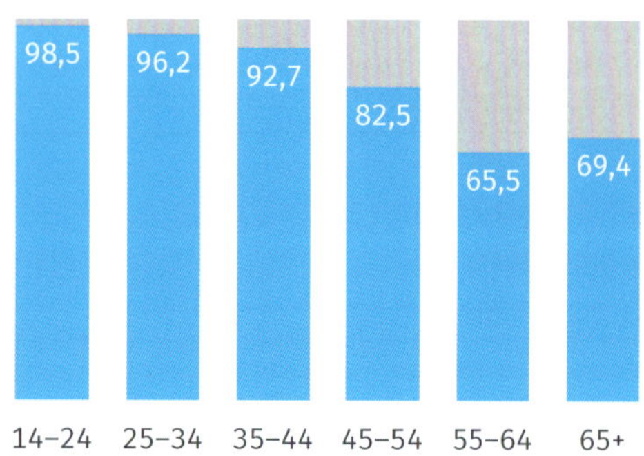

GESCHLECHT

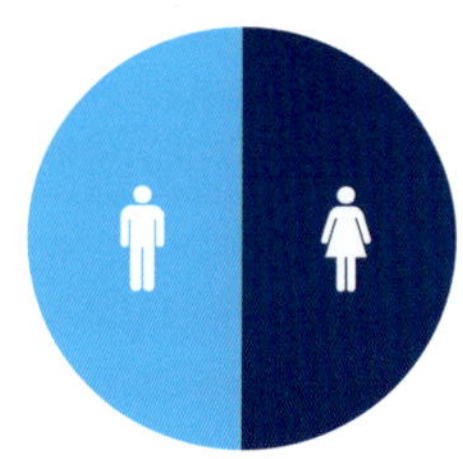

Männer	50 %
Frauen	50 %

VERWENDETE ENDGERÄTE

Smartphone	98 %
Desktop	0 %
Tablet	2 %

Zeitperiode: Q3/2019; Gesamtbevölkerung (14+); alle Endgeräte kombiniert (Desktop, Smartphone, Tablet)

WHATSAPP-NUTZUNGSDAUER IN STUNDEN

PER UNIQUE USER IM MONAT NACH ALTERSSEGMENT

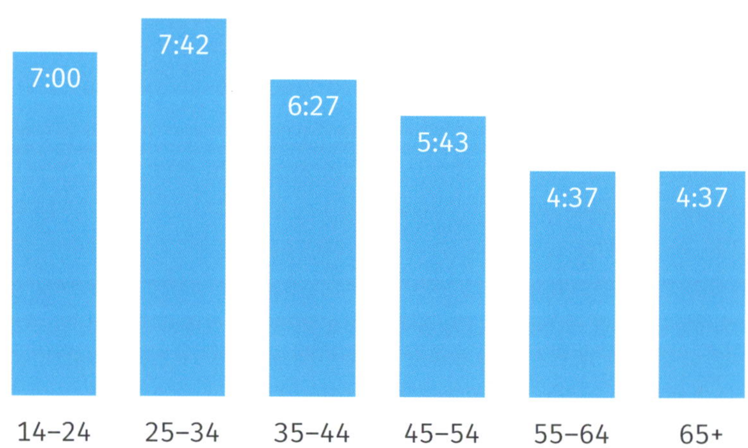

Zeitperiode: Q3/2019; Gesamtbevölkerung (14+); alle Endgeräte kombiniert (Desktop, Smartphone, Tablet)

Facebook Messenger: Mehr als eine Chatfunktion

Dass Instant Messenger doch viel mehr mit Social Media zu tun haben, als auf den ersten Blick ersichtlich ist, kann spätestens das Produkt von Facebook illustrieren. Facebook besaß schon 2008 eine Chatfunktion, lancierte den Facebook Messenger jedoch erst 2011 – also etwa zwei Jahre nach WhatsApp.

Dennoch blieb WhatsApp unangefochtener Marktführer, weswegen Facebook das Unternehmen im Jahr 2014 für den sagenhaften Betrag von 14 Milliarden US-Dollar übernahm. Die astronomische Summe kann an sich schon illustrieren, wie sehr Facebook die Effekte der mobilen Transformation befürchtete und sich in diesem Feld nicht mit dem zweiten Platz begnügen mochte.

FACEBOOK-MESSENGER-NUTZUNG: DETAILKARTE

TREND

NET REACH

Q3/2018	→	Q3/2019
68,9 %		68,6 %

-0,3 % PUNKTE

	Q3/2018	Q3/2019	ÄNDERUNG
UNIQUE USERS	38.421.480	40.084.347	+4,3 %
TOTAL DURATION (ø Stunden/Monat)	11.837.902	10.574.265	-10,7 %
DURATION PER U.U. (ø Stunden/Monat)	0:18:29	0:15:50	-14,3 %
SESSIONS PER U.U. (ø im Monat)	8,7	8,3	-4,6 %

NET REACH
innerhalb Zielgruppe nach Alter in Prozent

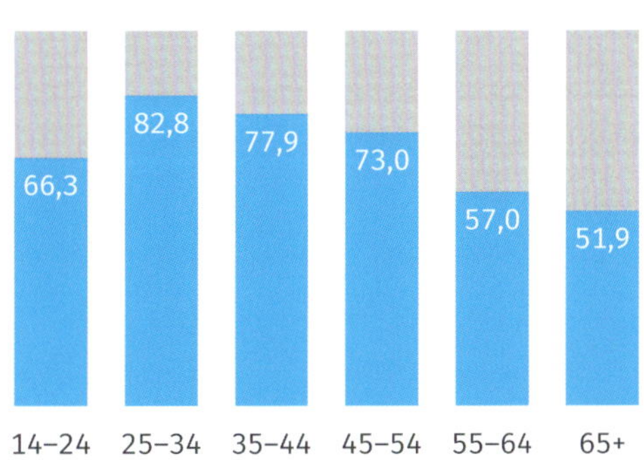

GESCHLECHT

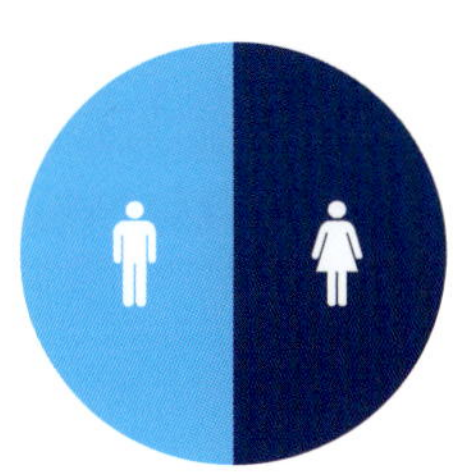

Männer	50 %
Frauen	50 %

VERWENDETE ENDGERÄTE

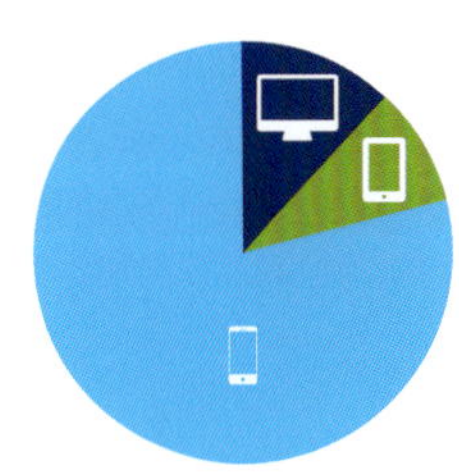

Smartphone	79 %
Desktop	12 %
Tablet	9 %

Zeitperiode: Q3/2019; Gesamtbevölkerung (14+); alle Endgeräte kombiniert (Desktop, Smartphone, Tablet)

Dass Facebook mit dieser Einschätzung Recht behielt, kann ausgerechnet die negative Entwicklung des eigenen Produkts, Facebook Messenger, belegen. Trotz der offensichtlichen Synergievorteile und trotz der außerordentlichen technologischen Fähigkeiten des Mutterkonzerns kann sich die Funktion im Markt nicht durchsetzen – im Gegenteil: Sie verliert stark an Nutzern, vor allem bei den jüngeren Zielgruppen, und noch weitaus stärker an Nutzungsdauer (-14,3 %). Es ist davon auszugehen, dass der Facebook-Konzern sich in Zukunft auf WhatsApp fokussieren wird.

8

Fazit: Social Media im Überblick

Die Bezeichnung »Social Media« ist tatsächlich Programm: Es handelt sich hier um eine neue Art von interaktiven Medienformaten, die unsere Gesellschaft innerhalb der letzten 15 Jahre sehr grundlegend verändert hat. Wir sehen vier wichtige Ergebnisse:

1. Hoher Anteil der Mediennutzung

Menschen verbringen mittlerweile erstaunlich viel Zeit mit diesen Angeboten – innerhalb der gesamten digitalen Mediennutzung entfallen knapp 24 % des Zeitkontos auf Social Media (inklusive YouTube). Wenn man WhatsApp dazurechnet, sind es sogar mehr als 30 %. Obwohl Social Media gerade einmal etwa 15 Jahre alt sind, stellen sie heute einen sehr großen Teil unserer digitalen Medienwirklichkeit dar.

2. Extrem hoher Grad an Konzentration

Unsere Beobachtungen zu den einzelnen Angeboten bestätigen aus einer zusätzlichen Perspektive die erhebliche Tendenz zur Konzentration, hier aus der Perspektive der Social Media: 94 % dieses gigantischen Markts wird von zwei Wettbewerbern erzielt, nämlich Alphabet/Google (d. h.: YouTube) sowie von den drei Angeboten des Facebook-Konzerns (Facebook, Instagram, WhatsApp). Alle anderen Plattformen zusammengenommen (Pinterest, Twitter, Snapchat, Reddit, Tumblr, TikTok, Jodel, XING, LinkedIn) können weniger als 6 % der gesamten Nutzungsdauer erzielen.
Während wir oben allgemein beschrieben haben, dass digitale Märkte aufgrund ihrer Strukturen geradezu *zwangsläufig* zu erheblicher Konzentrationsbildung tendieren, liefert die Kategorie der Social Media ein höchst anschau-

DIE TOP-PLAYER NACH KONZERNZUGEHÖRIGKEIT

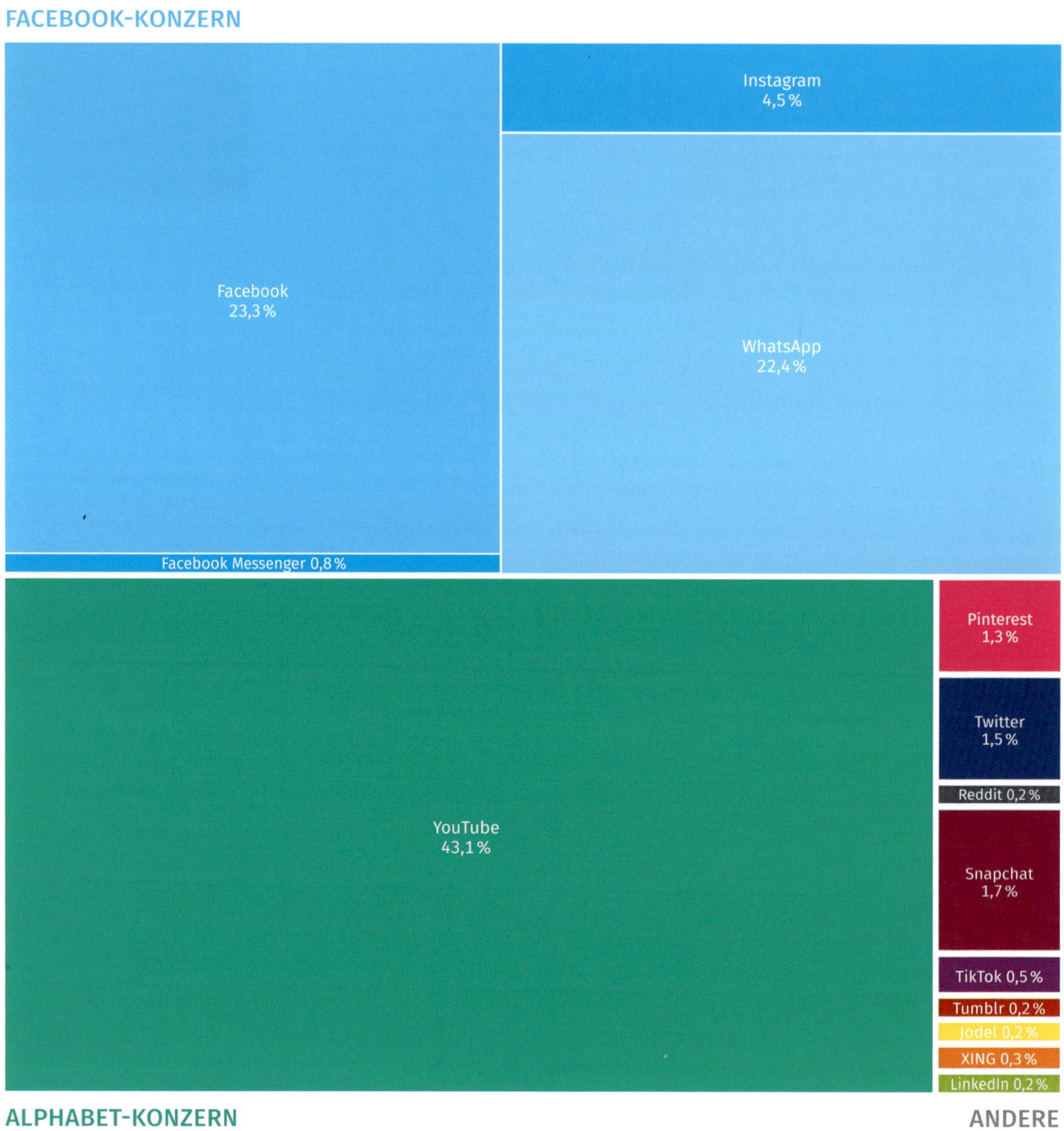

Die Fläche entspricht 100 % der Social-Media-Nutzung in Deutschland. Die Top-Player sind proportional abgebildet.
Zeitperiode: Q3/2019; basierend auf Total Duration; Gesamtbevölkerung (14+); alle Endgeräte kombiniert (Desktop, Smartphone, Tablet)

liches ergänzendes Beispiel, und zwar die spektakuläre Übernahme von WhatsApp durch Facebook.

Ein Unternehmen wie Facebook investiert nur aus einem einzigen Grund einen Betrag von 14 Milliarden US-Dollar für eine solche App: Es weiß selbst am allerbesten, dass ein einmaliger Vorsprung wie derjenige von WhatsApp im Jahr 2013 für später auftretende Konkurrenten unter normalen Umständen *nicht mehr einholbar ist*, auch wenn die Technologie selbst sicherlich einfach kopiert werden kann.

Es ist zu einem solchen Zeitpunkt dann weitgehend egal, ob ein neuer Player bessere Features anbietet, fantastische Technologien besitzt oder ungeheure Synergien mit Milliarden existierender User ausspielen kann (wie nämlich Facebook selbst für seinen Messenger) – sobald der Netzwerkeffekt sich einmal durchgesetzt hat, sind die User »locked-in«. In der Situation von Facebook hat man als Unternehmen nur eine Option: Entweder man akquiriert das Unternehmen *um jeden Preis* oder man riskiert, in einem solchen Segment für immer auf marginale Positionen beschränkt zu sein.

3. Die Social Media-Nutzung ist (relativ gesehen) leicht rückläufig

Betrachtet man die Entwicklung der Social Media insgesamt im Zeitverlauf, dann ist bemerkenswert, dass der gesamte Teil der Aufmerksamkeit, den User insgesamt auf Social Media verbringen, absolut gesehen nicht mehr wächst. Deswegen verlieren Social Media (aufgrund des Marktwachstums) relativ gesehen leicht an Bedeutung, der Anteil geht von 25,3 % auf 23,7 % zurück (diese Tendenz ändert sich auch nicht bei der Berücksichtigung von WhatsApp). Ob sich hier nach dem mehr als 10-jährigen Boom eine Marktsättigung abzeichnet, ist momentan noch nicht absehbar – zumal der starke Rückgang von Facebook klar Treiber dieser negativen Dynamik ist. Diese Verluste an Nutzung können im Markt auch nicht durch Zugewinne etwa auf Instagram oder bei neuen Hype-Produkten wie TikTok kompensiert werden. Es ist momentan noch offen, ob es sich »nur« um ein Problem von Facebook handelt oder ob sich der Markt allmählich konsolidiert.

4. Social-Media-Angebote entwickeln sich im Zeitverlauf auf ähnliche Weise

Zuletzt bietet gerade der Überblick über die breite Zahl von Angeboten im Markt die Möglichkeit, die Entstehung und Entwicklung von Social-Media-Plattformen in ihren verschiedenen Phasen zu betrachten – wobei Facebook das Reifestadium darstellt, eine Plattform wie TikTok dagegen Einblicke ermöglicht, auf welche Weise sich ganz neue und innovative Angebote im Markt durchsetzen.

Wie auch immer diese Entwicklungen im Detail verlaufen mögen – die generelle Linie ist klar: Ein allgemeines Naturgesetz solcher Plattformen besteht darin, in den ersten Jahren über Authentizität, Relevanz und *organic views* maximale Reichweiten und die damit verbundenen Netzwerkeffekte aufzubauen, um erst *nach dem Lock-in* der User den Anteil an Werbung oder anderer Wertschöpfungsschichten immer weiter hochzuschrauben. Dies kann man idealtypisch auch in drei Phasen einteilen.

Die Plattformen wandeln sich hierbei im Zeitverlauf und werden dabei immer kommerzieller. Die Nutzer sind in gewisser Weise machtlos, weil sie ihr persönliches, über Jahre auf der Plattform gewachsenes soziales Netzwerk nicht an einem anderen Ort neu konstruieren können. Aber sicherlich wird ihre Begeisterung für eine solche Plattform irgendwann nachlassen – und genau das scheint momentan bei Facebook der Fall zu sein.

So entwickelt sich Facebook durch die fortschreitende Monetarisierung immer mehr in Richtung eines kommerziellen Programms: Gezeigt wird zunehmend, wofür bezahlt wird. Aber auch YouTube hat bereits eine Menge seiner ursprünglichen Social-Media-Eigenschaften abgeworfen und sich dabei immer mehr in Richtung Media-on-Demand bewegt. Streng genommen würden solche Plattformen dann irgendwann eigentlich nicht mehr zu den Social Media gehören.

SOCIAL-MEDIA-NUTZUNG – ENTWICKLUNG

ANTEIL DER NUTZUNGSZEIT VON TOTAL DURATION IN PROZENT

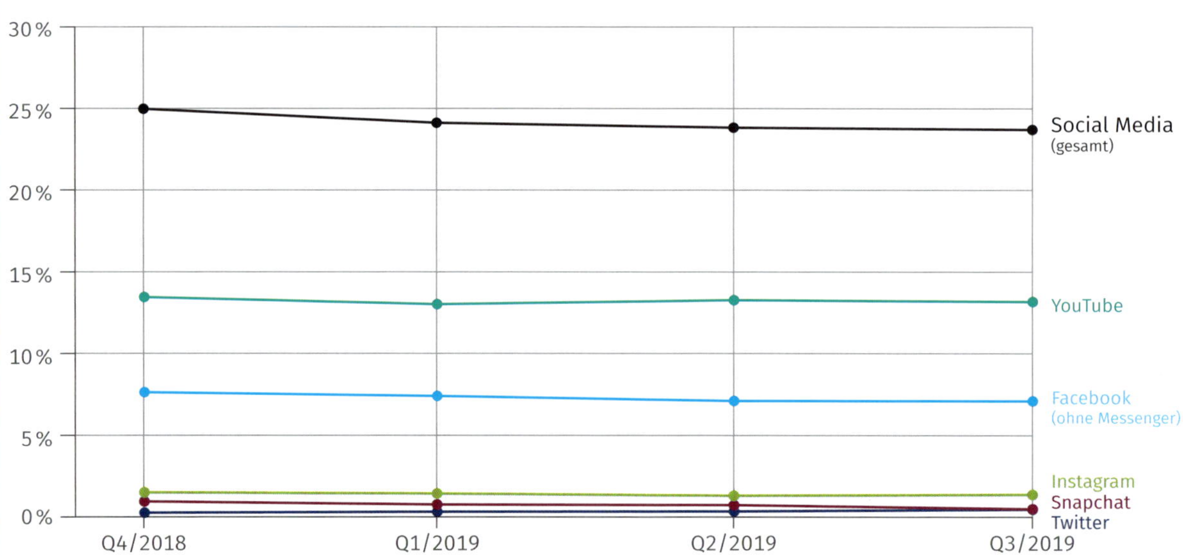

Zeitperiode: Q4/2018–Q3/2019; Gesamtbevölkerung (14+); in Prozent zu Total Duration gesamt; alle Endgeräte kombiniert (Desktop, Smartphone, Tablet)

DIE DREI PHASEN DER SOCIAL MEDIA

	PHASE 1	PHASE 2	PHASE 3
POSITIONIERUNG	Spitzer Use-Case – klar definierter USP	Zusätzliche Features	Starke Generalisierung
INHALTE	Kreativer Wildwuchs Rechtsverstöße (Urheberrecht, Persönlichkeitsrechte usw.)	Herausbildung »typischer« Formate Mix aus Kreativität und Mainstream Aussondern rechtlich kritischer Inhalte	Mainstream-Inhalte Zunehmende Abwanderung von Kreativen, Challengern, Disruptoren etc.
MONETARISIERUNG	Feed: Fokus auf Relevanz/Reichweite (Netzwerkeffekt) Keine oder wenig Werbung Hohe Opportunities bzgl. Organic Reach	Feed: Kompromiss zwischen Relevanz und kommerziellen Aspekten Opportunities bzgl. Organic Reach nehmen ab	Feed: Fokus auf Bezahlung Impressions sind vorwiegend durch Invest und kommerzielle Parameter definiert
STARS	Pioniere aus dem spezifischen Medium	Migration von Stars anderer Online-Medien in die Plattform	Zunehmend Celebrities aus Offline-Medien

IV

DEEP DIVES: GEBIETE VON BESONDEREM INTERESSE

IV 1

Die »Big 4«: Facebook, Alphabet, Apple, Amazon

Nach der allgemeinen Kartografierung der digitalen Mediennutzung ist es sinnvoll, zunächst einmal die Angebote der »Big 4« zu untersuchen – diesmal allerdings auf der Konzernebene, also Alphabet (Google und YouTube), Apple, Facebook und Amazon. Die Angebote dieser vier Konzerne decken etwa 45 % der gesamten Online-Nutzungsdauer ab.

BIG 4:

KONZERNE NACH NUTZUNGSDAUER

Alphabet	18,3 %
Facebook	15,7 %
Apple	7,5 %
Amazon	4,0 %
Andere	54,5 %

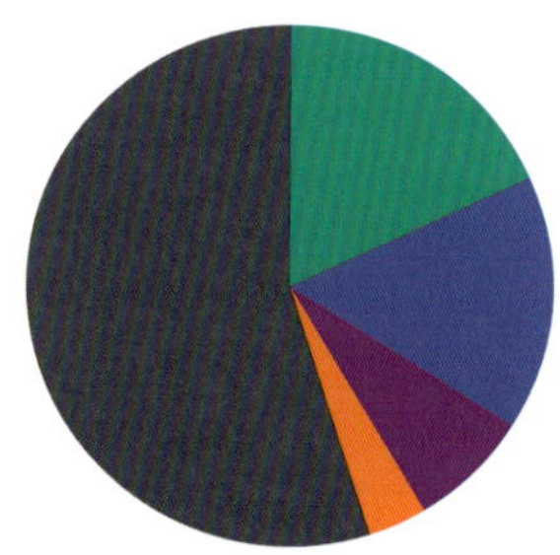

Zeitperiode: Q4/2019; alle Angebote; Gesamtbevölkerung (14+); alle Endgeräte kombiniert (Desktop, Smartphone, Tablet)

Die vier großen Player erzielen 45 % Nutzungsdauer

Daher lohnt es sich, diese Angebote noch einmal genauer zu erkunden, und zwar vor allem aus der Perspektive der einzelnen Konzerne und ihrer jeweils ganz andersartigen Portfolios an Marken und Produkten. Jeder dieser vier Player hat nicht nur eine spezifische Ausgangssituation, sie verfolgen alle auch äußerst unterschiedliche Strategien, wenn sie das digitale Universum aus ihrer spezifischen Perspektive erobern.

Weil wir in dem Kapitel zu Social Media bereits eine Menge über die Plattformen von Facebook berichtet haben, tragen wir hier nur fehlende Aspekte nach, um direkt im Anschluss Alphabet zu betrachten.

Der Facebook-Konzern (Facebook, Instagram, WhatsApp)

Umsätze und Geschäftsfelder

Auch wenn wir die digitale Welt in unserem Atlas weitestgehend auf der Grundlage von Nutzungszeiten erschließen, lohnt es sich bei den großen Digitalkonzernen, einen flankierenden Blick auf die Struktur der Unternehmensumsätze zu werfen.

Diese sind für Facebook schnell erläutert – denn das Unternehmen erzielt über seine drei großen Standbeine (Facebook, WhatsApp, Instagram) einen Umsatz von mehr als 70 Milliarden US-Dollar fast ausschließlich mit Werbung (98,5 %). Das ist eine starke Umsatzsteigerung von 27 %. Interessant ist auch ein Seitenblick auf den wichtigen Average Revenue per User: Im Jahr 2019 erzielte der Konzern den Betrag von 29,25 US-Dollar pro Nutzer, was gegenüber dem Vorjahr eine Steigerung von 17 % bedeutet.

Facebook erzielt pro Nutzer Einnahmen von knapp 30 US-Dollar im Jahr

FACEBOOK-KONZERN:

UMSATZVERTEILUNG 2019

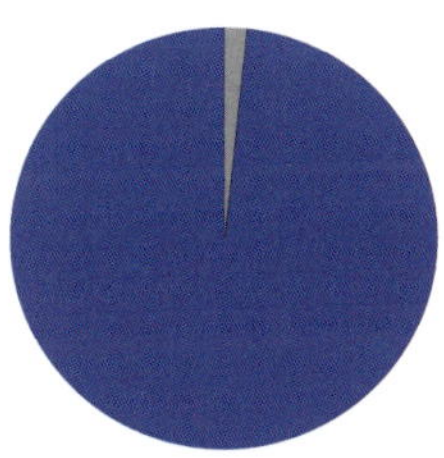

Werbung	98,5 %
Andere	1,5 %

70,7 Mrd. Umsatz 2019 (US $)

18,5 Mrd. Gewinn nach Steuern (US $)

+ 26,6 % Entwicklung gegenüber 2018

26,1 % Gewinnmarge

Quelle: Facebook Geschäftsbericht für das Jahr 2019

Felder nach Nutzungszeiten

Wie sieht es nun bei einer Betrachtung der Facebook-Galaxie aus, wenn man Nutzungszeiten zugrunde legt? Zunächst einmal ist bei einer ersten Orientierung die schiere Größe von WhatsApp bemerkenswert: Die Nutzungsdauer der App liegt mittlerweile auf fast demselben Niveau wie diejenige von Facebook.

FACEBOOK-KONZERN:

ANTEILE AN TOTAL DURATION

Zeitperiode: Q4/2019; Gesamtbevölkerung (14+); alle Endgeräte kombiniert (Desktop, Smartphone, Tablet)

Des Weiteren fällt die immer noch verhältnismäßig geringe Bedeutung von Instagram auf. Wir haben schon ausführlich dokumentiert, dass Instagram bei jungen Usern Facebook an Nutzungsintensität schon überholt hat, aber im Rest der Bevölkerung noch Nachholbedarf besteht. Hier wird erneut deutlich, dass die Portfolio-Strategie (Instagram für die Jüngeren, Facebook für die Älteren) Risiken birgt: Facebook selbst ist einfach zu groß, weswegen sich Verluste hier über das viel kleinere Instagram nicht kompensieren lassen.

Facebook setzt zu 100 % auf Social Media/Messenging

Zugleich ist eklatant, dass die Zusammensetzung des Facebook-Konzerns zu 100 % aus Social Media bzw. der Verlängerung in Instant Messenging besteht. Daraus lässt sich auch der strategische Ansatz des Unternehmens ableiten: Facebook setzt voll auf eine Karte, weswegen die Hauptpriorität darin besteht, die führende Position (bzw. das Quasi-Monopol) bei Social Media zu verteidigen und weiter auszubauen.

Detailkarten Facebook und Instagram: s. Kapitel III, 2

Da Facebook seine Umsätze und Gewinne nahezu ausschließlich über Werbung generiert, ist auch die starke Sensibilität des Konzerns gegenüber neuen Trends und Entwicklungen folgerichtig. Aus diesem Grund werden neue Wettbewerber entweder geschluckt (Instagram) oder kopiert (Snapchat). Tauchen neue Paradigmen auf, die eine potenzielle Gefährdung der eigenen Position durch noch nicht absehbare zukünftige Disruptionen beinhalten

FACEBOOK-KONZERN:

FELDER NACH NUTZUNGSZEITEN

Anbieter	Entwicklung Net Reach			Entwicklung Duration im Gesamtmarkt			
	Q4/2018	Q4/2019	±%-Punkte	Q4/2018	Q4/2019	±%-Punkte	Ø Q4/2019 (Stunden/Monat)
Facebook	90,7 %	92,7 %	+1,9 %	7,3 %	6,7 %	-0,7 %	295.352.195
FB Messenger	67,8 %	67,4 %	-0,4 %	0,3 %	0,2 %	-0,1 %	9.599.728
Facebook andere	n. a.	n. a.	n. a.	0,3 %	0,3 %	0,0 %	12.993.228
Facebook gesamt	**91,1 %**	**93,0 %**	**+1,9 %**	**8,0 %**	**7,2 %**	**-0,8 %**	**317.945.151**
Instagram	66,8 %	72,5 %	+5,7 %	1,5 %	1,5 %	0,0 %	67.337.446
WhatsApp	79,7 %	84,9 %	+5,2 %	7,3 %	7,0 %	-0,3 %	309.197.454
Facebook-Konzern gesamt	**n.a**	**n.a**	**n.a**	**16,7 %**	**15,7 %**	**-1,1 %**	**694.480.051**

Zeitperiode: Q4/2018 vs. Q4/2019; Gesamtbevölkerung (14+); alle Endgeräte kombiniert (Desktop, Smartphone, Tablet)

Fun Fact

Von der gesamten Nutzungsdauer erzielt der Facebook-Konzern mit WhatsApp **45 %**

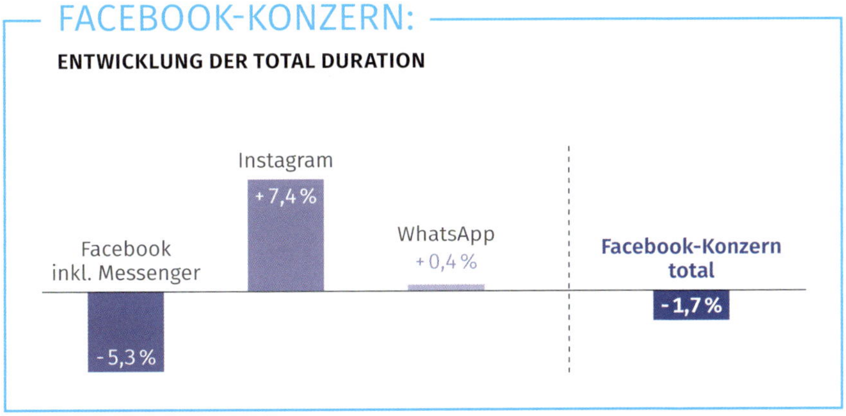

Zeitperiode: Q4/2019 vs. Q4/2018; Gesamtbevölkerung (14+); alle Endgeräte kombiniert (Desktop, Smartphone, Tablet)

könnten (WhatsApp), schreckt man vor sehr hohen Akquisitionsbeträgen nicht zurück, auch wenn dem Konzern im konkreten Fall von WhatsApp die Monetarisierung deutlich schwerer fallen dürfte als etwa zuvor bei Instagram. Insgesamt fällt jedoch auf, dass Facebook als Konzern signifikante Anteile an der Nutzungsdauer des Gesamtmarkts verliert.

Detailkarte WhatsApp: s. Kapitel III, 7

Das zeigt der Vergleich von Total Duration versus Vorjahr: WhatsApp ist stabil, Instagram wächst um 7,4 %, aber Facebook verliert 5,3 %. Das führt aggregiert zu einer rückläufigen Nutzung (-1,7 %), obwohl der Gesamtmarkt um 4,9 % wächst – in dem von uns dargestellten »Markt« der gesamten Aufmerksamkeit, die durch Endgeräte wie Smartphones, Tablets und Desktops gebunden wird, sinkt der Anteil des Facebook-Konzerns folglich um einen Prozentpunkt (von 16,7 % auf 15,7 %).

Instagram kann die verlorene Nutzung von Facebook nicht kompensieren

Netzwerkanalyse: Die Teile des Facebook-Konzerns und ihre Umgebung

Bei unserer Kartografierung der digitalen Welt messen wir fast ausschließlich statische »Größen« von einzelnen Angeboten über verschiedene Kennzahlen wie etwa Reichweiten, Nutzungsdauer, Sessions und so fort. Das liegt sicherlich auch in der Natur unserer Fragestellung.

Man kann unsere Datenbasis aber auch in eine ganz andere Richtung auswerten – und sich die *Beziehungen* anschauen, die *zwischen verschiedenen Angeboten* durch die Bewegungen der Nutzer bestehen. Denn jedes einzelne Angebot stellt im Netz ja wieder einen Knotenpunkt dar, der durch die Hyperlink-Strukturen des Internet prinzipiell mit allen anderen Angeboten verbunden ist. Diese Perspektive haben wir eingangs schon kurz angerissen – und zugleich die explodierende Komplexität illustriert, die sich analytisch kaum noch kontrollieren lässt, weil diese verwirrende Vielzahl an Austauschbeziehungen und Verknüpfungen ja wieder für jeden einzelnen Player gilt.

Herausforderung: Darstellung von Nutzungsflüssen bzw. »Knoten«

Dennoch wollen wir diese Dynamik immerhin für die »Big 4« darstellen. Dadurch verschiebt sich die Perspektive: Wir analysieren diese dann nicht mehr als *Destinationen* (also: als Orte, an denen Content konsumiert wird), sondern in ihrer Funktion als *Gateways*, also als *Übergänge* für Nutzerflüsse innerhalb des digitalen Netzwerks.

Diese Auswertung erfolgt durch Gephi-Visualisierungen, der wissenschaftlich üblichen Darstellungsform von Netzwerkstrukturen. In der ersten Gephi-Darstellung zeigen wir die Wechselbeziehungen der großen Angebote des Facebook-Konzerns.

Dabei entspricht die Größe der einzelnen Bubbles der *gesamten Nutzungsdauer* jedes einzelnen dargestellten Players. Die hier entscheidende Komponente ist jedoch die Dicke der Verbindung zwischen den einzelnen Blasen – denn diese Verbindungen zeigen auf, an welche anderen Angebote die jeweilige Plattform Nutzer *abgibt*.

In dieser Illustration fällt sofort auf, dass es dem Facebook-Konzern gelingt, einen Großteil der Folgenutzungen seiner drei Plattformen durch eines seiner komplementären Angebote einzufangen, um auf diese Weise die Nutzungsdauer im eigenen digitalen Ökosystem zu halten.

Facebook erzeugt hier also starke Reichweiten für den eigenen Konzern, 36 % der weitergeleiteten Nutzer enden wieder auf eigenen Angeboten, und zwar auf WhatsApp (10 %), Facebook Messenger (8 %), Facebook Groups (6 %), Instagram (5 %), Facebook Events (4 %), Facebook Watch (2 %). In dieser Darstellung zeigt sich, dass die Nutzungsdauer der kleineren Angebote (Messenger, Groups, Events, Watch) zwar recht gering ist, die Angebote aber trotzdem zusätzliche Reichweiten durch Facebook-Nutzer aufbauen können.

FACEBOOK-KONZERN: NETZWERKANALYSE

NUTZUNGSDAUER UND USER JE VERBINDUNG

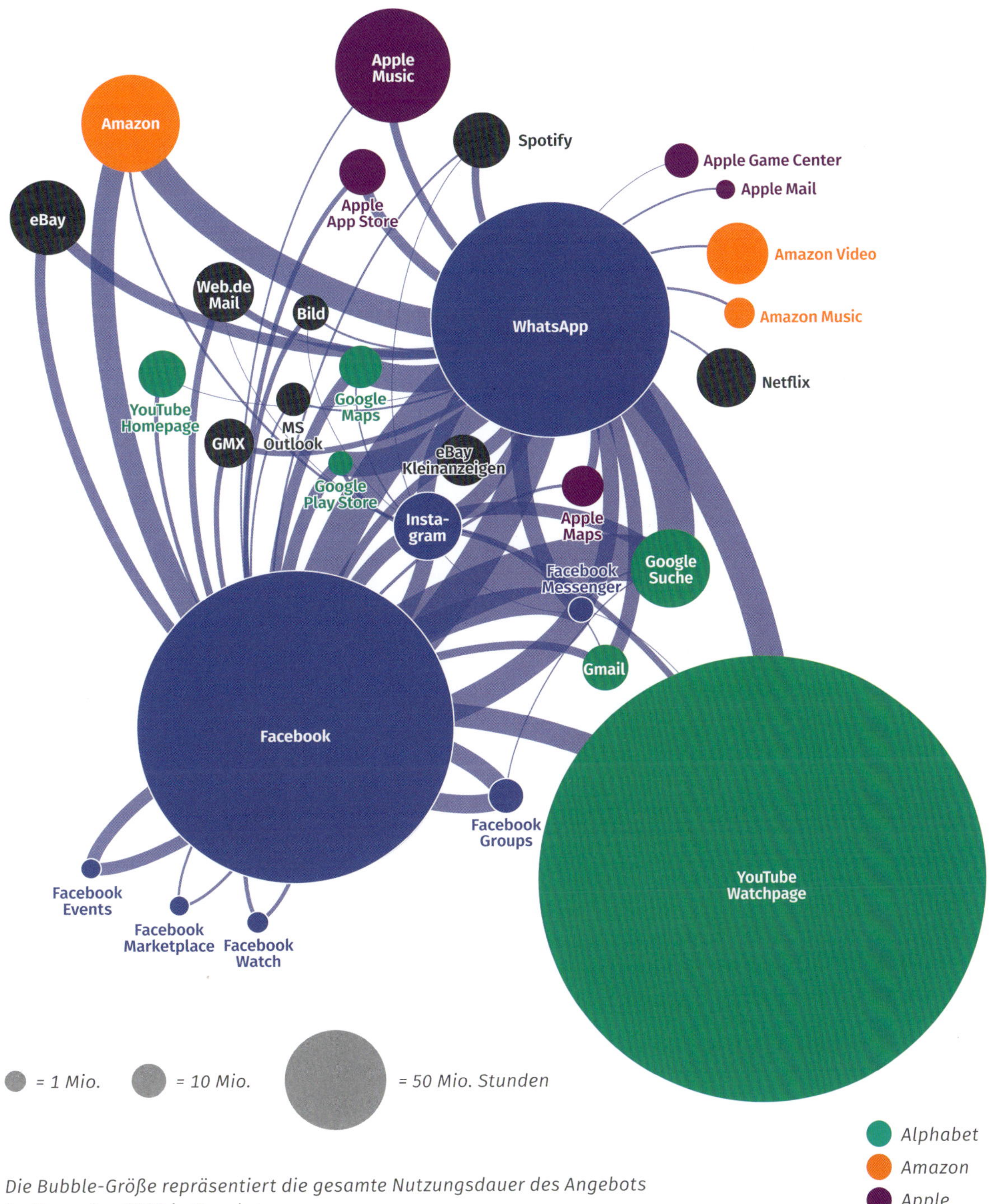

Die Bubble-Größe repräsentiert die gesamte Nutzungsdauer des Angebots im November 2019 in Stunden.

Die Linienstärke zeigt die Anzahl der Nutzer, die Linienfarbe entspricht dem Ausgangspunkt der Navigation.

Zeitperiode: November 2019; Gesamtbevölkerung (14+); alle Endgeräte kombiniert (Desktop, Smartphone, Tablet)

Fun Fact

Nach der Nutzung von Facebook landen aller User wieder auf anderen Angeboten des Facebook-Konzerns 36 %

Wir haben dieselbe Messung übrigens auch nach Nutzungs*zeit* durchgeführt, hier liegt der prozentuale Anteil der Folgenutzung sogar noch deutlich höher (im Klartext: 69 % der nachfolgenden Nutzungs*dauer* liegen wieder auf Konzern-Services).

Welche Nutzerflüsse enden nach der Nutzung von Facebook nun außerhalb des Facebook-Ökosystems? Eine große Rolle spielt erwartungsgemäß Google Search (12 %). Die Suchmaschine liegt insgesamt auf Rang 1 der empfangenden Portale, allerdings ist die Nutzungsdauer aufgrund der spezifischen Nutzungsweise recht gering. Ferner gehen immerhin 9 % der Nutzerflüsse auf das Konto von YouTube (Homepage & Watchpage).

Facebook erscheint hier ferner als ein wichtiger Knotenpunkt für Kommunikation (Web.de 3 %, GMX 2 %, Gmail 3 %, Outlook 1 %), für Informationsbeschaffung (Bild 2 %, Google Maps 4 %, Apple Maps 2 %), Entertainment (Netflix 1 %, Spotify 1 %, Apple Music 1 %, Amazon Music 1 % sowie Prime Video 1 %) und E-Commerce (Amazon 7 %, eBay 3 % sowie eBay Kleinanzeigen 3 %).

Aufgrund ihrer schieren Größe haben wir auch bei den beiden anderen großen Plattformen des Konzerns geprüft, wie viel Folgenutzung auf das Konto eigener Angebote geht:

Bei WhatsApp fließen 20 % der nachfolgenden Nutzerströme auf Facebook-Angebote (Facebook 10 %; Instagram 5 %; Facebook Messenger 5 %); bei Instagram sind es 11 % (WhatsApp 5 %, Facebook 5 %, Facebook Messenger 1 %).

Der Alphabet-Konzern (Google, YouTube)

Umsätze und Geschäftsfelder

Die Umsatzverteilung bei Google ähnelt derjenigen von Facebook – auch hier wird ein Großteil der Einnahmen (83,3 %) über Werbung erzielt, davon entfallen 70 % auf Einkünfte, die direkt über die eigene Suchmaschine sowie durch YouTube erzielt werden, die restlichen 13,3 % werden durch die Mitglieder des Google Network erzielt (dieser Service erlaubt es Webseiten, den Mitgliedern des Google-Content-Netzwerks, Anzeigen über Google zu monetarisieren, die dann per Impression oder per Klick abgerechnet werden). Google Cloud bietet Infrastrukturdienste für Unternehmen, die für unsere Betrachtungen unerheblich sind.

83 % der Umsätze von Alphabet werden durch Werbung erzielt

Hier interessieren jedoch auch die verbleibenden 10,5 %, die unter »Google andere« verbucht werden – denn darunter fallen unter anderem Einnahmen aus dem Google Pixel Phone und Google Play Store, aber auch Nicht-Werbeeinnahmen von YouTube (generiert aus Abonnenten von YouTube Premium, YouTube Music und YouTube TV; dieser Posten soll für 2019 bei 3 Milliarden US-Dollar gelegen haben).

ALPHABET-KONZERN:

UMSATZVERTEILUNG 2019

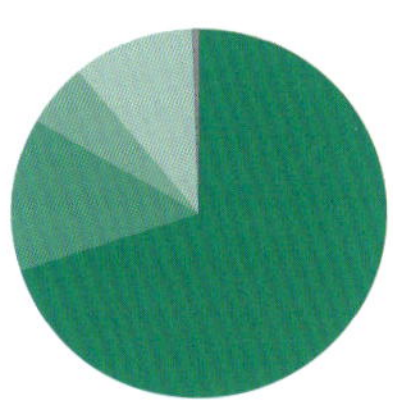

Werbung auf Google Properties	70,0 %
Werbung Google Network Members	13,3 %
Google Cloud	5,5 %
Google andere	10,5 %
Andere	0,4 %

161,9 Mrd. *Umsatz 2019 (US $)*

34,3 Mrd. *Gewinn nach Steuern (US $)*

+ 18,3 % *Entwicklung gegenüber 2018*

21,2 % *Gewinnmarge*

Quelle: Alphabet Geschäftsbericht für das Jahr 2019

Felder nach Nutzungszeiten

Da Alphabet bzw. Google nach unseren Messungen insgesamt am meisten Aufmerksamkeit auf seinen Angeboten bündelt, werden wir einige Gebiete genauer ausleuchten.

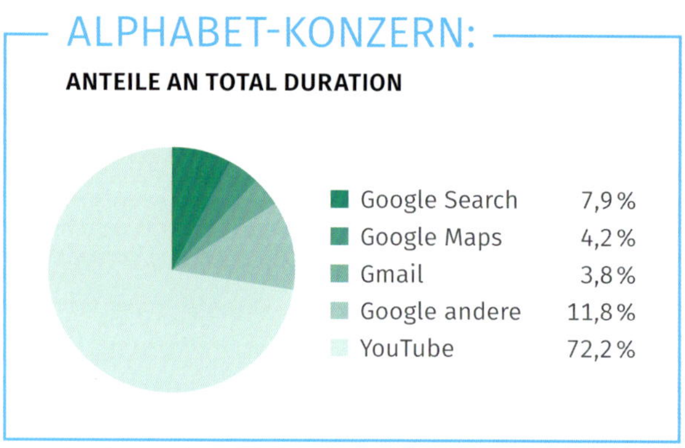

Zeitperiode: Q4/2019; Gesamtbevölkerung (14+); alle Endgeräte kombiniert (Desktop, Smartphone, Tablet)

Zugleich müssen wir an dieser Stelle wichtige Informationen nachtragen. Wie wir eingangs erwähnt haben, steht im Zentrum unseres Interesses stets die Frage danach, was Nutzer eigentlich im Netz tun – weswegen wir Aspekte wie Reichweiten und *Nutzungsdauer* zugrunde legen. So können wir die unterschiedlichen Online-Angebote immer aus der Sicht derselben Faktoren untersuchen. Dieser Rahmen erlaubt uns auch, die ganz unterschiedlichen Aktivitäten der Nutzer auf einer einzigen Grundlage miteinander in Beziehung zu setzen und sie miteinander zu vergleichen.

Denn für das Gros aller Angebote im Netz gilt, dass sich der Wettbewerb stets über diese Parameter organisiert: je mehr Nutzer ich anziehe und je länger diese auf meiner Plattform bleiben, desto besser kann ich mein Angebot monetarisieren, also etwa mehr Anzeigen schalten, mehr Subskriptionen zu höheren Preisen verkaufen etc.

Allerdings gibt es eine gewichtige Ausnahme. Diese hängt mit der Frage zusammen, ob es sich bei den Angeboten eher um *Destinationen* oder eher um *Gateways* handelt. Als Destinationen verstehen wir Webseiten, die so konzipiert sind, dass User möglichst ihre Zeit darauf verbringen sollen, ohne auf andere Angebote zu wechseln (z. B. spiegel.de, Candy Crush etc.). Als Gateways verstehen wir Webseiten, die dazu dienen, User schnell weiterzuleiten – also vor allem Suchmaschinen.

Aufgrund der Hyperlink-Struktur des Internet nehmen letztlich alle Plattformen hybride Positionen zwischen diesen zwei imaginären Polen ein – denn auch spiegel.de verlinkt beispielsweise auf andere Seiten bzw. Destinationen. Doch Suchmaschinen sind eindeutig als Gateways konzipiert.

Aus diesem Grund ergibt sich für die Analyse etwa von Google Search eine leichte Schieflage. Auch wenn unsere Darstellung von Reichweite und Nutzungsdauer erlaubt, alle Angebote über stets dieselben Messgrößen zu vergleichen, würde man aus Sicht eines Suchmaschinenbetreibers den Parameter der Nutzungsdauer kritisch sehen – denn solche Plattformen sind ja daraufhin optimiert, Nutzer so schnell wie möglich an die gewünschten Destinationen weiterzuleiten. Hier gilt ja quasi das Gegenteil: Je weniger Zeit die Nutzer auf der Plattform je Suchanfrage verbringen, desto effektiver arbeitet die Suchmaschine.

Gateways wie Google sind auf schnelle Weiterleitung optimiert

ALPHABET-KONZERN:

FELDER NACH NUTZUNGSZEITEN

Anbieter	Entwicklung Net Reach			Entwicklung Duration im Gesamtmarkt			
	Q4/2018	Q4/2019	±%-Punkte	Q4/2018	Q4/2019	±%-Punkte	Ø Q4/2019 (Stunden/Monat)
Google Search	97,1 %	98,2 %	+1,1 %	1,3 %	1,5 %	+0,2 %	64.158.307
Google Maps	88,1 %	91,0 %	+2,9 %	0,7 %	0,8 %	+0,1 %	34.299.987
Gmail	61,9 %	65,1 %	+3,3 %	0,6 %	0,7 %	+0,1 %	31.083.012
Google andere	n. a.	n. a.	n. a.	3,0 %	2,2 %	-0,8 %	95.472.538
Google gesamt	98,9 %	99,4 %	+0,5 %	5,5 %	5,1 %	-0,4 %	225.013.845
YouTube	93,1 %	94,2 %	+1,2 %	13,3 %	13,2 %	-0,1 %	585.008.567
Alphabet-Konzern gesamt	n. a.	n. a.	n. a.	18,8 %	18,3 %	-0,5 %	810.022.412

Zeitperiode: Q4/2018 vs. Q4/2019; Gesamtbevölkerung (14+); alle Endgeräte kombiniert (Desktop, Smartphone, Tablet)

Aus dieser Perspektive ist die hier ausgewiesene Bedeutung von Google Search gewissermaßen »zu klein«. Wie aus dem Kreisdiagramm hervorgeht, liefert Google Search von der gesamten Nutzungsdauer der Alphabet-Galaxie »nur« 8 % relativen Anteil. Zwar schafft es Google Search auch so, immerhin 1,5 % der gesamten Duration in der digitalen Welt zu erzielen – aber wie aus der Netzwerkanalyse des ersten Kapitels hervorging, folgen etwa 8 % der dort gemessenen gesamten Nutzungsdauer der Top 500 auf die Verwendung von Google Search – dieser Wert veranschaulicht viel besser die ungeheure Bedeutung von Google Search als wichtigstes Gateway zu anderen Destinationen.

Diese Ergänzung hilft, die Bedeutung von Google Search angemessen zu verstehen. Es verdeutlicht auch, warum YouTube dagegen mehr als 70 % der Nutzungsdauer des Konzerns einspielt (das entspricht gleichzeitig etwa 13 % der *gesamten* digitalen Nutzungsdauer über Desktop, Smartphone, Tablet). Weil YouTube schon ausführlich im Kapitel zu Social Media dargestellt wurde, verzichten wir hier auf weitere Ausführungen und liefern stattdessen weitere Details zu den großen Google-Angeboten.

YouTube erzielt 72 % der Nutzungsdauer von Alphabet ***Detailkarte s. Kapitel III, 3***

Google Search

Besonders beeindruckend an Google Search sind die knapp 40 Sessions im Monat, Google Search ist gewissermaßen ständiger Begleiter der User, es wird im Schnitt ein- bis zweimal täglich gegoogelt. Und weiter: Google Search besetzt Rang 1 in Bezug auf Nettoreichweite, kann diese trotz seiner Dominanz sogar noch steigern und gewinnt sogar 6 % neue User (wobei es sich vor allem um die neu hinzugekommenen älteren Nutzer handelt).

Außerordentlich ist jedoch die Steigerung der Nutzungsdauer pro Unique User um etwa 15 %. Denn wie gesagt optimiert Google ja auf Geschwindigkeit. Obwohl die Suchmaschine immer besser und schneller wird, verbringen Nutzer also dennoch immer mehr Zeit darauf, was im Umkehrschluss bedeutet, dass sie immer mehr Suchanfragen über Google abwickeln – was Google dann entsprechend monetarisieren kann.

GOOGLE-SEARCH-NUTZUNG: DETAILKARTE

TREND

NET REACH

Q4/2018 → Q4/2019

97,1 % → 98,2 %

+1,1 % PUNKTE

	Q4/2018	Q4/2019	ÄNDERUNG
UNIQUE USERS	54.130.305	57.389.895	+6,0%
TOTAL DURATION (ø Stunden/Monat)	52.690.055	64.158.307	+21,8%
DURATION PER U.U. (ø Stunden/Monat)	0:58:24	1:07:05	+14,9%
SESSIONS PER U.U. (ø im Monat)	38,8	39,1	+0,7%

NET REACH

innerhalb Zielgruppe nach Alter in Prozent

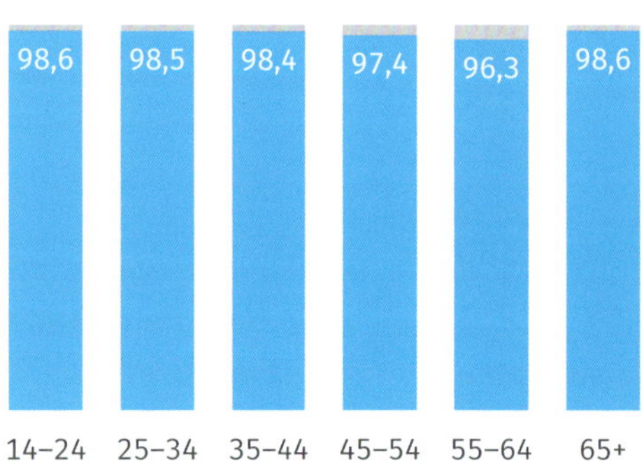

GESCHLECHT

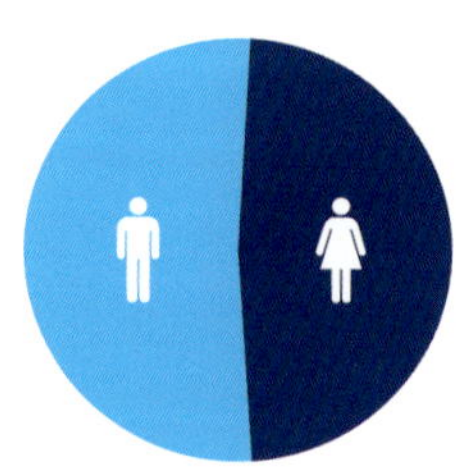

VERWENDETE ENDGERÄTE

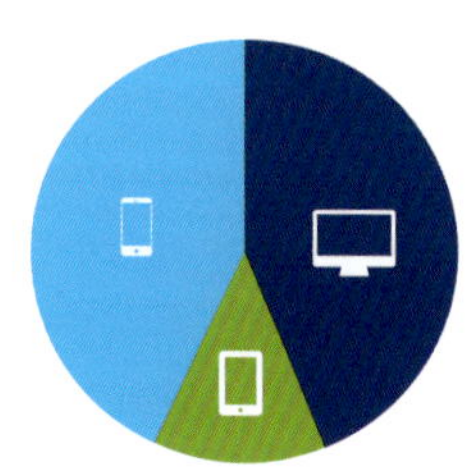

Zeitperiode: Q4/2019; Gesamtbevölkerung (14+); alle Endgeräte kombiniert (Desktop, Smartphone, Tablet)

Aufgrund der zusätzlichen Nutzer und der gesteigerten Dauer ergibt sich deshalb in der Kombination eine Steigerung der Total Duration um 22%, was angesichts der Marktdominanz durchaus erstaunlich ist. Zuletzt sei erwähnt, dass Google Search überproportional über Desktop verwendet wird (43% versus 30% im Durchschnitt). Bei Fragen, Recherchen und spezifischen Interessen bevorzugen User offenbar nach wie vor Desktops als Endgeräte.

Google Search wächst weiterhin dynamisch

Google Maps

Während die meisten Menschen Google Search als eines der Giga-Angebote im Netz auf dem Radar haben, ist dagegen vielen die mittlerweile ebenfalls außerordentliche Größe von Google Maps nicht spontan bewusst – dabei erzielt Google Maps mittlerweile immerhin 4% der Nutzungsdauer von Alphabet (Google Search: 8%).

GOOGLE-MAPS-NUTZUNG: DETAILKARTE

TREND

NET REACH

Q4/2018 → Q4/2019

88,1% → 91,0%

+2,9% PUNKTE

	Q4/2018	Q4/2019	ÄNDERUNG
UNIQUE USERS	49.117.875	53.216.009	+8,3%
TOTAL DURATION (Ø Stunden/Monat)	28.945.325	34.299.987	+18,5%
DURATION PER U.U. (Ø Stunden/Monat)	0:35:21	0:38:40	+9,4%
SESSIONS PER U.U. (Ø im Monat)	10,6	11,6	+9,6%

NET REACH
innerhalb Zielgruppe nach Alter in Prozent

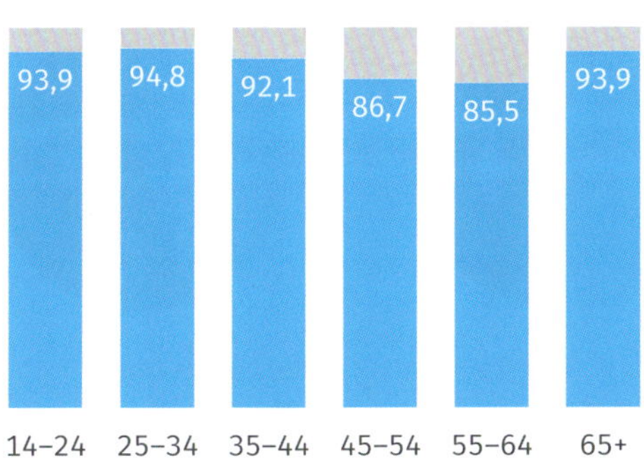

GESCHLECHT

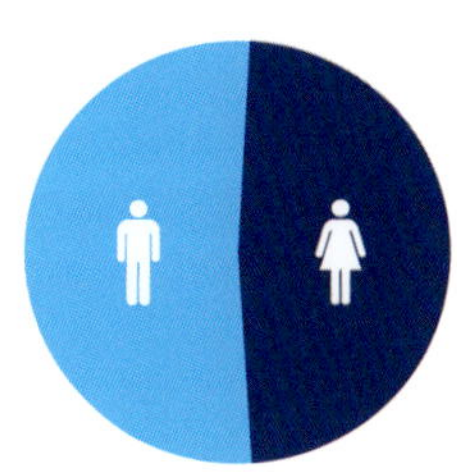

Männer 51%
Frauen 49%

VERWENDETE ENDGERÄTE

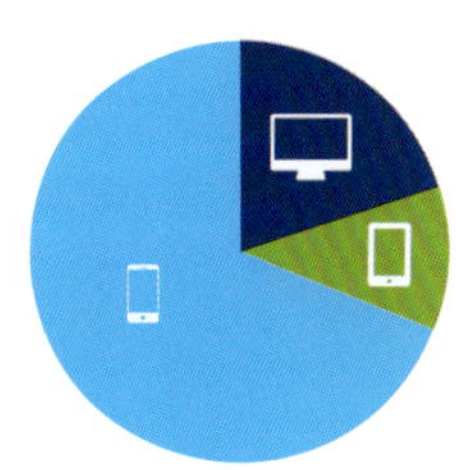

Smartphone 69%
Desktop 20%
Tablet 11%

Zeitperiode: Q4/2019; Gesamtbevölkerung (14+); alle Endgeräte kombiniert (Desktop, Smartphone, Tablet)

Die dynamische Steigerung der Nutzer (+ 8,3 %) gekoppelt mit einem ebenso bemerkenswerten Anstieg der Nutzungsdauer pro User (+ 9,4 %) liefert zusammen einen massiven Anstieg der totalen Nutzungsdauer von 18,5 %. Im Gegensatz zu Google Search findet die Nutzung überproportional auf Smartphones statt (69 % versus 49 % Durchschnitt).

Gmail

Auch Gmail wächst dynamisch

Das dritte größere Google-Produkt ist Gmail, der Marktführer unter den E-Mail-Services. Erneut ist auch hier die Dynamik erstaunlich, wenn man bedenkt, wie etabliert das Produkt bereits ist: Gmail gewinnt 10,4 % an Nutzern in nur einem Jahr, die Nutzungsdauer nimmt um 7,9 % zu, was kombiniert dann ein Wachstum der totalen Nutzungsdauer von 19,1 % ergibt.

GMAIL-NUTZUNG: DETAILKARTE

TREND

NET REACH

Q4/2018 → Q4/2019

61,8 % 65,1 %

+ 3,2 % PUNKTE

	Q4/2018	Q4/2019	ÄNDERUNG
UNIQUE USERS	34.469.666	38.054.098	+ 10,4 %
TOTAL DURATION (Ø Stunden/Monat)	26.091.347	31.083.012	+ 19,1 %
DURATION PER U.U. (Ø Stunden/Monat)	0:45:25	0:49:01	+ 7,9 %
SESSIONS PER U.U. (Ø im Monat)	19,7	22,0	+ 11,9 %

NET REACH
innerhalb Zielgruppe nach Alter in Prozent

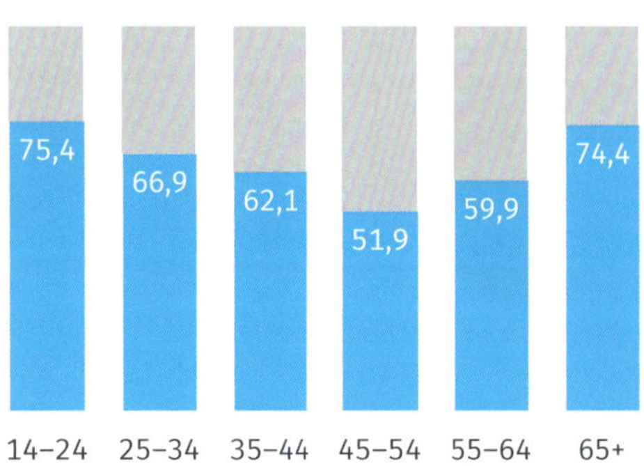

GESCHLECHT

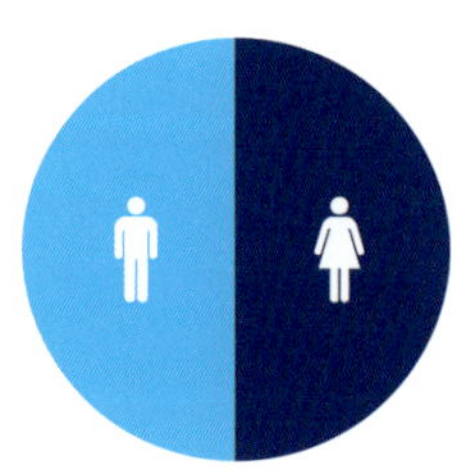

Männer	50 %
Frauen	50 %

VERWENDETE ENDGERÄTE

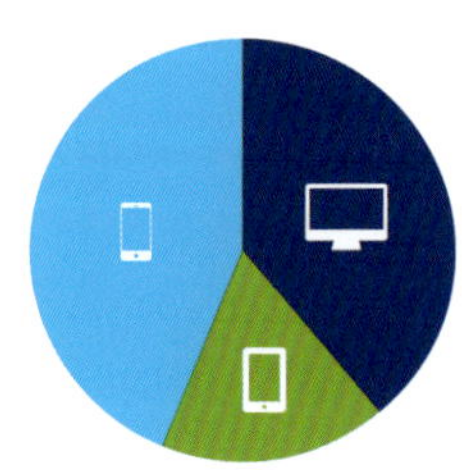

Smartphone	44 %
Desktop	39 %
Tablet	17 %

Zeitperiode: Q4/2019; Gesamtbevölkerung (14+); alle Endgeräte kombiniert (Desktop, Smartphone, Tablet)

Neben den hier erwähnten drei größten Services (Google Search, Google Maps, Gmail) existieren noch eine ganze Reihe weiterer Google-Angebote, die insgesamt etwa 12 % der Nutzungsdauer von Alphabet auf sich vereinen. Die wichtigsten sind Google Play Store (das Portal zum Abrufen von Media-on-Demand, Apps, Musik etc.), Google Drive (Cloud-Speicherung von Dateien sowie Google Photos (Ablage und Organisation von Fotos), Google Translate (automatisches Übersetzen von Texten) und so fort.

Überblick und Zusammenhänge

Aus diesem groben Überblick zeichnen sich nun langsam die Konturen des Alphabet-Ansatzes ab, der eine ganz andere Strategie als der Facebook-Konzern verfolgt. Alphabet geht bei der Besetzung der unterschiedlichen Territorien des digitalen Universums deutlich multidimensionaler vor. Zunächst einmal verfügt es über zwei gigantische Galaxien in den komplementären Kräftefeldern der Gateways und der Destinationen: Sein Kerngeschäft ist nach wie vor die Suchmaschine – Google. Es hat aber gleichzeitig vor allem mit YouTube eine ungeheuer starke Video-on-Demand-Plattform aufgebaut.

ALPHABET-KONZERN:

ÜBERSICHT UND ZUSAMMENHÄNGE

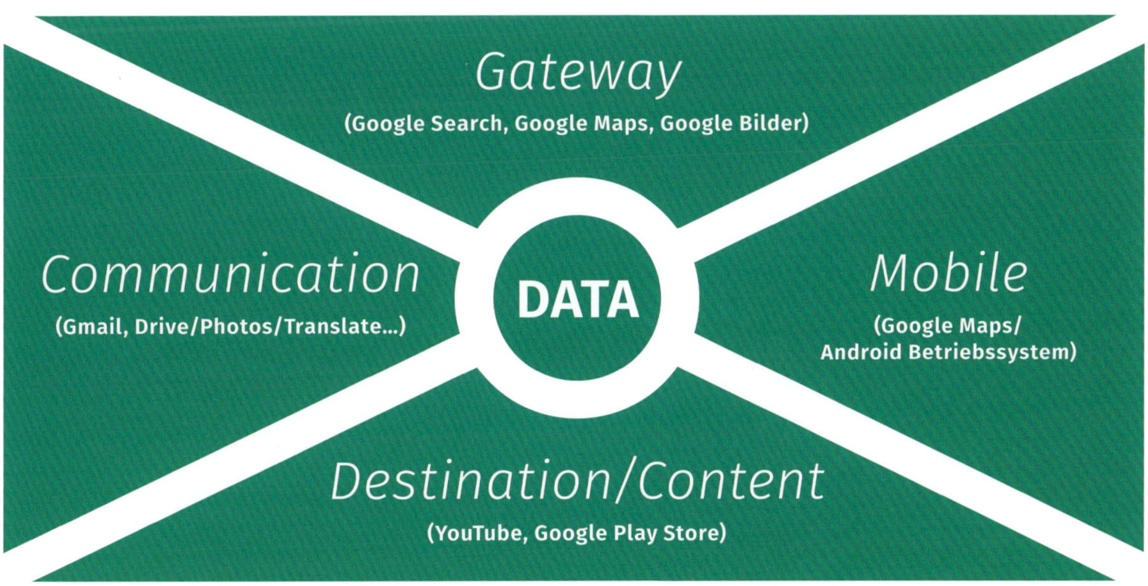

Quelle: Facebook Geschäftsbericht für das Jahr 2019

Zwei bedeutsame flankierende Felder kommen hinzu. Denn Alphabet hat darüber hinaus mit Gmail eine starke Position im Bereich der Kommunikation, ferner ist es dem Konzern gelungen, über Google Maps eine führende Rolle bei den mobilen Services aufzubauen.

Die Vielzahl der von Google über die Jahre lancierten Dutzenden von Produkten zeigt die Entwicklungsdynamik des Unternehmens, weswegen Google in populären Darstellungen auch gerne als führendes Innovations-Powerhouse beschrieben wird.

Beispiel Google+: Viele unter der Marke Google gelaunchte Produkte existieren nicht mehr

Diese Eigenart hat jedoch durchaus auch negative Aspekte, die seltener thematisiert werden. Denn Google hat über die Jahre mehr als 150 neue Produkte auf den Markt gebracht, die nicht überlebt haben – viele Leser erinnern sich wahrscheinlich noch an Google+, Google Glass, Google Buzz, Google Wave, Google Nexus Q, Google Health, Google Reader, iGoogle (yep) und so weiter. Das haben wir übrigens auch in unseren Analysen bemerkt – die über die Jahre angewachsenen Codierungen aus unserer Datenbank registrieren die stattliche Anzahl von 121 (!) verschiedenen Google-Produkten, von denen die allermeisten jedoch gar keine bzw. kaum Nutzung aufweisen, weil die Angebote nicht mehr existieren.

Google würde das als natürlichen Reflex seiner Innovationsstrategie erklären, die darauf basiert, möglichst früh Angebote zu lancieren und dabei in Kauf zu nehmen, dass einige von ihnen am Ende nicht überleben werden – allseits bekannt als »Fail-Fast«-Philosophie. Das ist schlüssig, nervt aber trotzdem viele Verwender, die gerne neue Produkte von Google ausprobieren, sich aber als Versuchskaninchen missbraucht fühlen, wenn die Services später wieder eingestellt werden.

Das hat aber auch Effekte auf die Nutzung – denn durch die Verluste bei den vielen kleinen Angeboten werden die Marktanteilsgewinne von Alphabet auf den großen Blockbustern teilweise annulliert.

Andererseits zeigen die hier dargestellten wichtigsten vier marktführenden Positionen in ganz unterschiedlichen Feldern auch die bemerkenswerte Fähigkeit des Konzerns, innerhalb seines hochkomplexen Portfolios einen extremen Fokus auf die Produkte umzusetzen, die sich dann im Markt durchsetzen.

Es ist offensichtlich, dass Alphabet durch die marktführenden Positionen in verschiedenen Gebieten zugleich auch in der Lage ist, die Daten der jeweiligen Nutzer zu aggregieren, um daraus wieder Vorteile beim präzisen Targeting von Werbung zu erzielen. Dass Google astronomische Beträge in Künstliche

ALPHABET-KONZERN: NETZWERKANALYSE

NUTZUNGSDAUER UND USER JE VERBINDUNG

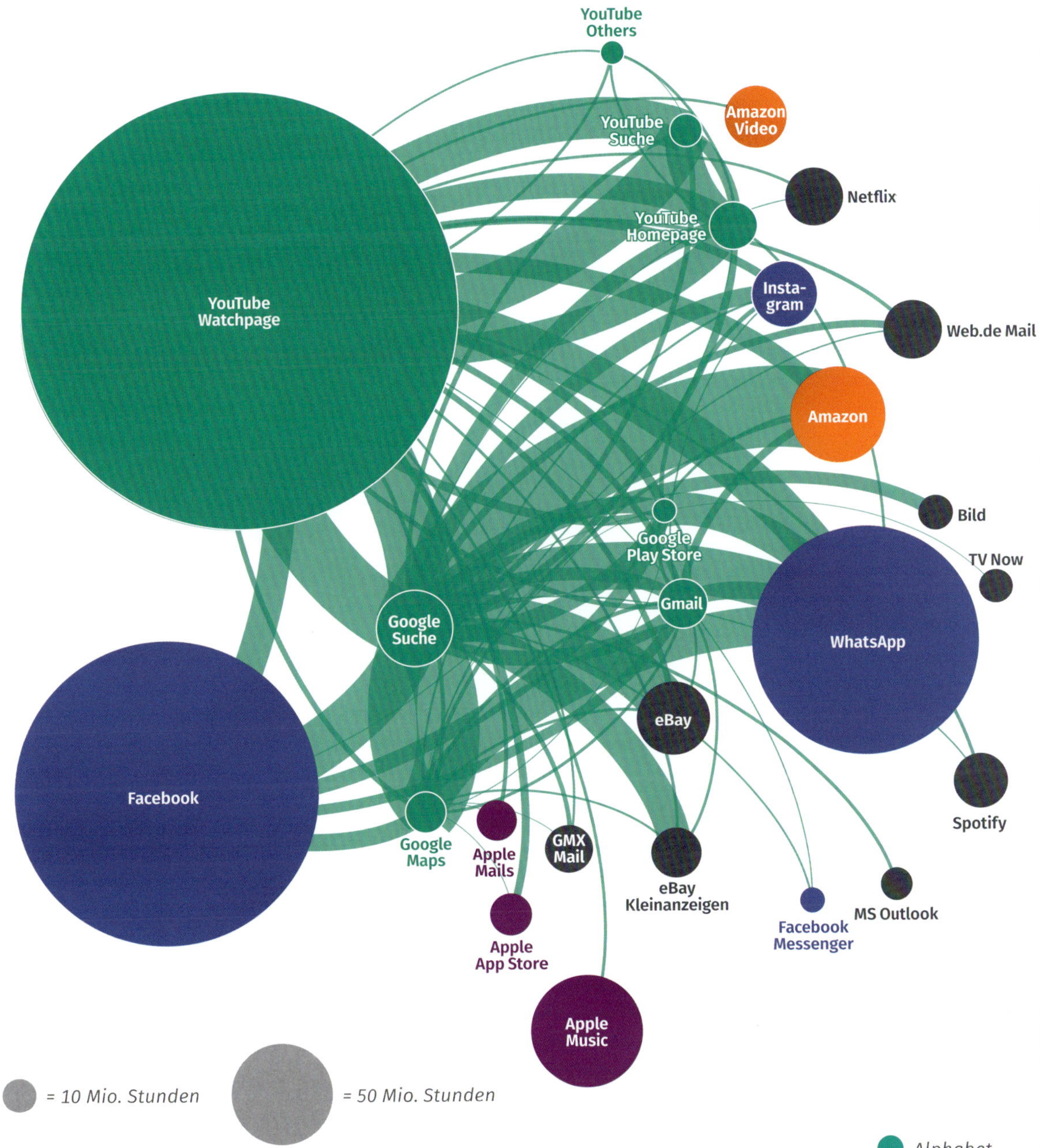

Die Bubble-Größe repräsentiert die gesamte Nutzungsdauer des Angebots im November 2019 in Stunden.

Die Linienstärke zeigt die Anzahl der Nutzer, die Linienfarbe entspricht dem Ausgangspunkt der Navigation.

Zeitperiode: November 2019; Gesamtbevölkerung (14+); alle Endgeräte kombiniert (Desktop, Smartphone, Tablet)

Intelligenz investiert, ist nicht verwunderlich, denn hier werden in Zukunft die Potenziale zur Monetarisierung dieser Daten liegen.

Durch diese Kombination aus marktführenden Positionen, der Dynamik aus Netzwerkeffekten und Konzentration, dem erheblichen technologischen Vorsprung sowie den Synergien zwischen den verschiedenen Säulen des Alphabet-Konzerns ist es schwer vorstellbar, auf welche Weise zukünftige Wettbewerber diesem Player auf den Feldern seiner Kernkompetenzen Paroli bieten sollen.

Netzwerkanalyse: Die Teile des Alphabet-Konzerns und ihre Umgebung

An der Nerzwerkdarstellung kann man sehr gut das Geschäftsmodell von Search erkennen – denn im Verhältnis (etwa zu YouTube oder Facebook) ist die Google-Bubble winzig, weil es hier eben nur darum geht, schnell zu den jeweiligen Destinationen der Suche zu gelangen. Lang andauernde soziale Interaktion oder Kommunikation, Entertainment oder E-Commerce finden auf anderen Plattformen statt, zu denen Google das Einfallstor bietet.

35 % der Nutzer von Google Search landen auf Alphabet-Angeboten

Zugleich wird aber die große Verteilungsmacht von Google Search deutlich – insgesamt landen 35 % der Nutzer bei den nachfolgenden Nutzungen wieder auf Angeboten des Alphabet-Konzerns. Mit YouTube (17 %), Google Maps (12 %) und Gmail (3 %) gelingt es Alphabet durchaus, nutzungsintensive Dienste zur Verfügung zu stellen.

Diese Angebote profitieren dann auch von der hohen Reichweite der Suchmaschine, sie genießen eine hohen Nutzerzufluss über die exzellente, nahtlose Einbindung auf den Ergebnisseiten für YouTube und Maps.

Auffallend ist auch, dass Maps und YouTube sowohl von der Suchmaschine profitieren und Nutzerströme generieren als auch in einem ähnlichen Ausmaß Nutzerströme auf die Suchmaschine zurückführen.

E-Commerce-Anbieter sind ebenfalls wichtige Anlaufstellen von Nutzern aus dem Alphabet-Universum. Hier liegen Amazon und eBay etwa gleichauf (bei 15 % bzw. 16 % des Nutzerstromes).

Neben dem schon erwähnten eigenen YouTube-Angebot (17 %) sorgt Google jedoch nur für einen verhältnismäßig geringen Nutzerzustrom auf die folgenden Media-on-Demand- und Streaming-Angebote: Netflix (1 %), Spotify (1 %) sowie in noch geringerem Ausmaß TV Now.

Der Apple-Konzern

Umsätze und Geschäftsfelder

Dass Apple an dritter Stelle unter den größten Digitalkonzernen auftaucht, ist in der hier gewählten Optik etwas überraschend. Denn natürlich gehört Apple zu den Giganten der digitalen Branche, aber eben zunächst einmal als Hersteller von Hardware, egal ob es sich um MacBooks, iPhones, iPads oder iWatches handelt. Das zeigt sich auch unmittelbar an der Verteilung der Erlöse – Apple erzielte im Geschäftsjahr 2019 260 Milliarden US-Dollar Umsatz, davon wurden 82 % durch iPhone, iPad, Mac sowie Wearables und andere Hardware bzw. Zubehör erzielt.

Apple: Übergewicht von Hardware

»Nur« 18 % des Ergebnisses ging auf das Konto der sogenannten »Services«, wobei man sich vor Augen halten muss, dass dieser Anteil in absoluten Zahlen immer noch stattliche 46,8 Milliarden US-Dollar ausmacht. Dieser Bereich ist derjenige, der in unseren Messungen erfasst wird, denn er umgreift vor allem die Content-Stores, Streaming-Services und ähnliche Angebote.

Felder nach Nutzungszeiten

In unserer Erfassung der digitalen Welt aus der Perspektive ihrer Nutzer schafft es Apple trotz der relativ geringen Bedeutung dieser Produkte in den

APPLE-KONZERN:

UMSATZVERTEILUNG 2019

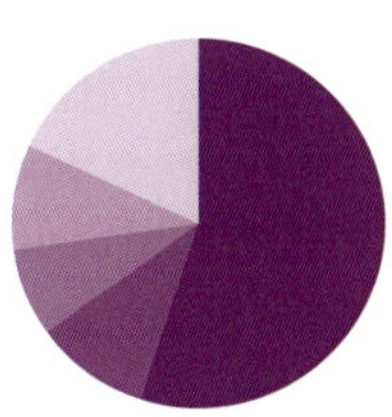

iPhone	54,7 %
Mac	9,9 %
iPad	8,2 %
Wearables, Home, Accessories	9,4 %
Services	17,8 %

260,2 Mrd.
Umsatz 2019 (US $)

55,3 Mrd.
Gewinn nach Steuern (US $)

-2,0 %
Entwicklung gegenüber 2018

21,2 %
Gewinnmarge

Quelle: Apple Geschäftsbericht für das Jahr 2019

verschiedenen Geschäftsfeldern des Konzerns dennoch auf Rang drei in Bezug auf die gesamte Nutzungsdauer.

Große Bedeutung von Apple Music

Die Bestandteile aus dem Hause Apple sind schnell referiert – mehr als die Hälfte der gesamten Nutzungsdauer geht auf das Konto von Apple Music. Apple ist es hier gelungen, dieselbe Reichweite wie Spotify aufzubauen. Apple erzielt außerdem sowohl mit dem App Store (ca. 15 %) als auch mit dem Spielenetzwerk Game Center (ca. 10 %) eine signifikante Nutzungsdauer, Apple Maps liegt bei 12 %. Der Rest teilt sich auf kleinere Positionen bei Produkten wie iMessage, Apple News, Apple Wallet, Apple Podcasts etc. auf.

Hohe Stickiness versus »niedrige« Reichweite

Faszinierend ist bei Apple die starke Spreizung zwischen verhältnismäßig niedriger Reichweite und sehr hoher Stickiness, die sich schnell erklären lässt. Die einzelnen Content-Angebote liegen zwischen etwa 25 und 30 % Nettoreichweite – was recht genau der Durchsetzung des iOS-Betriebssystems bei Smartphones entspricht. Apples Ansatz ist also grundverschieden von den anderen Konzernen, weil es seine Content-Angebote als Verlängerung seiner innovativen Hardware-Produkte vermarktet.

APPLE-KONZERN:

ANTEILE AN TOTAL DURATION

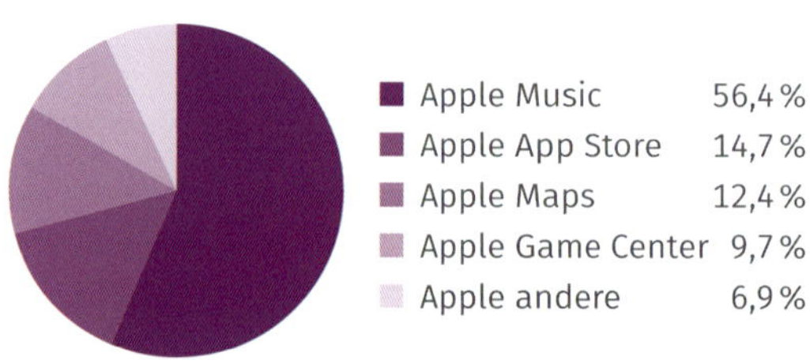

Zeitperiode: Q4/2019; Gesamtbevölkerung (14+); alle Endgeräte kombiniert (Desktop, Smartphone, Tablet)

Das ist insofern auch strategisch sinnvoll, als Apple bei Content im Verhältnis zu den Wettbewerbern durchaus eine Challenger-Position einnimmt. Deswegen erscheint es folgerichtig, die dominante Position bei verschiedenen Hardware-Kategorien zu nutzen, um in Verbindung mit der starken Strahlkraft der Marke Apple ein Premium-Ökosystem aufzubauen, das unter anderem auch durch die nahtlose Konnektivität zwischen den verschiedenen Endgeräten besticht. Die hippen Endgeräte nutzt Apple so als Trojanisches Pferd für Content.

Dass dieser Ansatz die Community der Apple-Fans überzeugt, deutet sich nicht nur durch die Steigerung der totalen Nutzungsdauer an. Die Apple-Angebote bestechen insgesamt mit vergleichsweise hohen Nutzungszeiten. Apple schafft es ausschließlich durch diese außerordentlich hohe Stickiness, überhaupt unter die Top-Player der digitalen Mediennutzung zu gelangen.

APPLE-KONZERN: NETZWERKANALYSE

NUTZUNGSDAUER UND USER JE VERBINDUNG

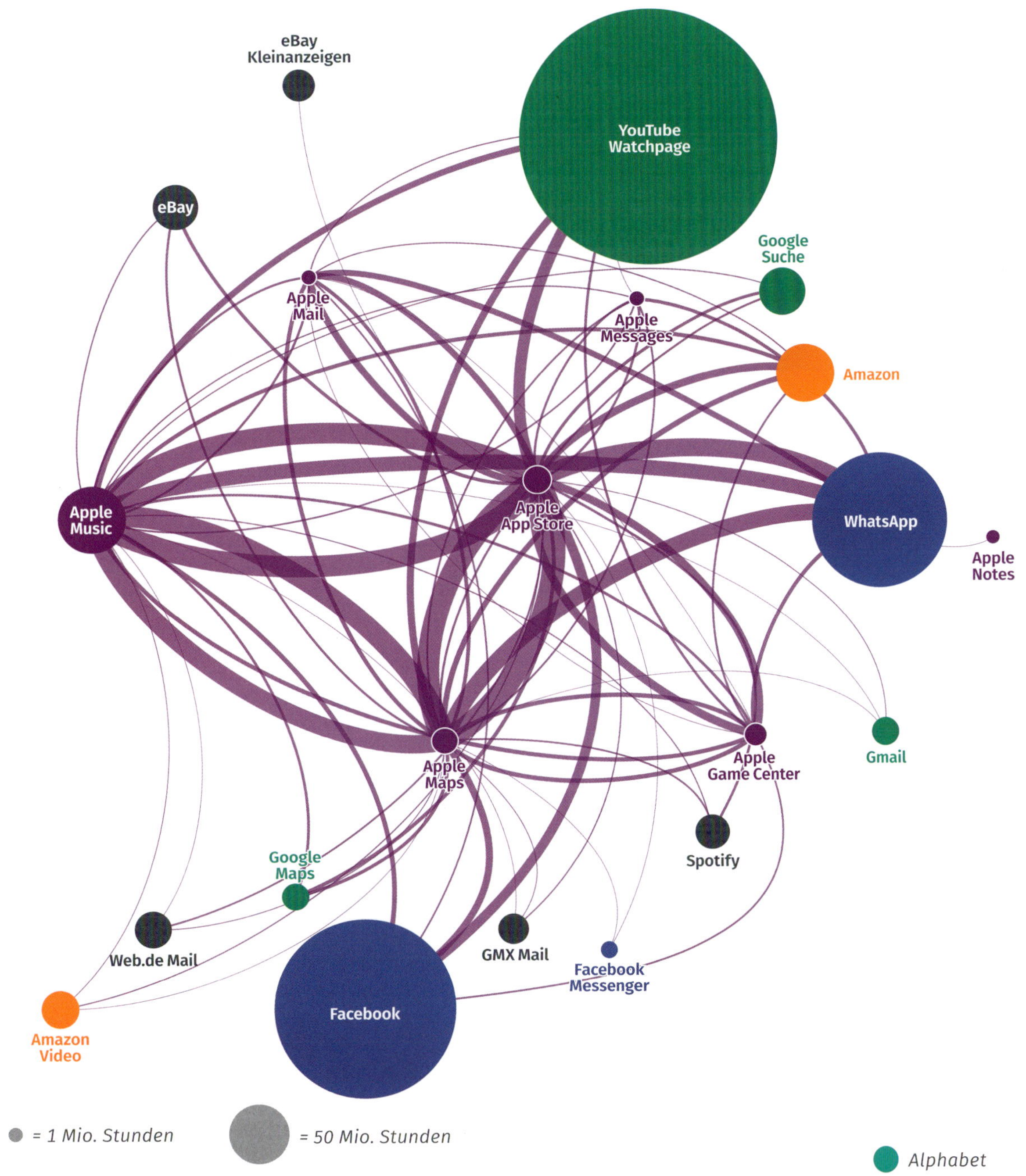

Die Bubble-Größe repräsentiert die gesamte Nutzungsdauer des Angebots im November 2019 in Stunden.

Die Linienstärke zeigt die Anzahl der Nutzer, die Linienfarbe entspricht dem Ausgangspunkt der Navigation.

Zeitperiode: November 2019; Gesamtbevölkerung (14+); alle Endgeräte kombiniert (Desktop, Smartphone, Tablet)

APPLE-KONZERN:

FELDER NACH NUTZUNGSZEITEN

Anbieter	Entwicklung Net Reach			Entwicklung Duration im Gesamtmarkt			
	Q4/2018	Q4/2019	± %-Punkte	Q4/2018	Q4/2019	± %-Punkte	Ø Q4/2019 (Stunden/Monat)
Apple Music	29,4 %	32,7 %	+ 3,3 %	3,7 %	4,2 %	+ 0,5 %	186.388.172
Apple App Store	30,3 %	33,2 %	+ 2,8 %	1,2 %	1,1 %	- 0,1 %	48.373.281
Apple Maps	29,9 %	32,1 %	+ 2,3 %	0,8 %	0,9 %	+ 0,2 %	40.869.938
Apple Game Center	26,3 %	24,8 %	- 1,5 %	0,9 %	0,7 %	- 0,2 %	31.942.125
Apple andere	n. a.	n. a.	n. a.	0,6 %	0,5 %	- 0,1 %	22.704.331
Apple-Konzern gesamt	**39,1 %**	**44,5 %**	**+ 5,4 %**	**7,2 %**	**7,5 %**	**+ 0,3 %**	**330.277.846**

Zeitperiode: Q4/2018 vs. Q4/2019; Gesamtbevölkerung (14+); alle Endgeräte kombiniert (Desktop, Smartphone, Tablet)

Netzwerkanalyse: Die Teile des Apple-Konzerns und ihre Umgebung

Engmaschiges Ökosystem der Apple-Services

Die Gephi-Visualisierung bestätigt viele unserer früheren Beobachtungen aus einer neuen Perspektive. Von Apple Music mit der höchsten Nutzungsdauer migrieren die User zu Apple Maps (4 %) sowie zum App Store (4 %), Game Center (1 %), Mail (1 %) (analog verhalten sich die Nutzerflüsse von App Store sowie Apple Maps). Apple gelingt es also trotz des deutlich geringeren Gewichts, eine hohe Nutzungsintensität zwischen den Services zu generieren.

Erneut zeigt sich die Dominanz von WhatsApp als Messenger-Dienst auch in der Apple-Community (14 %); Mailing-Dienste von Web.de (2 %), GMX (2 %), Gmail (1 %) sind starke Traffic-Gewinner aus dem Apple-Ökosystem, und auch die nutzungsdauerstarken E-Commerce-Player Amazon (5 %) und eBay (3 %) profitieren von Nutzerströmen aus der Apple-Galaxis.

Allerdings ist die Relevanz von Wettbewerbern in diesem sehr abgeschlossenen Ökosystem nur gering – Spotify gewinnt 2 %, Amazon 1 % an zusätzlichen Nutzern durch Apple.

Der Amazon-Konzern

Umsätze und Geschäftsfelder

Amazon erzielte 2019 einen Umsatz von 280 Milliarden US-Dollar, mehr als 20 % mehr als im Vorjahr. Das Kerngeschäft von Amazon stellt Online-Shopping dar – der Konzern erwirtschaftet exakt 50 % des Ergebnisses mit eigenen Verkäufen an Kunden, 19 % werden durch das Netzwerk der Verkäufer erzielt, die Amazon gewissermaßen auf dessen eigener Plattform Konkurrenz machen (»Marktplatz«).

E-Commerce generiert etwa 70 % der Umsätze

Der Bereich AWS (Amazon Web Services) umfasst Infrastrukturdienste (Cloud-Computing, Filehosting, Server- und Datenbank-Dienstleitungen etc.) für Geschäftskunden, die in unseren Betrachtungen keine Rolle spielen. Dagegen beziehen sich die »Subscription Services« vor allem auf die Einkünfte aus Gebühren von Prime Video, aber auch aus gebührenpflichtigen Audio-Streaming-Diensten und anderen Media-on-Demand-Angeboten – dieser für unsere Untersuchung relevante Bereich erwirtschaftete 2019 »nur« 7 % der Umsätze, es handelt sich hier aber absolut um etwa 20 Milliarden US-Dollar Umsatz.

AMAZON-KONZERN:

UMSATZVERTEILUNG 2019

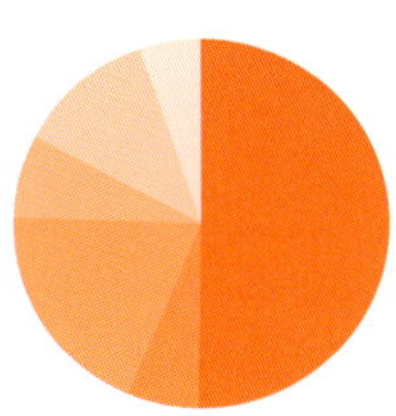

Amazon Online-Stores	50,4 %
Amazon Niederlassungen	6,1 %
Amazon Third Party Seller Services	19,2 %
Amazon Subscription Services	6,8 %
Amazon Web Services	12,5 %
Amazon andere	5,0 %

280,5 Mrd.
Umsatz 2019 (US $)

11,6 Mrd.
Gewinn nach Steuern (US $)

+ 20,4 %
Entwicklung gegenüber 2018

4,1 %
Gewinnmarge

Quelle: Amazon Geschäftsbericht für das Jahr 2019

Felder nach Nutzungszeiten

Wechseln wir erneut auf die von uns hier verfolgte Perspektive der digitalen Mediennutzung. Die von Amazon angebotenen Inhalte verteilen sich zu etwa gleichen Teilen auf das angestammte Territorium des global führenden Online-Shops bzw. Marktplatzes einerseits und das neue Feld von Media-on-Demand andererseits, in erster Linie Amazon Prime Video (45 %) sowie das Streaming-Angebot Amazon Music (12 %). Ferner kommen noch Twitch und IMDb hinzu. Diese strategische Zweiteilung von Amazon (Media-on-Demand versus E-Commerce) ist auf den ersten Blick nicht leicht nachvollziehbar – denn die Synergien zwischen den beiden Bereichen sind nicht unmittelbar einleuchtend.

Strategische Zweiteilung: E-Commerce vs. Media-on-Demand

AMAZON-KONZERN:

ANTEILE AN TOTAL DURATION

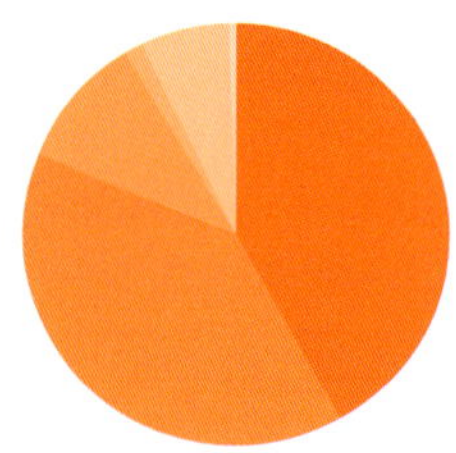

Amazon E-Shop	41,8 %
Amazon Video	39,6 %
Amazon Music	10,3 %
Amazon andere	1,3 %
Twitch	6,6 %
IMDb	0,4 %

Zeitperiode: Q4/2019; Gesamtbevölkerung (14+); alle Endgeräte kombiniert (Desktop, Smartphone, Tablet)

Natürlich nutzt Amazon den Zugang zu Videos und Musik als Appetitanreger für den Abschluss einer Prime-Mitgliedschaft. Tatsächlich sind die Umsätze von Prime-Mitgliedern beim Online-Shopping signifikant höher, diese Art der »Promotion« für eine Mitgliedschaft wirkt sich demnach auch positiv auf die Umsätze aus. Die zusätzlichen Medienangebote sind also eine Art Bonus, der den Customer-Lifetime-Value im Bereich E-Commerce erhöht.

Das lässt sich so sicherlich ganz geschmeidig in wenigen Sekunden aufschreiben, ist aber als wirtschaftliche Wette durchaus couragiert. Erstens liegen solche Filmproduktionen und Medienvermarktungen recht weit entfernt von dem Kerngeschäft des Online-Versandhandels. Und zweitens lassen sich nur bedingt synergetische Verbindungen herstellen (etwa mit Werbung, die man direkt auf E-Commerce-Angebote verlinken könnte).

Dass auch innerhalb des Konzerns die Notwendigkeit erkannt wird, die Synergien beider Bereiche stärker zu nutzen, lässt sich an aktuellen Entwicklungen ablesen. So wird in den USA bereits eine Serie mit Heidi Klum *(Making the Cut)* auf Amazon Prime übertragen, bei der die Zuschauer Gegen-

AMAZON-KONZERN:

FELDER NACH NUTZUNGSZEITEN

Anbieter	Entwicklung Net Reach			Entwicklung Duration im Gesamtmarkt			
	Q4/2018	Q4/2019	±%-Punkte	Q4/2018	Q4/2019	±%-Punkte	Ø Q4/2019 (Stunden/Monat)
Amazon Online-Shop	93,5 %	95,0 %	+ 1,5 %	1,5 %	1,7 %	+ 0,2 %	72.957.501
Amazon Video	37,7 %	42,2 %	+ 4,5 %	1,4 %	1,6 %	+ 0,2 %	69.090.918
Amazon Music	31,1 %	31,1 %	0,0 %	0,3 %	0,4 %	+ 0,1 %	17.999.580
Amazon andere	n. a.	n. a.	n. a.	0,0 %	0,1 %	+ 0,1 %	2.297.991
Amazon gesamt	93,7 %	95,3 %	+ 1,7 %	3,2 %	3,7 %	+ 0,4 %	162.345.990
Twitch	11,9 %	13,6 %	+ 1,6 %	0,2 %	0,3 %	+ 0,1 %	11.579.288
IMDb	36,0 %	41,3 %	+ 5,3 %	0,0 %	0,0 %	0,0 %	765.891
Amazon-Konzern gesamt	n. a.	n. a.	n. a.	3,4 %	4,0 %	+ 0,6 %	174.691.169

Zeitperiode: Q4/2018 vs. Q4/2019; Gesamtbevölkerung (14+); alle Endgeräte kombiniert (Desktop, Smartphone, Tablet)

stände aus der Show direkt bei Amazon bestellen können. Hier wird also schon eine direkte Verbindung beider Sphären geschaffen – Zuschauer können direkt aus dieser Sendung online bei Amazon bestellen.

Amazon stärkt die Synergien zwischen E-Commerce und Media-on-Demand

Das ist jedoch (noch) die Ausnahme. Die beiden Bereiche sind irgendwie synergetisch, aber es ist immer noch spürbar, dass Amazon sein Medienimperium mit einem vollständig andersartigen Geschäftsmodell aus dem Nichts erschaffen musste, was das Unternehmen allerdings mit erstaunlicher Konsequenz betrieben hat. Den Anfang machte das frühe Engagement bei IMDb im Jahr 1998, das Amazon nun als Plattform für kostenlose Streamings ausbaut (vgl. zu IMDb ausführlich Kapitel II, 5). 2014 erfolgte die Übernahme von Twitch.tv (vgl. Kapitel II, 2), sodass Amazon mittlerweile gut aufgestellt ist, um in Zukunft potenziell ein ernst zu nehmender Konkurrent von YouTube auf dem Feld von gratis Video-on-Demand zu werden.

Die Media-on-Demand-Wette von Amazon scheint aufzugehen

Ebenso konsequent hat Amazon das gebührenpflichtige Prime Video aufgebaut. Schon früh war Amazon bei der europäischen Lovefilm-Online-Videothek investiert und übernahm diese im Jahr 2011. Seitdem hat Amazon mit erstaunlicher Beharrlichkeit viele Milliarden in den Aufbau dieser Media-on-Demand-Säule gepumpt, musste dabei auch einige Rückschläge hinnehmen, hat bei Eigenproduktionen einige Misserfolge und Flops erlebt, musste häufig das Management wechseln. Umso erstaunlicher ist jedoch, dass die Rechnung allmählich aufzugehen scheint und die gigantischen Investitionen mehr und mehr Früchte abwerfen.

Amazon Online-Shopping

Amazon E-Commerce wächst dynamisch

Wie steht es nun um das Kerngeschäft von Amazon? Die Reichweite für die Plattform des Online-Versandhändlers (die den Traffic sowohl des Amazon-Online-Shops als auch den des auf der Plattform integrierten Händlernetzwerks umfasst) entwickelt sich sehr positiv, Amazon kann in nur 12 Monaten 6,6 % neue User auf die Plattform ziehen.

Noch weitaus dynamischer entwickelt sich die Stickiness: Amazon konnte die durchschnittliche Verweildauer pro Nutzer im Verlauf nur eines Jahres um 11,1 % steigern, was sich zu einem Gesamtwachstum (Total Duration) von knapp 18,4 % aggregiert. Erneut handelt es sich um einen sehr hohen Wert, wenn man bedenkt, dass es sich hier um den unangefochtenen Marktführer in dieser Branche handelt.

AMAZON ONLINE-SHOPPING: DETAILKARTE

TREND

NET REACH

Q4/2018 → Q4/2019

93,5 % 95,0 %

+1,5 % PUNKTE

	Q4/2018	Q4/2019	ÄNDERUNG
UNIQUE USERS	52.091.238	55.522.543	**+6,6 %**
TOTAL DURATION (ø Stunden/Monat)	61.600.486	72.957.501	**+18,4 %**
DURATION PER U.U. (ø Stunden/Monat)	1:10:57	1:18:50	**+11,1 %**
SESSIONS PER U.U. (ø im Monat)	18,6	21,7	**+16,5 %**

NET REACH

innerhalb Zielgruppe nach Alter in Prozent

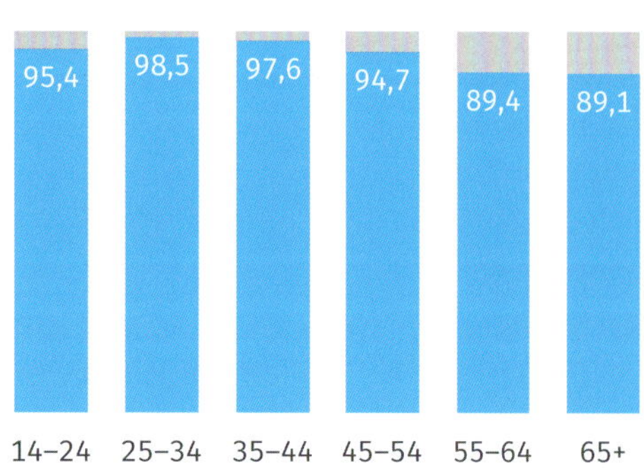

GESCHLECHT

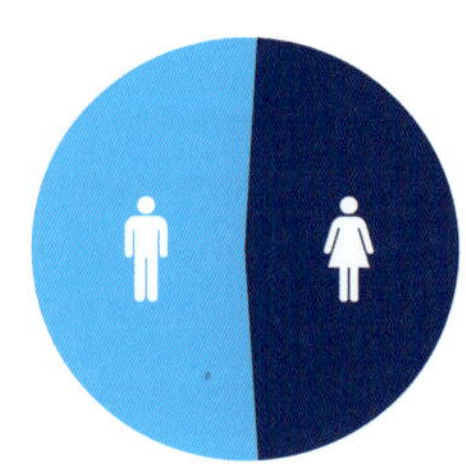

Männer	51 %
Frauen	49 %

VERWENDETE ENDGERÄTE

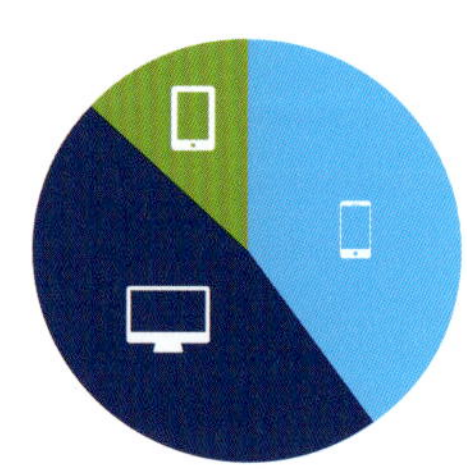

Smartphone	40 %
Desktop	47 %
Tablet	13 %

Zeitperiode: Q4/2019; Gesamtbevölkerung (14+); alle Endgeräte kombiniert (Desktop, Smartphone, Tablet)

Amazon Prime Video

Erstaunlich ist ferner, dass Amazon Prime Video mit derselben Dynamik wächst: Insgesamt wird die Total Duration um 17,2 % gesteigert (wie schon oben in Kapitel II, 2 erörtert, messen wir hier nur die Nutzungen auf den Endgerätekategorien Desktop, Tablet und Smartphone – die Nutzung auf Fernsehgeräten wird hier nicht miterfasst). Zugleich kann Prime Video 17,5 % neue User gewinnen, was knapp 3,7 Millionen zusätzliche Zuschauer bedeutet.

Die Wette von Amazon, zusätzlich zu dem Kernbereich des Online-Versandhandels sowie der hochprofitablen Web-Services noch ein Medienimperium aufzubauen, scheint also aufzugehen. Jeff Bezos hatte die Logik schon 2016 auf den Punkt gebracht: »Wenn wir einen Golden Globe gewinnen, hilft uns das, mehr Schuhe zu verkaufen.«

AMAZON PRIME VIDEO: DETAILKARTE

TREND ↗

NET REACH

Q4/2018 → Q4/2019

37,7 % → 42,2 %

+ 4,5 % PUNKTE

	Q4/2018	Q4/2019	ÄNDERUNG
UNIQUE USERS	20.986.252	24.660.907	+17,5%
TOTAL DURATION (Ø Stunden/Monat)	58.959.069	69.090.918	+17,2%
DURATION PER U.U. (Ø Stunden/Monat)	2:48:34	2:48:05	-0,3%
SESSIONS PER U.U. (Ø im Monat)	6,1	6,7	+9,3%

NET REACH

innerhalb Zielgruppe nach Alter in Prozent

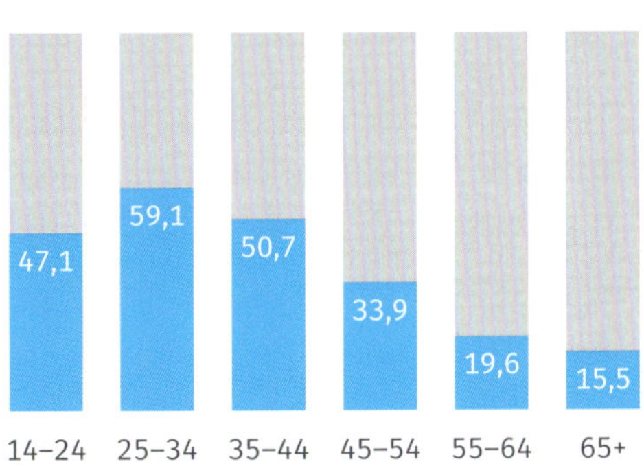

GESCHLECHT

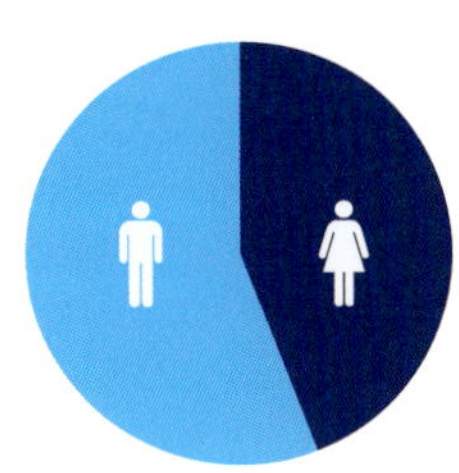

Männer	56 %
Frauen	44 %

VERWENDETE ENDGERÄTE

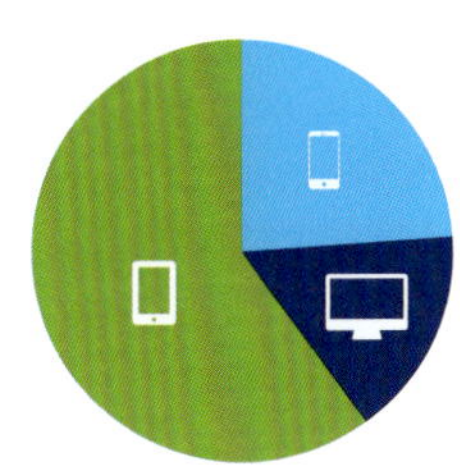

Smartphone	24 %
Desktop	16 %
Tablet	60 %

Netzwerkanalyse: Die Teile des Amazon-Konzerns und ihre Umgebung

Interaktion Amazon und Google: Nutzung von Amazon als Suchmaschine

Die Gephi-Visualisierung liefert ein starkes zusätzliches Argument für unsere Annahme, dass Amazon nicht nur für E-Commerce, sondern wahrscheinlich *auch* als Suchmaschine genutzt wird – denn tatsächlich gibt es auf der Ebene der Nutzungsdauer eine starke Nutzungsinteraktion zwischen Amazon und Google Search, 22 % der Nutzer nutzen nach Amazon die Plattform Google Search. Wenn Nutzer bei Amazon nicht fündig werden, so suchen sie wahrscheinlich alternativ die Produkte bei Google, oder sie führen über Google noch einmal einen Preisvergleich durch.

13 % der Nutzer werden auf konzerneigene Angebote weitergeleitet

Darüber hinaus fällt auf, wie viele Nutzer (insgesamt 13 %) nach Nutzung von Amazon weiter auf konzerneigene Angebote umgeleitet werden, sie landen dann auf Prime Video (5 %), IMDb (5 %) sowie Amazon Music (3 %).

Außerdem generiert Amazon hohe Nutzerflüsse hin zu WhatsApp (12 %), aber auch zu sozialen Medien (Facebook 10 %; Instagram 2 %), dies vor allem durch deren insgesamt hohe Nutzungsintensität. Hinsichtlich des Nutzerflusses sind auch hier eBay (9 %) und eBay Kleinanzeigen (4 %) die relevantesten E-Commerce-Konkurrenten gemessen an ihrer Nutzungsintensität.

AMAZON-KONZERN: NETZWERKANALYSE

NUTZUNGSDAUER UND USER JE VERBINDUNG

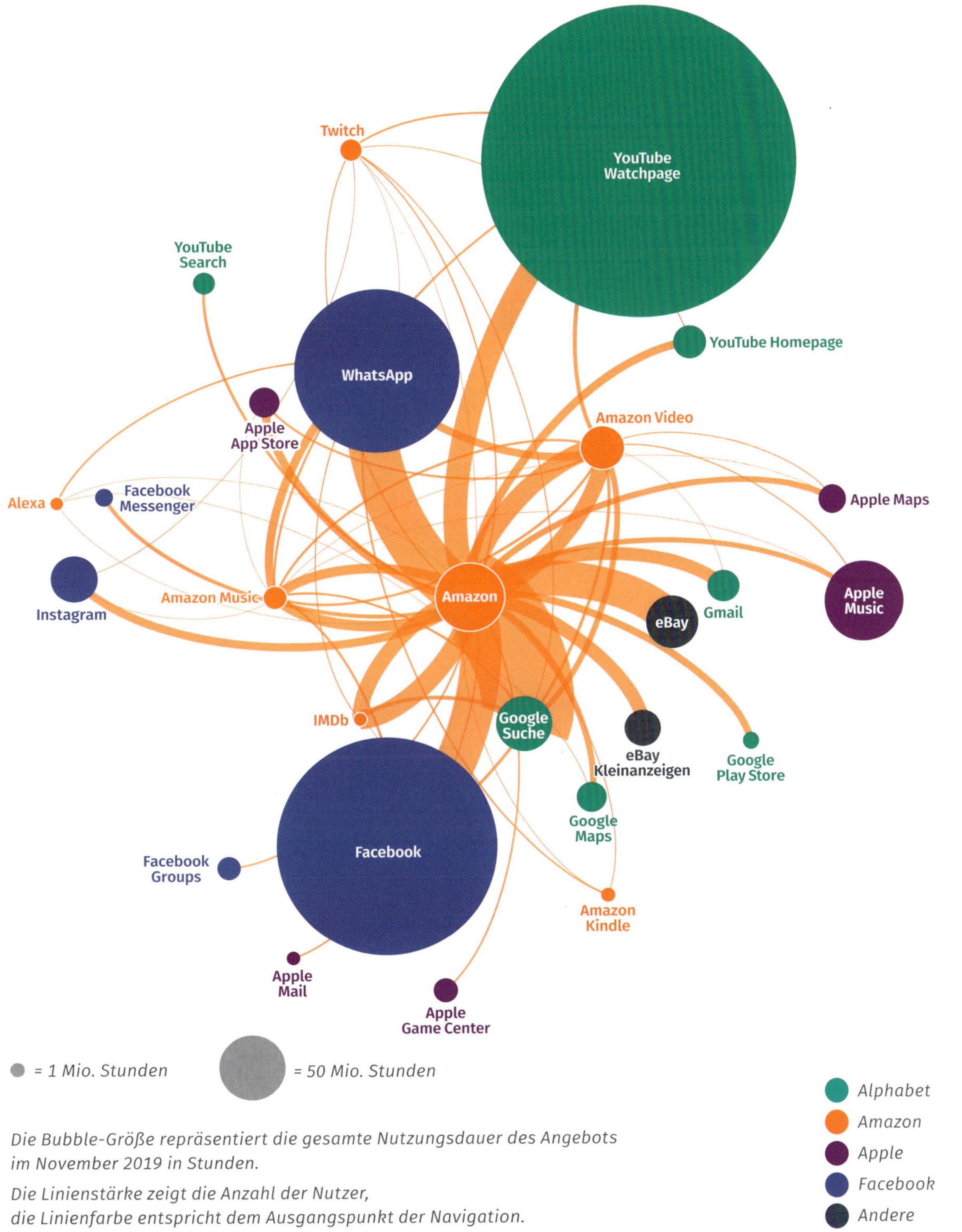

Die Bubble-Größe repräsentiert die gesamte Nutzungsdauer des Angebots im November 2019 in Stunden.

Die Linienstärke zeigt die Anzahl der Nutzer, die Linienfarbe entspricht dem Ausgangspunkt der Navigation.

Zeitperiode: November 2019; Gesamtbevölkerung (14+); alle Endgeräte kombiniert (Desktop, Smartphone, Tablet)

Fazit: Die »Big 4« im Überblick

Besonders interessant ist es, nach diesem Streifzug durch die ganz unterschiedlichen digitalen Welten der großen vier Anbieter wieder etwas zurückzutreten und diese miteinander zu vergleichen. Dabei ist zunächst so auffällig wie selbstverständlich, dass alle vier ihre Geschäftsfelder aus den Gravitationszentren ihrer jeweiligen Kernkompetenz heraus entwickeln.

Die »Big 4« besetzen unterschiedliche Positionen im Funnel

Diese lassen sich nun wieder verschiedenen Stufen in dem Aufmerksamkeitstrichter zuordnen, den wir oben unter Pinterest ausführlich dargestellt haben (vgl. Kapitel III, 4). Denn Angebote wie Streaming, Video-on-Demand und Social Media liegen tendenziell eher im »Upper Funnel«.

Werbetreibende Unternehmen können in den Content-Angeboten solcher Player also etwa Anzeigen oder Werbeclips für ihre Produkte ausspielen. Dabei lässt sich vereinfachend sagen, dass die jeweilige Werbung desto niedriger im Funnel liegt, je genauer das Targeting ist: Während ungerichtete Botschaften eher allgemeines Interesse wecken sollen, können spezifische Botschaften durch präzises Targeting an Zielgruppen ausgespielt werden, von denen aufgrund von Datenauswertungen ein Interesse an einem Produkt vorausgesetzt werden kann, etwa das Planen des Sommerurlaubs für die ganze Familie. Die Schaltung entsprechender Anzeigen setzt auf ein vorher ermitteltes positives Grundinteresse auf.

Um in der Logik dieses Beispiels zu bleiben, befindet man sich natürlich noch weitaus tiefer im Funnel, wenn ein Nutzer bei Google als Suchanfrage »Familienhotel Mallorca buchen« eingibt – und es ist ebenso klar, dass die Kosten für eine Anzeige umso höher werden, desto näher diese mit einem Kauf korreliert werden kann. Ganz am Ende des Funnels liegt dann die Transaktion selbst – wenn man beispielsweise einen beworbenen Gegenstand bei Amazon oder einer Buchungsplattform online bestellt.

Wie gut sind die vier Player in den verschiedenen Phasen aufgestellt?

Alphabet besitzt zunächst einmal ein führendes Angebot im Upper Funnel durch seine Video-on-Demand-Plattform YouTube. Des Weiteren besetzt es durch die Suchmaschine Google auch das wichtigste Gateway am unteren Ende des Funnels. Zentral dabei ist, dass die Daten der einzelnen Nutzer von

POSITIONEN DER BIG 4 IM PURCHASE FUNNEL

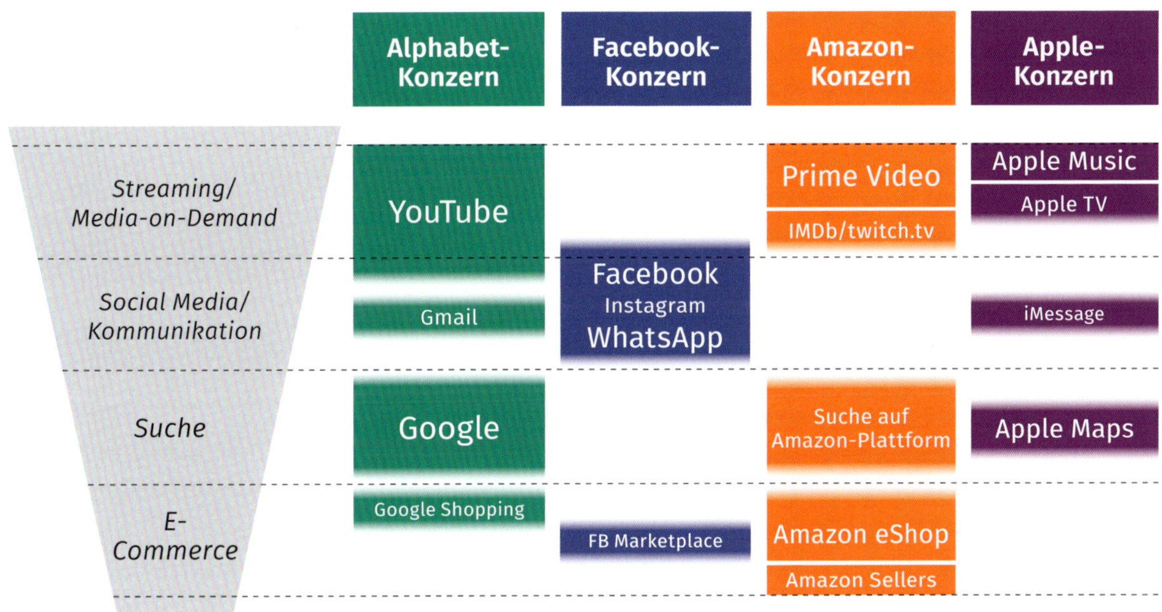

beiden großen Plattformen bei ein und demselben Unternehmen zusammenlaufen – eine zusätzliche Verlängerung liefert das starke Standbein Gmail, denn auch hier kann Alphabet aus jeder einzelnen verschickten E-Mail nutzerspezifische Informationen auslesen und mit den Datensätzen aus Google Search und YouTube aggregieren.

Alphabet: »Zangen«-Ansatz (YouTube/Google)

Das Geschäftsmodell von Alphabet setzt also voll auf Werbung, und in diesem Aspekt gleicht es seinem Wettbewerber Facebook, das seine Einnahmen ebenfalls fast ausschließlich im Bereich Advertising generiert. Der Unterschied ist, dass der Facebook-Konzern stärker auf das Social-Media-Paradigma setzt, es besitzt ferner mit WhatsApp ein starkes Standbein auf dem Feld Instant Messaging. Aber auch in der Möglichkeit der Aggregation großer personenspezifischer Datenmengen über die drei großen Plattformen hinweg ähnelt Facebook dem Konkurrenten Google.

In diesem direkten Vergleich ist das dritte Profil von Amazon besonders interessant, weil es völlig anders konstruiert ist. Denn im Funnel rollt Amazon das Feld von unten auf: Das Kerngeschäft besteht im Online-Shopping, hier macht der Konzern auch das Gros seiner Umsätze. Durch die Anlage der Plattform als ungeheuer reichhaltiges Content-Universum für Produkte (vgl. Kapitel II, 6) wird Amazon aber zusätzlich immer mehr zu einer Suchmaschine

Amazon: Upper Funnel plus E-Commerce

für Produkte und überholt in dieser Zuspitzung Google quasi von rechts. Zugleich baut es aber ein starkes eigenes Imperium im Upper Funnel auf, sowohl für gebührenfinanziertes (Prime Video) als auch kostenloses Video-on-Demand (IMDb, Twitch.tv) – und dieser Teil von Amazon hat nicht nur positive Abstrahleffekte auf das Online-Shopping, sondern generiert selbst mittlerweile einen signifikanten Anteil des Konzernumsatzes.

Apple nimmt zuletzt insofern eine Sonderrolle ein, als es bei seinem Kerngeschäft der Hardware eigentlich in einer anderen Disziplin spielt. Aufgrund der starken Nutzerbasis ist Apple jedoch in der Lage, starke Positionen aufzubauen wie etwa bei Media-on-Demand, vor allem bei Audio-Streaming, oder bei Servicediensten wie Apple Maps.

In dieser Zusammenschau ist ersichtlich, in welchem Ausmaß die strategischen Ansätze dieser Unternehmen bis ins Detail ausgefeilt und optimiert sind – und zugleich wird auch auf der inhaltlichen Ebene erkennbar, wie stark jeder einzelne Player die Vormachtstellungen der jeweiligen Kernkategorien als Hebel einsetzt, um diese so breit wie möglich zu kapitalisieren.

Zuletzt ist bei jedem dieser vier Player das Bemühen erkennbar, zwischen den verschiedenen Bereichen möglichst starke synergetische Abstrahleffekte zu erzielen, um auf diese Weise zusätzliche positive eigendynamische Wachstumsprozesse zu erzeugen.

IV 2

Die Sphäre der Blogs

Nach der Behandlung der größten Digitalunternehmen weltweit werden wir nun auch eine Sonderanalyse von Tail-End-Angeboten durchzuführen. Wir haben zu diesem Zweck die Kategorie der Blogs ausgewählt.

Blogger: Die Helden der demokratischen Internetutopie?

Noch in den Jahren nach der Jahrtausendwende war die neu entstandene Bloggerkultur der Hoffnungsträger für eine progressive und demokratisierende Transformation der Gesellschaft. Die Erklärung ist einfach: Die neuen Kommunikationstechnologien boten auch unbekannten Einzelpersonen erstmals die Möglichkeit, Inhalte direkt und ohne Hinzuziehung klassischer Gatekeeper-Medien (z. B. Zeitungen, Fernsehen) mit einem Millionenpublikum zu teilen.

Blogger werden häufig von Offline-Medien thematisiert

Nachdem digitale Medien heute endgültig im Mainstream angekommen sind, ist eine wichtige Frage bei der Beurteilung der gesellschaftlichen Bedeutung des Internet, inwieweit der Traum von der unabhängigen Kommunikation im Netz über Blogs tatsächlich Wirklichkeit geworden ist. Die Bezeichnung »Blogger« kommt in den Mainstream-Massenmedien jedenfalls häufig vor – entweder als Bezeichnung für coole und hippe Autoren oder beim Aufgreifen aktueller Trends.

Auswahl der Blogs

Wie groß oder klein ist nun das Phänomen der Blogs im Verhältnis zur gesamten digitalen Mediennutzung? Zur Beantwortung dieser Frage haben wir versucht, den Anteil der Blogs innerhalb der gesamten Netznutzung zu quantifizieren. Weil die Abgrenzung von Blogs nicht leicht ist und es fließende Übergänge gibt, haben wir dabei folgende Linien gezogen: Wir haben ausschließlich Blogs untersucht, nicht dagegen Video-Blogs, die sogenannten Vlogs. Wir haben hierfür ein Corpus der populärsten deutschen Blogs aus

Was ist ein Blog?

den verschiedenen Blog-Trackern, aber auch aus der allgemeinen Berichterstattung geschaffen. Wir haben dabei jeden einzelnen Blog inhaltlich auf verschiedene Kriterien untersucht. Wir haben vor allem Domains aufgenommen,

- *die sich selbst als Blog bezeichnen;*
- *die eine Tendenz zum charakteristischen »Blogger Look« und zu blogtypischem Content besitzen; die meisten decken etwa ein spezifisches Themenfeld ab (z. B. Reise), präsentieren den Inhalt aus subjektiver Anschauung, aus der Perspektive einer spezifischen Meinung oder (politischen) Ausrichtung, andere liefern tagebuchartige Einträge und so fort;*
- *die häufig zu Spenden, Patenschaften etc. aufrufen.*

Insgesamt haben wir jeden einzelnen Blog geprüft und sind dabei sehr großzügig vorgegangen. Es ging uns hierbei hauptsächlich darum, Einzelfälle herauszufiltern, die klar *nicht* zu dieser Beschreibung passen. Um einige Beispiele für aussortierte Domains zu nennen: urlaubspartner.net (Kontaktanzeigen für Reisepartner); codycrossloesungen.de (Lösungen für Kreuzworträtsel); telefontarifrechner.de (Preisvergleiche für günstiges Telefonieren) und so fort.

BLOGS: GERINGE NUTZUNG

	Anbieter	Net Reach	Total Duration (h/Monat)	Duration per U.U. (h/Monat)	Anteil an Total Duration
1	Achgut.com	2,0 %	69.600	0:03:39	0,0016 %
2	mitvergnuegen.com	1,9 %	10.715	0:00:35	0,0002 %
3	borncity.com	1,4 %	23.845	0:01:48	0,0005 %
4	Netzpolitik.org	1,3 %	11.931	0:00:59	0,0003 %
5	zugreiseblog.de	1,1 %	6.582	0:00:37	0,0001 %
6	Mobilegeeks.de	0,9 %	5.012	0:00:33	0,0001 %
7	BILDblog	0,6 %	19.716	0:03:33	0,0004 %
8	lilies-diary.com	0,5 %	4.854	0:00:59	0,0001 %
9	Grenzwissenschaft-Aktuell.de	0,5 %	16.443	0:03:43	0,0004 %
10	langweiledich.net	0,2 %	16.548	0:08:03	0,0004 %
	Rest	n. a.	67.436	n. a.	0,0015 %
alle Blogs aggregiert		14,4 %	252.683	0:01:48	0,0057 %

Zeitperiode: Q3/2019; Gesamtbevölkerung (14+); alle Endgeräte kombiniert (Desktop, Smartphone, Tablet)

Herausgefiltert wurden auch Webseiten, die von großen etablierten Redaktionen stammen, wie etwa Telepolis (heise.de) oder der-postillon.com. Die Zahl der auf diese Weise ermittelten populärsten deutschen Blogs lag bei etwa hundert.

Zunächst einmal geben die Inhalte dieser Top 10 durchaus auch die inhaltlichen Schwerpunkte wieder, die man auch unter den im Ranking nach Platz 10 folgenden Blogs findet, nämlich Politik (wobei eine Tendenz zu polarisierenden Auffassungen vorherrscht), IT und Computer, Reise, Unterhaltung und Kuriositäten.

Interessant ist ferner, dass aus diesen Top 10 nur die Hälfte »echte« Blogs sind, wie man sie sich vorstellt, also von einer Person zu einem »Herzensthema«, und zwar borncity.com (IT), zugreiseblog.de (Backpacking), liliesdiary.com (Reise), grenzwissenschaft-aktuell.de (Parawissenschaft) und langweiledich.net (Gemischtes gegen Langeweile). Die anderen fünf Angebote werden entweder von publizistischen Profis geleitet oder verfügen bereits über kleinere Teams und Redaktionen, auch wenn bei den meisten um Spenden gebeten wird und es sich eher um kleine Setups aus freien Autoren und Bloggern handelt.

86 % der User nutzen keine Blogs

Erstaunlich ist vor allem die geringe Marktdurchdringung von Blogs, die uns in dieser starken Ausprägung überrascht hat. 1 % Nettoreichweite entsprechen etwa 60.000 Nutzern – nur 5 der stärksten 10 Blogs liegen über diesem winzigen Wert. Sicherlich sind diese Zahlen auf Domain-Ebene etwas mit Vorsicht zu genießen, weil hier naturgemäß auf den einzelnen Domains die Fallzahlen recht klein werden (1 % entsprechen in unserer Stichprobe aber immerhin noch 160 Nutzern) und deshalb leichte statistische Unschärfen zu erwarten sind.

Aber all das ändert nichts am Gesamtbefund. Die von uns identifizierten Top-100-Blogs besitzen *gemeinsam* nur eine Nettoreichweite von 14,4 %, und hier handelt es sich immerhin um die Betrachtung eines ganzen Quartals. Umgekehrt heißt das: Der ganz große Teil der Nutzer konsumiert im Alltag überhaupt keine Blogs.

Blogs besitzen niedrige Stickiness und erzielen nur marginale Nutzungszeiten

Allein dieser Wert ist gering, aber im Verhältnis noch weitaus niedriger ist die von all diesen Blogs zusammen erreichte Total Duration: Mit 253.000 Stunden pro Monat erzeugen *alle zusammen einen Gesamtmarktanteil von weniger als einem hundertstel (!) Prozent*. Das liegt vor allem an der ebenfalls niedrigen Stickiness: Im Schnitt kommen alle gemessenen Blogs auf nur 2,2 Sessions pro Unique User im Monat. Und genau deshalb schaffen es aus den Top 10 nur 4 Blogs, mehr als 1 Minute (!) Nutzungsdauer im Monat zu erzielen.

Erstaunlich ist ferner, dass innerhalb dieses winzigen Mikromarkts die Konzentration durchaus hoch ist: Die Top 10 bündeln etwa 73 % der hier gemessenen Aufmerksamkeit, was umgekehrt bedeutet, dass die kleineren nur äußerst marginale Größen erzielen.

Blogs bei jüngeren Nutzern

Unsere nächste Frage war, wie sich die Situation bei den jungen Nutzern darstellt – zumal das ja auch die Möglichkeit liefert, zukünftige Entwicklungen vorauszusehen. Hier sind etwa die Hälfte der Blogs identisch mit der ersten Liste, aber eine Reihe neue tauchen auf, und zwar kreativfieber.de (»backen, basteln, bloggen«), simension.de (Tutorials für die Sims), serieslyawesome.tv (Blog über Serienkultur) und nikos-weinwelten.de (»Genussportal«).

Blog-Nutzung von jüngeren Usern beträgt weniger als die Hälfte als die der Gesamtbevölkerung

Der wichtige Befund ist jedoch: Die Nutzung von Blogs liegt bei den jungen Nutzern bei einer noch winzigeren Nettoreichweite, die weniger als die Hälfte (!) im Vergleich zur Gesamtbevölkerung beträgt, die Nutzungsdauer ist ähnlich marginal. Damit ergibt sich ein ernüchterndes Bild: Blogs spielen schon in der Gesamtbevölkerung eigentlich kaum eine Rolle, werden aber von jungen Usern so wenig genutzt, dass sich Ergebnisse statistisch kaum

BLOG-NUTZUNG DER 14–29-JÄHRIGEN

	Anbieter	Net Reach	Duration per U.U. (h/Monat)
1	mitvergnuegen.com	1,1 %	0:00:40
2	kreativfieber.de	0,6 %	0:01:42
3	BILDblog	0,4 %	0:04:28
4	simension.de	0,4 %	0:00:49
5	serieslyawesome.tv	0,4 %	0:00:42
6	lilies-diary.com	0,3 %	0:01:10
7	zugreiseblog.de	0,3 %	0:00:07
8	Netzpolitik.org	0,3 %	0:03:40
9	rezeptteufel.de	0,3 %	0:00:04
10	nikos-weinwelten.de	0,3 %	0:00:00
	alle Blogs aggregiert	**6,3 %**	**0:01:17**

Zeitperiode: Q3/2019; Gesamtbevölkerung (14+); alle Endgeräte kombiniert (Desktop, Smartphone, Tablet)

noch messen lassen. Bei der ohnehin drastischen digitalen Dynamik in Richtung einer kleinen Anzahl konzentrierter Angebote wird der heute schon mikroskopisch kleine Marktanteil in Zukunft noch weiter zurückgehen. Damit ergibt sich auch eine erstaunliche Diskrepanz zu der durchaus häufigen Thematisierung von Blogs und Bloggern in den Medien – die offenbar in einem Missverhältnis steht zu ihrer tatsächlichen Relevanz. Sicherlich müsste man dies weiter untersuchen, etwa die Vlogs auf YouTube.

Andererseits sind unsere Befunde zu den *Blogs auf eigenen Domains* eindeutig – was beispielsweise auch bedeutet, dass die Tendenz zu großen Social-Media-Plattformen die große Zahl an unabhängigen, kreativen und innovativen Content-Herstellern gewissermaßen »aufsaugt«. Man hat als Blogger zwei Möglichkeiten: Entweder man produziert seine Inhalte für die großen Plattformen und integriert sich auf Gedeih und Verderb in deren Wertschöpfungskette (inklusive der beschriebenen Lock-in-Effekte). Oder man macht sein eigenes Ding auf einer unabhängigen Domain und landet aber mit einer hohen Wahrscheinlichkeit im Tail End der Nutzung, wo kaum noch Traffic existiert.

»Austrocknung« der unabhängigen Blogs durch Social Media

Man sieht an diesem Beispiel der »Austrocknung« der Blogger durch die großen Social-Media-Magnetfelder auch sehr präzise, welchen erheblichen Effekt das Wegfallen der offenen Standards bedeutet (siehe Kapitel I, 1): Für einen Blogger ist es möglich, dieselben Inhalte über ganz unterschiedliche Services auszuspielen, weil alle Provider dieselben Standards (IP, also »Internet Protocol«, und TCP, »Transmission Control Protocol«) verwenden, sodass diese auch in einem Wettbewerb untereinander stehen. Dieser Wettbewerb ist unter den Bedingungen geschlossener Standards nicht mehr möglich.

Lock-in-Effekte von geschlossenen Standards

Übrigens lässt sich dieser Lock-in-Effekt faszinierenderweise auch in die umgekehrte Richtung nachweisen, und zwar in den Fällen, in denen eine Social-Media-Plattform kollabiert. Man kann genau beobachten, was dann mit den dort erfolgreichen Künstlern passiert. Ein äußerst aufschlussreiches Beispiel ist der Zusammenbruch von »Vine«, einem frühen Portal für 6-sekündige Videos – denn dieses Netzwerk erlebte einen kleinen Hype und hat zwischen etwa 2013 und 2015 eine ganze Reihe von Stars hervorgebracht, die durchaus ansehnliche Zahlen an Followern besaßen. Als »Vine« eingestellt wurde, mussten diese auf andere Plattformen ausweichen, was sie zugleich zwang, in Bezug auf ihre Anhängerschaft wieder bei null anzufangen. Besonders faszinierend ist, dass ein simples »Weitermachen« im neuen Plattformumfeld offenbar unmöglich war: Sämtliche »Viner« haben sich auf den neuen Plattformen hinsichtlich Inhalt und Stil vollständig neu erfinden müssen, übrigens mit sehr unterschiedlichem Erfolg. Mit dem Tod von »Vine« war auch das Konstruktionsprinzip für ihre Videos plötzlich annulliert.

IV 3

Wie politisch interessiert ist die GenZ?

Generation Greta

In der populären Berichterstattung kursiert immer wieder ein Narrativ, das nach der recht unpolitischen und egoistischen GenY die neue Generation junger Menschen wieder als politisch aktiv, sogar aktivistisch beschreibt. GenY, das war die Generation Selfie, die ständig um sich selbst kreiste, sich selbst fotografierte und Bilder von sich selbst auf den Social-Media-Plattformen postete – so jedenfalls das geläufige Stereotyp.

Die Generation der nach 1995 geborenen jungen Menschen, also Teens und Twens jünger als 25, wird nicht nur GenZ, sondern auch Generation Greta genannt: Klimaschutz, Belange der Umwelt stünden bei ihnen im Vordergrund und äußerten sich auch in Protesten und Demonstrationen. Sie seien proeuropäisch, für soziale Gerechtigkeit und vor allem ökologisch engagiert.

News-Konsum der GenZ

Wir haben die Online-Nutzung der GenZ überprüft auf den Konsum politischer News-Seiten. Für diesen Zweck haben wir für zwei Altersgruppen *sämtliche* Domains mit Fokus auf Nachrichten ausgewählt, und zwar einmal für die GenZ (14–24) und einmal für alle Personen älter als 25. Wir haben dieses ergebnisoffene Vorgehen für beide Gruppen separat durchgeführt, um sicherzustellen, dass wir keine neuen News-Angebote übersehen, die besonders von jungen Zielgruppen konsumiert werden. Wir haben die Liste existierender Angebote nach der gesamten Nutzungsdauer gerankt und haben auch Produkte mit winziger Marktdurchsetzung erfasst; wir haben auch Webseiten von Parteien hinzugefügt oder von öffentlichen Einrichtungen (Bundeszentrale für politische Bildung, Wahl-o-Mat etc.).

NACHRICHTENKONSUM DER GENERATION Z

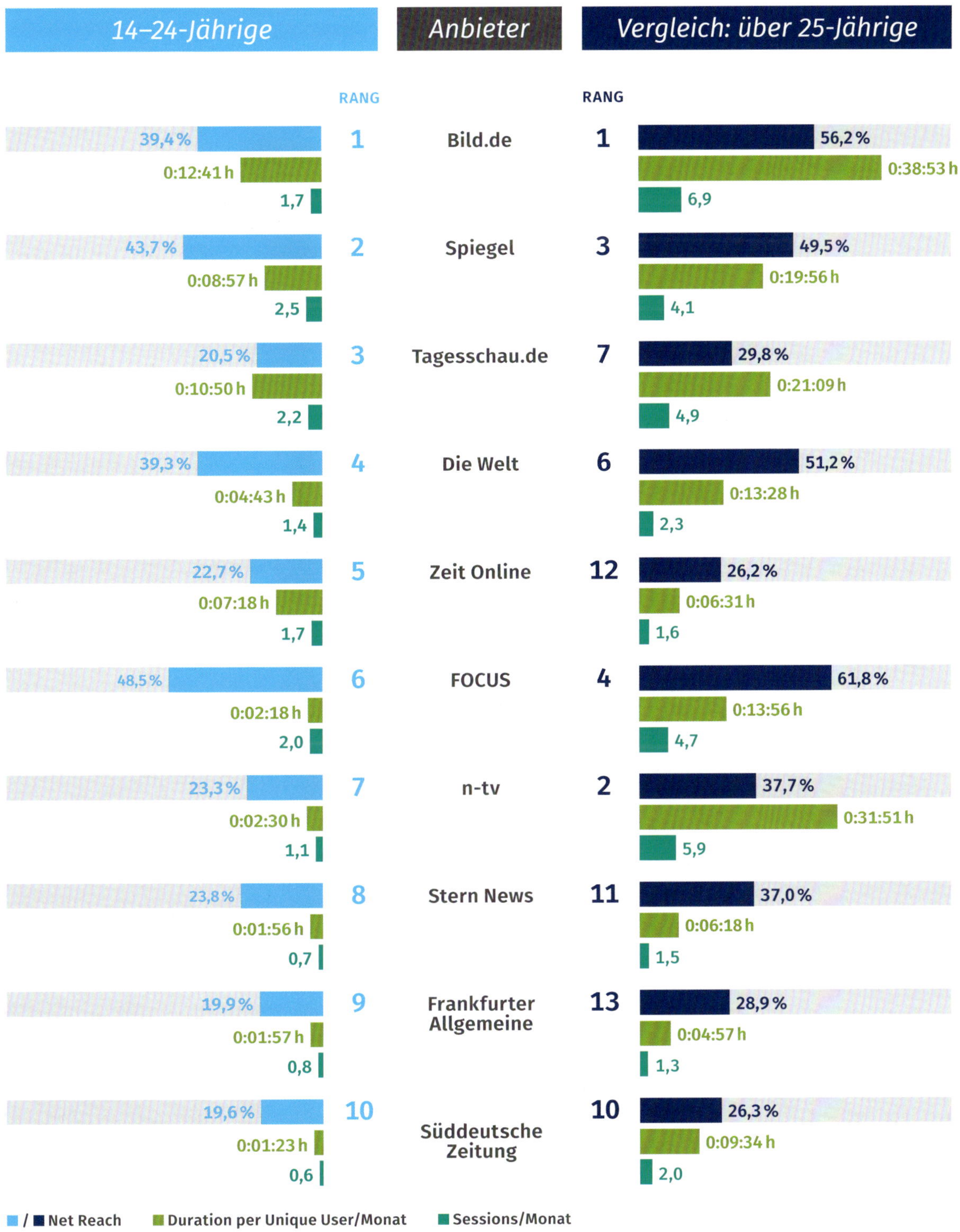

Zeitperiode: Q3/2019; Gesamtbevölkerung (14+); alle Endgeräte kombiniert (Desktop, Smartphone, Tablet)

Die auf diese Weise gewonnene Liste erfasst bei den jungen Nutzern zwischen 14 und 24 insgesamt 47 Angebote. Diese erzielen allerdings nur 0,4 % der gesamten Nutzungsdauer.

Die auf dieselbe Weise gewonnene Liste aller Angebote für den Rest der Bevölkerung umfasst 55 Angebote, allerdings liegt die Nutzungszeit hier bei 2,2 % der gesamten Nutzungsdauer – im Schnitt verbringt die Bevölkerung ab 25 Jahren etwa 5,5 mal mehr Zeit mit solchen politischen Inhalten als die GenZ.

Reichweiten und Nutzungsdauer liegen stark unter dem Bevölkerungsdurchschnitt

Ein Blick auf die Top 10 kann diese Einschätzung ergänzen. Die Nettoreichweiten der meistgenutzten Angebote liegen meist etwa ein Drittel unter derjenigen der restlichen Gesamtbevölkerung. Weitaus erheblicher ist aber die Differenz in der Nutzungsdauer: Diese liegt meist sogar zwei Drittel oder mehr unter derjenigen der Restbevölkerung. Dabei muss man noch zusätzlich bedenken, dass gerade diese Altersgruppe ja eigentlich die meiste Zeit im Netz verbringt – aber eben nicht auf Domains mit politischen Inhalten.

Unsere Analyse zeigt ferner, dass sich kaum ein altersspezifisches Produkt identifizieren lässt – es gibt allenfalls Angebote, die im Verhältnis zu anderen in diesem Feld von jüngeren Zielgruppen tendenziell bevorzugt werden, wie etwa zeitonline.de; oder es findet sich auf Rang 12 die Bundeszentrale für politische Bildung, die bei der Restbevölkerung nur Rang 38 einnimmt.

Hier schließen sich weitere Fragen an, etwa über den Konsum politischer Inhalte über YouTube oder Social Media (allerdings werden auch Aufrufe von Nachrichtenplattformen über Facebook oder Twitter in unseren Messungen erfasst) – es lässt sich aber festhalten, dass sich das angebliche politische Interesse der GenZ bei den führenden Online-Angeboten für Nachrichten und Politik nicht niederschlägt.

IV 4

Große Marken im Netz

Potenziale direkter Verbraucheransprache

Die digitale Transformation lässt alte Gatekeeper-Strukturen der Offline-Welt wegbrechen: Blogger können direkt über Inhalte berichten, ohne den Umweg über einen Zeitungsredakteur zu nehmen; man kann einen Song direkt veröffentlichen, ohne ein Label dafür zu gewinnen; man kann ein Buch publizieren ohne einen Verlag und so fort.

Dasselbe gilt nun auch für Marken – die können sich prinzipiell ebenfalls direkt an ihre Verbraucher wenden. Das war früher eher umständlich (allenfalls über Direct Mailings oder dergleichen), ist aber jetzt leicht umsetzbar etwa über eine starke Marken-Plattform im Netz.

Warum sind eigene Plattformen so attraktiv für große Marken?

Solche Präsenzen sind für Marken in vielen Dimensionen interessant:

- *Erstens sind Webseiten fast zum Nulltarif zu haben (abgesehen von den winzigen Domaingebühren, dem Setup und der Gestaltung).*

- *Zweitens ist es einfach, das ganze Ökosystem der Werbung mit Verweisen auf die Webseite zu versehen. Die digitalen Assets (Banner, Online-Videos, etc.) lassen sich so verlinken, dass Verbraucher bei Interesse an Produkten oder Dienstleistungen direkt dorthin geleitet werden.*

- *Drittens kann man so eine Markenwebseite recht einfach mit viel Content füllen, der die Verbraucher mit wertvollen Informationen versorgt (Tutorials, Hintergrundinformationen, How-to-Videos etc.), und auf diese Weise die*

Zeit, die sie mit der Marke verbringen, signifikant erhöhen (etwa im Gegensatz zu einem kurzen Fernsehspot).

- *Zuletzt kann der Hersteller aber per E-Commerce auf der Webseite Produkte auch direkt an Verbraucher verkaufen. Das ist zwar bei überwiegend offline vertriebenen Marken nicht unkritisch, weil Handelspartner verprellt werden können, die es ungern akzeptieren werden, dass ein Produzent gleichzeitig auch einen direkten Vertrieb einrichtet – es lassen sich hier aber Lösungen finden (z. B. temporäre Angebote, Limited Editions etc.).*

Aus den beschriebenen Gründen haben eigentlich alle größeren Marken in den Aufbau solcher Webpräsenzen investiert – und sie haben das nicht nur seit ein paar Jahren nebenbei betrieben, sondern seit mindestens 20 Jahren dafür erhebliche Investitionen, Aktivitäten und Ressourcen eingesetzt. Deswegen ist es besonders interessant, einmal genauer zu untersuchen, welche Marken hier welche Nutzungen erzielen.

Auswahl der analysierten Marken: Vorgehen

Erneut ist eine Abgrenzung nicht ganz trivial, deswegen sei unser Vorgehen kurz erläutert. Zunächst einmal sind Facebook und Apple ja auch »Marken« (deren Dominanz wir bereits ausführlich untersucht haben), allerdings ist unser Erkenntnisinteresse hier exakt gegenläufig, denn uns interessiert ja vor allem, wie »klassische« Markenartikel aus der Offline-Welt hier im Netz Fuß fassen.

Aus diesem Grund haben wir mehrere Hundert der wichtigsten Markenartikel nach Nettoreichweite gerankt und dabei festgestellt, dass sich unter den größten Webpräsenzen zwei besonders stark vertretene Kategorien identifizieren lassen, und zwar einerseits die guten alten Konsumgüter, andererseits die Automobilmarken.

Es sei der Vollständigkeit halber erwähnt, dass in diesen größten Webpräsenzen auch verhältnismäßig wenige Konsumgütermarken mit digitalen Geschäftsmodellen auftauchten (die größte war mymuesli bei etwa 3 % Nettoreichweite). Auch die Nettoreichweiten der großen Sportmarken fallen recht moderat aus, Adidas liegt bei etwa 5 %, Nike bei etwa 4 %. Nicht anders ist es bei Luxusmarken, die populärste ist Lancôme bei 1 % Nettoreichweite.

Konsumgütermarken: Detailkarte

Der Blick auf die Konsumgütermarken zeigt, dass Nestlé und Nivea in Bezug auf Nettoreichweite führend sind, beide liegen bei 11,6 % (hier erneut gemessen über einen Zeitraum von 3 Monaten) – das sind immerhin knapp 7 Millionen Personen. Dennoch sollte man sich vor Augen halten, dass auch dieser Wert eigentlich ziemlich gering ist.

Im Gesamtranking aller Websites belegen diese Top-Player damit Rang 241 (Nestlé) und 243 (Nivea), die drittstärkste Marke (Dr. Oetker) liegt dann bereits auf Platz 450. Hinzu kommt, dass die User hier auch nur zwischen 2 und 3 Minuten pro Monat auf der Plattform verbringen. Deswegen ist der gesamte Marktanteil der beiden führenden Angebote erneut verschwindend gering und liegt zwischen fünf und sieben tausendstel Prozent.

Nivea und Nestlé führen das Feld an

Es mag ein bloßer Zufall sein, aber diese Werte liegen erstaunlicherweise gar nicht weit entfernt von den Niveaus der Top-Blogs. Die führenden Marken schaffen also trotz ihrer hohen Werbeinvestitionen nur sehr marginale Nutzungen auf der eigenen Website (»owned media«), auch sie können sich den Gravitationskräften der digitalen Konzentration kaum entgegenstemmen.

Durchsetzung auf ähnlich niedrigem Niveau wie Blogs

KONSUMGÜTERMARKEN: WEBPRÄSENZ

	Marke	Net Reach	Unique Users (U. U.)	Total Duration (h/Monat)	Anteil an Total Duration	Duration per U. U. (h/Monat)
1	**Nestlé**	11,6 %	6.792.003	226.416	0,005 %	0:02:00
2	**Nivea**	11,6 %	6.750.651	322.694	0,007 %	0:02:52
3	**Dr. Oetker**	6,7 %	3.913.095	122.397	0,003 %	0:01:52
4	**Kinder**	5,5 %	3.191.584	152.813	0,003 %	0:02:52
5	**HiPP**	5,0 %	2.911.688	146.843	0,003 %	0:03:01
6	**Ferrero**	4,2 %	2.441.642	147.109	0,003 %	0:03:37
7	**Pampers**	4,1 %	2.405.348	229.914	0,005 %	0:05:44
8	**HARIBO**	3,9 %	2.249.639	65.800	0,001 %	0:01:45
9	**Maggi**	3,6 %	2.113.210	61.913	0,001 %	0:01:45
10	**Alnatura**	3,1 %	1.834.618	36.493	0,001 %	0:01:11

Zeitperiode: Q3/2019; Ranking nach Net Reach; Gesamtbevölkerung (14+); alle Endgeräte kombiniert (Desktop, Smartphone, Tablet)

Dies belegen auch die Marken ab Rang drei, deren Reichweiten schnell drastisch zurückgehen. Und auch hier ist die erzielte monatliche Nutzungsdauer recht gering. Wohlgemerkt handelt es sich hier nur um die Top 10, und schon innerhalb dieser Top 10 ist eine starke Konzentration zu vermerken (so erzielt Alnatura auf Platz 10 nur noch etwa 11% der Total Duration im Verhältnis zu Nivea). Es existieren jedoch Webpräsenzen von Tausenden »bekannten« Marken jenseits dieser Top 10 – deren Nutzungswerte noch exponentiell unter denen der hier aufgeführten Top-Player liegen.

Automobil-Marken: Detailkarte

Als zweite Kategorie haben wir die großen Automobilmarken unter die Lupe genommen, auch um unsere Beobachtungen über eine andere Perspektive auf Plausibilität zu überprüfen. Tatsächlich liefert der Blick auf die größten Webpräsenzen von Automarken ein weitgehend ähnliches Bild – tendenziell liegen hier die Reichweiten sogar nochmals niedriger. Immerhin ist die Nutzungsdauer pro Unique User etwas höher, aber auch in diesem Vergleichsmarkt sind die erzielten Anteile an der Nutzungsdauer des Gesamtmarkts marginal.

Daraus wird ersichtlich, dass der Plan vieler Markenhersteller, im Netz große »owned media«-Sphären aufzubauen, nicht wirklich von Erfolg gekrönt wird. Sicherlich existieren jenseits der Marken-Domains noch Social-Media-Seiten mit vielen Followern, aber für die Visibilität der Posts müssen die Hersteller dort signifikante Investitionen tätigen.

Dass Konsumenten stärker nach Themen als nach Produkten suchen, ist seit vielen Jahren eine Binsenweisheit. Die Hersteller haben deshalb auf ihren Plattformen über die Jahre immer ausgeklügeltere Content-Ansätze entwickelt, um die Stickiness ihrer Inhalte zu erhöhen.

Aber trotz umfangreicher Investitionen, hochqualifizierter Digitalabteilungen, professioneller Datenanalysen und differenzierter Strategien gelingt es den großen Herstellern nicht, sich dem Konzentrationssog der digitalen Medien entgegenzustemmen – ironischerweise teilen sie dieses Schicksal ausgerechnet mit den Challenger-Plattformen der Blogs.

AUTOMOBILMARKEN: WEBPRÄSENZ

	Marke	Net Reach	Unique Users (U. U.)	Total Duration (h/Monat)	Anteil an Total Duration	Duration per U. U. (h/Monat)
1	Volkswagen	5,4 %	3.150.519	245.756	0,006 %	0:14:02
2	Opel	4,5 %	2.658.212	99.106	0,002 %	0:06:43
3	Mercedes Benz	4,4 %	2.552.202	113.405	0,003 %	0:08:00
4	BMW	4,0 %	2.311.424	136.295	0,003 %	0:10:37
5	Ford	3,7 %	2.171.222	98.231	0,002 %	0:08:09
6	ŠKODA	3,3 %	1.949.648	84.503	0,002 %	0:07:48
7	Renault	3,0 %	1.731.921	57.362	0,001 %	0:05:58
8	SEAT	2,8 %	1.657.385	57.050	0,001 %	0:06:12
9	Audi	2,6 %	1.504.378	94.125	0,002 %	0:11:16
10	Volvo	2,5 %	1.452.320	38.368	0,001 %	0:04:45

Zeitperiode: Q3/2019; Ranking nach Net Reach; Gesamtbevölkerung (14+); alle Endgeräte kombiniert (Desktop, Smartphone, Tablet)

IV 5

Liebe im Netz? Dating-Plattformen

Online-Dating: Hintergrund

Die Dating-Plattformen erzielen mehr als 200 Millionen Euro Umsatz

In längst vergangenen Zeiten verliebte man sich weitgehend dadurch, dass sich konkrete Personen im echten Leben kennen lernten und direkt miteinander in Kontakt traten – aber auch diese Sphäre der menschlichen Existenz lässt sich heute zumindest im Anbahnungsprozess durch digitale Medien abwickeln. Infolge der digitalen Transformation wird Partnersuche in zunehmendem Maß über Online-Plattformen betrieben. Die unterschiedlichen Formen von Partnervermittlung, Singlebörsen, Casual Dating etc. haben 2019 in Deutschland zusammengenommen Umsätze von mehr als 200 Millionen Euro erzielt.

Frühe Anfänge solcher Kontaktbörsen gab es schon in den 1990er Jahren in Form von Chatplattformen, bald kamen die ersten charakteristischen Online-Partnervermittlungen hinzu. Heute bietet sich den Nutzern ein vielfältiges Angebot mit unterschiedlichen Konzepten für durchaus verschiedene Zwecke.

Verschiedene Typen von Dating-Plattformen

Einerseits offerieren klassische Partnerbörsen die Auswahl an »passenden« Kandidaten, die über ein Matching ermittelt werden (z. B. Parship, ElitePartner, eDarling, lablue, Finya, Once etc). Dann gibt es lockerere Ansätze wie etwa Tinder oder LoveScout24, ebenso wie Flirt-Apps wie Badoo, Lovoo, Jaumo, Twoo, Zoosk etc.; zuletzt finden sich spezifische Angebote für verschiedene sexuelle Orientierungen, wie etwa PlanetRomeo, GayRoyal etc. für schwule, bisexuelle oder transsexuelle Männer oder Lesarion für lesbische Nutzerinnen.

Die Nettoreichweite aller Dating-Apps zusammengenommen beträgt 36,1 % – was insofern ein stattlicher Wert ist, als sich je nach Statistik nur 34 % der Befragten als Single bzw. 29 % als ledig bezeichnen (die durchaus interessante, wenn auch voyeuristische Frage, wie viele User in festen Beziehungen sind und dennoch Dating-Apps verwenden, lässt sich über unsere Basisdaten nicht ermitteln). Der Wert erscheint auch deswegen hoch, weil hier ja nur ein Quartal zugrunde gelegt ist.

Gleich mehrere Spezifika fallen hier auf: Die Nutzungsdauer ist mit durchschnittlich 2 bis 3 Minuten täglich zwar durchaus gering. Dating ist dabei keine auf junge Nutzer eingeschränkte Kategorie mehr und hat sich mittlerweile in allen Altersklassen durchgesetzt. Das gilt auch für Senioren: So nutzen 30 % aller Nutzer über 65 Jahren eine oder mehrere solcher Partnerbörsen (wir erinnern uns jedoch, dass etwa 40 % der Menschen dieser Altersklasse nach wie vor in einer reinen Offline-Welt leben, die Reale Nettoreichweite ist also deutlich geringer und wird bei knapp 20 % liegen).

Es zeigt sich erneut eine gegenläufige Dynamik bei Reichweite und Nutzungsdauer: Plakativ gesprochen finden wir zwar die höchsten Nettoreichweiten bei den jungen Usern (14 bis 34 Jahre), allerdings verbringen ältere Nutzer deutlich mehr Zeit auf diesen Plattformen (der Peak liegt bei 45 bis 54 Jahren).

DATING: DETAILKARTE

ANTEIL AN TOTAL DURATION	0,8 %
NET REACH	36,1 %
UNIQUE USERS	21.071.097
TOTAL DURATION (Ø Stunden/Monat)	34.589.827
DURATION PER U. U. (Ø Stunden/Monat)	1:38:30
SESSIONS PER U. U. (Ø Monat)	8,9
IMPRESSIONS PER U. U. (Ø Monat)	188

NET REACH
innerhalb Zielgruppe

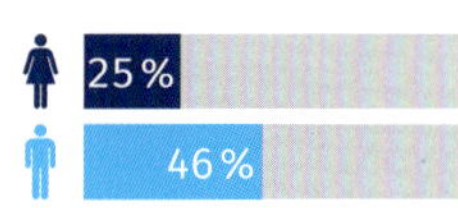

DURATION PER U. U.
pro Monat in Stunden

VERWENDETE ENDGERÄTE

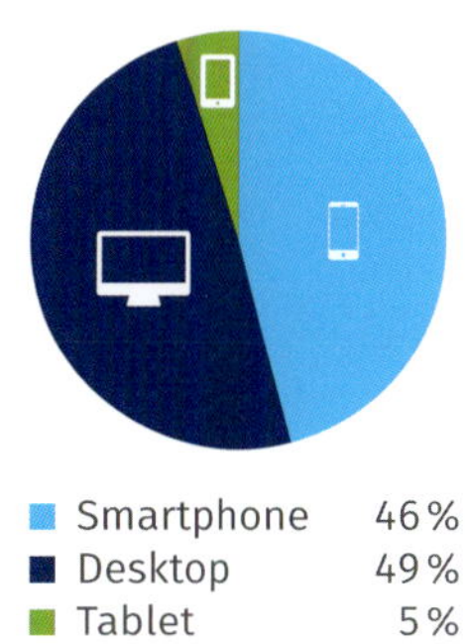

NET REACH
innerhalb Zielgruppe nach Alter in Prozent

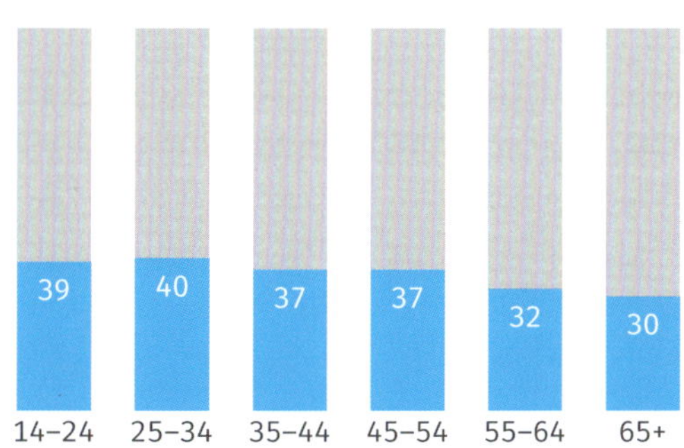

DURATION PER UNIQUE USER PRO MONAT
innerhalb Zielgruppe nach Alter in Stunden

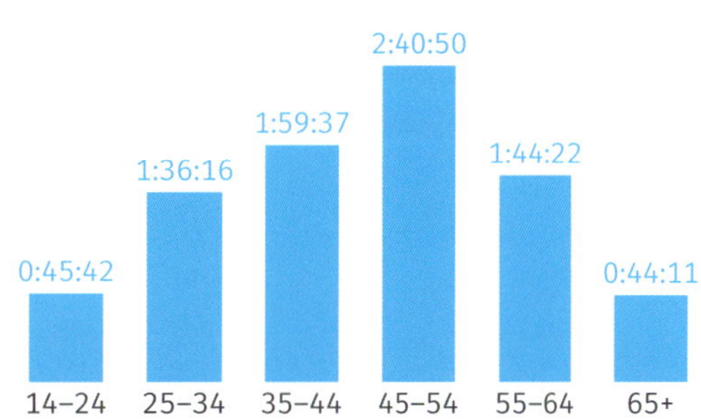

Zeitperiode: Q3/2019; Gesamtbevölkerung (14+); alle Endgeräte kombiniert (Desktop, Smartphone, Tablet)

Zuletzt fällt die sehr krasse Differenz zwischen männlichem und weiblichem Nutzungsverhalten auf: Nur 25 % aller Frauen nutzten in unserem Quartal (Juli bis September 2019) eine solche Partnerbörse, der Prozentsatz ist bei Männern fast doppelt so hoch (48 %).

Und während Frauen die digitalen Routinen bei der Partnersuche recht zügig abwickeln (durchschnittlich nur etwa 1 bis 2 Minuten täglich), ist die Investition an Zeit bei den Männern im Schnitt deutlich höher (mehr als 6 Minuten täglich).

Dating-Angebote (Männer/Frauen)

Eine genauere Prüfung der Top-Portale bei den Männern und den Frauen (hier gerankt nach Total Duration) führt uns jedoch zu einer spezifischen Ursache. Denn bei Portalen mit vorwiegend heterosexuellen Nutzern ist die Nutzungsdauer von Frauen und Männern durchaus vergleichbar (wie hier etwa bei Tinder oder Badoo).

Hohe Nutzungszeit für PlanetRomeo

Dagegen sticht ein Portal wie PlanetRomeo heraus, das vor allem von homosexuellen, bisexuellen und transsexuellen Männern benutzt wird. Die viel höhere Verweildauer ist insofern begreiflich, als solche Plattformen in diesen Zielgruppen eben nicht nur zu Datingzwecken genutzt werden, sondern von der Szene auch allgemeiner wie soziale Netzwerke verwendet werden, in denen man sich über verschiedene Themen austauscht und sich – übrigens auch länderübergreifend – freundschaftlich verbindet.

Bei jüngeren Nutzern ist Tinder auf Platz 1

Es ist ferner lohnend, noch einen abschließenden Seitenblick auf das Segment der jungen User zu werfen, da hier zwei spezifische Aspekte auffallen. So ist Tinder bei den jungen Nutzern (14–29) besonders stark und belegt hier auch den ersten Rang (12,9 % Nettoreichweite, 53 Minuten Nutzung im Monat). Ferner besitzt die recht neue App »Candidate« (Launch 2015) ebenfalls hohe Beliebtheit – die Reichweite beträgt zwar nur 1,3 %, die Stickiness ist aber hoch, weil die Nutzer hier deutlich mehr Zeit verbringen (1 Stunde 46 Minuten). Die Plattform basiert auf einem Gamification-Ansatz und nutzt interaktive und kreative Frage-Antwort-Spiele, die auch anonym (und ohne Foto) durchgeführt werden.

Die Sphäre des Online-Dating kann wunderbar zeigen, wie eine neue Medientechnologie ihre Nutzer, ja die Gesellschaft als Ganzes bis in die intimsten Bereiche neuformatiert und umprogrammiert.

Das lässt sich einerseits nach den ebenso gängigen wie leider recht abgegriffenen kulturkritischen Mustern ausformulieren: Die Dating-Plattformen

DATING

	Männer	Net Reach	Duration per U.U. (h/Monat)	Total Duration (h/Monat)
1	PlanetRomeo	9,0 %	4:12:48	11.331.080
2	Lovoo	9,7 %	1:01:58	2.987.482
3	Tinder	8,7 %	0:59:04	2.544.878
4	Grindr	2,6 %	2:36:12	2.032.211
5	Badoo	2,5 %	1:01:44	760.718
6	Gay.de	1,1 %	1:53:49	624.070
7	Gayroyal	1,0 %	2:05:15	609.567
8	ElitePartner	1,7 %	0:44:52	370.973

	Frauen	Net Reach	Duration per U.U. (h/Monat)	Total Duration (h/Monat)
1	Tinder	2,9 %	1:24:47	1.174.965
2	Lovoo	3,3 %	1:06:47	1.038.474
3	lablue	1,5 %	0:52:24	382.573
4	Finya	1,1 %	1:00:17	324.090
5	Jaumo	0,8 %	1:20:26	299.111
6	Badoo	1,3 %	0:44:21	282.051
7	Spin.de	2,0 %	0:27:39	264.148
8	Parship	3,8 %	0:11:55	218.416

Zeitperiode: Q3/2019; Gesamtbevölkerung (14+); alle Endgeräte kombiniert (Desktop, Smartphone, Tablet)

wandeln den ursprünglichen Zauber authentischer Begegnungen in einen ökonomisierten Marktplatz, der auf Basis von oberflächlichen Bild-Bewertungen und Metrifizierungen jedes einzelne Individuum in einen unendlichen Vergleich stellt, mit dem Resultat eines kontinuierlichen Konkurrenzdrucks, der die Individuen überfordert, zu ständiger Selbstvermarktung zwingt und ihr Selbstwertgefühl aushöhlt.

Sind Dating-Apps Schuld am Clubsterben?

Früher bestand eine Kernfunktion des Nachtlebens und seiner Institutionen wie Diskotheken und Partys darin, das Kennenlernen potenzieller Partner zu ermöglichen – weswegen Dating-Apps auch für das aktuelle Clubsterben verantwortlich gemacht werden.

Ob man nun die Romantisierung der Vergangenheit übernimmt, steht auf einem anderen Blatt, plakativ gesprochen: War die Vollrausch-Anmache des vordigitalen Nachtlebens wirklich weniger oberflächlich? Sicher ist jedoch, dass die Dating-Apps die Auswahl der potenziellen Partner bis ins Unendliche ausgeweitet haben, weswegen sie perfekt die digitale Multioptionsgesellschaft (Gross) repräsentieren.

Das Management des Liebeslebens wird zur administrativen Tätigkeit

Die Bearbeitung dieser erdrückenden Vielzahl an Optionen erfordert von den Nutzern ein effizientes Vorgehen auf der Grundlage ausgefeilter Technologien – weswegen die Betroffenen Hunderte von Matches bearbeiten bzw. swipen, viele Chats und Dates parallel organisieren müssen. Partnersuche verwandelt sich so zunehmend in eine koordinative und organisatorische Erledigung. Das lässt sich hier etwa daran zeigen, dass Dating eine Tätigkeit mit einer Affinität zur Nutzung von Desktops ist – jener Hardware, die bevorzugt für administrativere Tätigkeiten und Aktivitäten eingesetzt wird.

DAS WICHTIGSTE ZUM SCHLUSS:

UNSER DIGITALES WELTWISSEN

Wie die digitalen Medien unsere Welt konstruieren

Wir stehen am Ende unserer 360°-Vermessung der digitalen Welt, bei der wir die verschiedenen Felder, Gebiete und Territorien skizziert und Größen der verschiedenen Angebote miteinander in Beziehung gesetzt haben. Auf unserem Weg gab es eine Menge Überraschungen, wie etwa der erstaunliche Grad der Konzentration auf einige wenige Anbieter oder das dynamische Wachstum bei den älteren Zielgruppen. Die genauere Kartografierung der verschiedenen Aktivitäten, aber auch der Social Media brachte zusätzliche Details ans Licht, ebenso wie die innere Aufteilung der großen Konzerne (z. B. die Rollen von Google Search, Google Maps, Gmail und YouTube für Alphabet), bis hin zu den verschiedenen Netzwerkanalysen über die Nutzerflüsse im Netz.

Unser wichtigstes Anliegen haben wir uns aber für den Schluss aufbewahrt. Also: für diesen Augenblick. Einen würdigen Einstieg in den Ausstieg liefert uns der ebenso berühmte wie unübertroffene erste Satz aus Niklas Luhmanns Buch *Die Realität der Massenmedien*, der uns ermöglichen wird, unser ganzes Projekt im Rückblick noch einmal mit einer zusätzlichen – und möglicherweise überraschenden – Vertiefung zu versehen:

»Was wir über unsere Gesellschaft, ja über die Welt, in der wir leben, wissen, wissen wir durch die Massenmedien.«

– lautet der berühmte erste Satz in Niklas Luhmanns Buch *Die Realität der Massenmedien.*

Man könnte es treffender nicht sagen. Denn: Wir wissen, was wir wissen, *durch die Medien.* Es sind diese Medien, die unsere Welt konstruieren. Und in diesem Sinne ist die Realität unserer Welt eben eine Medienrealität. Es gibt nur diese eine Realität: die Realität der Massenmedien. Wir haben keine realere Realität als diese. Es ist unmöglich, über diese Realität hinauszugreifen.

Die Digitalisierung macht aus unserer Welt eine digitale Welt

Genau darin liegt aber auch das tiefere Geheimnis der digitalen Transformation: Wenn wir als Gesellschaft umschalten von offline auf online, von analog auf digital, dann ist auch diese Welt nicht mehr dieselbe. Mit der Digitalisierung der Medien wird auch unsere Welt digital. Mit der Durchsetzung genuin digitaler Massenmedien ist auch unsere Realität eine andere geworden.

The medium is the message

Es war Marshall McLuhan, der diese Erkenntnis schon früher formuliert und mit seinem Diktum *The medium is the message* das Fach der Medienwissenschaft geradezu erschaffen hatte. McLuhan ist es gelungen, mit diesem Satz eine mehr als 2000-jährige Theoriebildung zu pulverisieren, wonach Medien »bloße« Träger, bloße Übermittler, bloße Behälter sein sollen, die Inhalte »nur« transportieren.

DER MYTHOS VOM TRANSPARENTEN MEDIUM

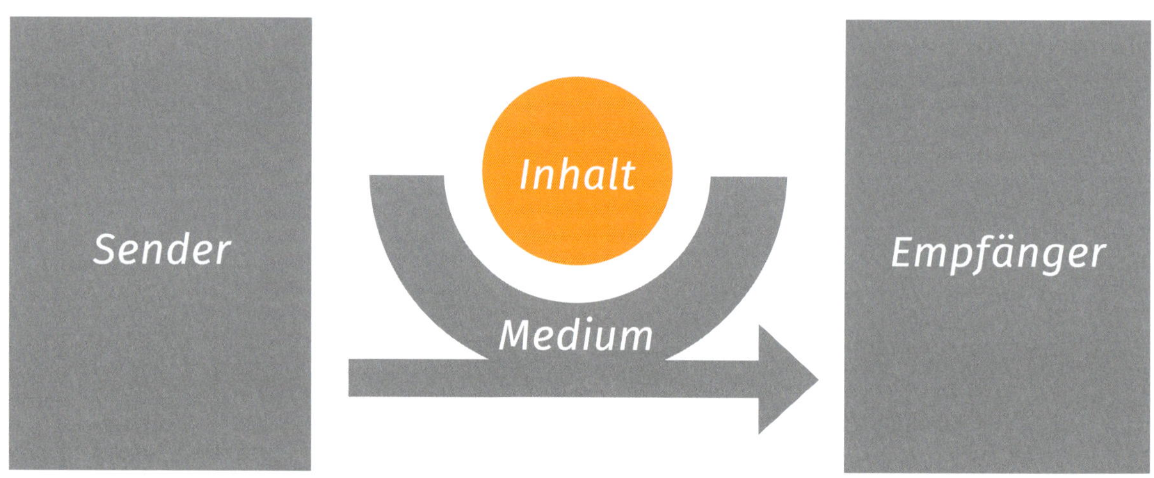

Nach diesem Irrglauben wäre es dann völlig egal, ob man eine Information (den »Inhalt« der Übertragung) über eine Zeitung, einen Radiosender, ein Fernsehprogramm oder über Social Media transportiert – die Information bliebe ja inhaltlich immer dieselbe.

Das ist aber nicht der Fall: *The medium is the message*, oder, um den Satz für unseren Zweck zu adaptieren: Das Medium ist *nicht* neutral in Bezug auf die Inhalte – jedes Medium verändert, manipuliert, verformt die Inhalte, die es transportiert, durch seine ganz spezifische *Eigenlogik*.

Die Eigenlogik der Medien am Beispiel amerikanischer Wahlkämpfe

Diese Erkenntnisse haben auch durch Neil Postmans Analysen populäre Berühmtheit erlangt, in denen er den Einfluss von Massenmedien auf die Formen und Inhalte der politischen Meinungsbildung in den USA untersuchte.

Ein eindrucksvolles wie auch bekanntes Beispiel für einen solchen Ansatz ist etwa der Kennedy-Nixon-Wahlkampf aus dem Jahr 1960: Kennedy trug am Ende wohl auch den Wahlsieg davon, weil er es im Gegensatz zu Nixon verstand, das damals neue Medium Fernsehen für seine Zwecke besser zu nutzen – Nixon wirkte hier weniger überzeugend. Wie sehr dieselbe Mechanik auch heute am Werk ist, zeigen vor allem die letzten US-amerikanischen Wahlkämpfe.

Obama nutzte Netzaktivismus, Trump setzt auf Twitter

Obama hat sich 2008 gegen McCain durchgesetzt, weil er wie kein anderer Politiker vor ihm auf eine Kampagne gesetzt hatte, die auf freiwilligen und interaktiven Netzaktivismus und Crowdfunding setzte.

Trump dagegen hat 2016 die Wahl gewonnen, weil er wie kein anderer Politiker vor ihm die klassischen Medien als Gatekeeper der Nachrichten ausschaltete und sich über Twitter »direkt« an seine Wähler wandte, als »@realDonaldTrump«.

Medien konstruieren und formatieren ihre Inhalte

Medien beobachten die Welt also nicht nur, sondern *sie erzeugen unsere Welt.* Es ist, als ob jedes einzelne Medium die Welt mit einer ganz spezifischen »Brille« neu erschafft. Und deswegen können Luhmann und McLuhan hier so kongenial nebeneinander stehen: Wenn das Medium die Botschaft *ist*, wenn ein spezifisches Medium die Welt stets nach seinen spezifischen Bedingungen überhaupt erst konstruiert, dann ist es letztlich müßig, nach einer Welt »jenseits« dieser Medienwelt zu fragen.

Die neuen digitalen Medien erschaffen auch eine neue Welt

Wenn wir dann als Gesellschaft gerade dabei sind, unsere Medien auszutauschen, wenn wir analoge Medien durch digitale Medien ersetzen, dann ändern wir damit eben nicht nur unsere Medienwelt, sondern wir ändern damit auch unsere Welt insgesamt – weil wir nämlich keine andere Welt haben als diejenige, die durch die Realität der digitalen Medien erschaffen wird.

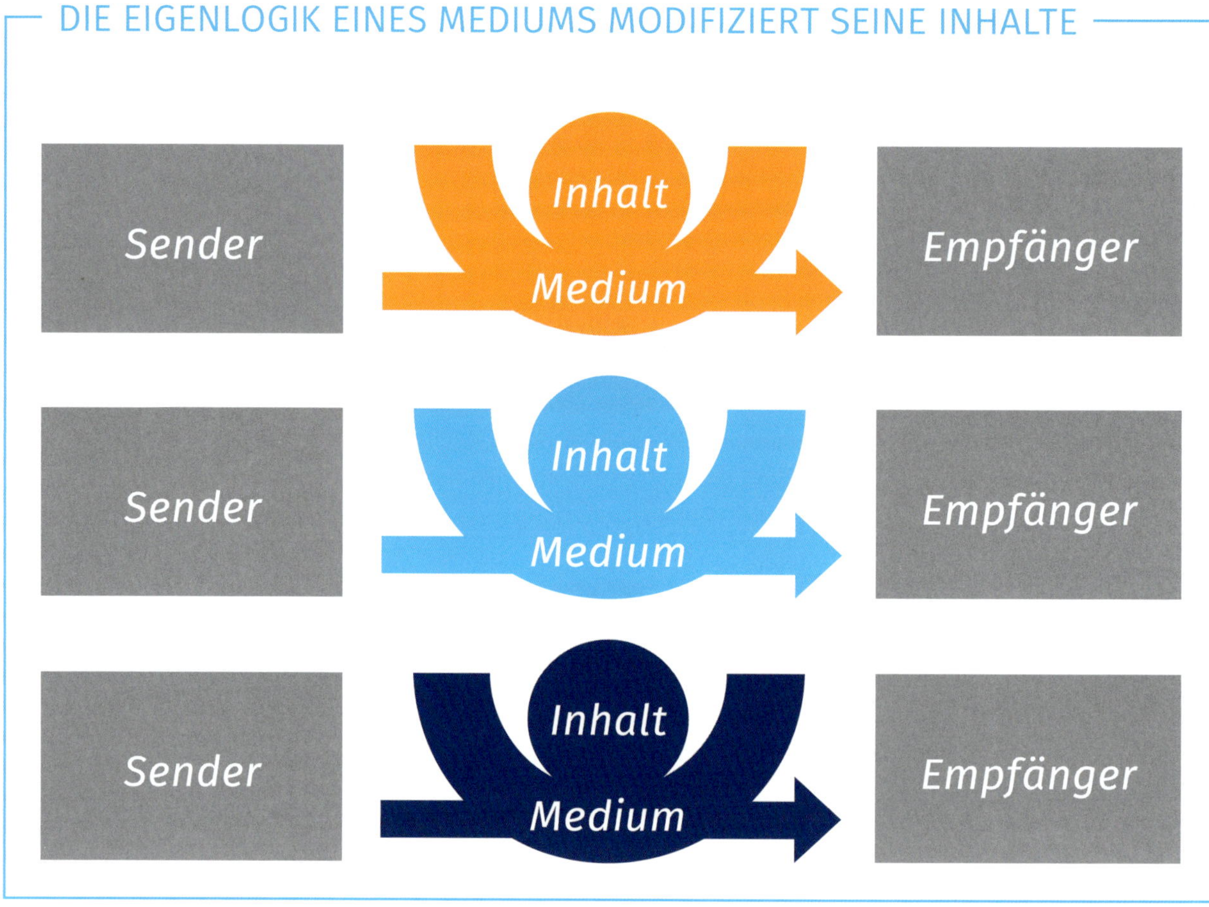

Das Verständnis der Medien liefert also nicht nur irgendeine zusätzliche Erkenntnis über diese Welt. Um es transzendentalphilosophisch zu formulieren, sind Medien *die Bedingung der Möglichkeit unserer Welt*, sie sind nichts weniger als die Grundlage, auf der wir unsere Welt konstruieren, formatieren, wahrnehmen und erleben.

Wir treten in eine neue Galaxis ein

Daraus ergeben sich aber schwindelerregende Schlussfolgerungen für unsere Gegenwart. Wir erleben momentan die Epochenschwelle, in der wir uns endgültig verabschieden vom Zeitalter der analogen Massenmedien, die unser letztes Jahrhundert geprägt haben. Um es mit McLuhan zu formulieren, treten wir damit in eine neuartige Art von Galaxis ein. In wenigen Jahren wird unsere Medienwelt vollständig digitalisiert sein. *Dann gibt es die Welt für uns nur noch als digitale Welt.*

Diese Welt können wir aber nur angemessen erkennen, wenn wir auch verstehen, auf welche Weise die digitalen Medien diese Welt konstruieren. Das Seminar »Digitale Medien verstehen« an der Universität Köln hat in Anlehnung an McLuhan *(Understanding Media)* in den letzten Jahren genau diese Zusammenhänge verfolgt und den Grundstein für dieses Buch gelegt. Den Studierenden, die in diesem Text viele Details aus unseren Diskussionen der letzten Jahre wiederentdecken werden, sei nochmals für ihre engagierte Partizipation gedankt.

Und damit landen wir bei einem wichtigen Problem. An diesem Punkt lassen wir alle bislang verfolgten Einzelstränge zusammenlaufen, die wir bislang in diesem Buch verfolgt haben.

Das Verstehen der digitalen Welt erfordert Zugang zu Daten

Die größte Hürde für das Verstehen dieser neuen Welt besteht darin, dass uns der Zugriff auf fundamentale Aspekte der digitalen Medien immer mehr *entschwindet*, ohne dass wir uns dessen bewusst werden.

Wir haben es bereits in der Einleitung festgestellt: Wir besitzen Milliarden verführerisch glitzernder Informationspartikel, aber uns fehlt oft der Zugang zu den Daten der Plattformen, die diese Medienrealität überhaupt erst herstellen.

Drei Stufen an Datenqualität

Wir können das grundlegende Problem des Datenzugangs verdeutlichen, indem wir die drei Optionen erläutern, die bei der Erzeugung von Nutzungsdaten zur Verfügung stehen (wodurch übrigens auch deutlich wird, warum *zwangsläufig* Inkonsistenzen zwischen den Daten der unterschiedlichen Ebenen bestehen).

Stufe 1 entspricht dabei dem Gros der existierenden marktüblichen Studien zur Beschreibung der digitalen Medien. Typischerweise werden dabei Personen darüber befragt, wie sie digitale Medien nutzen. Aus einer repräsentativen Stichprobe (meist ca. 2.000 bis 5.000 Befragte) werden Werte gemittelt. Das ist wissenschaftlich alles zwar durchaus legitim, aber man darf nie vergessen, dass in solchen Studien nur subjektive Wahrnehmungen aggregiert werden.

Jeder, der viel Erfahrung hat mit solchen Befragungen, weiß jedoch, dass die Selbstwahrnehmung der Menschen sehr oft Täuschungen unterliegt. Plakativ gesprochen lesen die Menschen ihrer Selbstwahrnehmung zufolge erstaunlich viele Bücher, und sie schauen erstaunlich wenig Pornos.

In der Marktforschungspraxis ist die geäußerte *Kaufabsicht* eines der deprimierendsten Beispiele: Verbraucher beschwören in einem Test, dass sie »ganz sicher« das Produkt kaufen werden, aber in der Praxis ergeben sich dann erhebliche Diskrepanzen und die Produkte stehen wie Blei im Supermarktregal.

Das Problem ist: *Die subjektive Beschreibung des eigenen Verhaltens ist ganz oft nicht deckungsgleich mit dem tatsächlichen Verhalten.*

Stufe 2 löst dieses Problem sehr weitgehend, sie entspricht dem Vorgehen, das wir hier im *Atlas der digitalen Welt* gewählt haben. Hier wird auf der Grundlage einer repräsentativen Stichprobe (hier: 16.000 Nutzer) *reales Verhalten* dokumentiert. Hier wird keine Selbstwahrnehmung abgefragt, sondern nur konkretes Verhalten Click für Click, Swipe für Swipe aufgezeichnet. Hier zählt nur ein echter Kauf als Kauf.

Es gibt aber natürlich noch eine dritte Stufe von Daten, die qualitativ noch näher an dem liegt, was am Ende das Nutzungsverhalten ausmacht, und zwar schlicht die bei der digitalen Mediennutzung generierten Nutzungswerte

ANALYSE DER DIGITALEN WELT: ZUGRIFF AUF DATEN

	STUFE 1	STUFE 2	STUFE 3
METHODE	**Empirische Befragungen über Mediennutzung**	**Vermessung realer Mediennutzung auf Basis von repräsentativen Stichproben**	**Seitenzentrische/publisher-zentrische Messung realer Mediennutzung** (Traffic, Views, Clicks etc.)
ERGEBNISSE	**Studien über die** subjektive Wahrnehmung **von Nutzern bzgl. ihres eigenen Nutzungsverhaltens**	Reales Nutzungsverhalten, **extrapoliert auf die Gesamtbevölkerung**	Reales Nutzungsverhalten

selbst. Diese liegen bei den großen Plattformen (Google, Facebook, etc.), den kleineren Anbietern (TikTok, Jodel etc.) oder aber bei Intermediatoren. Solche seitenzentrischen Gesamtdaten unterliegen zum Beispiel keinen panelzentrischen Schwankungen, sie stehen allerdings nur in seltenen Ausnahmefällen für wissenschaftliche Zwecke zur Verfügung. Und der Öffentlichkeit schon gar nicht.

Daraus ergibt sich eine alarmierende Situation der Unwissenheit in Bezug auf die digitalen Medien, *die uns selbst als Gesellschaft täglich programmieren.* Schon der hier von uns gewählte Weg ist eine Ausnahme. Falls sonst einmal Untersuchungen auf Stufe 2 oder gar 3 durchgeführt werden, handelt es sich meist um Einzelstudien zu ganz spezifischen Fragestellungen.

Die Gesellschaft produziert Daten, zu denen sie keinen Zugang besitzt

Hier entsteht aber eine bedrohliche Schieflage zwischen den Unternehmen, die Daten sammeln und nutzen, und der Gesellschaft, die sie zur Verfügung stellt, ohne selbst über sie verfügen und sie untersuchen zu können. Die Erforschung der digitalen Angebote und ihrer Nutzung wird auf diese Weise erheblich eingeschränkt – obwohl das so sehr im Interesse der Öffentlichkeit ist. Die meisten Wissenschaftler mühen sich auf Stufe 1 ab, um mehr schlecht als recht kümmerliche Datenhäppchen zu ergattern.

Beispiel Fake News

Nehmen wir als Beispiel das aktuelle gesellschaftliche Problem der Fake News – hier liegen mittlerweile Hunderte von wissenschaftlichen Arbeiten vor, die teilweise monströsen Aufwand betreiben, um herauszufinden, auf welche Weise diese Posts über Social Media verbreitet werden und welche Wirkungen diese Nachrichten erzeugen.

Es ist nun offensichtlich, dass Unternehmen wie Facebook oder Google direkten Zugang zu einem Datenuniversum besitzen, der ihnen vorbehalten, aber bei der Erforschung dieser Zusammenhänge eigentlich unverzichtbar ist.

Wir geraten zunehmend in eine Situation, in der die renommiertesten Forscher und Universitäten der Welt zusammengenommen nur einen winzigen Bruchteil der Informationen besitzen, die von den großen Digitalunternehmen genutzt werden.

Schwierigkeit des Datenzugangs für Forschung

Damit hier keine Missverständnisse auftreten: Diese Situation entspricht geltendem Recht, die Digitalunternehmen agieren hier völlig legal auf der Grundlage einer Gesellschaftsordnung, die wir uns selbst gegeben haben.

Pech also für uns. Sicherlich könnte man sich auch auf eine Position stellen, dass die Digitalkonzerne sich nicht um jedes beliebige Problem der Welt kümmern können.

Verstehen nur noch Google und Facebook die Welt?

Die Konsequenzen sind jedoch erheblich und lassen sich am besten aufzeigen, wenn man es einmal andersherum formuliert: Wenn sich erstens die Konstruktion unseres Wissens über die Welt nur über die Kenntnis der *Medientechnologien* gewinnen lässt, die unsere Welt überhaupt erst konstruieren, und wenn zweitens ein tieferer Zugang zu diesen Medientechnologien nur den führenden Digitalunternehmen offensteht – dann folgt daraus, dass die Gesellschaft ihre eigene Welt in Zukunft nicht mehr von den Institutionen und Personen analysiert und erklärt haben wird, die bisher dafür zuständig waren (z. B. Universitäten, Wissenschaftler, Publizisten etc.), sondern vermittelt durch die Digitalunternehmen, die diese Medientechnologien an vorderster Front entwickeln und beherrschen. Wir sehen und verstehen unsere digitale Welt so, wie sie uns von ihnen gezeigt wird.

Das Verständnis der Medientechnologien ist von zentraler Bedeutung

Passiert uns das aber erst in der Zukunft? Oder sind wir an diesem Punkt schon längst angelangt? Wir sind der Meinung, dass es hierzu wenigstens eine gesellschaftliche Debatte geben sollte. Wenn wir unsere Welt nur angemessen verstehen können, indem wir die *digitalen Bedingungen ihrer Konstruktion* durchschauen, dann ist tatsächlich fraglich, ob diese Daten nur den Unternehmen gehören dürfen oder ob nicht die Öffentlichkeit auch einen Zugriff haben sollte.

Ein alternativer Weg könnte darin bestehen, dass die Digitalunternehmen freiwillig ihren Beitrag leisten und in Zukunft ihre Daten der wissenschaftlichen Forschung in anonymisierter und aggregierter Form zur Verfügung stellen, damit es für die Öffentlichkeit überhaupt möglich würde, tiefere Einblicke in die verschiedenen Gebiete, Territorien und Felder der digitalen Welt zu gewinnen.

Digitalunternehmen und Wissenschaft könnten im Sinne des öffentlichen Interesses kooperieren

Die GfK ist für dieses allgemeine gesellschaftliche Interesse in Vorleistung getreten und hat hier einen ersten Schritt gemacht, für den wir uns hier nochmals bedanken. Es würde uns freuen, wenn sich in Zukunft andere Unternehmen dieser Initiative anschließen würden. Denn es ist offensichtlich, dass dieses Buch nur einen winzigen ersten Schritt auf einem langen Weg darstellt.

Wenn wir als Gesellschaft in Zukunft verstehen wollen, auf welche Weise unsere Welt in digitalen Medien entsteht, wäre diese Mitwirkung im Interesse der Öffentlichkeit unabdingbar. Dann wären bald noch viel präzisere, feinkörnigere und auflösungsstärkere Karten der digitalen Welt realisierbar.

ANHANG

1. Methode, Vorgehen und Grenzen dieser Untersuchung

Abschließend sei kurz umrissen, was diese Studie genau leisten kann und in welchen Aspekten unserer Untersuchung Grenzen gesetzt sind. Zuletzt werden wir angeben, in welchen Bereichen in Zukunft noch intensivere Bemühungen erforderlich sind, um zusätzliche Klarheit in die hyperkomplexe Wirklichkeit des digitalen Universums zu bringen.

Vorgehen bei der Untersuchung

Die Hauptschwierigkeit der Realisierung unseres Projekts lag in der sehr schnellen Halbwertszeit von Daten und Fakten in der digitalen Welt. Auf keinem anderen Gebiet ist Wissen so schnell veraltet und überholt wie hier. Dies stellt eine besondere Anforderung an die Durchführung einer solchen Studie, deren Umsetzung (Daten-Erhebung, Daten-Analysen, Konzeption, visuelle Gestaltung, Satz und Druck) eine erhebliche Menge an Zeitressourcen in Anspruch nimmt.

Diese Rahmenbedingungen haben das Zustandekommen dieses Buchs auf substanzielle Weise beeinflusst. Unser wichtigstes Ziel bestand darin, dass die genutzten Daten zum Publikationszeitpunkt nicht wesentlich älter als ein Jahr sein sollten.

Man versteht die Herausforderung in Bezug auf die Umsetzung nur, wenn man berücksichtigt, dass die Daten für eine Zeitperiode nicht sofort zur Verfügung stehen, sondern erst 6 bis 8 Wochen nach deren Ablauf – und auf der anderen Seite benötigt man etwa vier Monate für Satz, Druck und Auslieferung. Das Zeitfenster ist also extrem knapp.

Auswahl der Daten

Für statistisch versierte Leser wird im Verlauf der Lektüre dieses Buchs erkennbar geworden sein, dass allein die Auswahl der Daten für diesen Band keine triviale Angelegenheit ist. Das ergibt sich aus der ungeheuer umfangreichen Datenbasis und der hohen Zahl verschiedener Dimensionen innerhalb der Daten, also etwa die Auswahl der Nutzerzielgruppe (z. B. Gesamtbevölkerung, 14–29-Jährige, 60+ etc.), Endgeräte, Angebote, Aktivitäten, Indikatoren (Nettoreichweite, Nutzungsdauer, Session, Impressions etc.), Zeitperioden und so fort (s. folgende Grafik).

Man muss sich vor Augen halten, dass jede einzelne der von uns durchgeführten Analysen einen spezifischen »Pfad« durch diese hochkomplexe Matrix verfolgt – und zwar einen Pfad aus einer Menge von je Dutzenden oder Hunderten möglicher anderer Pfade, stets in Abhängigkeit zu der konkreten Fragestellung.

In den meisten Fällen haben wir für eine einzelne Analyse zunächst verschiedene Perspektiven und Optionen (»Pfade«) getestet, um schließlich denjenigen auszuwählen, den wir bei der detaillierten Sichtung der Daten am geeignetsten erachtet haben. Die in diesem Buch versammelten Auswertungen bilden also nur einen winzigen Ausschnitt unserer Analysen – um auch hier einen Eindruck zu vermitteln, haben allein die Datenanalysen für diesen Band etwa 5.000 Dateien in Anspruch genommen. Auf diese Weise haben wir auch mögliche »Ausreißer« in den Daten so weit wie möglich eliminiert.

Die beschriebenen Timing-Vorgaben lieferten die Rahmenbedingungen für das hier umgesetzte Projekt: Wir haben als Zeitperioden vor allem das dritte Quartal 2019 genutzt (Juli–September 2019) und, wo es uns noch möglich war, das vierte Quartal (Oktober bis Dezember 2019). Wo wir auf Monatsperioden zugegriffen haben, haben wir November 2019 gewählt.

Wir haben uns im Verlauf der Datenanalysen entschieden, fast ausschließlich Quartalszahlen zu nutzen. Dafür ergaben sich mehrere Gründe – erstens konnten wir so die Volatilität der Ergebnisse etwas ausbalancieren, die sich ergibt, wenn die Perioden zu kurz gewählt sind. Zweitens haben wir festgestellt, dass wir auf der Grundlage von drei Monaten viel aussagekräftigere Ergebnisse bei Vorjahresvergleichen gewinnen konnten. Drittens konnten wir so statistisch viel sicherere Ergebnisse bei kleineren Stichproben ermitteln.

Wichtig ist, dass sich daraus Implikationen ergeben, die wir hier gerne transparent machen möchten: Erstens handelt es sich dann bei vielen Zahlen um Durchschnittswerte, die wir aus den drei gemessenen Monaten gemittelt haben (zum Beispiel: Nutzungsdauer per Unique User). Zweitens führt die Messung von Quartalen dazu, dass die Nettoreichweiten stets etwas höher liegen als bei Zugrundelegung eines Einzelmonats.

Wir haben diesen Nachteil allerdings gern in Kauf genommen. Erstens sind die Differenzen gerade bei sehr hohen Nettoreichweiten marginal, sodass man sie in diesen Fällen getrost vernachlässigen kann. Zweitens ist die Konzentration im Netz so hoch, dass man auf diese Weise bei kleineren Anbietern wenigstens Reichweiten misst, die oberhalb der Wahrnehmungsschwelle liegen. Und drittens liegt es in der Natur unserer Methode (die Messung realer Nutzung), dass hier ohnehin meist niedrigere Werte entstehen als die marktüblichen Vergleichswerte. Denn bei vielen marktüblichen Studien basieren die Reichweiten nur auf der subjektiven Einschätzung der Befragten, die unserer Erfahrung nach oft deutlich höher liegt als in der wirklichen Nutzung.

Abgleich mit dem existierenden Wissensstand

Die beschriebenen Rahmenbedingungen in Bezug auf das Timing haben auch definiert, wie wir die von uns gemessenen Daten in Relation zu der Vielzahl existierender Studien gesetzt haben. Das Grundproblem liegt darin, dass hier (buchstäblich) Millionen von Daten erhoben wurden, die jede für sich wieder in Tausenden von Aspekten in Relation zu schon bestehendem Wissen treten.

KOMPLEXITÄT DER ANALYSE DIGITALER MEDIENNUTZUNG

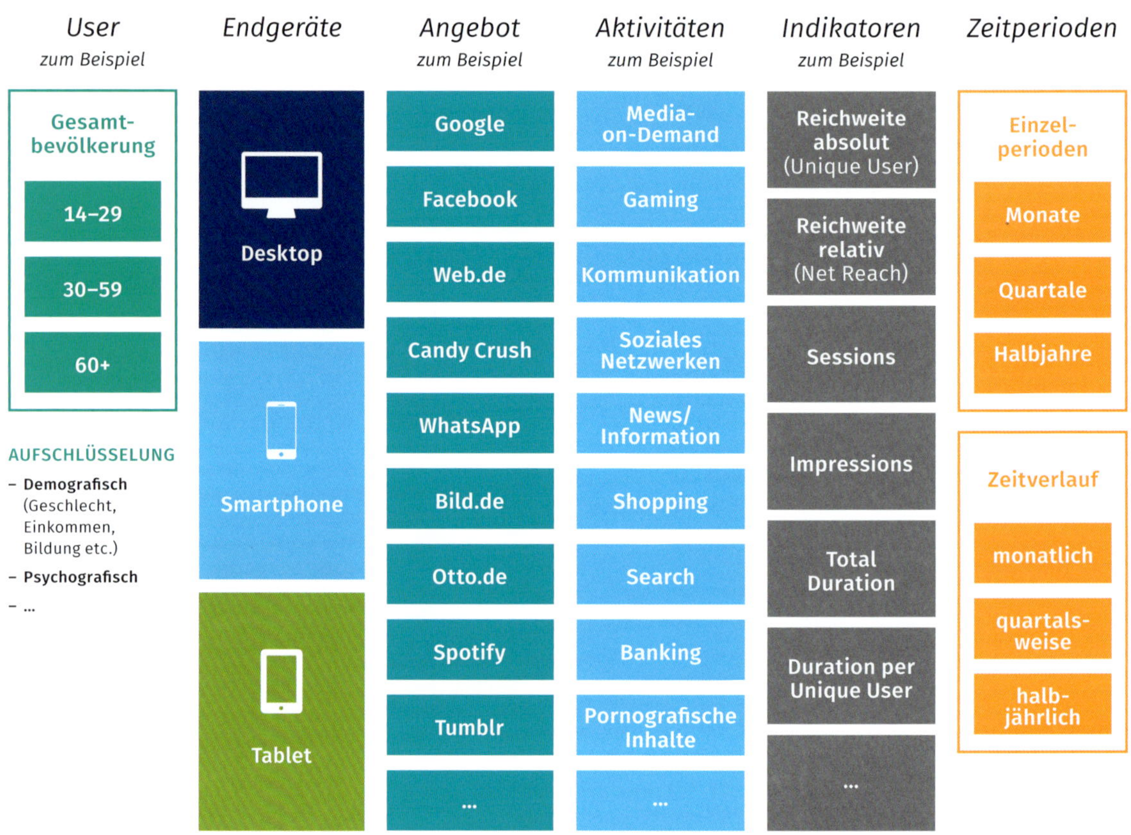

Wenn wir nun in allen einzelnen Aspekten einen Abgleich mit diesen Studien angestrebt hätten, wären mindestens ein bis zwei weitere Jahre der Bearbeitung und Kommentierung unserer Ergebnisse erforderlich gewesen. Das hätte wiederum bedeutet, die Ergebnisse mit einer Veralterung zu publizieren, welche diese für die digitale Sphäre weitgehend wertlos gemacht hätte.

Aufgrund der guten Beschreibungsqualität unserer Daten haben wir uns deshalb dafür entschieden, die Zeit lieber durch die Auswertung und Interpretation unserer eigenen Messungen zu nutzen und solche Studien vor allem dann zu konsultieren, wenn sich Inkonsistenzen, Fragen bzw. Zweifel bezüglich unserer eigenen Ergebnisse einstellen, oder aber in Fällen, wo die von uns eingesetzte Mess-Apparatur an ihre Grenzen stieß.

Einfluss der Corona-Krise auf digitale Mediennutzung

Im Verlauf der Abfassung dieses Buchs ereignete sich die Corona-Krise. Für die von uns gewählten und analysierten Zeitperioden ergibt sich daraus glücklicherweise kein Nachteil, da alle von uns hier durchgeführten Vergleiche vor der COVID19-Pandemie liegen (z. B. Q3/2018 vs. Q3/2019). Sicherheitshalber haben wir jedoch wenige Tage vor Drucklegung eine zusätzliche Analyse-Schleife gefahren, um einen Eindruck der Veränderung infolge Corona zu gewinnen. Diese wurde durch die Vermessung der Top-500-Angebote des Gesamtmarkts im April 2020 versus der Vorjahresperiode ermittelt (alle Endgeräte, Gesamtbevölkerung; wir wissen aus unseren Konzentrations-Analysen, dass wir damit etwa 86 % des gesamten Markts abdecken).

Erwartungsgemäß sehen wir eine höhere Steigerung der Nutzungsdauer – diese liegt für den hier betrachteten Gesamtmarkt der Top-500-Angebote bei +16 % (ohne Corona: +5 %). Diese findet sich vor allem bei Media-on-Demand wieder (YouTube +23%; Netflix +47%, starker Entry von Disney+ etc.), auch bei Social Media (Facebook +34%, Instagram +43%), hier auch stark ausgeprägt bei Plattformen mit Affinität zu Nachrichten (Twitter +54%, Reddit +189%); zuletzt wachsen auch News-Channel stark (n-tv +138%, Bild +32%, Die Welt +86%, ZDF +37%).

Zugleich liefert uns der Monat April 2020 mit den umfangreichsten nationalen Restriktionen auch die Zeitperiode mit dem vermutlich stärksten Corona-Effekt. Vor diesem Hintergrund erscheint uns die Differenz der Steigerung von Total Duration von nur 11 % (also: +16% im April 2020 versus +5% unter »Normalbedingungen«) nicht als dramatisch, weswegen wir für unsere Zielsetzung, einen Marktquerschnitt vorzulegen, der auch nach Corona noch relevant ist, keine signifikanten Einschränkungen sehen.

Anschlussfragen

Wie stets bei Durchführung solcher Projekte ergeben sich auch hier im Rückblick Anschlussfragen, die sich als Gegenstand zukünftiger Studien empfehlen. Wie schon erwähnt, sollten zukünftige Studien auch nichtbinäre Gender-Identitäten berücksichtigen. Wir haben ferner im Bereich Gaming detailliert beschrieben, welcher zusätzlicher Bemühungen es auf diesem Feld in Zukunft bedarf (Konsolenspiele etc.). Zuletzt gibt es noch weitere Aspekte, die in Zukunft genauer beleuchtet werden sollten – und zwar neben den ebenfalls unter Media-on-Demand bereits erwähnten Smart TVs, Connected TVs sowie OTT vor allem neuartige innovative Endgerätekategorien, die heute noch nicht massenhaft genug verbreitet sind, um bereits einen fundamentalen Einfluss auf die digitale Mediennutzung auszuüben, und die in unseren Messungen nicht erfasst wurden.
Aufgrund der hohen Dynamik des digitalen Fortschritts sehen wir hier vor allem die folgenden Kandidaten:

Endgerätekategorie Smart Speaker

Laut der bereits genannten SevenOne-Media-Studie besitzen 13% aller User zu Hause einen Smart Speaker; in einer Untersuchung von Kantar liegt der Wert bei 10%, allerdings ist die Nutzung bei jüngeren Zielgruppen (14–29), die hier zusätzlich abgefragt wurde, deutlich höher (22%).

Eine Statista-Studie aus demselben Jahr (2019) kommt auf 12%; in dieser Untersuchung wurden Nutzer auch nach dem verwendeten Produkt befragt, hier ergab sich ein starkes Übergewicht von Amazon Echo (71%), Google Home lag nur bei 19%, alle anderen Hersteller folgen erst weit abgeschlagen auf einstelligen Plätzen. Die technologische Überlegenheit der Voice-Assistenten von Amazon und Google lässt sich hier auch daran ablesen, dass die meisten anderen Endgeräte-Hersteller entweder Alexa bzw. Google Assistant nutzen. Eine weitere Studie von Splendid Research kommt in Bezug auf die verwendeten Produkte auf ähnliche Werte.

Endgerätekategorie Wearables

Laut der SevenOne-Media-Studie („Media Activity Guide 2019") nutzen bereits 15% aller User eine SmartWatch; eine Untersuchung von Statista kommt allerdings zu einer deutlich niedrigeren Durchsetzung von nur 7,6%. Letztere weist auch eine Altersverteilung auf, wonach die Verwendung von Wearables verhältnismäßig gleichmäßig über die verschiedenen Altersklassen verteilt ist. Am höchsten ist die Nutzung bei den 25–34-Jährigen.

Wearables werden hauptsächlich zum Tracking von Fitnesswerten sowie zur Überprüfung allgemeiner Gesundheitsparameter verwendet. Durch eine Befragung von Nutzern durch Statista kennen wir immerhin die am meisten verwendeten Geräte – und zwar Fitbit (22%), Samsung und Apple (jeweils 21%), Garmin (14%), Runtastic und Polar (jeweils 7%).
Wichtig ist, dass Wearables über Smartwatches und Fitnessarmbänder hinausgehen – die Kategorie entwickelt sich immer weiter, etwa in Form digitaler Brillen, aber auch bei Spezialanwendungen in der Medizin etwa zur Messung von Blutzucker oder Blutdruck.

Beide Kategorien werden aktuelle digitale Entwicklungen weiter beschleunigen – Smart Speaker werden das Übergreifen von Künstlicher Intelligenz in die privaten Zonen der Nutzer weiter beschleunigen, Wearables werden das digitale Interface zwischen Technologien und dem menschlichen Körper noch viel durchlässiger machen.

Deshalb wird es für zukünftige Studien wichtig sein, diese Endgeräte stärker mit zu berücksichtigen. Wir sind jedoch der Meinung, dass die Aufnahme dieser Endgeräte (noch) nicht zu kategorialen Verschiebungen der hier vorgenommenen Kartografierung der digitalen Welt im Jahr 2019 geführt hätte. Denn diese neuen Endgeräte ändern auf diesem Durchsetzungsniveau (noch) nicht fundamental die inhaltlichen Bedürfnisse und Interessen der Verwender.

Das sind nicht nur extrem spannende Fragen und Themen, sie ließen sich auch trefflich als Ausgangspunkt für faszinierende Spekulationen und futurologische Prophezeiungen nutzen. Aber genau diese sind in diesem Buch explizit nicht Thema. Hier geht es eben nicht um Prognosen über mögliche zukünftige Transformationen des digitalen Universums (dazu werden ohnehin täglich genug Visionen publiziert). In unserem Buch geht es »nur« um einen aktuellen Querschnitt, also darum, eine belastbare Kartografierung der aktuellen Territorien, Gebiete und Felder der digitalen Welt zu liefern, wie es sich in den von uns messbaren Zeitperioden Ende 2019 erfassen lässt.

Wissenschaftliche Ergebnisse – Disclaimer

Wir möchten abschließend darauf hinweisen, dass wir diese Analysen aus rein wissenschaftlichem Interesse ergebnisoffen und unabhängig durchgeführt haben. Die hier ausgewiesenen Untersuchungsergebnisse beruhen auf Millionen von Einzeldaten und berühren Hunderte von gesellschaftlichen Feldern. Wenn Leser mit Spezialkenntnissen aus einem Bereich Inkonsistenzen in einer unserer Analysen bemerken, freuen wir uns über einen entsprechenden Hinweis, um unsere Datenqualität auch in Zukunft weiter zu verbessern.

Die hier ausgeführten Analysen, Darstellungen, Interpretationen der Daten und Meinungen sind ausschließlich diejenigen der beiden Autoren. Die Unternehmen, bei denen beide Autoren angestellt sind (AMP Digital Ventures/GfK), haben im Verlauf dieses wissenschaftlichen Projekts keinerlei Einfluss auf die Ergebnisse dieser Studie ausgeübt.

2. Anmerkungen, Referenzen, weiterführende Literatur

Für die Zahlenangaben in allen Infografiken, Schaubildern und Tabellen in diesem Buch gilt:

In den (verhältnismäßig seltenen) Fällen, wo wir auf externe Studien zurückgegriffen haben, findet sich stets ein Verweis mit der Quellenangabe an der Darstellung; die genaue Referenz der Quelle wird stets hier im Anhang aufgelöst. Alle anderen verwendeten Werte und Zahlen entstammen dem GfK CrossMedia Link Panel, das in der Einleitung beschrieben ist. Bei diesen Darstellungen werden dann stets nur die entsprechenden Zeitperioden, Endgerätekategorien oder dergleichen am unteren Rand angegeben.

Einleitung: Warum wissen wir so wenig über die digitale Welt?

Vgl. zu der immer schnelleren Akkumulation von Wissen durch Big Data (2020: 47 Zettabyte):

Reinsel, David, John Gantz, John Rydning:
»The Digitalization of the World. From Edge to Core«.
Whitepaper im Auftrag von IDC und Seagate, 2018.

Download unter *https://www.seagate.com/de/de/our-story/data-age-2025/*

Zu dem von uns genutzten GfK-Panel sei nur der Vollständigkeit halber nachgetragen, dass alle Daten auf Grundlage des freiwilligen Einverständnisses jedes individuellen Teilnehmers erhoben werden. Bei Panel-Teilnehmern zwischen 14 und 18 Jahren wird dieses durch die Erziehungsberechtigten erteilt. Alle von uns durchgeführten Messungen und Bearbeitungen von Personendaten erfolgten unter strikter Einhaltung der gesetzlichen Datenschutzbestimmungen.

Als allgemeine Einführungen zu digitalen Medien sind empfehlenswert:

Baecker, Dirk: *4.0 oder Die Lücke die der Rechner lässt.*
Leipzig: Merve Verlag 2018.

Castells, Manuel: *Die Internet-Galaxie. Internet, Wirtschaft und Gesellschaft.*
Wiesbaden: Springer VS 2005.

Castells, Manuel: *Jahrtausendwende. Das Informationszeitalter. Wirtschaft. Gesellschaft. Kultur.*
Wiesbaden: Springer VS 2017.

Han, Byung-Chul: *Im Schwarm. Ansichten des Digitalen.*
Berlin: Matthes & Seitz 2013.

Nassehi, Armin: *Muster. Theorie der digitalen Gesellschaft.*
München: Beck 2019.

Pörksen, Bernhard: *Die große Gereiztheit. Wege aus der kollektiven Erregung.*
München: Hanser 2018.

Stalder, Felix: *Kultur der Digitalität.*
Berlin: Suhrkamp Verlag 2016.

I. Die Vermessung des digitalen Universums

Vgl. zu »There is no top to the Web«:

Dougherty, Dale, und Richard Koman: *The Mosaic Handbook for the Macintosh.*
Sebastopol, CA: O'Reilly & Associates 1994, S. 58.

Vgl. zur antihierarchischen, dezentralen Grassroots-Konzeption der Netzstruktur:

Berners Lee, Tim: *Weaving the Web.*
New York: Harper 2000, S. 1, 16, 36, 38, 80 u. ö.

Die Top-Level-Domain „.de" wird in Deutschland durch die eingetragene Genossenschaft DENIC verwaltet (Deutsches Network Information Center), welche die Zahl der aktiven Domain-Registrierungen tagesgenau dokumentiert – vgl. dazu *https://www.denic.de/wissen/statistiken/*

https://www.denic.de/wissen/statistiken/monatsauswertung-de/

Die Zahl der Domains liegt seit 2017 über 16 Millionen, aktuell (01.05.2020) bei 16.417.216.

Vgl. zur Theorie des Long Tail:

Anderson, Chris: *The Long Tail. Nischenprodukte statt Massenmarkt.* München: dtv 2009.

Vgl. zu der ursprünglich positiv wahrgenommenen demokratisierenden Kraft des Internet exemplarisch:

Moorstedt, Tobias: *Jeffersons Erben. Wie die digitalen Medien die Politik verändern.*
Frankfurt/M.: Suhrkamp 2008.

Vgl. zu Reflexivität und der Veränderung des Nachfrageprinzips durch digitale Feedback-Strukturen:

Andree, Martin: *Medien machen Marken. Eine Medientheorie des Marketing und des Konsums.*
Frankfurt/M.: Campus 2010, besonders das Kapitel »Markt, Feedback und Marktkonzentration (Median Voter Theory)«, S. 125–156.

Andree, Martin: »Liebling, das Netz schrumpft«.
In: *Wirklichkeit 2.0. Medienkultur im digitalen Zeitalter.*
Hrsg. von Peter Kemper, Alf Mentzer und Julika Tillmanns.
Stuttgart: Reclam 2012, S. 248–252.

Vgl. zur Konzentration digitaler Inhalte im Netz vor allem:

Hindman, Matthew: *The Myth of Digital Democracy.*
Princeton, Oxford: Princeton University Press 2009.

Hindman, Matthew: *The Internet Trap. How the Digital Economy Builds Monopolies and Undermines Democracy.*
Princeton, Oxford: Princeton University Press 2018.

Vgl. zur Geschichte von Feedback-Mechanismen:

Beniger, James: *The Control Revolution. Technological and Economic Origins of the Information Society.*
Cambridge, Mass: Harvard UP 1986.

Vgl. zur ökonomischen Theorie der Konzentration:

Hotelling, Harold: »Stability in Competition«.
In: *The Collected Economic Articles of Harold Hotelling.*
Hrsg. von Adran C. Darnell.
New York et al.: Springer 1990 [1929], S. 50–63.

Vgl. zu medienökonomischen Aspekten der Konzentration:

Steiner, Peter O.: »Program Patterns and Preferences, and the Workability of Competition in Radio Broadcasting«.
In: *Journal of Economics* 66 (1952), S. 194–223.

Beebe, Jack H.: »Institutional Structure and Program Choices in Television Markets«.
In: *Quarterly Journal of Economics* 91 (1977), S. 15–37.

Noam, Eli M.: »A Public and Private-Choice Model of Broadcasting«.
In: *Public Choice* 55 (1987), S. 163–187.

Noam, Eli M. (Hrsg.): *Video Media Competition. Regulation, Economics, and Technology.*
New York: Columbia University Press 1985.

Vgl. zu Reflexivität:

Baecker, Dirk: »Die Preisbildung an der Börse«.
In: *Wittener Diskussionspapiere,* Heft 4 (April 1998), S. 1–22.

Die Zahlen zur allgemeinen Mediennutzung in Deutschland sind entnommen aus:

SevenOne Media (Hrsg.): »Media Activity Guide 2019. Trends in der Mediennutzung«.

Download unter *https://www.sevenonemedia.de/documents/924471/1111769/Media+Activity+Guide+2019/040352cd-a958-6876-6541-93630deee1c7*

Abgerufen am 06.04.2020.

Werte zur Internetnutzung

Die von uns ermittelten Werte zur Internetnutzung lassen sich weitgehend mit den publizierten Studien synchronisieren.

Hier die wichtigsten Eckdaten:

- Der **D21 Digital-Index** bezifferte die Internet-Nutzung insgesamt für 2019 auf 86 %.
- Dieselbe Studie beziffert die Nutzung der 60–69-Jährigen auf 81 %, die der über 70-Jährigen auf 52 %.
- Die **agof (Arbeitsgemeinschaft Online Forschung)** beziffert die Penetration für 2020 auf 87 %.
- Die **ARD/ZDF-Onlinestudie** beziffert die Non-User auf 7,6 Millionen, davon sind 6,6 Millionen älter als 60 Jahre.

Unsere Zahlen messen die Penetration etwas geringer (83 %) und weisen Non-User höher aus (11,7 Millionen/8,6 Millionen älter als 60 Jahre). Diese Differenzen lassen sich teilweise dadurch erklären, dass hier einerseits nur reale Nutzung erfasst und zweitens nur ein einziges Quartal zugrunde gelegt wird.

Initiative D21 e. V. (Hrsg.): »Wie digital ist Deutschland? D21-Digital-Index 2019/2020«.

Download unter *https://initiatived21.de/app/uploads/2020/02/d21_index2019_2020.pdf* (S. 12, S. 14).

Erhebung durch Kantar, 20.322 Befragte (14+); Abgerufen am 27.05.2020.

agof (Hrsg.): »agof digital facts 2020«.

Download unter *https://www.agof.de/download/Downloads_daily_digital_facts/Downloads_ddf_02_2020/ddf_Februar_2020_Grafiken.pdf* (S. 3).

Stichprobe 284.630 (16+); Abgerufen am 27.05.2020.

ARD, ZDF (Hrsg.): »ARD/ZDF-Onlinestudie 2020«.

Download unter *http://www.ard-zdf-onlinestudie.de/onlinenutzung/internetnutzer/in-mio/*

2000 Befragte (14+); Erhebung durch Kantar; Abgerufen am 27.05.2020.

Die von uns gemessene durchschnittliche tägliche Internetnutzungsdauer von 152 Minuten liegt deutlich unter den Werten, die üblicherweise bei Befragungen ermittelt werden. So liegt die aggregierte Nutzungsdauer für alle digitalen Medien im »Media Activity Guide 2019« (s. o.) bei 263 Minuten am Tag – allerdings soll laut derselben Studie die gesamte mit Online- und Offline-Medien verbrachte Zeit bei 687 Minuten täglich liegen. Dieser Wert von (durchschnittlich!) elfeinhalb Stunden Medienkonsum am Tag scheint auch bei Berücksichtigung von 2nd-Screen-Effekten sehr hoch, zumal für das Gros der arbeitenden Bevölkerung.

Es sei auch daran erinnert, dass viele meist medienkritische Befragungen zu einzelnen Gattungen typischerweise zu hohen Werten gelangen, die beim isolierten Blick auf das spezifische Genre gar nicht auffallen – erst bei einer Berücksichtigung der vielen anderen Medien stellen sich Zweifel ein. Um es einmal plakativ zu formulieren, wirkt es vielleicht plausibel, dass junge Nutzer zweieinhalb Stunden täglich mit Gaming verbringen, aber zusätzlich müssten sie dann noch zweieinhalb Stunden Fernsehen bzw. Netflix o. ä. schauen, eine Stunde YouTube-Videos konsumieren, zwei Stunden Instagram und andere Social Media nutzen, eine Stunde Instant-Messaging betreiben, es ließen sich noch eine ganze Reihe weiterer Mediengattungen hinzufügen (denn zusätzlich müssten sie noch stundenlang Radio sowie Musik und Podcasts hören, Dating-Plattformen nutzen, E-Mails schreiben, Telefonieren, Online-Shopping betreiben, Nachrichten lesen, Informationen suchen und so weiter und so fort). Man würde auch hier zu Aggregationen gelangen, die sich ebenfalls kaum mit den natürlichen zeitlichen Limitationen des Medienkonsums in Einklang bringen lassen. Unsere Messungen können ähnlich lautende Selbsteinschätzungen der Nutzer aus Befragungen jedenfalls nicht bestätigen.

Zuletzt sei ergänzt, dass die in den Medien massenhaft verbreiteten, typischen Meldungen von »erstaunlich langen Nutzungszeiten« durch einzelne Plattformen selbst sicherlich auch durch Vermarktungsintentionen geprägt sind – dass hier eine Tendenz zur Selektion von möglichst spektakulär hohen (= erfolgreich vermarktbaren) Nutzungsstatistiken besteht, liegt in der Natur der Sache.

II. Aktivitäten: Was tun Menschen in der digitalen Welt?

Bei allen hier vorgestellten Aktivitäten handelt es sich um unsere eigenen Kategorisierungen – jedes einzelne Angebot wird dafür codiert und jeweils nur einer einzigen Kategorie zugeordnet. In Einzelfällen fällt diese eindeutige Zuordnung nicht leicht – dies zeigen wir exemplarisch am Beispiel von YouTube, das wir hier als »Media-on-Demand« verstehen, aber gesondert auch unter »Social Media« analysieren.

Zu Nutzung Musikstreaming/Podcast/Hörbücher

siehe **»Media Activity Guide 2019«** (wie oben).

Zu Nutzung Online-Radio

siehe **»Media Activity Guide 2019«** (wie oben).

Kantar (Hrsg.): »Online-Audio-Monitor 2019«.

Download unter *https://www.online-audio-monitor.de/wp-content/uploads/2019-09-06_Bericht-OAM_2019_final.pdf*

7.554 Befragte (2019), Alter ab 14 Jahren; Abgerufen am 10.04.2020.

Shopping

Bitkom (Hrsg.): »Trends im E-Commerce. So shoppen die Deutschen 2019«.

Download unter *https://www.bitkom.org/Presse/Presseinformation/Trends-im-E-Commerce-So-shoppen-die-Deutschen-2019*

Befragte: 1.086 Internetnutzer ab 14 Jahre.

Studien zu Umsätzen im Bereich E-Commerce sind veröffentlicht unter:

https://www.bevh.org/

HDE (Hrsg.): »Online Monitor 2019«.
Download unter *https://einzelhandel.de/online-monitor*
Abgerufen am 13.04.2020.

https://einzelhandel.de/

Umsätze nach Plattform: *https://ecommercedb.com*

Übersicht unter *https://de.statista.com/statistik/studie/id/55068/dokument/ecommercedb-top-online-shops-in-deutschland/*

Gaming

Bitkom (Hrsg.): »Gaming-Trends 2019«.

Download unter: *https://www.bitkom.org/sites/default/files/2019-08/bitkom-prasentation-gaming-trends-2019.pdf*

Befragung von 1.224 Personen, Deutschland, Alter 16+; Abgerufen am 03.04.2020.

Splendid (Hrsg.): »Gaming-Verhalten in Deutschland 2018«.

Download unter: *https://www.splendid-research.com/de/studie-gaming.html*

Befragung von 2.024 Personen, Deutschland, Alter 16–69 Jahre; Abgerufen am 03.04.2020.

Forsa (Hrsg.): »Geld für Games. Wenn Computerspiel zum Glücksspiel wird«. Studie im Auftrag der DAK 2019.

Download unter *https://www.dak.de/dak/bundesthemen/computerspielsucht-2103398.html*

Befragung von 1.000 Personen, Deutschland, Alter 12–17 Jahre; Abgerufen am 06.04.2020.

SevenOne Media (Hrsg.): »Media Activity Guide 2019. Trends in der Mediennutzung«.

Download unter *https://www.sevenonemedia.de/documents/924471/1111769/Media+Activity+Guide+2019/040352cd-a958-6876-6541-93630deee1c7*

Befragung von 2.468 Personen, Deutschland, Alter 14–69 Jahre; Abgerufen am 06.04.2020.

Limelights Networks (Hrsg.): »The State of Online Gaming 2020«.

Download unter *https://www.limelight.com/resources/white-paper/state-of-online-gaming-2020/*

Aus Deutschland wurden 500 Personen befragt, Alter 18+; Abgerufen am 06.04.2020.

game, Verband der deutschen Games-Branche (Hrsg.:): »Jahresreport der deutschen Games-Branche 2019«.

Download unter *https://www.game.de/wp-content/uploads/2018/08/game-Jahresreport-2019_web.pdf*

Abgerufen am 06.04.2020.

Nachrichten, Informationen

Der direkte Vergleich von Online- mit Printreichweiten ist methodisch heikel und dient hier nur als Indikation. Dies gilt übrigens sogar schon für den Vergleich von Reichweiten zwischen wöchentlichen Printmedien und täglich erscheinenden Printmedien untereinander. Für eine wirklich differenzierte und belastbare Analyse müsste man für jedes einzelne Printmedium sowohl Unique User als auch Nutzungsdauer messen, man müsste dies bei direkter Beobachtung realer Nutzung und nicht auf Basis von Befragungen umsetzen.

Für die hier erarbeitete These (dass die digitale Rezeption von Nachrichten unter so andersartigen Bedingungen stattfindet, dass sich diese Nutzung kaum mit der Lektüre von Printnachrichten vergleichen lässt, auch wenn oft Angebote derselben Marke, wie etwa *Spiegel*, sowohl digital als auch analog verfügbar sind), halten wir diesen unvollständigen Vergleich jedoch für legitim.

Die von uns genannten Printauflagen entstammen den branchenüblichen Zahlen, die durch den IVW (Informationsgemeinschaft zur Feststellung der Verbreitung von Werbeträgern) publiziert werden. Die Zahlen beziehen sich auf das dritte Quartal 2019. Der IVW differenziert zwischen verkaufter Auflage und harter Auflage, letztere beinhaltet nur Einzelverkauf und Abo. Wir haben in unserem Vergleich den höheren Wert (verkaufte Auflage) zugrunde gelegt, welcher für unsere Perspektive eher der gesamten Nutzung entspricht.

Die Zahlen sind publiziert unter *https://www.dwdl.de/zahlenzentrale/74547/ivw_32019_so_hoch_ist_die_harte_auflage_wirklich/*

Die verwendeten ergänzenden Informationen über Zeitungsleser (z. B. Lesedauer, Leser pro Ausgabe) sind entnommen aus:

ZMG (Hrsg.): »Zeitungsqualitäten 2020«.

Download unter *https://www.die-zeitungen.de/argumente/zeitungsqualitaeten/infografiken-zeitungsqualitaeten-2019.html*

Jahr der Befragung: 2019; keine Angaben zur Anzahl der Befragten.

Die **ZMG (Zeitungsmarktforschung Gesellschaft der deutschen Zeitungen)** arbeitet im Auftrag des BDZV (Bundesverband Deutscher Zeitungsverleger).

Als alternative Quellen für Online-Nachrichtenportale lassen sich die Zahlen von **agof (Arbeitsgemeinschaft Online Forschung)** und **IVW** hinzuziehen.

Unique User und Reichweiten von Online-Nachrichtenportalen der **agof** (2020) stehen als Download zur Verfügung unter

https://www.agof.de/download/Downloads_daily_digital_facts/Downloads_ddf_04_2020/ddf_April_2020_Angebote_Ranking_Digital.pdf

Der **IVW** publiziert Visits von Online-Nachrichtenportalen;

vgl. *https://meedia.de/2019/09/09/ivw-news-top-50-tz-tag24-frankfurter-rundschau-und-kreiszeitung-sind-die-gewinner-des-monats/ sowie als Originalquelle (IVW): http://ausweisung.ivw-online.de/index.php?i=10&mz_szm=201908&pis=0&az_filter=0&kat1=0&kat2=0&kat3=0&kat4=0&kat5=0&kat6=0&kat7=0&kat8=0&sort=vgd&suche=*

Web-Search

Zur Sorge um die Privatsphäre vgl.:

Kantar TNS (Hrsg.): »DsiN-Sicherheitsindex 2019«.

https://www.kantartns.de/presse/presseinformation.asp?prID=3663

2.007 Internetnutzer (2019), Alter: 16+; Abgerufen am 28.04.2020.

Klicksafe (Hrsg.): »Umfrage ›Alles unter Kontrolle‹«.

https://www.klicksafe.de/ueber-klicksafe/safer-internet-day/sid-2018/forsa-umfrage-alles-unter-kontrolle/

1.010 Befragte (2018), Alter: 14+; Abgerufen am 28.04.2020.

Zu der Auffassung von 83 % der Bevölkerung, dass sich Unternehmen wie Google und Facebook nicht an die gesetzlichen Datenschutzbestimmungen halten, siehe:

ZDF-Politbarometer (Hrsg.): »ZDF-Politbarometer vom 13. April 2018«.

https://de.statista.com/statistik/daten/studie/827007/umfrage/umfrage-zum-umgang-mit-persoenlichen-daten-durch-internet-dienste/

1.159 Befragte (2018), Alter: 18+ (Wahlberechtigte).

https://www.forschungsgruppe.de/Umfragen/Politbarometer/Archiv/Politbarometer_2018/April_I_2018/FraboPBKW15_2018.pdf; Abgerufen am 28.04.2020.

Vgl. ferner:

Open-Xchange (Hrsg.): »Comsumer Openness Index 2016. Where do you stand?«.

Download unter *https://www.open-xchange.com/fileadmin/user_upload/open-xchange/document/report/open-xchange_coi_report_2016.pdf*

3.000 Befragte (je 1.000 in Deutschland, USA und Großbritannien), 2016, keine Altersangaben;
Abgerufen am 28.04.2020.

Einkaufen

Zur Nutzung von Amazon als Suchmaschine für Produkte siehe unter anderem:

Zogby, Feedvisor (Hrsg.): »The 2019 Amazon Consumer Behavior«.

Download unter *https://fv.feedvisor.com/CN_2019_Amazon-Consumer-Behavior-Report.html*

2.000 Befragte, die in den letzten 24 Monaten ein Produkt auf Amazon erworben haben (2019), USA, Alter: 18+;
Abgerufen am 28.04.2020.

Bloomreach (Hrsg.): »State of Amazon 2016«

Download unter *http://go.bloomreach.com/rs/243-XLW-551/images/state-of-amazon-2016-report.pdf*

2000 Befragte (2016), USA, keine Altersangabe;
Abgerufen am 28.04.2020.

Wichtig ist der Befund, dass in beiden Studien Amazon bei Produktsuchen deutlich vor Google bzw. klassischen Suchmaschinen liegt (Feedvisor: 66 % versus 20 %; Bloomreach: 55 % versus 28 %).

Banking

Bitkom (Hrsg.):
»Digital Finance 2019. Die Transformation der Finanzindustrie in Zahlen«. 2019.

Download *unter https://www.bitkom.org/sites/default/files/2019-10/20191001_digitalfinance2019.pdf*

n=1.005, darunter 823 Internetnutzer und 702 Online-Banking-Nutzer.

Angaben zu den Umsätzen des B2C-Geschäfts von Amazon, Otto und Zalando beziehen sich auf:

ecommerceDB (Hrsg.): »Top Online-Shops«.

Datenquelle unter *https://ecommercedb.com*

Die Zahlen sind bei Statista verfügbar als Download: *https://de.statista.com/statistik/studie/id/55068/dokument/ecommercedb-top-online-shops-in-deutschland/*

Der Bericht wurde 2019 publiziert, die Zahlen beziehen sich auf das Jahr 2018.

Pornografische Inhalte

Vgl. zu der größeren (relativen) Bedeutung von Pornografie in früheren Zeiten des Internet (Datengrundlage von 2007):

Hindman, Matthew: *The Myth of Digital Democracy.* Princeton, Oxford: Princeton University Press 2009, S. 60f.

Gambling

Vgl. zur ersten Orientierung folgende Studien:

Glücksspielaufsichtsbehörden der Länder (Hrsg.): »Der deutsche Glücksspielmarkt 2017 – Eine ökonomische Darstellung«. Publiziert November 2018.

Download unter *https://innen.hessen.de/sites/default/files/media/hmdis/jahresreport_2017.pdf*

Abgerufen am 27.05.2020.

Glücksspielaufsichtsbehörden der Länder (Hrsg.): »Der deutsche Glücksspielmarkt 2018 – Eine ökonomische Darstellung«. Publikation Oktober 2019.

Download unter *https://innen.hessen.de/sites/default/files/media/hmdis/jahresreport_2018.pdf*

Abgerufen am 27.05.2020.

Deutscher Spielbankenverband (Hrsg.): »Online Gambling«.

Download unter *https://www.deutscher-spielbankenverband.de/online-gambling/*

Abgerufen am 27.05.2020.

III. Die Sphäre der Social Media

Vgl. zu Social Media insgesamt:

Ebersbach, Anja, Markus Glaser und Richard Heigl: *Social Web.* Konstanz et al.: UVK 2016.

Gabriel, Roland, und Heinz-Peter Röhrs: *Social Media. Potenziale, Trends, Chancen und Risiken.* Berlin: Springer Verlag GmbH Deutschland 2017.

Schmidt, Jan-Hinrik: *Social Media.* Wiesbaden: Springer 2018.

Humphreys, Lee: *The Qualified Self. Social Media and the Accounting of Everyday Life.* **Cambridge et al.: The MIT Press 2018.**

Michelis, Daniel, und Thomas Schildhauer (Hrsg.): *Social Media Handbuch. Theorien, Methoden, Modelle und Praxis.* Baden-Baden: Nomos 2015.

Qualman, Erik: *Socialnomics. How Social Media Transforms the Way We Live and Do Business.* Hoboken, N. J.: Riley 2009.

Die Zahl von 2,5 Milliarden Nutzern weltweit für das vierte Quartal 2019 ist veröffentlicht unter:

Facebook (Hrsg.): »Facebook Q1 2020 Results«. April 2020 Download unter *https://s21.q4cdn.com/399680738/files doc_financials/2020/q1/Q1-2020-FB-Earnings-Presentation.pdf* (S. 3);

Abgerufen am 07.06.2020.

Zu der wichtigsten Nutzungsmotivation für Social Media, mit Freunden in Kontakt zu treten, vgl. unter anderem:

Statista (Hrsg.): »Social-Media-Werbung 2019«.

Download unter *https://de.statista.com/statistik/studie/id/59678/dokument/social-media-werbung/*

1.004 Befragte (2019), Alter: 18–64 Jahre; Abgerufen am 28.04.2020.

Vodafone Stiftung Deutschland (Hrsg.): »Engagiert aber allein«.

Download unter *https://www.vodafone-stiftung.de/wp-content/uploads/2019/04/Vodafone_Stiftung_Engagiert_aber_allein_18_01.pdf*

664 Befragte (2018), Alter: 14–24 Jahre; Abgerufen am 28.04.2020.

Vgl. zum Konzept der »Arbeit« für Medienunternehmen:

Jhally, Sut: *The Codes of Advertising. Fetishism and the Political Economy of Meaning in the Consumer Society.* London: Pinter 1987.

Vgl. zu »impression management«:

Goffman, Erving: *Wir alle spielen Theater. Die Selbstdarstellung im Alltag.* München: Piper 2003 [1959].

Vgl. zu der Umformatierung der Öffentlichkeit :

Schmidt, Jan-Hinrik: *Social Media.* Wiesbaden: Springer 2018.

Habermas, Jürgen: *Strukturwandel der Öffentlichkeit. Untersuchungen zu einer Kategorie der bürgerlichen Gesellschaft.* Frankfurt/M.: Suhrkamp 1991.

Luhmann, Niklas: »Öffentliche Meinung«. In: *Politik und Kommunikation. Über die öffentliche Meinungsbildung.* Hrsg. von Wolfgang R. Langenbucher. München, Zürich 1979, S. 29–61.

IV. Deep Dives: Gebiete von besonderem Interesse

Die Umsatzübersichten zu den „Big 4" sind inspiriert durch:

Desjardins, Jeff: »How the Tech Giants Make their Billions«.
In: www.visualcapitalist.com, 29.03.2019.

Download unter *https://www.visualcapitalist.com/how-tech-giants-make-billions/*

Abgerufen am 25.04.2020.

Die Angaben bei Desjardins beruhen jedoch auf den Werten für 2018, weswegen wir die aktuellen Angaben für das Gesamtjahr 2019 aus den jeweiligen Geschäftsberichten aggregiert und neu prozentual ausgewertet haben.

Die Zahlen lassen sich überprüfen unter folgenden Links dieser Konzerne:

1. **Facebook-Konzern:**
   https://investor.fb.com/investor-news/press-release-details/2020/Facebook-Reports-Fourth-Quarter-and-Full-Year-2019-Results/default.aspx
2. **Alphabet:**
   https://abc.xyz/investor/static/pdf/2019_alphabet_annual_report.pdf?cache=c3a4858 (S. 24, S. 44);

   vgl. zu den Nicht-Werbeeinnahmen bei YouTube:
   https://mashable.com/article/google-youtube-ad-revenue-2019/?europe=true
3. **Amazon:**
   https://ir.aboutamazon.com/files/doc_financials/2020/ar/2019-Annual-Report.pdf (S. 38, S. 68)
4. **Apple:**
   https://s2.q4cdn.com/470004039/files/doc_financials/2020/q1/_10-Q-Q1-2020-(As-Filed).pdf (S. 8);

   https://s2.q4cdn.com/470004039/files/doc_financials/2019/ar/_10-K-2019-(As-Filed).pdf (S. 29)

Vgl. zur Innovationsstrategie von Alphabet auch:

Dans, Eric: »Here's the Problem with Google's Innovation Strategy«.
In: www.forbes.com, 04.04.2019.

Download unter *https://www.forbes.com/sites/enriquedans/2019/04/04/heres-the-problem-with-googles-innovation-strategy/#6519598369b5*

Abgerufen am 25.04.2020.

Informationen zur Durchsetzung des iOS-Betriebssystems bei Smartphones finden sich in:

StatCounter (Hrsg.): »Mobile Operating System Market Share Germany«.

Download unter *https://gs.statcounter.com/os-market-share/mobile/germany/#monthly-200901-202001*

Abgerufen am 28.04.2020.

Dating

Vgl. zu den Umsätzen der Dating-Plattformen auch:

Statista (Hrsg.):
»Online-Umsätze der Dating-Services«. Dezember 2019

Download unter *https://www.statista.com/outlook/digital-markets*

Weitere instruktive Zahlen zur Nutzung von Dating-Services bieten folgende Studien:

Bitkom (Hrsg.): »Jeder dritte Deutsche sucht die Liebe im Internet«. 2019;

Download unter *https://www.bitkom.org/Presse/Presseinformation/Jeder-dritte-Deutsche-sucht-die-Liebe-im-Internet*

1.007 Befragte (telefonisch), davon 847 Internetnutzer ab 16 Jahre.

Parship (Hrsg.): »Online-Dating – fast die Hälfte der Deutschen sucht die Liebe im Internet«.

Download unter https://www.parship.de/presse/pressemeldungen/2018/parship-studie-online-dating-fast-die-haelfte-der-deutschen-sucht-die-liebe-im-internet/

1.005 Befragte; 18–65 Jahre, April 2018.

Statista bietet auch ein instruktives Dossier zum Thema an:

https://de.statista.com/statistik/studie/id/7396/dokument/dossier-online-dating-statista-dossier/

Die Angaben zum Beziehungsstatus der deutschen Bevölkerung sind entnommen aus:

Statista (Hrsg.): »Statista-Umfrage Partnerportale, Dating-Apps und Seitensprungportale 2016«.

Download unter *https://de.statista.com/statistik/studie/id/57906/dokument/partnerportale-dating-apps-und-seitensprungportale/;*

Anzahl der Befragten: 1.033, Alter 18+, Erhebungszeitraum Dezember 2016; Abgerufen am 18.05.2020.
sowie

Arbeitsgemeinschaft Verbrauchs- und Medienanalyse (Hrsg.): »Berichtsband VuMA 2020«.

Download unter *https://www.vuma.de/vuma-praxis/vuma-berichtsband/* (S. 84);

23.120 Interviews, Alter 14+.

Vgl. zur Multioptionsgesellschaft:

Gross, Peter: *Die Multioptionsgesellschaft.*
Frankfurt: Suhrkamp 1994.

Vgl. zur Neuformatierung sozialer Beziehungen durch digitale Technologien:

Mau, Steffen: *Das metrische Wir. Über die Quantifizierung des Sozialen.*
Berlin: Suhrkamp Verlag 2017.

Das Wichtigste zum Schluss: Unser digitales Weltwissen

McLuhan. Marshall: *Understanding Media. The Extensions of Man.*
Cambridge, Mass.: MIT Press 1995 [1964].

Postman, Neil: *Wir amüsieren uns zu Tode. Urteilsbildung im Zeitalter der Unterhaltungsindustrie.*
Frankfurt/M.: Fischer 1991.

Weil unsere Aussagen in Bezug auf die Verfügbarkeit von Daten für wissenschaftliche Zwecke weitreichend sind, wollen wir das Problem an einem konkreten Beispiel darstellen. Wir wählen zur Illustration eine der hochkarätigsten existierenden Studien zu Fake News aus, deren Ziel darin bestand, die Wirkungen solcher Falschnachrichten aus der Zeit des amerikanischen Präsidentschaftswahlkampfs des Jahres 2016 zu messen:

Allcott, Hunt, und Matthew Gentzkow: »Social Media and Fake News in the 2016 Election«.
In: *Journal of Economic Perspectives* 31, 2 (2017), S. 211–236).

Die Autoren gehören zu den führenden Wissenschaftlern auf diesem Gebiet, Hunt Allcott ist Professor an der New York University, Matthew Gentzkow ist Professor an der Stanford University, die Studie ist *peer-reviewed* und verfügt über einen außerordentlich hohen Citation Index (bei Google Scholar zum Zeitpunkt des 24.04.2020 wurden 2.614 Verweise dokumentiert).

Allcott und Gentzkow gehen wie folgt vor: In einem ersten Schritt aggregieren sie eine hohe Zahl von Fake News aus den geläufigen Faktenchecker-Plattformen (snopes.com, politi-fact.com). Im zweiten Schritt soll die Verbreitung dieser Fake News ermittelt werden. Dafür greifen die Autoren auf ein Tool namens BuzzSumo zu, welches auf die Facebook API zugreift und die Anzahl von Shares auf der Ebene einzelner URLs ausweist. BuzzSumo ist ein privatwirtschaftliches Datenermittlungs-Tool (es gehört jetzt zu der Firma BrandWatch), das normalerweise Content-Wirkung und Viralität misst. Allerdings konnten wir keine publizierten Informationen zu der genauen Methode der Datenerhebung von BuzzSumo ermitteln.

Der Wert dieser berühmten Studie hängt also wesentlich davon ab, ob Allcott und Gentzkow die Validität und Belastbarkeit der Datenermittlungsmethode durch BuzzSumo im Detail überprüft haben. Wir müssen davon ausgehen, dass dies aber nicht der Fall ist, weil in der sorgfältigen methodischen Dokumentation des publizierten Appendix *(https://assets.aeaweb.org/assets/production/files/4222.pdf)* davon kein Wort erwähnt wird.

Wir wissen also nicht, ob wir überhaupt den Daten vertrauen können, die Allcott und Gentzkow als Grundlage für ihre Studie ausgewählt haben. Aber es geht noch weiter – denn der von BuzzSumo übernommene Parameter (Shares) ist ja auf diese eine sehr willkürliche Dimension beschränkt. Um die Wirkung der analysierten Fake News zu analysieren, hätte man mindestens differenzieren müssen zwischen (1) Impressions, (2) Clicks, (3) Likes, (4) Comments und (5) Shares durch die Nutzer.

Warum in aller Welt analysieren die Autoren für die Wirkung von Fake News nur Shares? Dafür gibt es eine einfache Erklärung: BuzzSumo gibt nicht mehr her als genau diesen Parameter. Deshalb wird es in der Studie durchaus abenteuerlich, wenn die beiden darüber spekulieren, wie hoch denn wohl die tatsächliche Verbreitung dieser Fake News gewesen sein mag, und aus recht beliebigen Vergleichsstudien vorschlagen, die Anzahl der Shares einfach mit dem Faktor 20 zu multiplizieren. Das ist aber reine Spekulation – jeder, der feinkörnige Analysen der Wirkung von Social-Media-Content durchgeführt hat, weiß, dass dieser Faktor je nach Inhalt und Zielgruppe extrem schwanken kann.

Es geht hier nicht darum, diese beiden hervorragenden Wissenschaftler zu kritisieren. Im Gegenteil – sie haben nichts anderes getan, als die besten öffentlich verfügbaren Quellen mit den besten verfügbaren Methoden auszuwerten. Aber man stelle sich vor, Allcott und Gentzkow hätten für diese Studie vollständigen und transparenten Zugang etwa von Facebook erhalten. Sie hätten ihre Analysen auf einem komplett anderen Niveau durchführen können.

Das ist alles insofern bedauerlich, als diese Daten ja existieren. Es ist in etwa so, als müssten Astronomen ihre Beobachtungen des Sternenhimmels mit dem bloßen Auge machen – obwohl exzellente Teleskope existieren, zu denen ihnen jedoch der Zugang verschlossen bliebe.

Zur Verfügbarkeit der Daten der großen Unternehmen:

Es sei der Vollständigkeit halber erwähnt, dass im Rahmen der GDPR-Neuregelung viele Unternehmen Transparenz-Initiativen gestartet haben, sodass Nutzer ihre persönlichen Daten abrufen und einsehen können (z. B. Google Takeout). Diese Aktivitäten sind sicherlich begrüßenswert. Die hierdurch einsehbaren Daten eignen sich jedoch nur bedingt für wissenschaftliche Forschung, weil hier stets nur einzelne Informationen (pro Person und Plattform) vorliegen und nicht anonymisierte aggregierte Daten.

Bisherige Initiativen einer Kooperation mit der Wissenschaft (wie etwa das Projekt »Social Science One«) werden von Forschern aktuell skeptisch beurteilt; vgl. etwa:

Hegelich, Simon: »Facebook Needs to Share More with Researchers«.
In: *Nature* 579, 26.03.2020, S. 473.
https://www.nature.com/articles/d41586-020-00828-5

Einen guten Überblick über die Thematik bietet:

Ausloss, Jef, Paddy Leerssen und Pim ten Thije:
»Operationalizing Research Access in Platform Governance. What to Learn from other Industries?«.
Im Auftrag von AlgorithmWatch, 25.06.2020;

Download unter *https://algorithmwatch.org/wp-content/uploads/2020/06/GoverningPlatforms_IViR_study_June2020-AlgorithmWatch-2020-06-24.pdf*

Anhang: Methode, Vorgehen und Grenzen dieser Untersuchung

Vgl. zur Durchsetzung von Smart Speakern und Wearables:

Statista (Hrsg.):
»Global Consumer Survey 2019«.

Download unter: *https://de.statista.com/customercloud/global-consumer-survey*

2.088 Befragte zwischen 18 und 64 Jahre.

Splendid Research (Hrsg.):
»Digitale Sprachassistenten und Smartspeaker«, 2019.

Download unter *https://www.splendid-research.com/de/studie-digitale-sprachassistenten.html*

Online-Umfrage; 1.006 Befragte zwischen 18 und 69 Jahre.

Kantar (Hrsg.):
»ARD/ZDF Onlinestudie 2019«.

Download unter *http://www.ard-zdf-onlinestudie.de/files/2019/Ergebnispraesentation_ARD_ZDF_Onlinestudie_PUBLIKATION_extern.pdf*

Telefonumfrage, 2.000 Teilnehmer ab 14 Jahre.

Statista (Hrsg.):
»Digital Market Outlook Wearables«.

Download unter *https://de.statista.com/outlook/319/137/wearables/deutschland*

Bildnachweis

Titel, S. 18, S. 23, S. 132/133: Verena Bönniger/Delicious Layouts;
S. 2: Martin Andree, Timo Thomsen, Verena Bönniger;
S. 8/9: solarseven/Shutterstock, Verena Bönniger/Delicious Layouts;
S. 12: sakkmesterke/Shutterstock;
S. 16/17: Toria/Shutterstock, Verena Bönniger/Delicious Layouts;
S. 60/61: leungchopan/Shutterstock;
S. 198/199: Jaswe/Shutterstock, Verena Bönniger/Delicious Layouts;
S. 248/249: cherezoff/Shutterstock, Verena Bönniger/Delicious Layouts